中山出版
ZHONGSHAN PUBLISHING
香山承文脉 好书读百年

成就孩子的六大素养①

张丽萍 著

南方传媒 广东人民出版社

·广州·

图书在版编目（CIP）数据

成就孩子的六大素养/张丽萍著. —广州：广东人民出版社，2024.5
ISBN 978-7-218-17432-7

Ⅰ.①成… Ⅱ.①张… Ⅲ.①儿童教育—家庭教育 Ⅳ.①G782

中国国家版本馆CIP数据核字（2024）第034933号

CHENGJIU HAIZI DE LIU DA SUYANG
成就孩子的六大素养
张丽萍 著

出 版 人：肖风华

责任编辑：吕斯敏
装帧设计：陈宝玉
封面绘画：杨杰祥
责任技编：吴彦斌

统　　筹：广东人民出版社中山出版有限公司
执　　行：王　忠
地　　址：广东省中山市中山五路1号中山日报社13楼（邮政编码：528403）
电　　话：（0760）89882926　（0760）89882925

出版发行：广东人民出版社
地　　址：广东省广州市越秀区大沙头四马路 10 号（邮政编码：510199）
电　　话：（020）85716809（总编室）
传　　真：（020）83289585
网　　址：http://www.gdpph.com
印　　刷：广东信源文化科技有限公司
开　　本：787mm×1092mm　1/16
印　　张：36.25　字　数：585 千
版　　次：2024 年 5 月第 1 版
印　　次：2024 年 5 月第 1 次印刷
定　　价：159.00 元（全三册）

如发现印装质量问题影响阅读，请与出版社（0760-89882925）联系调换。
售书热线：0760-89882925

序

　　近年来，我将自己的研究重心转向了幸福教育，于是对"幸福"二字有了特别的兴趣和敏锐度。我发现，除了学院派开始兴起对"幸福""幸福教育""积极心理学""社会与情感学习"等的研究，与"幸福"相关的民间组织和公益活动也如雨后春笋般让人感到"德不孤，必有邻"的温暖和喜悦。

　　广东中山市幸福书院就是这类组织中令我印象特别深刻的一个。它以"全心全意助力民生幸福"为使命，以"呵护每个心灵圆满成长，陪伴亿万家庭走向幸福，助力民营企业健康发展"为愿景，以"弘扬优秀文化、助力人人幸福；涵育志愿精神，促进万物和谐；助推社会善治，圆满幸福人生"为己任，为所有公益人士搭建助人幸福的纯粹公益平台。在志愿者们的努力下，书院在成立三年多的时间里开设了 20 多个公益项目，活动辐射 60 多万人次，其中"幸福 365 读书会""周四智慧父母课""周五幸福课"等活动已经常规化。

　　中山市幸福书院的核心人物之一就是其专职顾问、幸福研究院院长张丽萍老师。张老师已经年过六十，家住广州，但在这几年中她几乎每周都往返于广州与中山之间，不辞辛苦、风雨无阻，分文不取地为书院义务讲学和操劳。这份赤诚热心和奉献精神已经足以令人感动。而当拿到厚厚的三大本《成就孩子的六大素养》书稿时，我又多了一份由衷的敬意。从书稿可见，张老师的讲学，并不只是凭着一股热情，而是展现了她自己作为一个幸福探索者的生命实践、道德信念和人生智慧。

关于学生、公民或家长的素养，有很多的研究和论述。例如，OECD（经济合作与发展组织）提出未来社会成员"成功生活"所需要的核心素养包括认知与思维能力、创新与创造能力、人际交往与合作能力、个人发展与社会责任感等四个方面；欧盟从终身学习和发展的需求出发，提出要注重培养母语交流能力、外语交流能力、数学素养与科技素养、数字化素养、学会学习、社会和公民素养、主动与创新意识、文化意识与表达等八个核心素养；北京师范大学林崇德教授等研究的"中国学生发展核心素养"包括文化基础、自主发展、社会参与三个方面，具体表现为人文底蕴、科学精神、学会学习、健康生活、责任担当、实践创新等六大素养；我国一贯倡导的"德、智、体、美、劳"全面发展，实际上也是指五方面的核心素养。

张丽萍老师提出成就孩子的六大素养，乍一看并没有什么独到之处，只是包括社会主义核心价值观中的公民道德素养"爱国（立志）、敬业、诚信、友善"和传统文化中注重的"孝敬""感恩"等六个方面。但我认为，提出独创的、完备的理论体系不应是对张老师这些"非专业人士"的要求，更何况"核心价值观"已经自成体系。令我赞叹和敬佩的是，作为一位长期从事企业管理的普通退休员工，张老师能把这些被每日宣传倡导却很少有人严肃思考的概念、观念讲解得如此系统、深入而又贴近普通人的生活实际。读完她的书就可以发现，这绝不是因为她善讲，而是她有真切的体悟，她是时时在日常生活中认真体悟这些"核心素养"对人生幸福的意义。她不仅有极高的悟性，还特别用心地及时记录、整理自己生命故事和反思、体证，所以她才可以把"大道理"讲得如此细致、生动、透彻，也难怪她的课程如此受欢迎，甚至线上课程在三个月内就有超过 40 万人次观看。

张老师提出培养"六大素养"，其实就是价值观教育或道德教育。这些年来，学校、家庭和政府相关部门在思想道德和价值观培养上不可谓不重视，但效果总是不尽如人意。张老师则探索出了一套为人所喜闻乐见的、行之有效的方法。她主张"以终为始"，即从企业、社会、家庭到底需要什么样的人为出发点来探讨核心素养，务实又不乏远见。她倡导每个人都要不断思考自己到底要成为一个怎样的人，这其实就是古人一再强调的"立志"。她主张"践行第一"，提醒我们，如果只是将道理当知识、考点来学，而不注重躬行实践，就必然会收效甚微，"因为没有用，所以没有用"。为促进知行合一，总结自己40年的实践经验，开发了"18+1"个工具箱，这正是普通家长所急需的。张老师不仅强调实践和方法的综合运用，还特别强调书写真实发生的"觉察日记"，这种通过日志进行自我觉察、反思、体证的过程正是修身成长的重要功夫。张老师还提出要"化解问题"，即不能只是从现象入手解决问题，而是要提高自我认知，从更高的维度入手，使问题不再成为问题。这就是提升人生格局、境界以避免烦恼、获得幸福的人生智慧。从这些"注重"和"强调"可见，她的课程并不仅仅是经验之谈，而是蕴含着一整套提升实效的深刻学理。

张老师用自己的生命成长和教育实践有信服力地告诉我们：立志、诚信、敬业、友善、孝敬和感恩都是成就孩子和自己人生幸福的核心素养。希望有更多的人在读过此书之后，能真正地"信"，因而去认真地践行这些美德的修养；能真正地"诚"，不自欺欺人，去追求和实现自己所向往的幸福美好人生。

当然，幸福的素养可能并不止这六个方面。我想，作为勤于学习反思、热心公益的表率，张老师自己也肯定不会否认"学习成长""利他奉献"的意义，更不会否认"身心健康""遵纪守法"的重要性。所以，"幸福的素养"应该是一个未完、待续的话题，也希望读者都能以自己的生命实践去续写和完善。

文东茅

（北京大学教育学院院长）

自　序

2021 年 3 月 6 日，习近平总书记看望参加全国政协会议的医药卫生界、教育界委员时说："无论是学校教育还是家庭教育，都不能过于注重分数。分数是一时之得，要从一生的成长目标来看。如果最后没有形成健康成熟的人格，那是不合格的。"

在教育过程中，形成健康的人格是最重要的，那是生命的"西瓜"。遗憾的是，人们常常把这个当作"芝麻"来看待，而把分数错当作"西瓜"。结果因为认知的错位，常常是"捡了芝麻（分数），丢了西瓜（健康的人格）"，却不自知。

《成就孩子的六大素养》这套书，可以让读者清晰地看到：到底应该重视什么？怎么重视？如何在得到"西瓜"的同时，自然而然地、不费力地收获"芝麻"？而不用等孩子出问题之后，再花翻倍的时间和精力去处理。

一、主要内容及特点

1. 主要内容

"六大素养"指的是立志、诚信、敬业、友善、孝敬、感恩，如图 1 所示。即对国家，要立志；对工作，要敬业；对他人，要友善；对自己，要诚信；对长辈，要孝敬；对世界，要感恩。做到这些就可以成为一名合格、健康的公民。

"六大素养"是一个人自我修炼的途径，也是教育孩子成人成才的必由之路。老师和家长经过"六大素养"的训练，提高自我认知，了解和理解孩子，顺应孩子的成长规律，给予孩子良好的生态环境，可以让孩子真正活出他本来的样子。

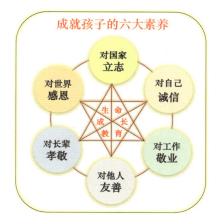

图 1　成就孩子六大素养的体系图

六个素养的每一个素养从字面上看都不陌生，但可能只是从表层理解这些词，或多或少存在着一些误区。特别是如何培养和拥有这些素养，缺乏可操作、可衡量的方法，也缺乏简单有效的系统性工具。

本书从素养背后的深意入手，探讨似是而非的误区和现象，进而呈现出现象背后的真相。一旦了解了真相，操作方法就变得简单了，自然就走出了误区。

本书分为三册：第一册包括立志和诚信素养。第二册包括敬业、友善、孝敬和感恩素养。第三册是养成六大素养的"工具箱"操作手册。

2. 本书的特点

本书内容之所以有效，是因为设计的四大特点贯穿始终，如图 2 所示。

（1）以终为始。我一直在企业工作，深知企业、家庭、社会到底需要什么样的人，以终为始地提供一系列素养与能力的深度解读、衡量标准和操作方法，并提供可借鉴的实践案例，便于老师和家长学习践行与对照应用，这也是我多年来的心愿。

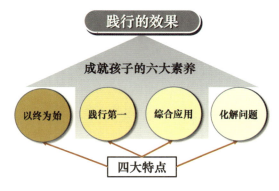

图 2　《成就孩子的六大素养》的特点

（2）践行第一。书中所提供的践行方法，是我在几十年带团队的过程中，积累形成的立竿见影的方法。这些方法都是我经过实践验证和总结的，如果只是把本书当知识来学，而不注重践行，那收效就会很有限，"因为没有用，所以没有用"。与实践相配套的方法是写真实发生的"觉察日记"，并在学习社群中分享。

（3）综合应用。本书是我四十多年来学习实践的总结，综合了管理、教育、心理和优秀的传统文化等学科的内容，形成了生命成长教育的实践应用体系。我认为，任何一个单独学科或单一的方法，都不足以解决当今时代出现的问题。

（4）化解问题。很多的问题，其实只是现象，如果从现象入手解决问题，往往越解决问题越多，因为解决问题本身很可能是在制造新的问题。因此，本书提供的方法，是通过提高自我认知，用看待问题的新视角，了解现象背后的真相，问题就不再是问题了。即从更高的维度入手，去化解问题，而不是解决问题。

二、一用就灵的工具

古代，中国功夫有个说法：传功不传法，传法不传诀，传诀不传火候。不是说古人不想把火候、秘诀传给后人，根本原因是火候不是一招一式的事，在不同状态下、不同的阶段是随机应变，需要灵活把握的。

本书提供的一系列理念、工具和方法，可以让读者比较容易地掌握提升素养的秘诀与火候。

1. 工具箱

六大素养配套的工具与方法很多，在工具箱里，有一个通用工具——停一下；每个素养选取3个工具，共18个，因此，总共是18+1个工具，组成了工具箱，见下表：

"18+1"个工具箱汇总表

素养	工具	素养	工具
立志	（1）立志卡 （2）制订计划 （3）例行事项	友善	（10）八字原则 （11）直意表达 （12）三下子
诚信	（4）道歉 （5）自我觉察 （6）不懂就问	孝敬	（13）联结的沟通 （14）完整完结的沟通 （15）"Yes, and…"聊天
敬业	（7）整理物品 （8）养成好习惯 （9）时间管理	感恩	（16）幸福视窗 （17）三好日记 （18）成长礼物
一个通用工具：停一下			

2. 通用工具介绍

"停一下"是最常用、最基本的工具，本套书中每一个素养的养成，都要用到这个工具。

这个"停"，不仅是让面临的这件事不会陷入恶性循环，更重要的是，让自己在做事、说话、思考的时候，明明白白地带着觉知，意识到自己在惯性里，这时候就有了新的可能性，带来新的开始。"停一下"是让自己走向从容、幸福、心想事成的"钥匙"，也是以不变应万变的功夫，让人保持鲜活的创造力。见图3所示。

停一秒，让事情不再往恶性循环的方向发展。

图3 "停一下"的原理

停三秒，开始有了转机，会有新的画面出来。

停七秒，事情开始发生转变，给自己一个新的开始。

能够停得住，基本上就能够 hold 住自己，让自己保持主动的状态。面对当下的事，可以带着觉知，不跟随、不评判、不拒绝、不排斥，做自己能做的和该做的。

记得我第一次有意识地练习"停一下"，是在六年前，我跟先生参加一个培训班，其间我明白了用"停"去阻断恶性循环的原理。

在比较简陋的住处住了五天，培训结束后，我们立刻离开，想早点住到市里的大酒店，并出去吃点好吃的。此时，我看到了自己的欲望在左右着自己的行为。

因为在二线城市，晚上 8 点多，大排档就没人了，周边的饭店基本都关门了，让我们有点扫兴。这时我明显体验到想吃好吃东西的任性，不想"停一下"摆脱想吃东西的感受。后来，花了十几元钱，吃了两串麻辣烫，算是满足了我的口腹之欲。

那天，我是明明白白地掉进惯性里，跟被裹挟、被控制地掉进去，有点不一样。

第二天，跟先生沿着海边走了一圈，带着觉知时常觉察自己的感受，有 6 次觉察到"我以为"和"他以为"的不一致，我都停住了。有时候我会说，"好吧，这只是我以为的"，就不再说什么了，避免了无谓的争辩。

回酒店的时候，他想从一个路口过去，我看到那里是过不去的，他非要往那条路走。这时，我停住了，没有说话，站着等他。他回来的时候，我说："如果我说了过不去，你也不会相信，我干脆就不说了。""嗯，最好别说。"然后，我们相视一笑。

那天我还觉察了想吃东西、走路的累、欣赏风景、被蚊子叮等的感受，在原来的基础上更细致地觉察感受，让自己不再被情绪绑架。

"停一下"的使用有三种情景：一是遇到事情的时候；二是思维不清晰的时候；三是避免丢三落四的时候。

常言道: "不怕念起, 就怕觉迟。" 关键在于, 能不能停得住, 带着觉知看到自己的状态, 这是摆脱情绪模式的关键环节, 可以把"停一下"作为随时随地的自我训练。

三、成就孩子的根本途径

每个素养的养成, 都是提高自我认知的过程, 让人做任何的事, 都不仅仅是为了做这件事本身; 提高某个素养也不仅仅是为了提高该素养本身, 而是同时提高一个人的整体素养和生命品质。

1. 自我认知

自我认知的程度, 决定了一个人活得明白的程度。自我认知包括自我观察+自我评价+自我调节。

如果缺乏自我认知, 如图 4 中的第 1 个圆圈一样, 有一个密闭的、黑黑硬硬的外壳, 呈现出来的生命状态是: 我就这样、我是对的、必须听我的……听不进、听不到别人说什么, 总是按照"我以为"的方式行事, 不仅做事做得不明白, 而且走到哪里都不受欢迎, 认为都是别人跟我过不去。活在自以为是的世界里, 必然活得稀里糊涂。

只有感知到并承认: "原来我有需要改善的地方。"外壳开始变软, 如图 4 中第 2 个圆圈。

再进一步学习, 不仅能够感知到自己有需要改进的地方, 还可以听进别人说的话, 自我的外壳脱落, 并有了突破口, 有光照到心里了, 见图 4 中第 3 个圆圈。

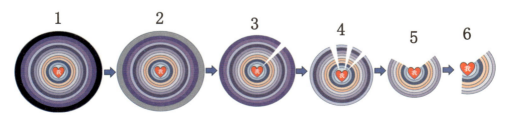

图 4　自我突破的示意图

有光照进来，尝到了突破自己的甜头，就会有第二、第三道光照进来……自我的外壳继续一层一层地脱落，见图4中第4个圆圈。

不断地提高自我认知，更多地感知到他人的需求，觉察并承认自己不合适的行为，愿意用不一样的方式做事、尝试说柔和的话，就有更多的光亮照进来，内心打开了一大片的口子，见图4中第5个圆圈。

越打开，感觉系统越灵敏，越愿意打开，整个人越来越通透，呈现出良好的素养，见图4中第6个圆圈。

2. 本源性能力

有人说："手机、电脑有问题，就关机重启。"关机重启治百病的诀窍，就在于回归原始设置。本源性能力相当于人的原始设置，一旦启动，心智就得到了重置。因为人的"心"是通过感觉、觉察、觉知、感知等本源性能力起作用的，如图5所示。拥有了这些能力，就会用心了。

图5 本源性能力的主要组成部分

一般人从小接受的教育基本是为了开发大脑的功能，而缺乏"心"功能的激发，因此，不会用心，学习和做事的能力大打折扣。如果激发了本源性能力，学习和做事将会事半功倍。

感觉——宇宙是一个大的生命体，感觉是人与宇宙的联结桥梁。可以说，感觉是认识世界的入口。

例如，有人可以感觉到树渴了，感觉到给花浇的水多了。有人能够把动植物养好，是因为对它们有感觉。地震之前，动物比人敏感，是因为它们感觉到有什么不对劲。到了春天，繁花似锦，一大片花同时开放，这是花之间的感觉，是植物与环境、季节的感觉。人跟人联结的时候有感觉，父母有事，孩子在千里之外能够感觉到……

感觉是既无孔不入、无处不在，又广大无边。感觉的深度广度，决定了一个人的生命状态。巴菲特对投资有感觉、企业家对企业发展方向有感觉、画家对画画有感觉、音乐家对声音有感觉……庖丁解牛等工匠之所以成为"家"，就取决于他们与事物形成一体感的深度和广度。

感觉是没有分别、没有评判的，是什么就是什么。因此，感觉的能力，就是与道联结的能力，即与人、事、物内在本质与规律的认知程度。

觉察——身心合一状态下，对自己和外在人、事、物状况即时真相的发现。例如：

我觉察到，最近压力比较大，心情有些烦躁。
我觉察到，我对外在的各种声音有好坏的评判。
我觉察到，我这会儿有情绪了。
我觉察到，我不喜欢张三，对他是挑剔的；我喜欢李四，愿意跟他沟通。

觉察，是当下即时的，看到自己当下的心理活动状态，就像第三只眼一样。

觉知——知道当下自己的行为、念头、感受和所在的环境状况，即知道当下我在什么环境下在做着、说着什么。

例如，我知道当下我正坐在办公桌前用电脑在写作，外面有鸟叫声、车辆来回的声音、风吹着树叶沙沙的响声，温度正合适，我心里有点兴奋、有点专注地在整理本源性能力的内涵。我带着觉知在整理资料，青蛙的叫声和汽车的声音就只是声音，我允许这些声音的存在，它们对我没有影响。

觉知，是明明白白地知道自己和所处的环境中正在发生的事。知道自己生气了，允许生气的情绪存在；知道自己高兴了，可以尽情享受高兴。跟情绪在一起，身心都在当下。因此，说出来的话和所做的事，是不带情绪的，是合适的。

感知——外在的人、事、物和自己的状态，通过听觉、视觉、触觉、味觉、嗅觉和心理感受，形成当下的认识。

例如：我感知到整理本源性能力是很有价值的，我自己清晰了对这个能力的认识。

我感知到当时选择这套房子是正确的，环境很好。

对方不说话，我感知到他心情不好。

感知，是对当下的人事物的认识，了解自己和外在当下的状态。

本源性能力的综合案例：女儿一家人明天就要从英国回来，我家在广州，亲家在深圳，我打算住到深圳亲家小区附近的公寓酒店，免得让孩子们来回跑。并且，打算带阿姨去亲家的家里帮忙。

早就想跟亲家沟通七八月的行程安排和阿姨帮忙的事，因为最近比较忙，失去了感觉能力，几次想起要沟通，被一些事打岔就忘了。

今天跟亲家联系后才知道，因为沟通的滞后，他们已经找了一个阿姨，我家阿姨就不用去了。当下，我觉察到我有沟通不及时的自责，还感知到自己在沟通上的被动。

先生说我："这些事早该商量好，为什么到今天才沟通？"我感觉到他的不悦，并感知到被指责的不爽，心里第一念头是：你什么都不管，你怎么不联系呢？

我停了一下，觉察到不接纳自己的过失，想甩锅和逃跑，惯性地想用证明别人的错来说明自己的对。觉察到了自己的惯性，就转化了。我带着觉知对先生说："你说得对，我应该早点联系，对不起。"他就不再说什么了。

停住了，就不再有是非。承认自己的失误，不再嘀咕和证明，这时候智慧回来了，和谐没有被破坏。

如果家长和老师拥有了本源性能力，感觉到社会大环境和家庭、班级小环境对孩子的影响，随时感知孩子的状态，带着觉知跟孩子沟通，处理随时出现的问题。

面对孩子问题的时候，能够觉察到自己的情绪，就不会冲动地说出不该说的话，给孩子营造良好的生态环境。

家长和老师掌握了本源性能力，可以在不知不觉中，影响孩子拥有这方面的能力，让孩子受益一生。

成就孩子的六大素养，主要是通过提高自我认知获得。提高自我认知水平和能力，必须启动和利用人的本源性能力。而本源性能力要依靠"停一下"等

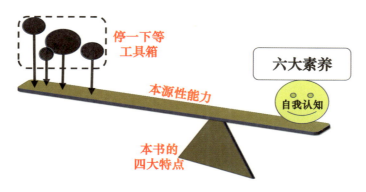

图 6　本书重要概念的关系图

工具箱应用的激发；要让工具发挥作用，有本书的四大特点（详见第一节）作为支撑，这些要素之间的关系见图 6 所示。

四、说明

1. 感谢曹丽清老师的指导

为了解决自身的问题，让自己活得明白，多年来我一直跟随曹丽清老师学习生命成长教育。从不明白到明白，从浅层到深层，将曹老师的思想体系，慢慢地通过实践吸收内化，总结形成了可掌握、可灵活应用的规律性方法，并经常跟人分享。我亲身经历和验证了曹老师的生命成长教育体系的成效和魅力，逐步地把自己定位为生命成长教育的践行者和传播者。

正是因为有曹老师的指导和生命成长教育的实践，我才有底气诠释六大素养的内涵，并整理出有效的应用工具和方法。

2. 案例的来源

本书是我生命成长教育实践的总结，因此，第一类案例是我自己经历的，我没有保留地奉献给读者。从另一个角度说明了我的学习心态，我不仅愿意打开自己的心结，也愿意接受各方面给我的改进意见和建议，还努力学习探索未知的领域。

第二类案例是我带小外孙女过程的案例。我自己当妈妈的时候，不懂得教育，现在是在弥补带孩子这一环。我把带外孙女不仅当作享受天伦之乐的机会，更是当作补课的契机。

第三类案例是在培训和社群学习中，一些家长和老师在自身生命品质、家庭氛围和亲子关系方面得到改善的案例。

3. 字体的应用

书中的案例比较多，为了便于阅读，案例的字体都用楷体区分。

张丽萍

目录

导入篇

第一章　孩子问题的认知与出路

一、要把孩子培养成什么样的人?

1. 成人成才的错误认知

当今时代，从家长到学校，评价孩子成人成才的标准在很大程度上取决于成绩，考试成绩排名靠前、考上重点学校、考上名牌学校等。

有些人让孩子参加比赛，需要在网上点赞或投票。为了让孩子获得更多点赞或投票，父母想方设法发朋友圈，让朋友转发。很多时候点赞的人并不了解点赞的对象和点赞的理由，只是为了帮助朋友家的孩子取得更靠前的名次。

这样获得的名次和成绩有什么意义? 朋友帮忙是帮还是害? 大家心知肚明，但是，大家趋之若鹜，都被卷进去了。

这样的做法到底给孩子带来了什么认知?

孩子会认为我好不好，不完全取决于我是否努力，只要爸爸妈妈帮我发朋友圈就可以了;会以为名次可以这样制造出来，可以不用努力。在未来的考试中，如果成绩不理想，他可能会埋怨家长不像发朋友圈一样帮他。这些家长乐此不疲的做法在不知不觉地伤害着孩子。

2. 成人成才的标准

2019 年 3 月 18 日，习近平总书记在学校思想政治理论课教师座谈会上说:"我们培养人的目标是什么要搞清楚，现在非常明确坚定地提出要培养社会主义建设者和接班人。"

2018 年 9 月 10 日，习近平总书记在全国教育大会上指出："社会主义建设者和接班人，定语就是'社会主义'，这是我们对培养什么人的本质规定。我们培养的人，必须树立共产主义远大理想和中国特色社会主义共同理想。没有这一条，培养社会主义建设者和接班人就不成立了。"

就是说，成人成才的标准是社会主义建设者和接班人。

什么是社会主义接班人？

首先，是树立共产主义远大理想和中国特色社会主义共同理想，这就是爱国立志。其次，是全面发展的人。成绩只是代表阶段性对知识的掌握情况，需要提升敬业、友善、诚信、感恩和孝敬等素养，以及运动、艺术等素养。

成人成才的标准偏差带来孩子行为的偏差。大多数的学生都把考上大学、找到好工作当作目标和志向。因为在学校教育中，考上大学是最重要的指标，尽管学校知道要培养孩子全面发展，但是很多时候无暇顾及。孩子的状态如图 1.1 的左边所示，仅仅用知识获得的成就，就像站在摇摇欲坠的高台上，随时都可能坠落。

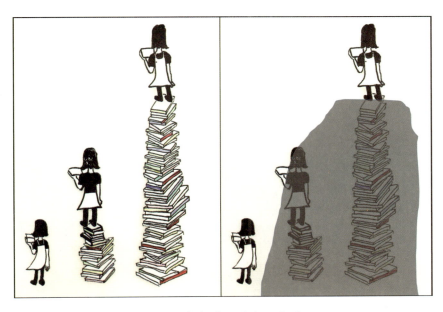

图 1.1　追求成绩还是全面发展？

只有像图右边的一样，注重孩子软实力的打造，促使孩子全面发展，有坚实的地基垒起的高山，才可以稳稳地站在人生的高峰上。

在图 1.1 左边的生态环境之下，孩子行为可能会出现以下的偏差：

◆学习成绩好，一俊遮百丑，其他都是次要的。孩子的心理压抑着、问题积累着，说不定什么时候就爆发，却不自知。

◆父母盯着写作业，越盯越磨蹭，越盯矛盾越激化。家长总认为是孩子的问题，不认为是教育方法有问题，也不知道盯着写作业，不仅是浪费家长的时间，更是在毁掉孩子的未来。

◆孩子除了玩手机、电脑是主动之外，做什么都是被动的，也不懂得珍惜拥有的。家长觉得是孩子缺乏自律和感恩意识，是孩子懒惰造成的。不知道孩子沉迷网络的真正原因是家长不合适的养育带来的。

◆孩子听不进、听不到别人说的话，显得固执、执拗、不明白、不懂事。家长认为这是孩子身在福中不知福，其实，很大程度上是家长跟孩子的沟通模式存在问题，导致孩子养成了听而不闻的习惯。

这些现象带来的后果：

现在，孩子逆反、厌学、抑郁、狂躁、躺平，放弃自己……

未来，孩子不会处理关系，社会化能力缺失，做事凑合、马虎，不珍惜拥有的，缺乏统筹的能力……即使考上名校，可以做出成就，却活得不快乐、不幸福。

我给很多企业和大学做"养成习惯的'母习惯'——整理物品"相关的培训，培训之前，我会去了解员工宿舍和大学生宿舍、教室。没有经过要求整顿的宿舍和教室的环境，一般都又脏又乱，不堪入目。

大学教室和宿舍居然是脏乱差的状态，怎么能培养出自律、有统筹思想、有责任、有担当的人才呢？一般来说，自己的生活态度是凑合、糊弄，走到哪里凑合到哪里，工作、生活、关系也一样会凑合。即使可以取得一些成就，也会因为各方面的凑合而活得不快乐。

二、为什么说孩子的问题不是孩子的问题？

1. 时代发展的过渡阶段

所有的事都不是偶然的。当今，许多人忽略生命成长的教育，这也许是时代的产物。如图 1.2 所示：

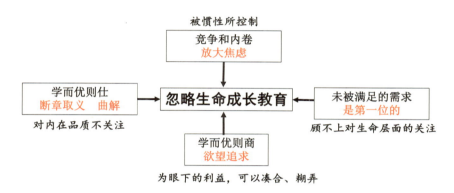

图 1.2　忽略生命成长教育的原因

在中国传统教育里，人们从小接受的是"学而优则仕"的思想，认为学习好了就可以当官，感觉当官是最体面、最威风的事。

"学而优则仕"源自《论语·子张篇》里子夏的一句话，子夏曰："仕而优则学，学而优则仕。"人们不但断章取义地只关注"学而优则仕"，而且，认为"优"就是成绩优秀。实际上，这里的"优"指的是有余力。也就是说，"学而优则仕"是学习中真正学到位了，如果还有余力或者闲暇，再出来做官。即学习、修身，做好自己，活得明白，有余力就可以进一步考虑做官。

只有人生志向明确，有责任、有担当，持续修炼自己，关注自己的生命品质的人，无论他是当公务员还是在其他任何岗位上，才有可能成为真正有社会价值的人。

改革开放以后，从"学而优则仕"的思想，衍生出来的另一种思想——"学而优则商"。在趋之若鹜地追求欲望满足的过程中，为了眼前的利益，可以凑合，可以糊弄，甚至不择手段。

曾经因为市场的长期压抑和物质的极度匮乏，在改革开放之前的几十年，包括改革开放的初期，未被满足的物质需求成为人们的第一需求，所以大家都是向"钱"看，顾不上心理和精神层面的满足，顾不上对生命层面的关注，以至于忽略了生命成长的教育。这个影响是深远的，当下仍在继续蔓延，预计需要再过几代人，才能逐步消除。

在追求物质满足的社会环境下，家长被社会污染和误导。而社会是由每个人组成的，大家都是在当下的集体意识和长期的集体潜意识的驱使下，互相污染着、互相误导着。整个社会产生了"剧场效应"，前面的人站起来，后面的人没办法就得站在椅子上，一层一层地越站越高。所以，焦虑在整个社会不断地被放大。

2. 时代变迁的烙印

时代变迁的烙印深深地刻印在当代人的身上。20世纪50年代至80年代出生的人们，在改革开放后，经历了太多的变化，家长与孩子的生命状态如图1.3所示。

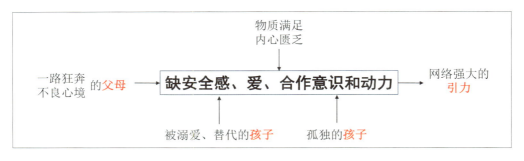

图1.3 改革开放后家长与孩子的生命状态示意图

一方面，时代的发展迫使作为父母的人们只能一路狂奔，大家都在忙忙碌碌地应对着眼前的不断变化；另一方面，大家都没有做好准备，跌跌撞撞地去适应着变化的环境和工作，加上原本性格的缺陷，激发出了诸多人性的弱点，产生不良的心境。

　　记得在 2004 年之前，我经常处在不良心境的状态中，很压抑、郁闷，莫名其妙地感到委屈、伤心和挫败感。加班，成为一个逃避情绪的借口。因此，必然带来对家庭关照不到位的各种问题。在当时的认知下，我不认为是自己有问题。在家里，总觉得是老公不好、孩子不好；在工作单位里，也觉得是这个人不好，那个人不对。总之，是大家对不起我。

许多人都带着这样的不良心境与人相处和教育孩子，可想而知，孩子的成长生态环境是什么样的。

还有一些人，因为忙碌，无暇顾及孩子，并认为孩子还小什么都不懂，就把幼小的孩子丢给老人带。隔代教育本身就存在着问题，加上长辈对教育的认知，往往还停留在过去的方式，当今时代的快速变迁，他们自己都没有跟上，没法用适应现代的方法教育孩子。而且，大多数上一辈人是从贫穷的日子过来的，他们本能地害怕孩子受苦，不舍得让孩子受一点点的苦和累，溺爱孩子就成为常态。同时，绝大多数的独生孩子没有玩伴，孤独的童年进一步遮蔽了孩子的天性。

这个时代的孩子，物质越来越丰富，物质完全或者超量得到满足的时候，内心却越来越空虚与匮乏。可是家长不了解孩子内在的需求，总是从过来人的角度去理解孩子。常常有人认为，现在的孩子太幸福了，什么都有，却身在福中不知福。他们没有意识到，现在孩子的幸福只是物质上的满足，人的真正幸福是心理和精神的归属与满足。

几十年前的独生子女政策，是我国的新生事物和特殊情况。对待这个政策，当时人们普遍缺乏独生子女的养育经验，大家都在尝试着。可是对独生子女的父母来说，他们只有一个孩子，大家都在试错中养育孩子，只能错了再纠偏，这也是一个客观的事实。

种种因素造成父母和代养人对孩子的不了解、不尊重，孩子的内在需求得不到满足，外在想要的要不到，或者总是超量地被给予，不想要的也是超量地被满足。孩子既没有得到真正的满足，又消化不了过多的额外负担，就产生"谁都不理解我，我说什么都没有用"的心理。这就是导致孩子缺乏安全感，缺乏爱，缺乏合作意识和学习动力的主要原因。

这时候，手机、网络、游戏等虚拟世界出现了，成为部分孩子心理的慰藉和情绪的出口。

我在帮助孩子和家庭教育的培训中，感知到孩子们并不喜欢自己沉溺在虚拟世界里，每个人都想活出样子来，都想舒坦地活着。但是，有些孩子心里的难受、压抑、不舒服无处安放，就安放在难得的可以自由支配的虚拟世界里。

当人沉溺在虚拟世界的时间长了，成为瘾症后，相当于人的精、气、神被虚拟世界给吸走了。停下来的时候，就愣在那里，不知道该干什么；对现实世界木木的，呈现出像老年人一样的状态，反应迟钝、丢三落四，经常想去做什么，有一点干扰就断片。总之，成瘾的人，身心不能统一，现实和所思所想不能统一，做事的次序、逻辑关系不清。

虚拟世界还有一个现象就是社会化水平低。在虚拟世界里，所有人是平等的，做什么事都是可控的。回到现实世界，不知道怎么跟人相处，总觉得人际关系复杂，处处碰到自己的卡点，控制不了自己的情绪。

这部分沉溺虚拟世界的孩子，生命是无力、无奈的，生命能量低，一旦沉迷进去了，靠自己的力量比较难拔出来，靠原来的环境和惯性的力量也很难走出来，除非环境发生改变。因此，通过父母的学习，改善家庭生态环境，就显得尤为重要，这是挽救这部分孩子的主要方法和途径。

其实，网络世界的拉力并没有那么大，因为孩子的心力和心量比较弱，轻轻的一些外在力量就能把孩子的注意力拉走了，手机、网络、游戏等只是替罪羊。所以，我们责怪手机，责怪网络是没有用的。这只是现象，真相是什么？真相是孩子的定力不够，或者叫心力和心量不够，这就是时代变迁产生的烙印。从某种程度上来说，网络对孩子的侵害，是家长教育失败的借口。

从某种意义上说，网络的虚拟世界，也许挽救了一些孩子的生命。因为，如果没有这个出口，孩子可能已经疯了或者有更加不好的后果，当然，这只是假设。每当我听着"不良少年"的故事，我常常对他们的父母说，你的孩子在这样的环境里，没有疯掉、现在还活着已经要谢天谢地了。只要孩子生命还在，只要孩子没有疯掉，父母愿意配合，孩子都是有希望的。

看到这里的读者们，请千万不要断章取义，我不是说手机、游戏、网络等虚拟世界就是不好的或者就是好的。我要表达的是，要全面地、一分为二地看待问题，不能孤立和绝对地看一个时代的现象。

现在，大家戏称，手机成为人们的一个"器官"，手机和电脑也成为我的"器官"，成为我与世界联结的接口，很多工作都需要在线上完成。因此，引导孩子从小有底线地使用电子产品是值得探讨的。

3. 孩子需求满足的失衡

在马斯洛需求层次理论的基础上，我做了一些调整，形成了可以说明当代人的需求层次，见图 1.4 所示。

首先，哪个层面的需求都需要得到满足，低层次的需求满足了，自然地需要满足更高层次的需求；如果更高层次的需求得不到满足，低层次需求的满足过剩了，没有更高层次的出口，慢慢地人格和环境都会变形。就像植物拥有肥沃的土壤，但是，缺乏空间，有的就会被憋死，或者变形。

人的底层需求满足过剩，看不到成长空间，导致内心变形，就是内心的压抑变成了各种害人害己的"撒手锏"。

如果有幸满足了高层次的需求，低层次的需求满足并不理想，但在满足高层次需求的同时，低层次的需求也可能在不知不觉中得到满足。还以植物来比喻，

图 1.4　人的需求层次

尽管底层的土质不好，有很多的沙石，而且还长着各种杂草。但是，有了长成参天大树的饱满种子，并有足够的空间和阳光雨露，慢慢地种子会发芽、生根、长大，大树的根须会自行往远处延伸去吸收养分，并不受表层土质、土壤的影响。

如果孩子的需求是为了上好大学、找好工作、娶个好媳妇、生健康的娃、上好学校……认为考不上大学，未来就没有好的工作，只能去打扫卫生，那么就没有好的未来。像这种把孩子的需求往底层拉是普遍的现象，这种现象灌输给孩子的是家长内心的匮乏和焦虑。这时候，不能说精神追求不存在，它只是不再被关注了，被物质给盖住了，精神追求的那套系统下线了。

其次，孩子一般不缺陪伴的人，缺的是用心关注和关爱。孩子的需求得不到有效回应，家长没能满足孩子成长的基本需求。也就是说，尽管有人陪伴，但是陪伴不到位，给予的是表层的过度关注和关爱，其实是不了解孩子内在成长规律和生命成长的需求，以"我以为"的方式爱孩子，剥夺了孩子锻炼与自主的机会，压缩了孩子的生命空间。

过度关注和缺乏关注，都是陪伴不到位的表现，这两个极端对孩子成长都无益，都不是真正的爱。真正的爱是有效陪伴，处于中间，是有效地回应孩子的需求。如图 1.5 所示。

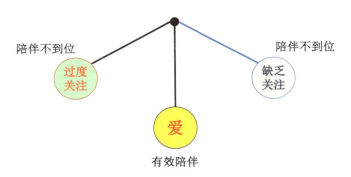

图 1.5　两个极端的陪伴都不是真正爱的陪伴

例如，我在陪伴一岁半小外孙的时候，他还不怎么会说话。一天上午，他不断拍着沙发，并围着沙发来回走，嘴里不断发出我听不懂的声音。

我去感知他的需求。我知道了，他要昨天在沙发上玩的那一盒橡皮筋，我拿了那一盒东西给他，孩子立马高兴得手舞足蹈，像昨天一样不停地倒出来装进去，饶有兴趣。

有时候，孩子会显得烦躁，我感知到需要跟他一起玩起来，而不是觉得孩子可爱，在玩他。

我体验到，这就是能够理解孩子没能说出来的需求，并满足他。

又如，最近我带外孙女回老家，在她跟亲戚小朋友玩的时候，常常不开心、闹别扭。我对孩子产生了评判，并有意识地想引导她要合群、要……还没等我说完，孩子更不高兴了，说："姥姥，我不想听！"我很纳闷：到底是怎么啦？

我常常说，孩子的问题不仅仅是孩子的问题。因此，我反思：我怎么啦？

最近我很忙，只要能坐下来，就在电脑前工作。在她面对陌生的环境时，有些不懂、不会的地方，我没有去理解和帮助，而是要求和说教，让她更加感到无助。

今天我放下所有的工作，好好陪她，并且带她一起安装刚买回来的小床等东西，我尽量地让她搬动东西、拧螺丝钉、整理现场。热火朝天地干了约两个小时，她开心地说："姥姥，我喜欢你现在这样的，前几天的样子我不喜欢。"

孩子又给我上了一课，漫不经心、心神不定地带孩子，特别是在孩子处在陌生环境中，没能给予理解和支持，造成孩子行为的偏差，接着怪罪于孩子，给他贴标签等。孩子的不良行为就是这么被制造出来的。

最后，如果把成就感无限地放大，把利益和地位当作追求的成就，那就是把需求往底层拉，付出精力得到成就的同时，还需要耗费精力去抵消低层次欲望的拉扯，因此就会很累。

同样是追求成就，如果为的是生命的成长，为的是利于更多的人，为的是与更大整体联结的使命感，那么，更高的需求层次拉着成就需求，会更容易得到成就。

所以，孩子从小要有高层次的需求，并创造条件得到满足，就相当于种下饱满的可以成材的种子，并给予孩子足够的成长空间。

20 世纪 50–70 年代，物资相对匮乏，物质需求不能得到满足，尽管在关系层面，人们还顾不上情感的需求，原生家庭普遍缺爱。但那时候的孩子一般是放养的，有玩伴，还有大自然的陪伴。所以，哪怕被父母打骂了，只要到外面去疯跑一会儿，或者能吃饱饭，烦恼和痛苦很容易就释放掉了。

更重要的是，那时人们内心普遍都有点理想，许多人都拥有崇高的使命感。同时，由于当时人们都处在物质匮乏的状态中，大家彼此彼此，少有内卷带来的焦虑。

过去虽然物质匮乏，但因为精神需求相对是满足的，所以没有出现像现在这么多的心理和精神层面的问题。见图 1.6 上半部分所示。

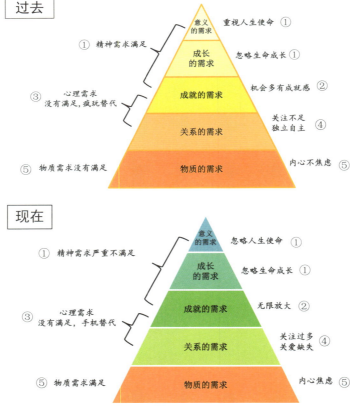

图 1.6　过去和现在需求的变化示意图

现在的需求状况如图 1.6 下半部分所示，物质需求已经满足或者过剩，而意义感和崇高感的精神需求是稀缺的奢侈品。同时，成就感需求被无限放大，又存在关注过多的溺爱与真正关爱缺失的现象，家长在养育孩子过程中物质上完全或过度满足，但内心充满了焦虑……种种因素导致孩子需求满足的失衡。

根据图 1.6 汇总过去与现在需求的变化，见下表。

过去和现在需求的变化汇总表

序号	过去	现在
1	重视人生使命，精神需求比较满足	忽略人生使命，精神需求严重不满足
2	机会多，成就感比较强	成就需求无限放大，成就感相对弱
3	物质需求不满足，通过疯玩和吃饱饭来替代	心理需求不满足，通过手机等来替代
4	关注不足，获得独立自主能力	关注过多的溺爱，实际上关爱不足
5	物质匮乏，物质需求没有满足，但是大家都一样，内心不焦虑	物质丰富，物质常常是过度满足，但竞争、比较导致内心焦虑

由此可见，我们需要加大力度重视生命成长教育，加强人生意义和使命感、崇高感的爱国立志教育，以满足生命成长的需求和意义感的需求。

三、孩子问题的真相是什么？

现在的父母，不能说不重视教育，但是，不知道要怎么重视，这造成了孩子的生命没有得到有效的尊重。主要有三方面的真相，见下图 1.7 所示。

真相一：孩子在被控制中长大

20 世纪 80 年代以来，近四十年的独生子女政策，加上社会环境的不安全，导致家长对孩子的担心、焦虑大大增加。因为只有一个孩子，家长把所有的期望

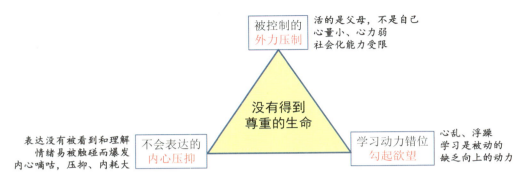

图 1.7　孩子问题的真相

都寄托在这个孩子身上，产生了"剧场效应"，担心孩子输在起跑线，大家争先恐后地往前挤、往高处站，最后就把压力转嫁给了孩子，造成了孩子在学习上被过度要求。

在家里，孩子"只要好好学习，其他的事都不用管"，从小被养成以我为中心，以我的学习为中心，可以两耳不闻窗外事。因此，心量小，心里容不下他人；心力弱，承受不了压力、经历不了风雨，谈不上具有为大众服务的格局；社会化的能力受限，不会做事，不关注别人的需求，不会跟人相处。这时候，指责孩子为什么不负责任，这么大了怎么这么不懂事，似乎有点不太公平。

其实，孩子原本都是想学的，不需要家长督促。例如，2023 年对一个学校的高三学生做了调研，发现很多学生要求学校安排分批吃饭避免长时间排队，节省时间；晚上不影响他人前提下，允许多看一会儿书。

真相二：学习动力错位

许多家长不是引导孩子为了树立远大的理想和志向去努力学习，而是把孩子工具化，为了考好成绩、上好大学、找好工作、挣大钱等个人利益而努力学习，孩子的内在需求被拉到比较低的利益层面。

就像图 1.8 一样，左边是用奖惩、过度赞美、名次等勾起孩子的欲望，为了欲望而努力。一段时间后，孩子就会厌倦，觉得没有意思。只有让人感到事情可以促进个人的成长，可以给他人带来好处的意义感和价值感，才具有向上的力量，

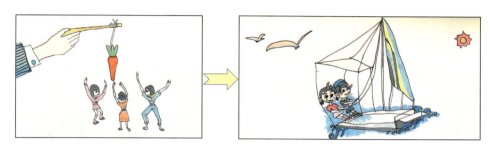

图 1.8　为欲望与为意义做事的区别示意图

让人充满热情去学习和做事。就像右边的图一样，孩子是开心地向上升腾，拉高孩子的需求层次。

如果没有拉高动力，而是孩子成绩好了，奖励他去旅游，奖励他一双鞋、一顿好吃的，或者奖励他看手机、玩游戏。这是在激发孩子的欲望，把原本是有兴趣的学习变成了交换，导致孩子心乱了、躁了、浮了。学习和做事变成被动的，生命本身需求的更高格局的向上动力就被抹杀掉了。

真相三：不会直意表达

孩子小的时候在哭闹，如果需求没被看到，没被理解，内心产生孤独、沮丧、失望而更加愤怒的情绪，却不知道怎么表达。这些看似很小的事，但可能带来内心的压抑，对孩子来说，可能影响他的一生。

特别是孩子到了青春期之后，情窦初开、陷入情感困境，少男少女的性征出现，没人向他们解释性征出现是怎么回事，性能量增长、荷尔蒙无处安放……面对一系列现象难以启齿、不会表达、无处表达。性与情感这股混杂的能量，无处释放，就很容易让孩子迷茫、抑郁甚至崩溃。

一般的压抑，会形成自己都不喜欢自己、让别人排斥嫌弃的形形色色的"撒手锏"，比如生气、暴怒、拉脸、不理人、自怜自艾等。那些杀人放火、偷、抢、贪、骗的犯罪的人，基本都是过度压抑，内心有极度的不满足感，而产生严重的不自控行为。

相反，得到良好陪伴和回应的孩子，尽管曾经也有压抑、有受伤，但因为得到的爱是足够的，有机会释放，内心是富足的，为人也会比较柔和，容易接纳外在的世界，走到哪里都容易被接纳。

曾经看到一段视频：

> 一位爸爸在给小女儿梳头，大女儿（4 岁左右）突然哭着说，她也想要爸爸给她梳头。面对大女儿的需求，爸爸并没有嫌她不懂事，而是马上抱起她进行了教科书式的安慰。
>
> 首先，他问姐姐："怎么了？"得知姐姐是担心自己不给她梳头之后，他马上觉察到姐姐的情绪和需求，爸爸和她商量着说："我能不能先给妹妹梳头，再给你梳头？"
>
> 姐姐答应后，爸爸又问她："想不想一起给妹妹梳头？"并且多次强调："我不会忘记给你梳头的。"
>
> 爸爸一边给妹妹梳头，一边征求姐姐的意见，让姐姐更有参与感，不会觉得自己被忽视。
>
> 接着，在给姐姐梳头时，爸爸再次询问姐姐的想法，并尊重她的意见，绑好头发后，爸爸不断地夸姐姐："看起来真可爱。"确认说："你现在感觉还好吗？"并且再次向姐姐表达了对她的爱。

有网友表示，这位爸爸的做法太温暖了，既关注和安抚了孩子的情绪，又良性引导了两个孩子之间的关系，这是一个所有委屈和期待都可以得到回应的家。

还有网友说，自己从未受过这种平等的对待。一般情况下，当孩子向家人索求爱或者跟兄弟姐妹起冲突时，家长的第一反应往往不是回应孩子的情感需求，而是责怪和教育孩子："怎么这么不懂事？"或者说："你是姐姐/哥哥，都这么大个人了，有什么好哭的？不要跟弟弟/妹妹一般见识。"

美国心理学家乔尼丝·韦布认为，在家庭中，当一个孩子的情感需求长期得不到养育者足够的关注、接纳和回应，那么，这个孩子将学会隐藏或压抑自己的真实感受，有需求不敢提，委屈地把哭声调到静谧，长大后会缺乏爱和安全感，并会通过各种方式弥补这种缺憾。相反，如果一个人从小成长在充满爱，能及时回应情感需求的家庭里，他的性格会多一份阳光，会充满自信和有安全感。

　　心理学有句名言叫作："无回应之地就是绝境，回应是最好的爱。"父母应该像一个巨大的心理容器一样，接住孩子的眼泪、悲伤、无助，包括孩子的攻击。一般情况下，孩子的哭闹一定是有原因的，要去观察和感知他到底怎么啦。如果是大一些能够自我表达的孩子，可以直接问到底发生了什么。

　　如果不理解孩子的成长规律，不知道孩子情绪背后的真相，没有感知到孩子在呼唤家长的爱；而是用大人"我以为"的方式对待，用权威式的指责、要求或压制，就切断了爱的联结。那么，孩子的内心就积累着嘀咕，积累着表达不出来的压抑。这些都是未来生命的卡点，一旦被触碰到，就产生情绪的爆发。

　　　　曾经我带女儿的时候，就是用我认为无比正确的"我以为"的方式对待她，是我先生弥补和包容了我的无知，让女儿相对比较健康地成长。

　　　　知道了原来是自己不会，经过学习，我在小外孙女身上重新经历和实践。几年来，孩子从来没有莫名其妙地撒泼打滚，一旦遇到她有情绪的时候，我总会去感知、去问到底发生了什么。如果在情绪还没有平复的时候，我就抱抱她，允许她哭一会儿。她有时候在哭的时候，会说："姥姥，我想哭一会儿。"我说："好的，允许你哭一会儿。"哭完了，释放了以后，我再问她发生了什么，需要姥姥做什么。

　　所以，她不需要用夸张的撒泼打滚来表达她没有满足、没有被看到的愤怒情绪。

　　以上三个真相的核心就是孩子的生命没有得到尊重。因为生命没有得到尊重，从而孩子被外力的压制所控制、内心压抑着不会表达、动力又是错位的，导致孩子的感觉、觉察、觉知、感知等本源性能力的丧失。这就是现代的孩子敏感、易受伤，有问题的孩子比例比以前高的又一重要原因。

　　大多数家长是爱孩子的，对孩子的生命看得比自己的生命还重，那么，为什么孩子的生命得不到尊重？

　　我的老师曾经说："人到42岁之后，对孩子才有真正的爱。"也就是说，42岁之前，人的躁动尚未平息，人的感知力相对比较弱一些，父母对孩子的爱也会有瑕疵，这是人类生命的规律。

　　大部分家长在年轻的时候都不知道如何用心，对孩子内心的需求感知不到。在孩子小的时候，凭惯性简单地去控制他，不允许他真意表达，或者不给真意表达的机会，那么不表达的能量就一直被压抑着。孩子小时候得到什么样的对待和陪伴，到了他有力量的时候，全都原样返还，或加倍返还，让家长受不了，这就是孩子"逆反"的真相。

　　当孩子大了，家长因搞不定孩子感到苦恼，那就请家长对自己说："当时，我是怎么对待孩子的，现在孩子只是把东西还给我而已。"

　　"现在，我是否有能力处理好跟孩子的关系？是否有能力支持孩子的成长？"如果答案是否定的，那就是孩子在提醒你，你已经跟不上孩子成长的步伐了。解决问题的唯一途径就是学习，自我成长了，能力提升了，家庭的生态环境得到改善，关系就顺了。

　　还可以跟孩子好好商量："原来我不知道怎么带孩子，不知道怎么陪伴你；也不知道怎么跟你沟通，没能理解你、感知到你，对不起！我知道，你现在要把我原来的东西还给我，你是否可以缓一点、慢一点，或者你告诉我一下，我需要逐步地学会去接住。"平和地、慢慢地跟孩子沟通，去疏通堵塞的亲子关系，修复亲子关系。

　　修复跟青春期孩子的关系，也是疗愈自己的过程，如果没有机会修复，青春期过不好的人，一辈子都在过青春期。这就是为什么有人四五十岁了，甚至八十多岁了，还是愤青。因此，如果有机会，借助孩子的青春期，好好来梳理自己的青春期，然后重新来疗愈自己。

　　孩子的生命没有得到尊重，这个问题是否可以说是作为父母的错？其实，现状就是现实，现状本身没有对错。现在能做的就是接纳现状，接纳自己。因为，曾经没人告诉我们要怎么做，我们能活成现在这样，已经挺不容易了。然后，在现有的基础上去调整和成长。

　　我是四十多岁的时候因为跟明师学习，慢慢才明白这些道理。明白后，我跟先生和女儿道歉说："对不起，原来我活得不明白，我各种的要求和控制，让你们都很不舒服。"我女儿后来常常说，老妈现在真的跟以前不一样了。

四、孩子问题的出路在哪里？

老师是公认的教育者，而父母是孩子的第一任老师，家庭教育是奠定孩子人生的基础教育，因此，家长是天然的教育者。作为教育者的家长和老师需要做对两件事。

第一件事：觉察自己的状态

收到孩子的提醒，开始学习。只要是不舒服了，一定是卡在哪里了。这时候，去觉察自己的状态，并开始学习和调整。把孩子不合适的行为，当作给自己的提醒，这个过程就变得有价值了。很多父母的学习，都是从这里开始的。

接纳自己，调整言行，不要自责。如果搞不定孩子了，或者通过学习认识到自己的教育做得不对，不需要内疚，觉得对不起孩子、对不起家人。内疚是负能量，会让人没有能量去学习和调整。只需要看到自己曾经有不合适的行为，为自己的行为说对不起，而不是停留在后悔、自责里，关键的是思考下一步怎么做。也正因为有曾经的不合适，才有现在的学习成长机会。

要感知自己、感知孩子。只有感知到自己，才能感知到孩子。很多时候人感知不到自己。人们经常会津津乐道于领导的问题、孩子的问题，配偶的问题，说的都是别人的问题，唯独没看到自己的问题。不厌其烦地说别人的问题，目的就是证明自己没有问题。

觉察自己的行为、感知自己的状态，是需要训练的。

在课程中，我曾经在现场做过一个情景演示：

我扮演孩子的妈妈，一个妈妈扮演她的孩子。孩子在写作业，妈妈一会儿弄弄他的头发，说他的头发乱糟糟；一会儿拉拉他的袖子，说他衣服没有好好穿整齐；一会儿看看他作业，说他作业写得这么慢、字写得这么潦草；一会儿拿着水杯让孩子多喝点水；一会儿拿个苹果过来让他吃苹果……

一般情况下，这样的情景演示一遍，扮演孩子的人就会有感觉，感知到作为父母这样对待孩子，其实是在打扰孩子，会让孩子很烦。曾经有个妈妈演示了两遍，她居然都没有感觉，还继续说："我女儿回家就不爱写作业，总是看手机，怎么督促都不听……"旁边的人都笑了，她还不知道是怎么回事。

我跟她一起做了第三次演示之后，她深有感触地说："如果我是孩子，你这么打扰我，弄得我不太舒服。其实，我就是这么对待我女儿的。"这时候，她对自己的行为才开始有了感知。

很多家长都感知不到自己，不知道自己怎么了，总是被情绪所控制，并且还极力证明别人的错误，其实越是自己有问题的人，越想解决别人的问题。

第二件事：听懂孩子的表达

其一，放下高高在上的说教。成人总觉得自己比孩子懂得多，就期待孩子的行为都符合他的意愿，一旦不符合了，就开始说教，根本不知道孩子到底愿意听什么。期待把孩子塑造成听话的样子，不接受孩子的行为不符合自己所想的样子。孩子被说教的时候，其状态如图 1.9 所示。

有个大孩子说：

图 1.9　孩子被说教时的状态

　　我爸"阳"了以后，在公共区域锻炼身体，不戴口罩，我说："爸爸，您不能不戴口罩。"

他显出一副说教的样子，说我谨小慎微，哪有那么多病毒。爸爸又开始脑补我谨小慎微引发的严重后果，他说："你也太小心谨慎了，那你以后都不要出门啦？这个样子，你办啥事都办不好。" 面对我爸的那副"我是对的，你就要听我的"的样子，以及给我扣"谨小慎微"的帽子，还严肃、认真地打压我，我好无奈。

很多时候，爸爸对我的讽刺和说教，我都不想计较那么多，我忍一忍就过去了。可是，他根本不知道他这么对我，给我带来的是什么？

　　我现在开始产生一种感觉，只要在家里待着，随时有可能遭到父母言语的抨击，因此，我不想在家待着了。

　　我知道，改变别人很难，只能改变自己，爸爸的思维和习惯本来就是这样，我只能接纳，只是一时不知道该如何接纳。

　　我也知道，有时候我自己太敏感了，以后对我爸说的话，不要太在意了，只是现在还做不到。

　　这是一个典型的爱孩子，却不清楚面对孩子该说什么、做什么的爸爸，凭惯性高高在上地说教，对孩子的教育只能是适得其反，得到的是进一步的排斥。就是说，如果不是在了解、尊重孩子的基础上说教，自己在孩子心目中的形象就贬值了。

　　下面是一个我学习改变之后，不再说教，而是设法听懂孩子表达的例子：

　　女儿因工作地点变更，打算搬家。前几天，女儿带上中班的大宝去新幼儿园面试。面试中，面对老师的问题，大宝说话声音很小，而且东张西望，每个问题都要过老半天才回答。女儿、女婿虽然有点着急、无奈，但是没有表现出来，从幼儿园出来，女儿问大宝，为什么不好好回答问题。她假装没有听见，不回答。

　　晚上，女儿跟我说："孩子跟人沟通太没有礼貌了，是不是该教训她一下？"我很理解女儿的心情，我说："先不要教训她，一定是有什么原因的，我再问问到底是怎么回事。"

　　大宝睡觉前，我问了一次，她还是不回答。

　　第二天早上，有充裕的时间，我看大宝的心情也比较好。我说："我们说说悄悄话，好吗？"

　　她开心地说："好啊，我们说悄悄话。"

　　我悄悄地问："昨天到幼儿园面试的时候，发生了什么？"

　　她在我的耳边悄悄地说："你知道吗？我们一进门，爸爸就皱眉头。后来，爸爸问，一天能不能保证两小时的户外运动。老师说不行，爸爸又皱眉头了。"

我说："你不喜欢那个幼儿园，对吗？"

她说："老师问我，喜欢这个幼儿园吗？我说，喜欢。其实我不喜欢。"

说完，我们两人哈哈大笑，我说："你这个小鬼头，其实你心里什么都明白。"我逗她在床上打闹了一会儿，她很开心。

玩好了以后，我跟她说："以后有什么，你要直接跟妈妈说。要是不说，妈妈不知道你心里到底怎么想的，会让妈妈着急的。"

她说："那好吧，我今天就跟妈妈说。"

我说："这就对了，这也是有话直说。"

原来，孩子是不想去那个幼儿园，她没有好好回答问题其实就是她的真实表达。

如果不问，真的不知道小家伙心里想的是什么。如果这件事上，她被指责了，孩子也说不清到底是怎么回事，只能感受到愤怒和委屈。

很多人的愤怒和委屈就是在小的时候，由一次次不理解的批评、指责，甚至打骂积累而来的，并存储在身体里，变成一个可能影响一辈子的情绪卡点。

当然，孩子这种对不喜欢的事情就拒绝的表达方式，是不合适的。对这么小的孩子，没法直接纠偏，更没法用说教让她明白。但是，只要关注到了，慢慢教会她直接表达，就是在调整并顺道种下直意表达的种子。如果不帮助她直意表达，那么，不表达的表达方式就会变成孩子的惯性模式。

实际上，孩子有时候比成人更有智慧，他们心里是明白的，只是他们不会表达。家长需要去感知孩子言行真正要表达的是什么，最简单的方法是在合适的时机，耐心地去问孩子到底发生了什么。

影响孩子言行的因素太多了，他们每天可能发生的事，也是无法预料的。作为家长，只能尽量给孩子好的陪伴，出现问题，设法去了解和感知到底发生了什么，从发生中听懂孩子的表达，然后在陪伴中、在游戏中去调整孩子的行为。

这个过程既帮助了孩子，又可以减少可能的伤害，让孩子长大后，在自我疗愈的过程中简单一些。

其二，停止对孩子的诅咒。人都有不同程度的恐惧和焦虑，都是因为自己的不懂、不会、不可控造成的。父母不会，孩子一般也不会。父母没看到自己的不会，需要学习，然后教给孩子；只是看到孩子的不会，产生了担心和焦虑。经常担心孩子饿了、冷了、热了、生病……还担心孩子考不上大学，担心孩子出意外，担心孩子未来过得不如意……

孩子的天性是忠诚父母的，父母越担心，孩子越做出符合父母担心的样子，活成父母心里经常想象的样子来，以此来证明父母的担心是对的，因此，父母的担心无形中变成了对孩子的诅咒。

孩子要是考试考好了，或者得到某方面的认可，父母怕他以后不能继续得到这个成绩，就提醒他别骄傲。这可能让孩子一辈子不敢骄傲，得到什么都不敢高兴，久而久之就不懂得高兴了。因此，就算得到什么成就，都没法感知到喜悦与幸福。

孩子的问题不仅仅是孩子的问题，不要指望直接改变孩子，而是给孩子空间和环境。下面是一位老师学习生命成长以后写的一篇觉察日记。

一个孩子，被查到躲在厕所抽烟，我该怎样处理？没学习之前的我，肯定会这样教育他："你知不知道你抽烟对集体损害多大，德育评分扣了 5 分呐。你不想你自己，你不想想这个集体吗？罚你写 5000 字检讨，看你还敢不敢再给班级扣分！"

通过学习，我知道了要从了解入手，并且不能光自己说，还要让学生说出老师想说的话。

我问："你是什么时候开始抽烟的？"

学生："两个月前吧，和伙伴出去玩的时候。"

我："你觉得你现在对这个上瘾吗？"

学生："应该没上瘾。"

我："你为什么想抽烟呢？"

学生："他们都抽，不抽不合群吧。"

我："你为什么希望和他们合群呢？"

学生："不知道，我这种人别的群体我也融不进去啊。"

我："趁着还没上瘾，咱们把烟戒了吧，我相信一定会有不抽烟的群体接纳你。"

学生："行，我可以试一试。"

我："为了完成戒烟这个目标，我会在你抽烟时适当对你进行一些惩罚，你能接受吗？"

学生："好，毕竟也是为我好。"

以前，我是作为一名裁判，在告诉他，这样做不对，应当吃一张"红牌"，而现在，我作为一名教练，让他看到自己，并激发改进的意愿，再引导他做出积极的改变。前者是一种机械的判定，只有对错、惩罚，没有温度，而后者是一种积极的引导，有愿景，有关怀，更有明确的努力方向。

老师不仅教他们知识，更要指导他们成为有更好发展的人。他们此时可能是一只丑小鸭，与标准有差距，但老师不能否认他可能会成为白天鹅。虽然他们此时可能令人头疼，也要看到他们走在改变路上的背影是那么可爱。

孩子的错误行为，未必是不良动机，有时一些好的动机也会导致不好的事情产生，毕竟他们是孩子，老师需要点亮孩子心灯，照见孩子自己的路。

作为老师或家长，能够看到事情背后的真相，调整就在发生；老师或家长调整了，孩子自然就调整了，这是一种系统扰动。

经常有人说："我变了，什么都允许他，而他不改变，他就上天了？"我说："你按照学习的去践行，看看他是不是会上天？"

有一个游戏可以很好地说明系统扰动的原理：

10-50人，大家随意在一个空的场地里，每个人确定两个其

图 1.10　活动示意图

他的人，跟他们保持等边三角形距离，互相不知道谁盯着谁，每个人在这个系统里可以任意走动，但不能停下来。不管如何移动，都一致保持等边三角形的距离。见图 1.10 所示。

这个系统里，任何一个人的移动，全场都会动起来。有一个人停下来，慢慢地，系统都停下；有两三个人停下，系统更快停下。

同样，一个家庭，只要有一个人变化，整个系统都会随之变化。一个班级班主任的变化，会快速地引发全班同学的变化。一个团队、一个组织有一个人变化，整个系统都会变化。

素养一：立志篇

第二章　为什么要立志

一、人的一生要怎么活?

1. 人生的六个阶段

人的一生可以分为六个阶段,而人生的阶段和各个阶段的年龄都不是标准的,特别是幼儿、童蒙和少年阶段的划分是因人而异的。如图 2.1 所示,图中的年龄段也只是暂且这么定。

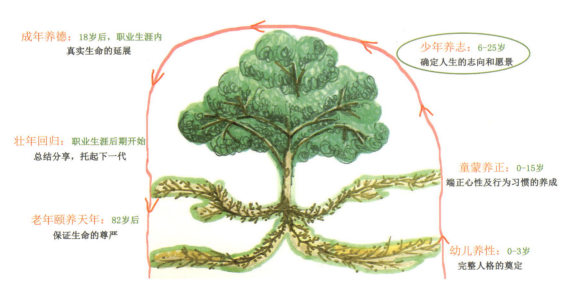

成年养德: 18岁后,职业生涯内
真实生命的延展

少年养志: 6-25岁
确定人生的志向和愿景

壮年回归: 职业生涯后期开始
总结分享,托起下一代

童蒙养正: 0-15岁
端正心性及行为习惯的养成

老年颐养天年: 82岁后
保证生命的尊严

幼儿养性: 0-3岁
完整人格的奠定

图 2.1　人生 5 个阶段的示意图

第一阶段：幼儿养性（0-3岁）。养性，指的是养护孩子原本的天性，减少被污染和遮蔽。孩子性格、性情的品质，在很大程度上取决于原生家庭、主要的代养人、先天的身体状况、排行位置，以及大环境的状况。

意大利著名的幼儿教育家玛利娅·蒙台梭利说："人生的头三年胜过以后发展的各个阶段，胜过三岁以后直到死亡的总和。"这个说法跟中国人常说的"三岁看大，七岁看老"同出一辙。也就是说，人在三岁之前这个阶段在很大程度上决定了生命的底色。

第二阶段：童蒙养正（0-15岁）。养正，是指培养孩子拥有优秀的品质，体现在各方面的习惯上，好习惯是从出生就要开始培养的。

第三阶段：少年养志（6-25岁）。养志，指的是在日常生活和学习中，潜移默化地引导孩子明白人生的意义、拥有远大的志向。如果志向没有树立，一辈子都将缺乏人生的定力。

第四阶段：成年养德（18岁后，职业生涯内）。养德，指的是认识和弥补前面幼儿、童蒙和少年三个阶段的缺失，这是一辈子的功课。成年人在生活和工作中需要拥有相应的能力及合适的心智状态。任何一个阶段的缺失都将影响成年人的做事成效。因此，养性、养正、养志的成效决定了一个人的成就和人生的幸福程度。

第五阶段：壮年回归（职业生涯后期开始）。回归，指的是不再处于打拼的状态，从事知天命的事。从退休前夕到退休以后，拥有丰富的经验，还有体力和精力，这时候能够总结前面的经验和教训，帮助年轻人，托起年轻人成人成才，这是年长者的社会责任。

第六阶段：老年颐养天年（82岁之后）。颐养天年，指的是关照自己的身体，少给子女添麻烦，尽量让自己能够善终。80多岁以后，相对体弱气衰，最终能够保证生命的尊严，减少给孩子和社会带来的麻烦。当然，生命尊严是在年轻的时候就要开始准备，到了高龄后，木已成舟，很难再改变什么。

从以上人生的六个阶段可以看出，少年养志是一生开启的"破壳"。这时候的志向得到滋养，后续就可以少走弯路。这既是个人的需要，也是社会资源得到充分利用和发展的需要。

2. 人生走向与志向的关系

一个人的生命状态和人生走向，跟预设的方向有直接的关系。一旦有意义的方向清晰了，不管怎么走，都能够实现甚至超越原来的目标，哪怕不能完全实现，在这个过程中也会有成长的喜悦和崇高感，这才是做事真正的收获。因为，做事为的是那个有意义的方向，而不完全是为了某个具体的目标。

相反，如果没有明确的、有意义的方向，也会有目标，可是一旦目标实现了，或者目标没能实现，都将因为失去方向而陷入迷茫。同时，不管目标是否实现，努力只是为了具体的目标，而没能从实现目标的过程中得到成长的喜悦。即使目标实现了，得到的快乐也只是暂时的。

几种人生走向与志向的关系，如图 2.2 所示。

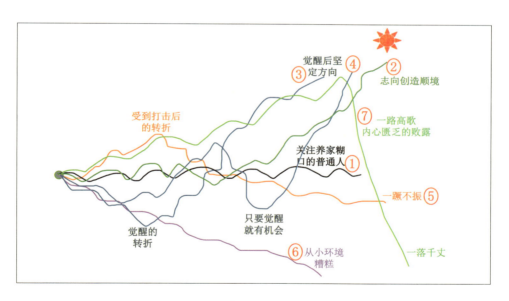

图 2.2　人的生命品质与志向的关系示意图

第一类，是绝大多数人的生命品质状态。只关注养家糊口过日子的普通人，一辈子生命状态说不上好，也谈不上不好，只是没有什么大的成就。他们没有危害他人和社会，其实，这也是一种普遍的价值观和一个人的志向。

我的父辈也是这样的普通老百姓，他们生活在偏僻的农村，最大的心愿是维护好家庭，让孩子能够幸福生活，期望一代更比一代强。

第二类，也许曾经并不清楚为什么学习、为什么要努力，但一旦有了人生志向，清晰了人生目的和使命，其生命品质会一路稳稳地上升。一个有良好生命品质的人，外在的成就一定不会差。

例如，我的生命经历，曾经只是为了家庭、为了孩子、为了得到认可而努力工作。46岁那年，我正式立志，清晰了人生的目的和使命，走上了生命成长之路，生命品质持续得到提升。我还在继续学习和修炼自己，以期得到人生的善终。

第三、四类，人生过程有大的起伏。但是，不管在什么年龄段，他遇到挫折后醒悟了，或者有幸遇到人生导师，对自己的生命有了觉醒，并且立了志向，有了坚定的方向，从此生命状态一往无前。

《韧性》的作者张晓萌，学习成绩一直很好，在美国获得博士学位，成为年轻的终身教授。但是，她不知道为什么努力学习、为什么出国读博、为什么要成为终身教授。解不开很多的"为什么"，就抑郁了，暴饮暴食，体重超过100公斤。当她弄清了"为什么"，清晰了人生志向之后，体重恢复到60公斤，并成为人生导师。

第五类，可能一开始是成绩优异的好孩子，因为没有清晰的志向，生命缺乏弹性。只为考试成绩，以成绩作为成才的唯一标准，缺乏社会化的训练，受到打击以后，一蹶不振；或者纯粹追求舒适、活在自我的世界里，不愿意突破与成长。因此，一辈子碌碌无为，觉得怀才不遇。

1978年，中国科技大学首届少年班共招生21名，其中，13岁的宁铂、

13 岁的干政、11 岁的谢彦波，合称为"三大神童"。

宁铂，2 岁背古诗，3 岁识百数，4 岁学会 400 多个汉字，6 岁学习《中医学概论》并且能够开出合理的药方……本科毕业后，他曾前后三次参加研究生考试，但每次都以弃考收场。

干政，展现出超强的心算能力，让主考官大为惊叹，没有任何悬念，他被录取了。由于与导师相处不睦，读博被劝退。他不会处理人际关系，不知道学习为了什么，后来患上了精神类疾病，至今仍依靠父母的退休金度日。

谢彦波，上课的时候从来不做笔记，课后也不做作业，但是，成绩一如既往地占绝对优势地名列前茅。像难度比较大的统计热力学，大家都在忙着复习，只有他一个字也不看，但成绩一出来，他考了 98 分。这样的天才，却由于跟导师没法合作，读博士两次被老师劝退，最后在母校任教。

第六类，从小生活在糟糕的环境里，又没有机会遇到能够帮助自己的贵人，也没有机会树立人生的志向，让生命得以反转，一辈子的生命品质都是卑微的、痛苦的，或是充满了暴力，一直活在悲催的世界里。

那些极端案件的罪犯，大都是在这样的环境里长大的。

北大学子吴谢宇弑母案震惊全国。他有一个充满负面情绪、焦虑、悲伤的母亲。他从小做错事，妈妈不打他，只是扯自己的头发，打自己的耳光。他有一个战战兢兢地活着的父亲，罹患肝癌，42 岁离世。

他说，他自己只是一部"考试机器"，除了会考试之外一无是处。考试是他对父母唯一的意义："幸亏我活在应试教育体系里，而我又恰好很擅长读书考试，在这体系里我考了第一名就万事大吉了，同学羡慕、老师喜欢、爸妈为我骄傲，我这第一名就足以对爸爸妈妈有意义，足以为爸妈争光，足以获得各种荣誉，足以掩盖我其他的问题……"

由此可见，吴谢宇的生活环境和学习的动机，包括他个人的身体问题，导致他人格扭曲，做出极端的行为。

第七类，人生一路高歌，或者从艰难升到一定的高度，从表面上来看，做出了不小的成就，光鲜亮丽。但是，因为没有志向，他的精神世界是匮乏的，一切只为了物质利益和光鲜的成就而不择手段，做了损人害己的事情，终究败露，而一落千丈。

贪官的生命状态和走向就是这样的。

　　　　我有一个朋友，聪明能干，官职不低，家庭生活美满，常常令人羡慕。每次聚会的时候，以他能够到场为荣。但他为了钱财、面子、职位，可以不择手段，几年前，在反腐风暴中落马。

　　　　一切的荣华富贵一下子都化为虚有，人生不仅仅是归零，而是跌落到底线之下。让自己的人生下半场失去自由，让家人现在和未来脸上蒙羞。

所以说，一个人的志向不但决定了他的生命品质，也决定了能够给子孙后代留下什么。

王阳明在《示弟立志说》里对弟弟说："夫志，气之帅也，人之命也，木之根也，水之源也。源不浚则流息，根不植则木枯，命不续则人死，志不立则气昏。是以君子之学，无时无处而不以立志为事。"

意思是说，确立志向，是一个人行走在世上的核心能力，立志跟人的生命、树的树根、水的源头一样重要。水的源头堵住了，水的主流就断了，水就流向旁门左道。水势越大，流向旁门左道的危害性越大。人的地位越高、越有成就，方向的错误导致的问题就越大。随着树木的长大，树根必然要往深处、远处延伸，如果土层不够厚、土壤宽度不够，树根没法延伸，吸收不到足够的水分和肥料，树可能就枯死。同样的道理，人要是没有精神生命那就是行尸走肉，要是志向不清晰，则将稀里糊涂地活着。因此，要想活好一辈子，不管是时候、在什么环境下，立志都是非常重要的事。

王阳明先生在《教条示龙场诸生》里对他的学生们说："志不立，天下无可成之事。虽百工技艺，未有不本于志者。今学者旷废隳堕，玩岁愒时，而百无所成，皆由于志之未立耳。故立志而圣，则圣矣；立志而贤，则贤矣。志不立，如无舵之舟，无衔之马，漂荡奔逸，终亦何所底乎？"

也就是说，不树立志向，难以做成想做的事。各行各业有优异成就的人，都有清晰的志向。现在有不少的读书人，荒废学业，堕落懒散，贪玩而浪费时间，忙忙碌碌，却没有成就感，都是因为没有立下志向。所以，你想立志成为什么样的人，就可以成为什么样的人。否则，不确立志向，就好像没有舵的船，随风漂流；像没有缰绳的马，任意奔闯，最后到哪里谁也不知道。

五百多年前的人是这样的，现在环境的诱惑和似是而非的东西更多，因此更需要树立志向，提高自己的人生定力。

二、现代人的动力现状是怎样的？

1. 成人的现状

2021年1月，以大众心理健康为关注焦点的"简单心理"网络平台发布了《2020年大众心理健康洞察报告》，报告中提出，有超过一半的人正经历着不同程度的职业倦怠，其中有两类问题特别突出。一是情绪耗竭。经常出现情绪几乎用光，呈现出麻木和僵硬的状态，失去活力和创造力，被动、机械地应付工作和生活，工作之外特别容易发毛，没有耐心。二是低个人成就感。自己做的工作没有什么价值，成就感低，工作生活都是"不得不"。

为什么会产生职业倦怠呢？这个问题的核心又是什么？明白了核心问题，这个问题就化解了。

因为大多数人不知道自己到底要的是什么，只知道眼下要的和不想要的。核心的问题是不知道自己生命的价值，不知道要去哪里，把欲望当作需求和目标。

在一项有关"你觉得工作给你带来哪些'心理方面'的困扰"的调查中显示，焦虑：64.16%；无意义感：50.89%；缺乏目标、迷茫：49.90%；情绪低落、抑郁：40%。

这四方面的心理困扰，都跟个人的志向相关。

2. 青少年的现状

在《2020 年大众心理健康洞察报告》中，"不同年级青少年压力来源分布"调查结果显示，最突出的是"对自己的未来感到迷茫"。随着年级的升高，问题逐步升级，到了高三，达到 57.14%，是所有压力最高的一项。

2018 年，我们团队对河北、福建的十几所中学和四所大学近万人做了调研，结果见下表。

学生的志向调研结果

调研对象	有基本愿景的比例	有使命感的比例
高中生	43%	5%
大学生	46%	3.2%

表格中的"基本愿景"指的是"未来 5 年内要成为什么人"？例如考上名牌大学、当医生、当老师……不到一半的学生对未来要做什么有设想。

"有使命感"指的是"有为社会、为他人做贡献的使命感"，只有近 5%。而且，大学生的比例比中学生低。

在对高三的学生做调研的时候，80% 以上的同学都问了类似的问题：我为什么要学习？除了上大学外，我的未来有什么价值？

学生的志向需要成年人引导。而大多数的成年人，欠孩子一个使命感和崇高感的教育。

微信公众号"文化纵横"里有一篇文章《北大老师：超 30% 北大新生被"空心病"缠住，到底是谁的问题？》中说："2012 年徐凯文教授在北京大学心理健康中心工作，负责全校的心理健康和危机干预工作。他当时发现，北大一年级新生中有 30.4% 厌恶学习或认为学习没有意义，还有 40.4% 认为活着和人生没有意义，最极端的就是放弃自己。这些特别优秀的年轻人，成长过程中没有明显创伤，生活优渥，个人条件优越，却感到内心空洞，感觉不到生命的意义和活着的动力。他认为，'空心病'是一种价值观缺失所导致的精神障碍，它表现在抑郁、孤独、自我缺失、外部认同、被评价的恐惧、自杀倾向、自我否定和厌恶等方面。"

还有，《中国国民心理健康发展报告（2019-2020）》指出，24.6% 的青少年有抑郁的症状。由首都医科大学附属北京安定医院儿童精神医学首席专家郑毅带领团队发布的《中国儿童青少年精神障碍流调报告》显示，在 6-16 岁的在校学生中，精神障碍的总患病率为 17.5%。此外，南京脑科医院在《柳叶刀》上发表的数据也显示，在中国的中学生群体中，非自杀性自伤的发生率高达 27.4%。

所有这些，都在提醒，人生志向，这个精神归属问题值得重视，特别是青少年的精神归属，它会影响到个人和家庭的幸福状况，更会影响国家乃至世界的未来。任何一个孩子的问题，都是家长、孩子、老师、学校、社会、国家的问题，多方皆输，没有赢家。

三、空心病的解在哪里？

1. 空心病的解在于立志

志，即士人之心。士，是一把剑，冲破天。士人拥有一股改善自己、改变世界的突破性力量。

士人的心包含两方面内容：一方面是个人层面，另一方面是社会层面。

个人层面，指的是了解与理解自己和别人，也就是怎么爱自己与爱别人，让自己活出生命的功能，表现为智慧的、阳光的、绽放的、愉悦的……

社会层面，指的是把自己放到更大的整体中，在实现人生目的的过程中，为更大的整体做出自己独特的贡献。

立志，就是要明白：人生到底为了什么（why）？为了谁、用什么、做什么（how）？成为什么样的人（what）？见图 2.3 所示。

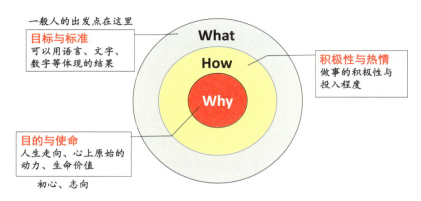

图 2.3　人生志向组成图

志向的核心是清晰人生目的、使命和愿景，即清晰自己到底要的是什么。

如果追求的是成长和意义的需求，那么主动的成长性需求能让自己走向智慧、走向幸福，生命持续绽放。如果追求的是获取更多的财富、是他人的认可，那么就是被动的匮乏的需求，见图 2.4 所示。

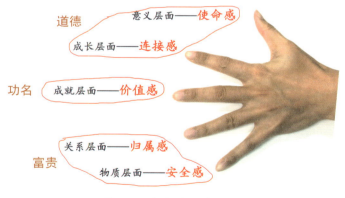

图 2.4　志向的层次图

请试着如图所示，举起一只手，手心朝向自己、大拇指朝上、中指是平直的。为了挣更多的钱（小指）、为了显示自己获得关注或者为了面子（无名指），手指是呈向下拉的力量。纯粹为了成就的需求（中指），力量是平的。为了成长（食指），为了社会层面的使命，体现爱、众、善（大拇指），是往上拉的力量。

因此，如果是为了安全感和归属感而获得价值感，努力的过程是沉重的，过程让人感觉到苦和累，得到的时候，高兴不了多长时间，就会重新陷入不满足的空虚中。如果为了联结感和使命感而得到价值感，给努力的过程助力，带着积极、主动、阳光、愉悦的心情从事所做的工作。无论结果如何，过程就已经有很大的收获了。

古人有句名言："志心于道德者，功名不足以累其心；志心于功名者，富贵不足以累其心。"这里的道德，指的是顺道而为的道与德。因为顺道而为，获得功名、得到成就那是顺理成章的，不需要费尽心机地去追求。有了功名和成就，得到财富和别人的尊敬，就是水到渠成的事。

所以，立志，可以让人活得明白，最大限度地减少生命的浪费。

2. 立志是安上"发动机"

如果仅仅为了某个具体的目标，会有短期的积极性和热情去努力。目标实现了，或者没有实现，都将因失去目标而迷失方向。一旦明确了人生目的和使命，激发出心上原有的动力和生命的价值感，就相当于给自己的内心安上了"发动机"，自动地推动自己持续设定目标和愿景，保持生活与工作的积极性和投入程度。见图 2.5 所示。

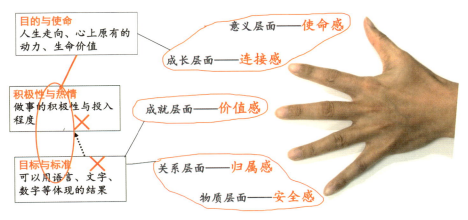

图 2.5 人们迷茫原因的示意图

人活着的自然功能是要让生命更加完整、更加精彩。迷失方向以后，生命内在的需求得不到满足，同时又不接受这种不满足，那么心理压力等问题就出来了。

要解决这个问题，最有效的出路就是通过立志，拉高需求层次，即梳理自己的人生目的和使命，活在意义层面。这是完成生命的功能，也是人本身原有的动力和生命的价值所在。

所以，系统的立志教育，不仅仅解决人们崇高感、意义感本身的问题，更重要的是解决一个人未来人生的问题，也就解决了很多的社会问题。

《活出生命的意义》的作者弗兰克尔做过一个调查，他发现在高中毕业的时候，美国大学生只有5%的人了解生命的意义，而95%的人并不了解生命的意义。20年后，当这些人达到40岁左右的时候，那些5%的人掌握了95%的权力和财富。

哈佛大学对智力、学历、环境等客观条件都差不多的即将毕业的年轻人，做了一个跟踪25年的调查，结果见下表。

跟踪25年的调查结果

毕业时规划情况	25年后调查对象的生活状况
3%的人 有坚定且长期的人生使命与愿景规划	25年几乎没有更改过自己的人生使命，并且为事业愿景做不懈努力。25年后，几乎都成为社会各界顶尖的成功人士，白手起家的创业者、行业领袖、社会精英。
10%的人 有使命感，清晰但比较短期的愿景	大都生活在社会的中上层。短期人生规划不断实现，生活水准稳步上升，成为不可或缺的专业人士，如律师、医生、工程师、高级主管。
87%的人 没有志向，人生规划和目标模糊，常常是焦虑、迷茫的	没有志向、愿景规划模糊的人（60%），几乎都生活在社会的中下层，追求安稳的工作与生活，没有特别的成绩。
	没有目标和规划的人（27%），几乎都生活在社会的底层，生活很不如意，经常处于失业状态。

由上表看出，大部分人是在87%里面。也就是说，大多数人没有志向，人生规划和目标模糊，常常是焦虑、迷茫的。这里面的人又分两部分，60%的人是可以影响的，逐步变成10%的人的状态；另一部分是27%的人，一般影响不了，只

能允许他们那样，并且祝福他们。

请看图 2.6，请说说你看到的是什么？

图 2.6　试试看能够看到什么

这张模糊的图片，十几年来，让几千人看过，能正确看出图像的人不到百分之一。但是，一旦看到它是什么，就再也不会忘记。这张图到底是什么？请见图 2.9。

人的志向也是这样的，如果没有认真地去梳理，志向似有似无，是模糊的。要让你描述，好像也说不清楚，更不知道该从哪些维度去描述。一旦认真梳理了"立志卡"，并认真地践行，那么，立志就变成自我认知的一个组成部分，不管是做还是说，都是清晰而笃定的。

正像稻盛和夫先生说的："你心中描画怎样的蓝图，决定了你将度过怎样的人生。"

3. 立志是必需品

第一，立志要从老师做起。老师懂得少年养志，就不会有那么多空心病的问题。

下面是詹锦兰老师的学习感悟：

> 参加了"成就孩子的六大素养"的课程，特别是参加"立志"的课程认证班，我找到了人生目的和使命，并且变得前所未有的笃定和坚持。
>
> 这次的培训让我有机会重新审视自己，与自己的心灵对话。我究竟为什么而工作？特别是接管德育工作之后，看到了更多问题孩子与问题家庭，我的无力感曾让我一度恐慌。多亏这次的培训给了我力量，我找到了自己的人生意义和使命：通过不断学习，在提高自我认知，改善自己生命品质的基础上，优化引导学生的方法，竭尽所能地帮助更多需要帮助的孩子与家庭。培训之前，觉得自己三十几岁了，就这样日复一日便差不多，现在要重新开始，衣食无忧的我可以做些更有意义的事，不论对自己还是对别人。
>
> 人，只有远虑，有高远的志向，把自己放到更大的整体中，才不会囿于自己的得失，才能活得更加通透、洒脱。因此，我对学校的整体德育方案做了重新的规划，用立志卡、榜样的力量、每日一善和每日一停这些工具帮助孩子少年养志。

第二，家长要了解立志。家长懂得少年养志的途径和方法，给孩子好的示范，顺应孩子成长的规律并给予支持。当然，家长给孩子相对好一些的家庭生态环境，这是最重要的。这样的家庭，亲子关系就不会趋于紧张，孩子的内心得到爱的滋养，正能量满满，空心病自然就会远离。舒老师在"觉察日记"中写道：

> "立志"这节课，让我们明白了孩子为什么没有上进心，觉得生活没有意义。我们把孩子的人生定义为好好读书，好好考高中、大学，好好找工作，好好成家，好好生娃……继续"好好读书……"这就像"你为什么放牛——卖了有钱好娶老婆——娶了老婆生娃——生了娃放牛……"一样。生命意义被严重束缚，因而，造成了空心病，活着没有意义。孩子的生命没有得到尊重，孩子的需求被拉到最低。归属需求没有得到满足，精神需求也没有得到满足，

这些才是造成孩子空心病的真相。因而，要找到生命的意义，那就是立志。

立志了就可以找到生命的意义并践行，解决孩子压力、迷茫、亲子关系恶化、环境影响学习等问题。让家长明白无聊的说教没有意义，要学会闭嘴。针对真相，立志就是要学会尊重孩子，让孩子活成他自己的样子。家长要学会放手，让他们自己去找靠山，自己去攀缘。

第三，学校要建立立志教育系统。老师能够随时随地随人随事地引导孩子少年养志，让孩子在每个阶段都能够实现少年养志。

孩子懂得少年养志、有了志向，就有了人生的意义和使命感，学习动力问题就解决了，也直接破解了空心病的问题。请看"小沥小学"全面开展立志教育中，创新性地用各种图来制作立志卡。图 2.7 是六年级学生的立志卡。

图 2.7　学生立志卡示例

有的同学说要成为宇航员，有的同学说要成为老师。对小学生来说，不管立志做什么都可以，因为孩子的志向是会变化的。对他们来说，那只是一个能够吸引自己积极向上的引力和方向。关键是种下立志的种子，后面落地的行动才是最重要的。

图 2.8 是东升高中高三学生经过第一次"立志"培训后的感悟。

图 2.8　中学生学习立志课后的感悟

立志培训不一定需要热血沸腾，但一定要让学生认识到需要拉高需求层次、需要精神归属。不要指望学生通过一次的培训就能找到自己的志向，只要认识到自己的志向模糊，认识到立志是要把自己放到更大的整体中，开始去思考这件事，就是成功的一步。

四、为什么大多数人没有志向？

1. 人与系统都存在不完整的设置

立志是向上和向善的，这是生命应有的功能，是天性决定的。就像庄稼一样，发芽、开花、结果，这是庄稼的应有功能。

但是，人因为有身体和意识存在，就有了人性的部分，这是人生存本能和欲望带来的，是人不完整的特别设置。人的向上和向善是让人走向完整的过程，这个过程既要满足生存的需要，就像庄稼需要阳光雨露的生存需要一样，还要克服人性中的贪婪、恐惧、无知和自以为是等。

要克服人性的那些羁绊，需要通过学习来提高自我认知，愿意去看到自己、承认自己存在情绪的卡点和人性弱点。从不愿意学习，到进入生命成长学习的跨越，这是不容易的。因此，多数人没有志向。

就像庄稼一样，有些先天的种子不饱满，或者突破不了环境的限制、抵挡不了病虫害的侵扰，早早地枯萎或者长势比较勉强。在自然状态下，没有长成的比例太低了，长势不理想，亩产就低。如果有环境与土壤的改善和技术的干预，长成的比例提高了，结果的数量和饱满度也增加，那么亩产量就提高了。

庄稼因为得到关注，生存条件得到改善，亩产随之提高。作为人，也可以通过立志系统的逐步完善和逐步推广，来关注生命成长，改善生命的生态环境，改善人的向上和向善的状态。

但是，目前的立志系统还很不完善，生命成长教育系统也是处在开启阶段，大多数人还没有机会接触到立志系统的教育，或者不了解生命成长的教育。因此，多数人没有志向。

2. 困而不学

《道德经》第 33 章："知人者智，自知者明。"说的就是了解与理解他人是需要智慧的，而能够了解自己的人是高明的。因此，自我认知的程度，决定了一个人明白的程度。缺乏自我认知，活在自以为是的世界里，必然活得稀里糊涂，怎么犯的错都不知道，怎么把人得罪了也不知道，更不知道要如何自我改进和成长。

孔子曰："生而知之者，上也；学而知之者，次也；困而学之，又其次也。困而不学，民斯为下矣。""困而不学"的人，宁愿待在原地受苦，指责、埋怨他人，也不愿意学习实践，打开自己的心结。

对小日子过得比较和谐的人，不学习也未尝不可。对有学习意愿，却没有机会学习的人，一旦有了机会，就会抓住。

对照前面的哈佛大学跟踪 25 年的调查，不愿意学习的人大概占人群的 87%，其中 60% 的人有可能进入"困而学之"中，生命品质因此得到提升。大约 27% 的人是很难改变的，只能生活在社会的底层。一个社会的精神文明程度，在很大程度上取决于对这 60% 的人的教育和引领，他们反映社会的整体文明程度。

对于"困而学之"的人，只停留在学知识，没能真正地去看到自己的心智模式，不敢去触碰自己生命的卡点，探索自己的信念。他们有知识、会做事，也能够挣钱，算是有成就的人。

但是，会做事与事业的成就，跟自我认知、生命品质是两回事。自我认知和生命品质的提升，可以在很大程度上提高成就，并相对轻松地获得成就。但是，获得成就，却不一定能够提高自我认知和生命品质。当然，人在做事中、在生活中遇到的种种情景，可以促使生命被唤醒，让生命品质进入更高的层面。

在现实中大多数人没有明确的志向，有机会学习本书内容的读者，可以先树立自己的志向，并引导孩子树立志向。有志向，不管未来走到哪里，干什么，都能够很快地崭露头角。

也正因为大多数人没有志向，如果你确立了志向，那就已经赢在起跑线上了。

我相信，随着社会的进步，随着立志系统的逐步完善和逐步推广，60% 和 27% 的人将会在很大程度上得到改变。

最后，回答图 2.6 到底是什么，如图 2.9 所示。

图 2.9　图 2.6 的答案

第三章　生命的意义

一、如何从自然中得到生命意义的启示？

在网上看过一个"神奇的植物生长过程"视频，被植物的智慧震撼。对一棵植物来说，它的生命意义，就是努力让自己爬到几十米高阳光充足的地方去绽放一朵花，这也是植物自然的功能。

◆在森林里，地表的植物幼苗是难以生长的，得不到光源的照射就意味着死亡。不是所有的藤蔓都能够成功地朝着光源，爬上光线充足的高处去绽放，很多的同类会在半途死亡，变成肥料，这就是大自然的优胜劣汰。

启示：促使"人"成长的光源是什么？那就是生命的志向。生命有了"追光"的使命，就有内在的驱动力。生命有了光，就能够得到成长，不断绽放；缺乏光源，生命就会半途枯萎。

◆这棵藤蔓为了生命的绽放，在追光的过程中，需要借助外在的支撑来作为它成长的依靠和阶梯，才有可能攀爬到顶端。如果这个支撑（树干本身）不健康，比如有病虫害，也会伤害到弱小的藤蔓。

启示：孩子越小，越需要借助外在的帮助，家长和老师就是那个支撑孩子成长的树干。如果家长和老师本身身心不健康甚至不靠谱，那么，一定会影响孩子的健康成长。因此，家长和老师首先要做好自己，自己准备好了，才能更好地帮助到孩子，做孩子成长路上那根靠谱的枝干，给孩子需要的支点。

◆藤蔓为了向上攀爬，其须根常常会悬在空中飞舞，为的是找到搭接的衔接点。它们总有办法找到衔接点，让自己继续向上攀爬，这是自然的本能。

启示：孩子在成长过程中，也需要经历"悬空"状态的自我探索，给孩子成长留够"自主探索"的空间。

有的家长心疼孩子，怕孩子出错或受苦，什么事都帮助他，甚至替代他；而有的家长则是为了省事，认为孩子不会，如果出差错将给自己添麻烦，还不如亲自去做，这都是掠夺孩子自主探索的过程，本质是家长自私的行为。

对孩子而言，自己去经历和面对遇到的问题，是在自我探索，这是成长的必经之路，是他锻炼的机会。缺乏这个锻炼的机会，到了一定的年龄，该做的事不会做，该懂的理不明白，显得幼稚无知，这时成人很可能会责备和埋怨他："你这么大了，怎么就……"其实，他也不想这样。那是因为他成长中锻炼的机会都被家长剥夺了，这时候怪他似乎不太公平。因此，作为家长，要舍得让孩子去经历、去受苦。

◆这棵藤蔓要爬上几十米的高度，需要经过几个月的时间，要经历许多意想不到的困难和障碍，每次找到了支点就找到了出路，拥有了更多的希望。

启示：孩子从出生到成人，需要经历十几年甚至更长的时间，必然要经历很多意想不到的困难和障碍，突破困难和障碍的外在支点是支持的力量，内在支点是人生志向。

◆藤蔓没有大树的强劲与高度，但是把自己放进森林的整体中，作为树林中与大树和谐共处的一分子。它借助整体状况，找到适合自己的成长方式，凭借适合自己的特有方式和不懈的努力，一样可以到达与大树一样的高度去绽放生命。

启示：每个人的先天和后天条件不一样，想以同样的成长方式，得到期待的结果，那是不符合自然规律的。因此，根据每一个孩子的特点去引导，帮助孩子活出他原本应有的生命意义和价值，才是对孩子真正的爱。

一棵植物尚且如此，何况我们人呢？人生的意义和价值，就是要去绽放，只有如此才能让生命得以完整，活出生命本该拥有的智慧。

下面是中山市松苑中学刘晓波的觉察日记，记录了他让学生观看"神奇的植物生长过程"视频的启发——

今天中午，植同学又如约来找我了。前几天我提前布置了任务给他，约定今天帮他解决一些困惑的问题。可是孩子告诉我，他更想听我跟他说。说什么呢？我就想起张老师昨天提供的"神奇的植物生长过程"视频，就播放给他看，没有想到，得到了意外的惊喜。

植同学看了之后，向我提出了三个有意思的问题。第一，这个植物为什么不能到更开阔的地方生长？第二，植物为什么要往上长？第三，这棵藤蔓为什么要在别的植物上生长？针对这三个问题，我们的交流如下。

植："种子也可以通过被人带走到其他的地方，或者通过鸟吃了拉到宽阔的地方去。"

我："你是对的，这种情况确实存在。可是在森林里还是存在着很多种子，没有机会去到一个更好的环境。"他最近一直和父母闹矛盾，我想对他表达的是对大部分人来说，原生家庭是没法改变的。

植："嗯，懂了，很多时候种子是不能主动选择的。"

我："对，植物不能够自行选择，人的原生家庭也是不能选择的。但是，后天是有一定的选择余地和空间，我们的学习就是要拥有选择权。"

植："我们出生在哪一家，是不能选择的，但是，我们的行为是可以选择的，是否可以这么理解？"

我："是的，你说到点子上了。行为的态度、为人处世的态度是可以选择的。"我为他有这样的认知而感到惊喜。

接着他又问："植物为什么要往上长？"

我："你说呢？"

植："它不要死，要追寻阳光，阳光会给它进行光合作用，这样植物才会有生长的能量。"

我："你是对的。光对它来说，意味着能量，意味着它有机会能够生存下来，并且有机会绽放自己，所以它要去寻找阳光。"

植："那植物为什么不自己攀爬上去呢？"他还拿起手中的笔比画着。

我："你不借助任何工具，现在是否可以直接爬到天花板上去？"

孩子朝着天花板看了看说："不能。"

我："旁边的大树对它来说，就是一种资源。用好了，它就上去了。为了用好它，笔直的藤也能做到弯曲。"

孩子若有所思地点点头。我接着说："看过这个视频以及经过这个交流，请你告诉我，它给你带来了什么感受？"

植："有一点感受，人和植物一样需要努力去追寻阳光。"

我："还有呢？"

植："家庭，父子关系。"

我感知到孩子能认识到自己的问题，为他有改变自己的意愿而欣喜。我接着问："那你现在如何看待你的父母？"

植："他们是我的资源，我需要好好去'利用'他们，保证我的正常成长。"

我："你说得对，父母就是我们强大的支撑，我们要会用，维持好这份父子关系。"停顿了一下，我又问："你说老师对你来说有什么价值？"

植："树木、肥料和阳光。"

我："感谢你对我有这么高的评价，树木给你攀爬提供支撑，肥料给你提供成长营养，可是阳光我想把它送回给你。我希望你成为自己的那道光，它会持续地帮助你进行光合作用，让你的生命得以绽放。"

通过跟植同学的沟通，我进一步理解了生命的自然功能和生命的意义。

人的生命不仅仅局限于"吃喝拉撒"这些生存本能，更是具备本自具足的功能，就像植物一样，自然地向上生长。这里的向上生长，指的是生命追逐光源的品质，不仅仅是身体的高度。

二、生命的意义是什么?

活出生命的意义是一个人一生中最重要的大事。但是,很多人认为现在忙于生存、养家糊口,哪有时间去想这些虚无缥缈的事。也正因为他们把人生的意义当作是虚无缥缈的事,所以,一辈子都在为生计奔波。做个不恰当的比喻,就像埋头拉磨的驴子一样。

而有的人则有机会学习和觉醒,走在了追求人生意义的道路上。在这里,拿白龙马来作比喻,它跟唐僧一起去西天取经,在 14 年的时间里,它跟拉磨的驴子走了一样的路程,它们都是每天在走路,它们各自的起点和终点也是一样的。但是,白龙马的生命经历所体现出来的价值,以及给自己留下的体验是完全不一样的。

1. 了解人的生命进化历程

人的生命成长状态有以下四个层面,如图 3.1 所示。

第一层,绝大多数人都属于芸芸众生,一般情况下都活在不知道自己不知道的状态中,为了生存而奔波着。

第二层,在众多的人中,不少的人为了自我提升而自觉学习,主要是知识、

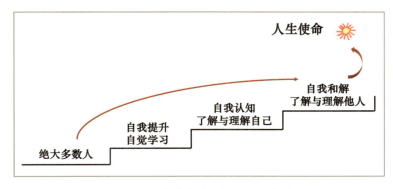

图 3.1 生命成长的层次示意图

技能层面的学习。但如果不了解自己的惯性行为到底是怎么回事，活得磕磕碰碰，使学习的知识、技能事倍功半。

第三层，有一部分人，因为烦恼和困惑，寻求自我突破而学习，开始走向自我认知。自我认知，不仅仅指的是我叫什么名字，是谁的孩子，喜欢什么与不喜欢什么、居住地、工作、口味等这些表层的自我认知，而是愿意探索自己，对自己外在和内在优劣势有正确的判断与评估，并且有意愿探索生命的意义，了解自己的长板、短板、卡点、信念等，理解自己为什么会有这样的行为和反应方式等深层的自我认知。

如果一个人不能正确地认识自我，看不到自我的优点，觉得处处不如别人，就会产生自卑，丧失信心，做事畏缩不前……相反，如果一个人过高地估计自己，也会骄傲自大、盲目乐观，导致工作的失误。

因为，了解和理解了自己，就可以在发挥优势中成事，在补短板、疗愈卡点中成长，在成事和成长中优化信念。

第四层，极少数的人是"生而知之"，从小就有较高的自我认知水平，能够了解与理解自己，进而了解和理解他人。这个层面的大部分人是经过"困而知之"和"学而知之"，经历了人生的磨难而觉醒，开始学习，不断修炼提高了生命层次，实现了自我和解。因为自己经历过了，容易推己及人，了解与理解他人。

了解与理解别人，其实也是了解与理解世界，认识世界，那么就会顺着人事物的规律办事。这样的关系必然是顺畅的、到位的、受人欢迎的，即合于道的状态，使生命之花在更大范围中绽放。

2. 从生命意义到人生使命

从个人的生命意义到人生使命，就是自己活好了，生命得到绽放，还需要把自己放到更大的整体中，为更多的人贡献自己的价值，如图 3.2 所示。

第一个层次，活在不知道自己不知道状态中的人是被动的，心是锁闭的，就像一堆包着的包裹一样，每个包裹里面都是宝贝，是本自具足的。如果一直都包裹着，那些宝贝都不为人知，就不能发挥作用。这样的生命，其生命能量只够用于为生计奔波，没有多余的能量为更大范围的他人和更大的整体做贡献。

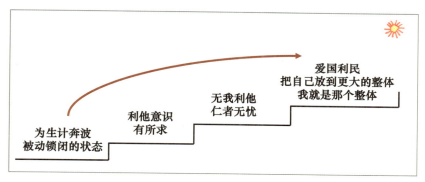

图 3.2　从个人生命意义到人生使命

　　高一个层次，是有利他的意识，但是，这种利他意识还在比较低的维度，内心是有所求的利他。例如，为了得到领导的认可、别人的高看一眼，为了面子好看，为了日后的利益，为了家人平安和自己的健康等。这种有所求也挺好，比内心锁闭的状态要好得多。

　　再高层次，经过学习与修炼，达到更高一个层面，能够做到无我利他。这里指的"无我"并不是说要牺牲自己，而是个人内心富足、做好自己的基础上的能量"流淌"，出发点是满足他人的需求和社会的需要，而不是为了个人的利益。因此，为人坦坦荡荡、做事明明白白，关系友善和谐，自我柔和坚定，做到这个就进入仁者无忧的境界。

　　最高的层次，是把个人放到更大的整体中，满足了整体的利益，也就满足了自己的利益，这就是人生使命。好比一个人是花园里一棵可以开花的植物，满园的春色是由每一棵绽放的花组成的。如果是独自绽放，自己可以是一道风景；如果是在花园里，花园就是我，我也是花园，见图 3.3 所示。

　　那么，什么是使命呢？使命就是使用这个生命去做对整体有益的事。使命是与社会大众相关，利他的，是与更大整体的联结，它是用自己的素养和服务能力，带着爱的付出，在追求理想状态过程中，为社会大众，致力于某一领域的善业，并做出应有的贡献。

图 3.3　把个人放到更大的整体中的示意图

在明白人生目的和意义的基础上，清晰人生使命，把自己活成"小太阳"，变成一束光，走到哪里都能够照亮一方，让环境因为"我"的存在而充满希望与和谐，让更多的人因"我"的存在而受益、成长。

"我"是家庭整体中的一员，"我"就是家庭和谐的创造者，是家族负能量的终结者；家庭因为"我"而和谐，每个人因"我"得到爱的滋养。

"我"是学校里的一名老师，学生因为"我"而健康成长。学生的问题得到化解，生命得到疗愈，生命变得完整；学校因为"我"，教育水平得到提升；同事因为"我"，关系变得和谐、能力得到加强。

"我"是团队整体中的一员，伙伴因为"我"的帮助或者接受帮助，每个人的价值得以体现；工作因为"我"，得以持续推进；领导因为"我"的支持，工作更加有效与顺畅。

把自己活成"小太阳"，活成一道光，就是爱国利民的行为呈现，是把自己放到更大的整体，"我"就是那个整体。

三、生命意义对生命状态有什么影响？

生命的意义，对一个人的生命状态，到底会有怎样的影响呢？

请看下面的四个象限：横轴上面是有"意义"，下面是"绝望"（没有意义、抑郁、痛苦……）；纵轴右边是"成功"，左边是"不成功"。见图 3.4 所示。

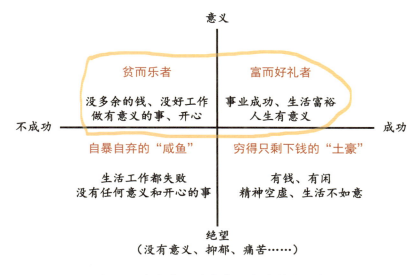

图 3.4　生命意义对生命状态的影响示意图

1. 富而好礼者

最好的生命状态是"富而好礼者"，就是人生有意义，事业成功，生活富裕。就是说，在物质层面是富足，在精神层面对人温和有礼，愿意帮助他人，不骄横、不小瞧老百姓，又有精神和文化层面的好礼，就像孔子的学生子贡一样。这是人们追求的状态。

2. 贫而乐者

如果物质不富裕，可以成为"贫而乐"的人。挣钱不多，没有多余的钱，工作环境也不好，但是，做着有意义的事，也可以活得很开心。就像孔子的学生颜回一样，因为他很清楚自己要的到底是什么，他追求的是生命的意义，而不在乎外在的生活条件。当然，不是提倡人人都去追求"贫而乐"，而是说，无论生活环境条件如何、经济状况如何，都能够让自己的生命自由而高贵。

"富而好礼者"和"贫而乐者"这两大类的人，都活在有意义的状态里，因此，他们都是幸福的。

3. 穷得只剩下钱的"土豪"

穷得只剩下钱的土豪，有钱、有闲，但是精神空虚、生活不如意。由于底层物质需求的过度满足，把物质需求的满足当作人生追求和幸福来源，不会真正满足自己和关系中他人的归属需求，以为物质是万能的，用物质来替代关系层面的需求。

对他们来说，成就的需求就是挣钱和面子，挣钱为的是穷奢极侈地花钱，争足面子才是最重要的。

由于不知道更高的层次追求，就在底层折腾，结果关系也处理不好，孩子教育往往也会出问题，必然富不过三代。见图 3.5 所示。

图 3.5　穷得只剩下钱的原理图

不知道生命意义的土豪，如何能够真正活得幸福，改变富不过三代的魔咒？

唯一的途径是关注生命成长这一课题的学习，找到生命的意义。像树苗一样，把自己放在树林中，在可以促使生命成长的肥沃土壤里生根，长成大树后，根系就牢靠了。这类人一旦找到人生的意义，富裕的物质可以很快地支持成长和意义的需求，转变为富而好礼者，让家族拥有可以传承的优秀家风和家道，实现"江山代有才人出"。

4. 自暴自弃的"咸鱼"

最后一种人，既没有意义感，事业又不成功，活在绝望里。这种状态叫自暴自弃的"咸鱼"，生活工作都失败，没有任何的意义和开心的事。

自暴自弃的"咸鱼"还能翻身吗？怎么翻身？

答案是肯定的，是可以翻身的。只要能够进入生命成长的学习状态，了解自己到底要的是什么，找到生命的意义，并为实现生命的价值而努力，就有翻身的可能，这是最简单而有效的途径。

现实中的人们，在生命意义方面，处在有意义与绝望之间；在事业方面，介于成功与不成功之间。不管自己是在什么状况，要想活出想要的生命状态，想要活得幸福，必须正确理解生命意义，可以让自己活在横轴之上的生命状态。

四、为什么不愿意活得明白一些？

绝大多数人都是属于芸芸众生，一般情况下都活在不知道自己不知道的状态中，并且存在着越无知越自信的现象。著名的"达克效应"说的就是，一个人在某些方面无知到一定的程度，就没法意识到自己的无知。事实上，所有的人在某些领域都存在着不知道自己不知道的部分，未知领域是无穷尽的，因此，不知道自己不知道是必然的。

在现实中，大多数人在常识性的自我认知方面存在不知道自己不知道。例如，为什么有烦恼、为什么敏感容易生气、为什么看不上某个人、为什么不会好好说话、为什么想说服对方却说服不了、为什么想要认可、为什么丢三落四、为什么拖延……十万个为什么的真相到底是什么？其根本就是自我认知，以及在自我认知的基础上对人事物的认知，有了基本的认知，很多的为什么就自然化解，就活得明白。

有的人是环境所致，没有机会提高自我认知；有的人有机会了解，却盲目自信，不承认自己的无知，或者认为自己只能这样，就与学习机会擦肩而过。

在常识性方面，越是不知道自己不知道的人，对"自以为"的认知越自信，认为自己什么都懂，这其实是一种执拗。

有的老师，包括大学老师会认为："在大学教了一辈子的书了，还用得着再学习培训吗？"有的年轻人轻慢地说："这有什么可学的？我们大学学习人力资源的时候，都学了那些东西。"这种情况称作"虚假自信"，如图3.6所示。

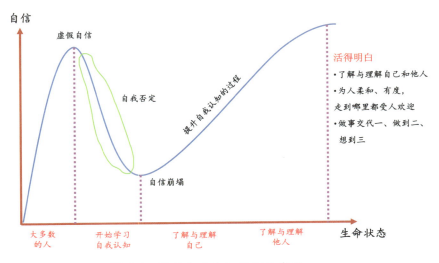

图 3.6　提升自我认知过程示意图

舒乾标老师参加"爱国立志"的学习后，写了一篇觉察日记《从不知道自己不知道到知道自己不知道》，清晰地阐述了从不知道自己不知道，到知道自己不知道的过程，他写道：

以前自己以为活得很明白，在"虚假自信"上而不自知。阶段性取得的一点点成绩，做出的一点点贡献，就把自己这只猫，完全照成了"一只狮子"，见图3.7所示。

曾经因为取得了"广东省百名优秀德育老师""西藏自治区内地办学先进工作者"称号，有的孩子叫我"舒爸爸"，我就以为我是名师，自我感觉良好，把

图 3.7　把猫照成了狮子

自己当作了孩子心中的神。

这次遇到了一些问题，不知道如何解决问题的折磨完全打败了我，却又让我清醒过来。我在思考，我到底怎么啦？痛苦地陷入"自我否定"中，把我从"虚假自信"重重地摔到了"自信崩塌"的谷底。我才发现，原来老师叫我学习，是想唤醒我。

为了走出困境，我进入提升自我认知的学习中，才逐步承认自己是多么幼稚和可笑。就像郑智化的《水手》歌里唱的那样："说着言不由衷的话，戴着伪善的面具，总是拿着微不足道的成就来骗自己，总是莫名其妙感到一阵的空虚。"经历了"自我否定"后，生命状态跌到谷底，这个时候，才承认自己的无知和浅薄。

进入生命成长的学习，让我认识到困难是让自己清醒的机会，让自己觉悟的时候，是老天在给我送"礼物"。在五十知天命的年龄，收到老天送的这个"礼物"，让我的生命得以重生，也让我对曾经的教育方式、教育意识有了深刻的反思，我其实不了解生命的意义，不知道自己到底要的是什么，早已不思进取了。

在初步提升了自我认知，尝到成长的甜头之后，我如饥似渴地学习。老师常常教练式的提问，让我醍醐灌顶，学会了自我觉察、回归自己的内心，开始了解自己，认识自己，进而才真正能够了解和理解他人。知道自己的不知道了，似乎活得明白了一点，不再有那么多的说教，能够闭上嘴，打开耳朵去聆听他人说话背后要表达的意思。

现在，我可以跳出小我，跳出眼前，跳出舒适圈，让生命充满活力和能量。天下有太多跟我类似经历的人，现在我可以用我的亲身经历帮到他们，让他们能提前明白，活得清醒，少走或者避开自己曾经走过的雷区。

感谢出现的问题，让我在有生之年，走在生命成长教育学习的道路上，真正认识教育的内涵，学到有效引导学生和家长的方法，让我未来能够帮助到更多的老师、学生和家长。我相信，自己的人生下半场将更加精彩。

正像舒老师说的一样，在进入生命成长的学习之前，觉得自己什么都知道，很自信。遇到问题后，为了解决问题，开始学习和践行，却发现原来有很多做法、想法是不对的，觉得自己什么都不会，什么都不懂。曾经一度陷入"自我否定"的状态，对自己极度怀疑似的"自信崩塌"，这个阶段是很痛苦的。有些人在这个痛苦的阶段，不敢面对，或者不想面对，很可能就回到原地，指望着改变别人，以改变现状。好在舒老师勇敢地面对了，还勇敢地分享了自己的心路历程，因此，问题就可以慢慢得到化解，同时，收到生命成长的"礼物"。

不管是承认自己需要成长，还是承受自信心的崩溃和自我怀疑，都是为了自我成长，而不是为了改变别人。经历并面对成长的痛苦，真正去自我觉察，愿意看到自己，愿意自我成长，这是提升自我认知的过程，用自己的成长去影响孩子，影响身边的人一起成长。

第四章　为什么要爱国

一、国家与个人有什么关系？

1. 对国家的基本认知

网上关于国家的概念，五花八门。在此，暂且不探讨国家的概念，只是从生命成长的角度，说说对国家的认知。

人在拥有的时候没感觉，失去的时候才感到它存在的价值，除了国家，还有空气、阳光、雨露等天地的造化物。所以说，国家存在的价值就跟空气、阳光、雨露存在的价值一样。

从历史上看，国家不富强，人民就会受欺负；国家不强大，国民就没有尊严；国家没有未来，民族就没有未来，个人的未来也会受到严重的影响。

成人在对孩子进行爱国主义教育的时候，强调落后就会挨打、被掠夺、被欺负，可以激发人们的愤慨和斗志。同时，还需要让孩子了解，国家为什么落后？作为国家里的一分子，个人的责任是什么？我可以为国家做什么？如何才能得到别人的尊重？

国家保护每一个国民，而国家的状况又是每一个国民综合素质和付出的结果。因此，国家所有的事跟"我"都是有关系的，站在更高的视角才能够看清楚"我"的作用，才能够明白"我"该怎么做。

2. 国家对国民的价值

第一，国家的强弱决定了个人尊严。贫穷落后就要挨打，没有还手之力，只有无助与无奈，曾经的中国人饱尝了没有尊严之苦。国家强盛，个人的尊严才得以提升。因此，个人的命运和国家的命运是紧紧结合在一起的。

> 1972年2月的一天，有一位学徒工，乘坐22路公交车去一个街道小厂上班，结果公交车在西单被堵住了。
>
> 原来，当天的长安街交通管制，为的是让美国总统访华的车队通过。这位学徒工站在公交车的高处，和全车人一起高喊数着车队车辆的数量：1，2，3，4……107！
>
> 时至2015年6月，国防大学的金一南将军（即当年的那位学徒工）访问美国。在一次非正式的交流会上，金一南将军向基辛格提及此事，提起了那个让他当天上班迟到的车队，还有庞大的车辆数量。
>
> 没想到，正式会议开始时，基辛格缓缓站起，向金将军鞠了一躬，随后说："对于43年前耽误你上班，我今天在这里向你正式道歉。"
>
> 在场包括美方代表在内的所有人都惊讶于这一幕，却又感慨于这一幕。一位美国前国务卿向一位曾经的学徒工鞠躬，也许不仅仅是出于礼貌，更多是出于对这位学徒工身后强大中国的尊重！

国家的安全感给国民一份心安的感觉，不需要跟人解释自己国家存在的正当性，不需要担心国土安全，更不用担心有国破家亡、流落他乡的可能。只要有国民身份，就可以免于漂泊和恐惧，拥有自由选择的权利。作为当代的中国人，可以轻松地说：世界那么大，我可以出去看看；自己的国家那么好，我随时都可以回来。这是国家给国民最基本的安全感。

第二，国泰则民安。国家的强大与稳定，让老百姓的生命和财产安全、生活稳定有保障，而且，还能免遭外侵与内乱的威胁和恐惧。

在三年疫情中，中国倾尽全力保护人民的生命安全，让人备感心安。而最近的俄罗斯和乌克兰冲突，使得两国老百姓的生命和财产安全、生活稳定都受到非常大的威胁。

第三，国家对个人来说具有重要的精神意义。一个人活着，不是活在一个人的世界中，国家是一个很重要的身份标识。通过对国家的身份认同和爱国教育，国人能够将自己的生命放到国家这个整体中，可以有效地激发出生命热情，努力绽放自己的生命，这是国家对个人来说的精神意义。

> 因为女儿工作外派去了英国，前些时候，我去伦敦待了两个月。我有一种感觉：我是中国人，我到哪儿去我都是中国人，我有一份心安理得的自信。走在伦敦的大街上，我昂首挺胸。看着各种肤色的人，我很愿意、很自豪我是中华民族的一分子。
>
> 带外孙女过马路的时候，有些人在没有车的时候，会闯红灯。我故意问孩子："他们为什么闯红灯？"孩子说："我不闯红灯。我闯红灯会让人觉得我们中国人爱闯红灯。"孩子说到"我们中国人"的时候，有一种自豪和自信。
>
> 我们在公园喂鸽子的时候，有两个孩子在鸽子群里乱跑，把鸽子吓得乱飞。外孙女说："我是中国人，我要爱护小动物。"

小小的孩子，在不知不觉中，已经将中国作为她的精神寄托和自豪感的一个来源。

二、优秀传统文化为什么可以带来自信？

1. 对文化自信的理解

了解本国与本民族的文化，获得文化自信。那么，热爱自己的祖国，就成为有底蕴的、有认知的、长久的、由内而外的一种心智模式。

中国是有五千多年历史的文明古国。中华优秀传统文化博大精深、源远流长，已经成为中国人的文化基因。以中华优秀传统文化为代表的东方思维，主张整体观点，强调全局，注重全体，重视宏观，考虑长远，崇尚海纳百川、己所不欲勿施于人、求同存异，合作共赢的包容态度……

如果没有深入地践行和体验，这些只是在意识上的知道。我在学习传统文化过程中，从经典的学习，到生活和工作中身体力行的实践应用；从四书五经的学习，到中医理论的理解及体验；从为人处世和生命成长教育的实践，到感知形体问题与自我调整复位……经过二十多年的学习，我对文化自信有了一点点的体悟，感知到了由内而外的自信。这是传统文化与现代文化结合的自信，是身体与心理得到疗愈和滋养而产出的感恩的文化自信，是对生命真正尊重过程中散发出来的力量和自信。

例如，通过学习《弟子规》和《孝经》，我明白了"为什么孝"与"如何孝"，最基本的是解决了"色难"的问题，用了十几年时间，修复了与妈妈的关系。通过学习"五伦"的关系，我知道了夫妻关系是五伦关系的核心，夫妻一辈子修的是"合一"，亲子关系一辈子修的是"分离"，与父母关系一辈子修的是"接纳"，从改善夫妻关系开始，改善了人际关系。通过学习《道德经》，我最大的收获是懂得了顺道而为、顺势而为的"柔和"，减少了纠结和固执己见，明白事物背后的真相，处理问题变得简单；通过学习《大学》，我明白了"明明德"的价值，所有的事，都是为了激发生命内在本自具足的智慧，体现了"是一不是二"的道理……

中国优秀传统文化以四书五经为代表的经典，包括中医等理论，对西方人来说，理解起来比较难。而作为中国人，许多文化特质已经成为基因，深入了骨髓，尽管没有专门的学习，但说起来也比较容易理解，容易达成共识。有了这些中华优秀传统文化的浸润，自信便是由内而外散发出来的气息，不需要说话，不需要有什么成就和地位，更不需要装出什么样子来。

2. 文化是什么？

文化，是"文+化"，是"人的思想、语言和行为习惯+精神价值形成的集体人格"。一方面，文化是一种能力，是用文，即知识、技能、理念、工具和方法等，去化解组织或个人内在的纠结、矛盾和困惑，让组织或个人的生命有持续成长的能力。另一方面，文化包含着精神的价值，具有精神的引领作用。时代的发展，如果没有精神，当物质得到满足以后，就会陷入迷茫而困惑，因此，需要用文去化解存在的困惑。

在现实生活中，一般人有了纠结、困惑不知道怎么办，就凭惯性积累着，一次问题积累一点，一旦遇到一个大的麻烦，以前的问题就全都涌上心头，不可控地"火山爆发"，就像图 4.1 一样。

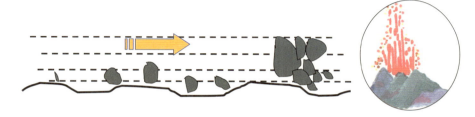

图 4.1　慢慢地积累直到"火山爆发"

对身体来说，可能就是脑血栓、心梗，或者癌症。

对夫妻关系来说，是家庭的冲突、纠纷和矛盾，甚至离婚。

对孩子来说，可能就是沉溺网络、辍学、离家出走、自我伤害等。

对组织来说，是一些人困惑、纠结、矛盾得不到化解的压抑，变成各种危机。

有文化的状态，则如图 4.2 所示，在生命的长河中，遇到问题和障碍，都得到化解，个人或组织的生命是顺畅的、通透的。

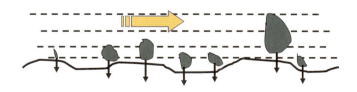

图 4.2　有文化的生命一切都可以得到化解

三、传统文化对人是如何产生影响的?

中华优秀传统文化博大精深,在此就选取一些显而易见的内容,来说明传统文化对人的思想、语言和行为的影响。

1. 道生一

道是中华传统文化中的核心理念。《道德经》第 42 章中的"道生一,一生二,二生三,三生万物"这几句大家都比较熟悉,可是,其内涵需要体悟。

简单地用太阳来说明,太阳是道的组成部分,万物生长离不开太阳,在此把道称为太阳。太阳发射出来的光就是那个"一",当太阳的光射出来,有的地方被照到了,有的地方没有被照到。于是就有了白天和晚上、亮和暗、热和冷等,就有了"二"。

由于阳光照得到的与照不到的,以及照射角度不同,产生温度不一样即温差,温差形成气流。有了气流以后,万物皆动,这叫二生三。然后,经过各种运化,有了万物,叫三生万物。

道生一,是看不见的,是内在生发出来的,下面以具体的应用来说明"一"是什么。

第一,"一"是达成一致。人与人之间的合作与关系,需要有共同点,彼此形成共识。如果把自己想的当作对别人的要求,忽略了"一",就有冲突而不和谐。

如果几个人一起合作做项目,需要一个达成一致的共同目标。目标不一致,像一盘散沙,做不成事。有了一致的目标,就有可能找到合适的切入点和对应点。

夫妻也需要有达成一致的共同目标。如果这个共同目标是短期的,目标达成了,"一"就没有了。例如,双方都想要个孩子,孩子有了,慢慢地共同目标就模糊了,因此,出现了"七年之痒"。夫妻可以共苦不能同甘,就是因为苦的时候,摆脱艰难是共同的目标。一旦渡过难关,富裕了,没有重新确立一致的目标,各有各的想法,生出来了"二",矛盾就出来了。

要想长期地创造和谐的家庭氛围,把这个当作共同的努力方向,需要经常互相感知对方的感受。发生问题的时候,有所觉察,带着觉知,去感知对方的感受,双方有了联结，就回归到一致的方向上。

在教育孩子的过程中，为什么会南辕北辙？就是因为家长和孩子没有达成一致的目标。家长不了解孩子的成长规律和各个年龄段的特点，要孩子必须听话，要孩子照着父母的要求做，要成绩好，要考上好大学。而孩子每个当下的需求，总是得不到满足，孩子拗不过大人，矛盾越积压越多，就失去学习的兴趣等问题。

因此，为了长久的和谐，需要有达成一致的、长远的愿景和使命。

第二，"一"是基础条件。在做事的时候，人、事、物都需要达成一致，这是基础条件。

农民要种庄稼，土壤、种子、肥料都要准备好，这些条件缺一不可。这也是人、事、物共同发力的条件，条件不充分就要去创造条件，创造条件就是生"一"的过程。

谈恋爱到结婚的过程，也是创造基础条件的过程。男女身体是正常的，才能正常生育孩子，有基本的居住条件和生活来源，互相能够接受对方，这都是最基本的条件。

第三，是一不是二。在平常做事的过程中，如果能够做到"是一不是二"，即做这一件事，不仅是为了这件事，还为的是那个"一"，生命就有了力量，做什么都会顺利。

例如，养育孩子不仅为了养孩子，为了传宗接代，还为了让自己重新经历一次生命的成长历程，发现与疗愈自己曾经的缺失，让自己的生命变得完整。同时，也为了人类的生生不息，为世界做贡献。

学习家庭教育，不仅为了孩子的健康成长，让孩子未来多挣钱、生活富裕、光宗耀祖，更是为了自己和孩子生命品质的提升。

孩子上学，不仅为了上大学，更是为了能够成为自行负责的人，进而成为能够贡献他人和社会的高素质人才。如果养育孩子就是养育孩子，学习就是为了学习，上学就是为了上大学……很可能把自己活丢了，失去了自我。不知道根本的"一"，只知道去抓取看得见的细枝末节，这是因为对中国优秀的传统文化了解得不透彻。

因此，做事顺道而为，活出"一"的状态，是人修炼和努力的方向。

2. 一生二

从太极理论上说，无极生太极，太极生两仪。说的就是，其大无外，其小无内的无极，有了动静的变化，产生了太极（那个 S 曲线）。当清升浊降的时候，分出了阴阳，阴和阳就是两仪，如图 4.3 所示的太极图，表示的是从一到二。

阴和阳称为两仪

阳中阴 ← → 无极

阴中阳 ← → 太极

图 4.3　太极图

阴和阳的运化，是宇宙自然的规律，是一切事物的本原，是万物发展变化的起源，也是生长、毁灭的根本。

阳光是一，阳光照射出来，有照到和没有照到的，即阴和阳，阴阳是相对应的，是事物一体的两面。独阳不生，孤阴不长；无处不在，无时不在。

如：日—月、乾—坤、白天—黑夜、阳光—阴柔、积极—消极、主动—被动、男人—女人、刚强—柔顺、高—低、好—坏、本—末、大—小、多—少、始—终、进—退、动—静等，都是相伴相随的。

所有的问题，都是阴阳失衡的结果，过犹不及，过了与不及都是失衡。事物都是在不断失衡—平衡—再失衡—再平衡……中发展的。

身体的五脏六腑，处处也是阴阳，五脏是实的，叫阴，六腑是空的，称为阳。肺—大肠、肾—膀胱、心脏—小肠、肝—胆、脾—胃、心包—三焦，这些是对身体主要运作系统的认知，这是中国人的智慧。

在人际关系中，也需要阴和阳的平衡。对职场中的人，特别是孩子上大学之前的年轻父母，80% 以上的人都被生活和工作的平衡所困扰，见图 4.4。

生活和工作，本身就是一阴一阳，不平衡是正常的。自己的成长、孩子的成长，时代环境的

图 4.4　工作和生活的平衡

变迁、家庭环境的变化，都需要在动态中的平衡。在不平衡中提升把握动态平衡的能力。完全平衡的状态才是不正常的。总之，平衡是一个人综合能力的体现，如果因为工作生活的不平衡而烦恼，说明缺乏把握动态平衡的能力。

在企业管理中，一样需要阴和阳的平衡。比如，企业都关注绩效，这是生命线。但是，往往只重视财务目标、客户目标管理与运营，对员工成长，特别是生命成长——企业发展的根基，关注不足，见图 4.5 所示。

果实是看得见的，人们容易抬头去关注它，花很多时间和精力去评估它，而不重视耕耘地下的树根。果实已经长成，再怎么重视和评估，也不会发生什么改变。只有从根部入手，浇水、施肥、培根、改良土壤等，对树冠和树干保证有足够的阳光、雨露，保证环境的基本安全，关注病虫害情况，及时防治病虫害的侵扰，最好提前做好预防工作，才能让果实长得更好。

财务、客户

　　　　——果实

管理与运营

　　　　——树干与树冠

员工学习、生命成长

　　　　——树根

图 4.5　企业绩效管理的果实和根因

3. 二生三

男女结婚生了孩子、人的动静结合有了生命力、水和面变成了面团、说话一唱一和形成了沟通、合适的硬件与可靠的软件组成了产品、五脏六腑的平衡带来健康的身体……这都是二生三。

不管是人际关系，还是做事、身体，乃至自然界，都是在阴和阳的平衡中，互相促进，产生向上或向下的力量。能量增加，在其中的人得到滋养；能量减少，在其中的人陷入消耗，如图4.6所示。

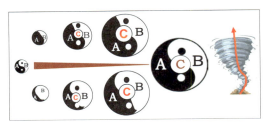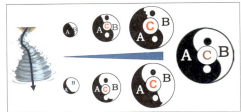

图 4.6　阴和阳互相促进或者消减的过程

好比揉面，面多了，加点水，水加多了再加点面……面团越揉越大。在家庭或者组织里，大家都加一把力，互相支持，互相叠加，氛围是积极向上的，整体就得到发展。

如果总是要你和你们必须"听我的"、证明"我是对的""你是错的"，大家说话都是撑着说，每个人的情绪越来越大，整体氛围越来越差，就像右边的图示一样，阴阳互相消减，产生向下的力量。

如果左边的是邪的、恶的、病态的，就像癌症一样，发展越大能量越低；右边则相反，已经形成的不良后果，越消减，问题越小，能量逐步提升。

不管是越来越好，还是越来越差，都叫互生互化，这是事物发展的规律。因此，个人，需要有文化涵养；家庭，需要家风建设；企业，需要文化建设，持续清升浊降、新陈代谢，保持拥有积极向上的能量水平。

从教育的角度来说，教是阳，育是阴，教和育平衡发展了，就达到了教育的目的——培养出全面发展的人才，如果教和育长期失衡，培养出来的人才品质就受到影响，见图4.7。

育，是顺着人性规律，用顺其愿而教和顺其善而教的方式，对孩子导其所顺，营造良好的人文环境。教，是教给孩子知识和技能，用上所施下所效和长善救失的方式，治其所逆，让孩子明白规矩和规则。总之，就是用"育"促进实现"教"的目的，培养出顶天立地的人才。

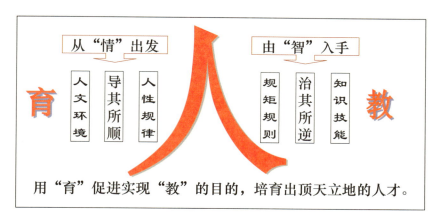

图 4.7 教和育的平衡图

4. 天生四时，地生万物

四时包括一天的四时和一年的四季。一天的四时指早晨、中午、晚上、半夜；早上对应的是春，中午对应的是夏，太阳落山对应的是秋，半夜对应的是冬。

日月运行，一年四季的变化是连绵不断的，地球上的万物无不遵循着这个自然周期规律。

虽然万物之间各自都有自身的生命周期，生命周期的长短各不相同，但基本上都遵循着"春生、夏长、秋收、冬藏"这个阴阳转换的自然规律，此消彼长、从量变到质变，日日更新，月月交替，年年轮回，亘古不变。

四季以及二十四节气，是由太阳、地球、月亮、北斗七星的运转决定的。几千年前，没有现代的科学设备和仪器，老祖宗凭着人的感知觉系统，认识遥不可及的天文，认清看不见、摸不着的气候，掌握细致入微的植物生长规律，特别是对人的身体与心理运作规律的认知……不得不佩服中华民族老祖宗的智慧。

《庄子》曰："天地有大美而不言，四时有明法而不议，万物有成理而不说。"我们的祖先发现了，阐述清楚了，表达明白了。这是中华民族的骄傲，是值得中华儿女学习、继承和发扬的。

将四季思想应用在管理中，就有了 PDCA 的管理之道。PDCA 对应的就是春夏秋冬，春夏秋冬是道，所以 PDCA 被称为管理之道。见图 4.8 所示。

春天是定目标做计划的季节，接着按照计划去执行，有了执行的过程才有结果，不过结果可能是想要的，可能是不想要的。因此，在这个过程中需要定期和

图 4.8　PDCA 与春夏秋冬

随时检查，不断调整和纠偏，当过程得到了控制，过程就是结果。最后，要对管理的过程和结果进行反思复盘，总结经验、完善管理过程、改进不合适的环节，形成管理的闭环，并得到螺旋式的提升。

传统的农业在很大的程度上受气候和时令的影响。农业是农民把有生命的种子，在合适的时候种到地里，并给予空气、阳光、水、肥料等合适的环境条件，再培土、间苗、除草、防止病虫害等，保证种子发芽、生根、开花、结果，收成就是自然而然的事。

教育要像农业一样，遵循四季变化，让孩子真正成为最好的自己。如图 4.9 所示。

每个阶段，孩子的学习需要有基本的目标，而且，目标是以孩子为主体制定的，是孩子自己达成的承诺，不是家长制定的。家长和老师要做的是观

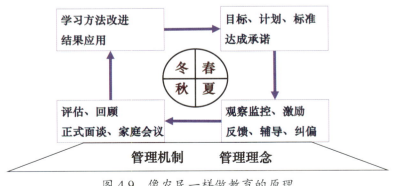

图 4.9　像农民一样做教育的原理

察、监控其安全和给予支持，还要随时地反馈、激励，对孩子感到困难的地方，根据孩子的状况辅导和纠偏。孩子小的时候，需要定期或不定期召开家庭会议，或者在日常聊天中，对学习做回顾和评估，根据评估结果，确定要继续的是什么、要停止的是什么、要开启的是什么、要改进的是什么，并制定下一阶段的目标和计划。

5. 从四季到五行

五行，即木、火、土、金、水，对应一年中的春、夏、长（zhǎng）夏、秋、冬，称为"五季"或"五时"。

"五季"是出于理论的需要，为了与五行相对应。古时候，一年四季中，每一个季节的最后 18 天作为"季"。春天的最后 18 天为"春季"，夏天的最后 18 天为"夏季"……四个季节的最后 18 天加起来，即 72 天，称为一季。

"五季"的典型代表，是夏秋交接的长夏，在一年的中间，也是一年中最热的时候，基本在阴历的六月。长夏属土，在五行图的中间。

五行的五种物质，并非指单一的事物，而是对宇宙万事万物的五种不同属性的抽象概括。五行强调的是整体概念，是中国人的系统观。

五行之间相生相克，达到动态的平衡统一，最终要回归到"一"，即顺道了。

五行和宇宙中万事万物都是对应的关系，与天地人间各方面都有对应关系——太阳系的五星，一日的五时，一年的五节，方位的五方，颜色的五色，易经的五兽，家禽的五畜，粮食的五谷，人体的五气、五脏、五腑、五指、五官、五体、五液、五觉，味道的五味，音乐的五音……

五行学说和阴阳学说一样，是中华优秀传统文化中非常重要的理论。几千年来，它一直是指导人们认识自然、社会和人体的工具与途径。因此，要了解中华优秀传统文化，必须先了解阴阳学说和五行学说。

通过五行学说，可以了解事物变化的规律及其变化背后的真相，一旦找到规律和真相，对事物的认知就变得简单了，而且，能够从根本上化解问题。

我开始学习五行理论是在 2008 年底，当时因为经济危机，企业需要压缩预算，我所负责的"职业发展中心"首当其冲。

为了说服领导不压缩我们部门的预算，我寻找继续加强人才培养与培训工作的依据。我找到了五行理论，并自圆其说地理解了冬藏（水）是学习成长、春生（木）是管理、夏长（火）是生产、秋收（金）是财务、长夏（土）是政策，见图4.10。我认为，在经济的冬天，需要加强冬藏工作，才能使得经济春天到来的时候，可以提供足够的人才支持。

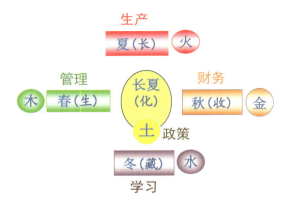

图 4.10　五季与五行对应的管理功能图

根据这个思想，我写了一篇《关于紧缩开支时期培训工作的思考》的说明。

我把这个说明交给了老板。第二天，当我汇报完了以后，财务总监举手要发言，老板示意他，不用说了。老板不但同意我报的预算额度，还增加了一些额度。在此感谢企业老板对我工作的认同和支持。

不管当时理解得对不对，这个理论切实帮助了我，而且对我的企业员工发展工作起到了很好的指导作用。例如，我认为培训学习部门是企业的"肾"，见图4.11。

肾主繁殖，司藏五脏六腑之精。我们注重内部讲师和人才梯队的培养，体现了繁殖的功能。

肾负责水液的代谢调节，有过滤的功能，使废物下行排出，内收外发。职业

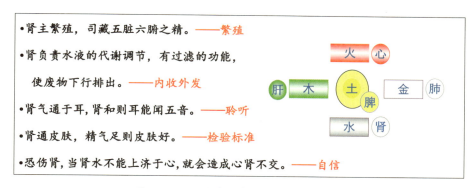

图 4.11　培训学习部门是企业的"肾"

发展的管理团队注重学习、知识沉淀、课程开发和内部讲师的培训，体现了内收外发的功能。

肾气通于耳，肾和则耳能闻五音，决定了人的聆听能力。每年的培训需求，我们都是靠平常开会，靠跟各方领导的沟通中获得，从来没有靠问卷调查确定培训需求。因此，需要体现聆听的功能。

肾通皮肤，精气足则皮肤好，这是检验标准。当时，职业发展中心有单独的一栋楼，我们利用好每一个空间，做各种的理念、方法和做法的展示。而且，整个团队的精神面貌积极向上又友善和诚信，体现了企业学习管理部门符合精气充足的检验标准。

恐伤肾，当肾水不能上济于心，就会造成心肾不交。肾气足才有自信。善于倾听各方面的意见，不断地改进和创新工作。在应该坚持的时候，我们毅然顶着压力为员工和各成员企业服务，这体现了培训学习管理者的自信。

我还发现，培训管理者是企业的"水"，以支持的身份配合，以主人的心态做事；为各部分人员补上学习成长这个缺口，让大家变得完整，成为各部分不可或缺的、受人欢迎的一个角；在工作的过程中，培养被别人利用的价值，只有大家愿意让我们配合，我们才有价值。因此，我们在集团很受各部门和成员企业的欢迎，见图 4.12。

再举一个五行理论在管理中应用的例子：在学校里，校园文化跟学校各个系

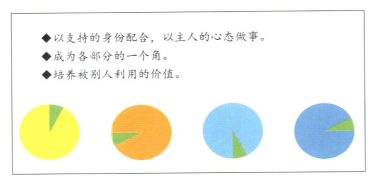

图 4.12 培训管理者是"水"

统的关系，见图 4.13。

校园文化系统是学校的土，处在引领的位置；教职员工发展系统是学校的水，

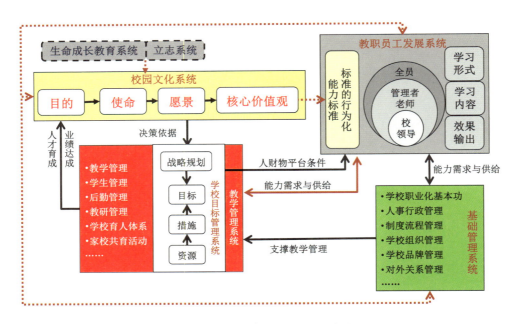

图 4.13 校园文化与学校各系统的关系图

基础管理系统是学校的木；教学管理系统是学校的火；学校目标管理系统是学校
的金。一个学校是一个系统，五方面需要互相促进，平衡发展，哪一方面的薄弱，

都将削弱其他方面的作用。

不同的行业，从不同角度，都可以体现中华优秀传统文化的博大精深。在此仅仅取其九牛一毛，从生命成长应用的角度阐述了一、二、三、四、五的内涵。目的是要说明，作为中国人，我们有理由拥有文化自信；我们需要继续深刻领会传统文化的深意，弃其糟粕，取其精华，将传统文化应用到日常生活和工作中；我们更有责任引导孩子学习、弘扬和传播中华优秀传统文化。

四、到底为什么要爱国?

1. 几百年前的中国为什么落后了?

在《经济研究》2019 年第 7 期中，金星晔、管汉晖、李稻葵、Broadberry Stephen 发表了一篇名为《中国在世界经济中相对地位的演变（公元 1000–2017 年）——对麦迪逊估算的修正》的研究文章。研究表明：

> 第一，公元 1000–1978 年，中国 GDP 在世界总 GDP 中的比重先升后降，峰值为 1600 年的 34.6%。西方国家工业革命后，中国 GDP 在世界总 GDP 中的比重断崖式下降，1952 年和 1978 年分别仅占 5.2% 和 4.9%。
>
> 第二，改革开放后，中国 GDP 占世界 GDP 的比重迅速提高，2017 年达到 18.2%。
>
> 第三，以人均 GDP 衡量，中国从 18 世纪上半期开始，生活水平开始落后于主要欧洲国家。1978 年改革开放开启的是自公元 1600 年以来中国经济的首次历史性复兴。

就是说 1500 年（明朝中期）之后，中国实力一路下滑，尽管中间有康乾盛世，也没能阻挡一路下滑的趋势，直到 1949 年新中国成立以后，我们才开始再次走在上坡的路上（见图 4.14）。

一个时代不管是发展还是衰退，主流文化往往领先于经济，如果主流文化是

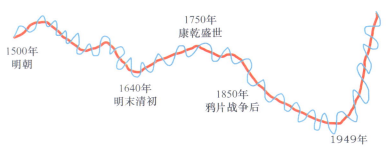

图 4.14　中国 500 多年的国家实力示意图

落后的，接下来的时代一定是落后的。导致一个时代兴衰的原因非常复杂，在此仅仅从人的生命成长的角度试着分析一下 500 多年中一路滑坡的原因。

因为连续多代的原生家庭都在为生存奔波，面对饥荒、战乱、瘟疫时无能为力、无奈无助，内心充满了恐惧。几乎每个家庭都有不正常死亡的现象，在生死面前，活着才是最重要的事情，其他的都顾不上。所以，造成有话不敢说、不能直说、自我压抑、绝望麻木的集体人格。

连续几十代人的绝望麻木、人心封闭带来的闭关锁国，致使中国与世界隔绝，影响了中国吸收先进文化和科学技术，严重地阻碍了资本主义的萌芽发展，使得中国和世界脱轨，以致阻碍生产力的发展和社会的进步，慢慢地中国就落后于世界了。

长期的苦难，使大多数人形成听天由命的被动依赖思想，缺乏自我认知和目标意识，心目中的权威说是什么就是什么。一方面，自以为是；另一方面，又有依赖的思想，看似是矛盾的，实际上，都是不知道要往哪里去的迷茫。

2. 经过一百多年努力后的中国

几百年中，一直有少数觉醒者，想打破现状。直到 20 世纪初，在黑暗中摸索的有志之士，很多都有留学经历，他们在找寻中国落后的原因，在探索中华民族的出路。那时候，西方国家的状况普遍比中国好。有的有志之士眼睛所见和环境所感，都是不可理喻的落后和愚昧。因此，他们就把一切问题归咎于中国人的劣根性。

劣根性从哪里来？首先，归结为儒家文化，随后，又波及其他的传统文化。于是，出现了批判传统文化的思潮，甚至明文废止读经，这无异于把"洗澡水和孩子一起倒掉"。其次，人们急于摆脱苦难，因此矫枉过正，甚至全盘否定中华优秀传统文化。

经过近百年的努力，特别是改革开放以后，综合国力快速提升，物质文明快速发展，但精神文明一时没有跟上，这是时代发展的特点。

周恩来总理说："历史对一个国家、一个民族来说，就像记忆对于个人一样，一个人丧失了记忆就会成为白痴，一个民族如果忘记了历史，就会成为愚昧的民族。"所以，我们需要了解过去的经历到底是怎么回事；也需要知道改善现状，"我"能做什么；需要明白，尽管"我"是微不足道的一粒沙尘，但每一个人的努力，终将汇成巨大的力量。

当今时代，觉醒、觉悟的人在快速增加，整个社会对精神文明的重视程度也在逐步提高。我们有幸遇到了历史上的最好时期，并且有幸参与到生命成长教育的学习中，在提升自己生命品质的同时，也能帮助孩子和身边的人提升生命品质，为中国人的素质全面提升做出自己应有的贡献。

正如习近平总书记说的："现在，我们比历史上任何时期都更接近中华民族伟大复兴的目标，比历史上任何时期都更有信心、有能力实现这个目标。"

中国梦是民族的梦，也是每个中国人的梦。只要我们紧密团结，万众一心，为实现共同理想而奋斗，实现梦想的力量就无比强大。

3. 爱国是每个人自身的需要

首先，成为更好的自己需要爱国。《孝经》说："不爱其亲而爱他人者，谓之悖德。"你不爱自己，也不爱家人，怎么可能去爱人类、爱世界呢？因为人类是由一个一个的人组成的，世界是由一个一个的人和所有的事物组成的。不爱自己和身边的人，而去爱远方的人，这是违背道德、失德的行为。

爱国的本质是先学会爱自己，把自己这个生命打理好，拥有足够的能量和足够的爱，走到哪里都是一道照亮一方的光，用自己的爱和光，去照亮家人和身边的人。所以说，爱家人、爱他人的前提是爱自己。这里的爱自己是爱自己的生命，让生命不断绽放，而不是满足自己的欲望。

其次，读书人需要爱国。读书人，是"士"人，有一颗士人的心，是有"志"之人。爱国是读书人重要的志向，让读书人心里装着百姓、装着大众，成为百姓依赖的人，体现读书人的价值。

最后，人的归属感需要爱国。一个人像一滴水，只有融到大海中，才不至于干涸。因此，需要把自己放到国家这个整体中，就像《国家》这首歌唱的一样"有了强的国，才有富的家"，体会国家与小家、与自己的关系。

对每一个国人来说，我站立的地方，就是我的中国；我怎么样，中国便怎么样；我是什么，中国便是什么；我有光明，中国便不再黑暗。

中华民族是有根的民族，可以给予国人尊严和安全感。

第五章　如何立志

前面阐述为什么要立志？生命的意义是什么？为什么要爱国？有了这些基础为依据，就可以讲清楚立志的方法了。

一、为什么要学会选择？

从学校到企业，很少有教人选择的系统性课程和方法，人们常常凭自己积累的经验，或是零散的知识在为自己做选择。比如，面对孩子的学习问题，不少家长认为，是因为孩子缺乏学习动力。可是，对用什么方法激发孩子学习动力不太清楚。

1. 选择是人的一个核心能力

唐代文学家韩愈在《师说》中说："师者，所以传道受业解惑也。"传道是教学生学会做人，受业是教学生学会做事，解惑是教学生学会选择，见图5.1。

为人师者，如果只知道受业，是远远不够的；还需要学道、懂道，了解人的成长规律，以及心理运作的机制，才能帮助学生解惑，才能让学生拥有自我解惑的能力。如果不懂道，就没法解惑，也没法解自己的惑。

老师的解惑，解的不仅是知识和专业层面的惑，更重要的是人生的惑、生命成长的惑。

术——学知行。即学习知识、理念、技能、工具、方法等内容，主要注重人与物的关系，获得的是专业的能力。学会做事是一个人安身立命的基础，也是学

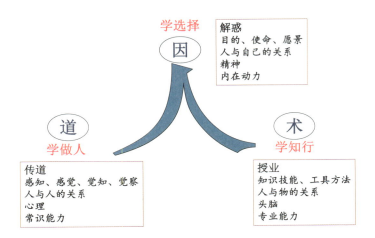

图 5.1   学习的三个方面

会做人和学会选择的基础,而不是目的。在学会做事的基础上,学会做人、学会选择,无论是生活还是工作,都可以获得事半功倍的效果。

学生努力考大学,想当医生、当老师……大都指的是专业和职业,把学会做事变成了目的。

道——学做人。传道、授业、解惑,传道是首位。为此,需要激发本源性能力,即对人、事、物和环境有感觉,对当下发生的事有觉察,带着觉知做事,并能够感知到周边人、事、物的状态,特别是能够感知到合作者的状态。通过这个过程,满足自己和对方的心理需求,实现人与人、人与世界联结。

例如,相当一部分人,在集体活动中常常是躲到一边,不积极参与、不敢发言,事后却后悔、自责、自我否定;面对能量级别高的人,感到不自在,不敢跟对方说话。即使时常给自己打鸡血,或者掌握跟人交流的技巧之后会有积极的表现,但是,心里仍然存在不满意、空虚的感觉。

这是因为从小特别是 6-12 岁这个阶段,得到的支持不够,平常没能有效表达自己造成的。面对这样的状况,需要带着觉知让自己尽意表达,满足自己表达的需求。满足了,能量提高了,就可以放松地跟人交流,创造良好的人际关系。

　　一个学生上课不敢发言，在公众场合被动、不积极，在家里对家长却肆无忌惮、撒泼打滚。对这样的学生，批评、指责一定是不管用的；给他讲道理，要求他"积极主动，否则就……"，也不会奏效。

　　相反，如果成人能够感知他的感受，觉察他的状态，创造机会让他尽意表达，他的心理需求得到满足了，就会愿意发言、愿意融入班集体。

　　因——学选择。有困惑，不会选择，是因为自己偏离了道，不知道自己不会选择。因此，学会选择，是让自己随时回归到道上。

　　选择的起点，是清晰人生的目的、使命和愿景，这不是高大上的口号和"鸡汤"，而是自我认知的结果。只有这样，才能活出人这个物种应有的功能。

　　现实中，很多人没有机会学道、懂道，并缺乏选择意识，导致多少年来，弃"道"而偏"术"，培养出大批能干、成功、精神空虚、内心痛苦的精神上的"残疾人"。这样的人是站不稳的，如图 5.2 所示。

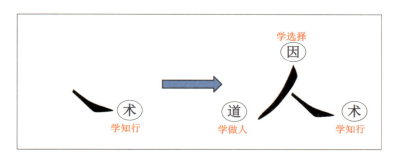

5.2　人有一捺还要有一撇才能站得稳

2. 一般人选择是基于"近忧"

《论语·卫灵公》："人无远虑，必有近忧。"一般人选择的习惯都是基于"近忧"。

个人基于"近忧"的选择依据如下：

◆喜欢的：挣大钱、当大官、要认可、要面子……这是贪心。怕没有、怕不够、怕得不到、怕得到了会失去……

◆不喜欢的：回避、比较、证明、报复……这是基于不想要的排斥。不管是什么，越排斥越粘得紧，最终就活成了排斥的状态。

◆不明白要什么：大家都、我想要、人家说、面子好看、不这样让人笑话……这是糊涂的状态。没有自己的主张和清晰的目标，也不清晰自己的需求，随风摇摆，容易把别人的观点和主张当作自己的。

◆以为自己明白：自以为是、不懂装懂、固执、任性、掌控……这是自以为的傲慢。生怕让人小瞧、生怕被人忽视，认为掌控是最重要的，听不到别人在说什么，更听不进不同的声音。

◆害怕与担心：恐惧未来的不确定性、害怕失去控制、担心发生不好的事情……这是疑虑。不敢相信任何人，其实是不敢相信自己。

企业决策是由人来做的，只关注"近忧"的领导，一般选择的依据如下：

◆喜欢的：利益、业绩、估值、上市……

◆不喜欢的：回避、证明、比较、报复……

◆不明白要什么：时髦、能挣钱、面子好看、盲目模仿……

◆以为自己明白：把 KPI 当作战略目标、过度 / 疏于管理、强势管理……

◆害怕与担心：用物质激励、要求加班、威胁、交换……

趋利避害，是人的本能。人天生有得到利的喜悦，以及得到危害的厌恶，正是这种特点，促进了人类的不断进步。

仅仅盯着眼前的"近忧"，而忽略长远的"远虑"，是趋小利避小害，而丢掉大利，看不到大害。一旦遇到大害之时，就蒙了，直接怪罪于别人和外在的环境。其实，很多大的危害都是有征兆的，都是慢慢积累来的。

　　夫妻一方有外遇，不会是突然的，一定是夫妻关系早已有恶化的迹象，面对这种迹象没能及时设法化解，反而总觉得对方有问题。

　　孩子辍学，肯定是对某些情况早已厌倦、早就开始压抑着自己，最终爆发。

　　一个人得癌症，更不是几天产生的，而是长达几十年的生活习惯、心境和情绪状态慢慢积累而来的……

"近忧"是一种自我限制，像铁链似的，紧紧地箍住树干，慢慢地把这棵树给箍死了。对人生来说，只会关注"近忧"，一辈子只能在原地打转，不敢跨出舒适区，最终就会让自己走向漩涡。见图 5.3 所示。

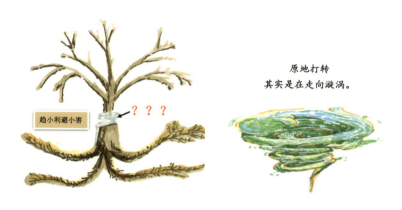

图 5.3　趋小利避小害的结果示意图

人们常常挣扎在"近忧"中消耗，错把"我将要得到什么"当成"远虑"。例如：孩子要考上大学、我要评上职称、要买套房子……这些最多只是愿望，或者是欲望，甚至是一种潜在的强化焦虑和压抑的状态。

在这种状态下，跟他说立志、生命意义、理想、爱国，他可能会说：别跟我说那些虚无缥缈的事，我眼下只能关注养家糊口、职称、工资、奖金、孩子成绩，特别是孩子写作业能够少让我操心……在一大堆"近忧"里摸爬滚打，造成恶性循环，什么时候都转不出来。以下是覃艳芬老师处理的案例：

一天晚上，高三的二模考试刚刚结束。我坐在教室外面，小 A 同学来到身边，并进行了以下对话：

A：老师，我最近越来越害怕考试了，怎么办？我已经恐惧考试了！

我：哦，听得出来你很着急，你感觉到自己的成绩一次次退步了，对吗？

A：是啊，我感觉我考不上大学，一到考试就特别紧张和焦虑，甚至一听到考试就感到厌恶，想逃避。

我：嗯，我能感知到你的感受，来拥抱一下……我很好奇，当你想到考不上大学的时候，你觉得自己在害怕什么呢？

A：我害怕我爸会特别特别失望，我的家人也会特别失望，我会很没面子。

我：哦，你害怕家人、特别是爸爸的失望。

A：对啊，我想考上本科，80%的目的是为了向我老爸证明我是可以的。因为长这么大，我爸就没有说过肯定、鼓励我的话。目前来看，能够考上本科，我认为是向爸爸证明我自己的最好和最快的途径，所以我压了很多赌注上去。

我：哦，你是这样想的。

A：如果我考上本科，爸爸在向外人谈起自己的孩子时，也会特别有面子。

我：是哦，这样你会觉得爸爸很为你骄傲。

A：但是，我现在已经觉得我没有能力考上本科了，我一直在退步。所以，我很害怕考试，也害怕高考。

我：嗯，当我们感觉到退步的时候，的确会让我们暂时没有信心。我有点好奇，考上本科，除了向爸爸和家人证明自己外，你对读本科还有别的理解吗？比如你想在大学读什么专业，有想过吗？

A：没有，我不知道自己要读什么专业。上了高中，我爸对我说得最多的一句话就是："好好学习考上大学，不读大学以后打工都没人要！上大学才能找到好工作，挣到钱。不要像我一样，做到死都是个打工仔。"

这就是典型基于"近忧"的爸爸，把孩子拉到"近忧"的泥潭里，能量在"近忧"中消耗掉。实际上，只有在关注"近忧"的同时也关注"远虑"，才能趋大利、避大害，让成长和意义的正能量为当下助力。一个是消耗，一个是助力，过程和结果却是天壤之别。

3. "远虑"是什么？

第一，我是谁？——"远虑"的基础。自己怎么看待自己？我有哪些主要的角色？任何的角色后面都是责任，这是一个人的基础状态。另外，还有我所在的时代、环境背景是什么？在这个时代和环境中，别人怎么看我？

第二，人生到底为了什么？——"远虑"的起点。清晰人生目的，爱自己、爱他人，活出生命的功能，达到生命的理想状态。

生命的功能是要绽放的，要活出本该活成的最好样子。在日常生活和工作中，只要有不舒服的时候，都是可以转化为完善自己的机会，这是真正爱自己的行为。会爱自己了，推己及人，就会爱别人。

第三，为了谁？做什么？达到什么效果？——"远虑"是把自己放到更大的整体中。一个人在整体中，可以更好地为自己、为身边的人，用自己的能力做出独特的贡献，实现人生的使命。

人在不舒服的时候，是提醒自己跟整体脱节了，是重新进入整体的契机。如果在不舒服的时候，没有收到提醒，就会把这个珍贵的信息给丢了。

第四，成为什么样的人？——"远虑"的落脚点。具备"远虑"的人，知道轻重缓急、本末终始、大小多少，适当的时候，可以弯道超车，成为想成为的人。

二、如何确定人生的方向？

人生方向，包括目的与使命，这两部分是生命守望的方向，是不可衡量的。

1. 如何找到人生目的？

人生目的，是追求个人层面的生命意义。人生目的与人的生命价值相关。关于生命的真相，是活出生命的功能和意义，是一个人生命的理想状态。在第二章已经阐述了什么是人生的目的与人生的意义。

人生目的的描述方式：

我要活出……状态

我要活得……

我是一个……的人

寻找人生目的，要回答几个问题：

◆我为什么要做生活中的那些事？

◆我为什么要工作？为什么要学习？

◆我来到世界上，要活出什么状态？

下面示例采用五连问的方式，梳理人生目的：

示例1：

（1）我为什么要做生活中的那些事？——要活着，要养家糊口。

（2）为什么要活着、要养家糊口？——好像每一代人都这样，我想活得比上一代更好一些。

（3）上一代人有什么让我觉得不好的？——不会爱自己，太辛苦，溺爱孩子。

（4）我想要的是什么？——我要会爱自己，因为我的存在给别人带来利益。

（5）那是一种什么状态？——活得明白、健康、快乐、能干的状态。

人生目的：我要活出明白、健康、快乐、能干的状态。

示例2：

（1）为什么要学习？——学习，让我活得更好。

（2）为什么要活得更好？——活得不好，就会痛苦。我不想要痛苦。

（3）不想要痛苦该做什么？——我该学习，了解我为什么痛苦，并化解它。

（4）我期待的生命状态是怎样的？——自在的、自由的、有价值的。

人生目的：我要活得自在、自由、有价值。

示例3：

（1）为什么要工作？——要养活自己，还要养家糊口。

（2）为什么要养活自己和养家糊口？——这是我的责任。

（3）为什么我要有这个责任？——我是一个人，一个正常的人。

（4）为什么正常人要承担责任？——我不仅自己要活好，还要让家人活好。

（5）有责任的人生命状态是怎样的？——我是一个有价值、有智慧的人。

人生目的：我是一个有价值的、有智慧的人。

总之，一个人来到世界上，要活出的状态是：活得明白、健康、快乐、阳光、友好、有爱、和谐、自在、自由、有价值、智慧……其实，逢年过节互相祝福的内容，大部分都是人们希望要活出的人生目的。

现在，邀请你使用五连问的方式来清晰自己的人生目的，不一定要问五次，有时候可能问三四次就有结论了，也有时候要继续问才会有结论。

2. 什么是人生使命？

人生使命，是追求社会层面的意义。使命，顾名思义，是想把自己这条命使用在什么事上。使命是与社会大众相关、利他的，与更大整体的联结。

用自己的素养和服务能力，带着爱的付出，在追求理想状态过程中，为社会大众，致力于某一领域的善业，并做出独特的贡献。因此，人生使命有三层含义：

第一层：用自己的素养和服务能力，爱自己、他人、国家和世界，带着爱的付出。关键词是爱，是用心的"爱"。

爱是人类终极的需求之一，是一种强烈的、积极的情感状态和心理状态，爱有广义的和狭义的，见图5.4所示。

狭义的爱，包括孩子小时候依恋母亲的爱、青壮年荷尔蒙引发的情爱，还有亲人之间亲情联结的爱。这是人性的需求，是小爱。为了人类的生生不息，需要繁衍生命，那就要从小爱开始。

如果这个爱没有得到满足，会产生副作用，比如对社会、他人漠不关心；对他人的控制、替代等；产生恐惧、嫉妒，自尊受损而自卑、抑郁，甚至自杀或者其他的行为变形。

因此，人需要小爱，更需要广义的大爱，以弥补小爱的不足。

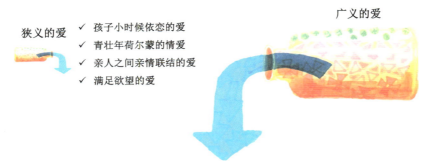

狭义的爱
- ✓ 孩子小时候依恋的爱
- ✓ 青壮年荷尔蒙的情爱
- ✓ 亲人之间亲情联结的爱
- ✓ 满足欲望的爱

广义的爱

- ✓ 深层地了解与理解自己、他人、世界，并满足其需求。
- ✓ 找到生命意义，也是找到爱的过程。

图 5.4　广义与狭义的爱示意图

广义的爱，不是去寻找，更不是去抓取的。而是一种能力和行动，无条件的，是深层地了解与理解自己、他人与世界，并满足其需求，找到生命意义，这是大爱。大爱是平衡的，内外平衡、付出回报平衡、男女相处的平衡，这种平衡是心里的感觉，是天性的必然。

就好比，有个人又累又饿回家了，家人很快端来一碗热腾腾的面条，饭后又做好准备，让他洗一个热水澡，然后躺下睡一觉，他的需求就得到了满足。

我在洗碗的时候，想到环保，设法用最省水、省洗洁精的方法洗碗，满足了环保的需求。

老师面对学生的各种问题，没有排斥、指责，而是找学生了解情况，引导学生看到自己的行为和造成的后果，激发他改进的动机，使问题得到转化。这是满足学生的需求，也是满足家庭、学校、社会的需求。

有一个视频短片——《赫赫而无名的人生》，我看了十多遍，每一遍都为之动容。

视频的主人公叫黄旭华，他是核动力潜艇专家、中国工程院院士、共和国勋章获得者、国家最高科学技术奖获得者。

他为了国家的机密，隐姓埋名，默默无闻，当无名英雄。30 年没回过家，被家人误解为忘记养育父母的不孝儿子。

　　他说："对国家的忠，就是对父母最大的孝。"他热爱核潜艇事业，为此奉献终生，无怨无悔，因为心中有为核潜艇、为祖国的大爱，在付出的过程中，他找到了生命的意义，在这种状态下，心无旁骛，自然会生出智慧，心想事成。

　　这个视频是在黄老 92 岁的时候录制的，如今黄老 99 岁了。从他身上，我理解了什么叫"仁者寿"。一个有远大志向，并为之努力过的人，怀有仁爱之心，心胸宽阔，为人柔和，因而健康长寿。

　　他隐姓埋名，没有刻意去追求任何的名和利。这几十年，他得到了各种国家级别的荣誉和奖励。

　　人的小爱得到满足，可以促进拥有大爱。教育的价值，在很大程度上是为了拥有自我认知能力，弥补缺失的爱，让人直接超越小爱，走向大爱。

　　第二层：在追求理想状态的过程中，为更多的人、为社会大众做自己该做的事。关键词是"众"，心里能够装多少人。

　　众，心里装着大家，把自己放到更大的整体中。即把自己放到家庭中，和家人一起建设小家，我就拥有和谐的家庭；把自己放在社区或组织中，为这个社区和组织贡献出一份力量，社区和组织会越来越好，我就有更好的生活和工作环境；把自己放在社会和国家中，不管我走到哪里，都贡献出我能贡献的力量，我和大家都拥有更好的社会环境和更加强盛的国家。如图 5.5 所示。

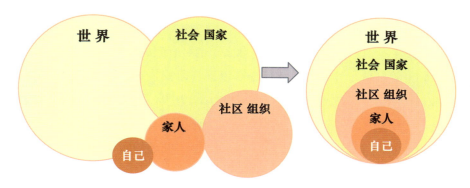

图 5.5　把自己放到更大整体中的示意图

由于地球上，还有其他人和其他的物种，需要友好合作，和平共处，互相依存，形成一个有序的整体。因此，只有为了别人、为了值得做的一些事，才会活得有意义，做事有干劲、易专注投入。

作为健康的成人，心里能够装多少人是由价值观决定的，见图 5.6 所示。

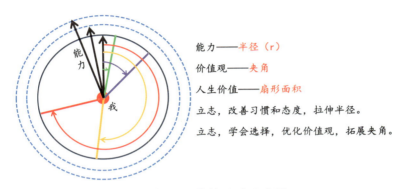

图 5.6　价值观的示意图

一个人的能力是圆的半径，这个圆的大小，决定了人的作用和价值。价值观是选择的夹角，夹角小，关照的人和事少，作用有限；夹角大，关照的人和事就多，作用大。圆圈内的夹角之间形成的扇形面积，相当于一个人的作用和价值水平。

扇形面积 = 夹角 / 360° × πr²，即人的作用和价值，取决于价值观和能力。正向的夹角，就有正向的作用和价值；如果夹角是负的，即损人利己，或损人损己，夹角越大，危害性越大。如图 5.6 所示，最小的夹角（绿色），不管能力有多强，面积小，只能服务到、关注到夹角以内的几个人。比如，有的人只想关注小家三个人，有老婆孩子热炕头就够了。或者只关注我工作的这个小组，跟我相关的上、下工序我都关注不到，能力再强，其扇形面积也是有限的。

图中最大的夹角（红色），接近 360 度，其面积几乎占满了整个圆圈，说明其作用和价值发挥得比较充分。比如，有的人能力强，格局也大，他可以负责一个大企业、一所学校，或者是一方的父母官，他们关注的人更多，夹角就更大了。

立志了，人做事的态度会变得积极，并且可以不断地抑制坏习惯，养成好习惯，减少无谓的消耗。大部分时间里，不管做什么，都是自己的选择，都可以充满热情地投入，因此，成长更快、能力更强，那么，圆的半径就得到拉伸。

立志了，有了选择的依据。懂得选择，可以优化人的价值观，扩大夹角。也就是说，因为立志，圆圈半径和夹角都增加，扇形的面积就增大。

在电影《恰同学少年》的片段"经世致用"中，毛泽东在湖南一师学习时，孔昭绶校长的一番话，深深打动了毛泽东和其他同学。尽管那是100多年前的观点，一样适合于现在。孔校长说：

> 不解决为什么要读书这个问题，势必学而不得其旨，思而不知其意。读书，为的是"经世致用"。致力于国家，致力于社会，谓之经世。以我之所学，化我之所用，谓之致用。
>
> 不是为了读书而读书，读书目的，是学知识，以求改变我们的国家，改变我们的社会。湖南人历来读书是为了做事，做于国于民有用之事。
>
> 乱以尚武平天下，治以修文化人心。当今之中国，有什么比教育还大？有什么手段比教育还强？为民族之振兴而尽一己之力，是经世致用的最佳途径。

当今和平年代，需要"治以修文化人心"，学习生命成长教育，包括学会立志。这是"修文化人心"的重要途径，促进我们能够真正做好教育这件事，为祖国的富强和民族的振兴做出独特的贡献。

第三层：致力于某一领域的善业，并做出应有的贡献。关键词是"善"。有了爱和众，自然就有了"善"。

善由两方面组成，一方面，是内在的柔和、富足、独立，与外在世界带着觉知的联结，这是不易看见的利己利人。另一方面，是外在的，在了解和理解的基础上满足对方的需求，这就是常说的，看得见的利他。

只知道外在给人好处的利他，缺乏内在利己利人的柔和，生活会磕磕碰碰，或者会有被掏空的感觉。尽管拥有极强的利他思想，可能给人的并非他人需要的，别人不愿意接受这样的利他，导致自己和他人都不开心。

善，是要像水一样，在所处的环境中，哪里低洼就流到哪里。

有人说，善字可以拆成一个人民币符号"￥"、一个"世"及一个容器，见图5.7所示。即有个容器接着世上的钱。换句话说，既有内在又有外在的善，才能够

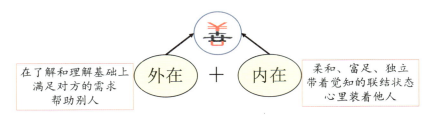

图 5.7　善及其组成

有效地满足他人的需求，也是财富来源的奥秘。因此，善就是财富。

电影《士兵突击》的成才成绩优异，但是，成为特种兵的考核没有通过，原因是他心里只有自己。考评的上级领导对他说：

> 我肯定你的能力，但是无法接受你成为我们的一员。我不怀疑在战场上，你可以成为杀敌英雄，但是，这不是现代部队需要的。因为任何个人和团体很难在你的心里占到一席之地。你很活跃，也很有能力，但也很封闭，你总是在自己的世界里想自己做自己的。
>
> 你经历的每个地方、每个人、每件事都需要你付出时间和生命，可你从来没付出感情，总是冷冰冰地把他们扔掉。你该想的不是怎么成为一位特种兵，而是要善待自己。精神，才是唯一的财富，其他都是虚的，我无法只看你们的表现，我更看重的是人。请对自己、对别人仁慈一点，好好做人。

成才的领导讲的这一段话，很有哲理，值得深思。当今社会需要的不仅是成绩优秀的人，同时还要心里装着别人的、友善的人。如果培养出来像成才一样成绩优异的人，"半径"比较长（见图5.6），却不会好好做人，即"夹角"很小，未来将会遇到更多的痛苦和挫折。更重要的是，他们不知道自己为什么会是这样的，总觉得是别人给自己找麻烦。

现代社会需要的人才，更加强调经营好自己的内心，心里能装得下别人，进而成为会合作、善分享，使别人心里也愿意装着我的，拥有良好人际关系的人。

3. 如何确立人生使命？

人生使命的描述方法：用什么？为谁？做什么？达到什么效果？

人生目的和使命一旦确定之后，一般不会有大的变化，如果修改，可能也只是描述方式的不同。除非人生发生颠覆性的变化，才可能有大的变化。

下面用五连问的方式梳理人生目的和使命。

示例 1：

（1）为什么要上大学？——因为同龄人都在努力考大学。

（2）为什么同龄人都上大学，我也要上大学？——因为我不知道还有什么别的选择。

（3）为什么没有别的选择？——如果高中毕业就工作，会没有竞争力。

（4）为什么要有竞争力？——因为想出人头地，想活得不比别人差。

（5）不比别人差的状态是怎样的状态？——满足的、轻松的、幸福的。

到此为止，梳理出了人生目的，继续问：

满足的、轻松的、幸福的状态，对别人、社会有什么价值？——成为一个像 ××× 样的人（达到的效果），能够帮助别人（为谁），为社会做出贡献。

怎么能够做到这些呢？——我现在做好规划，调整学习方法，拥有一技之长（用什么），未来努力工作（做什么）。

人生目的：活出满足的、轻松的、幸福的状态。

人生使命：用我的一技之长，努力工作，帮助别人，成为一个像 ××× 样的人，为社会做出贡献。

示例 2：

（1）为什么要上大学？——为了学自己喜欢的东西。

（2）为什么要学自己喜欢的东西？——有兴趣，而且想满足求知欲。

（3）为什么要满足求知欲？——有些东西是高中老师教不了的。

（4）为什么要学高中老师教不了的知识？——想有更多的知识，才能帮助更多的人。

（5）能够帮助别人的状态是怎样的？——利他的同时，可以利己，自信、自尊、从容。

到此为止，梳理出了人生目的，继续问：

做到利他利己，对社会的价值是什么？——我要上师范大学，成为有教育情怀、有教育能力的优秀教师（用什么），为社会输送健康的、积极向上的人才（达到的效果）。

怎么成为优秀教师？——学习掌握引导教育学生的能力，不仅教给学生知识，还教学生做人（为谁、做什么）。

人生目的：我是一个利己利人，自信、自尊、从容的人。

人生使命：用我的教育情怀和教育能力，不仅教给学生知识，还教学生做人，为社会不断输送健康的、积极向上的人才。

示例 3：

我一直跟企业打交道，直到 48 岁的时候，为自己确定了人生下半场的使命——

我是一个贡献他人、营造和谐的人（用什么），致力于促进员工（为谁）的健康成长和企业（为谁）的可持续发展（做什么、达到的效果）。

这两年有这个机会做跟教育相关的工作，我重新修订了我人生下半场的使命——

以终为始地将企业人才培养的理念和方法前置到学校和家庭教育中（用什么），助力更多的家长、老师和学生（为谁）活得明白、走向幸福（达到的效果）。

三、如何确定自己的愿景？

1. 愿景的确立

愿景是与事业或学习相关、中长期、具体可衡量的目标，是一个人在实现人生目的、履行使命过程中的阶段性理想蓝图。

愿景的描述形式：多少年内，我成为一个什么样的人或者实现一个什么愿望。

一般是三年、五年、十年内的愿景。因为有时限性，所以愿景一般需要滚动调整，每年或者两三年修改一次。

> 举例：
> 上高中时候的愿景——考上×××大学。
> 上大学时候的愿景——找到×××工作单位和什么岗位、找到心仪的对象，生活自食其力。
> 工作几年以后的愿景——事业上获得什么成就、顺利结婚生子、买房、买车。
> 35岁以后的愿景——几年内成为什么样的人，或者实现什么愿望。

到了一定的年龄，要实现一个比较远大的愿望，或成为需要用终生去努力实现的人生状态，就不需要年限了。

2005年（我43岁），我的愿景——成为企业的"首席牧师"[1]。
2008年，我的愿景——成为企业教练型的员工发展专家，促进员工健康成长。
2017年之后，我的愿景——作为生命成长教育的实践者和传播者，成为家庭

---

[1] 牧师的作用是培训、辅导、传道与发展、策划、设计，当时企业的一些领导经常开玩笑说我是企业的"首席牧师"，我接受了这个说法。

教育专家。

在此，需要特别说明的是，人生志向是长远的。一个有远大志向的人，不管从事什么行业、在哪里、学什么专业、发生什么，都可以成就一番事业。

中国科学院院士钱伟长在选择专业时，是这样的：

> 1935年，钱伟长毕业于清华大学物理系。但他当初选择物理专业，不是因为专长，而是出于一个年轻学子的爱国之情。
>
> 考清华时，钱伟长的国文和历史特别出色，每门都是100分，而数学、物理、化学、外语极差，四门课加起来只有25分，其中，外语是0分，物理是5分。基于这种情况，他顺理成章地选择清华大学中文系。
>
> 挑好志愿的第二天，"九一八"事变爆发了。钱伟长认为，只有科学才能救国，于是，他主动要求改学物理，找到理学院的院长叶企孙教授和物理系主任吴有训教授。结果，他们都建议钱伟长读中文系。
>
> 为此，钱伟长缠了吴有训一个星期。吴有训每天8点上课，钱伟长6点30分就等在他的办公室。由于不堪纠缠，吴有训只得答应了。不过，他与钱伟长签订了一份君子协定：如果在一年内，钱伟长的数学微积分和物理成绩在70分以下，就将他退回中文系。
>
> 钱伟长是一个非常用功的人，除了吃饭、睡觉，将所有的时间都用到学业上。吴有训有心栽培，经常教他一些正确的学习方法，钱伟长的成绩迅速提高。第一学期结束时，他的物理及格了；学年结束时，数学、物理、化学、外语都达到80多分。清华本科毕业后，他考取本校物理系研究生。后来出国留学，1942年，获得加拿大多伦多大学应用数学系理学博士学位。

一个人要获得真正的成功，重要的是确立志向，至于学校、专业只是过程的台阶。上多大的台阶与专业有点关系，但是，更重要的是与学习态度、生命成长的历练和学习氛围有关。

因此，学生对报考志愿这件事要重视的是"志"和"愿"，而不仅是学校和专业。同时，家长也要尊重孩子的意愿。

2. 愿望 ≠ 欲望

愿望，是人心中希望能够实现的美好想法；愿景，是一个人内心愿望具体描述的景象或蓝图。因此，愿景是愿望的具体化描述。愿望有以下几种特点：

（1）可以给人力量，使人坚定、平静、耐心，让人愿意花时间，并充满激情地去努力实现。得到之后，是满足的、喜悦的、有成就感的。

（2）是理性的、后天的高级思维，一旦满足了就满足了。

（3）愿，是原本的心，本心渴望的事情，是让人向往的、美好的。

（4）发自内心的，把满足放在未来，注重未来的成长和增长。

电影《天渠》是以"当代愚公"黄大发为原型的故事。黄大发是贵州遵义仡佬族人，从 1959 年到 1995 年，用 36 年的时间，带领两百多名群众，就靠锄头、钢钎、铁锤和双手，每天干十几个小时，硬生生地在绝壁上凿出了一条长 9400 米、跨越三座大山的"生命渠"，结束了当地长期缺水的历史，使粮食年产量从六万斤增加到近百万斤。因此，黄大发被当地人称为"当代愚公"。

因为他们内心有强烈的愿望，要完全改变家乡的面貌，用生命为子孙后代换来大米。他的信念是要有愚公移山精神，做每一件事都要做成功。

"生命渠"建成后，有了大米、找到了媳妇、家家户户通了路、人才回乡创业了……旅游业和工业齐头并进，实现了共同富裕。

36 年的坚持，靠的就是愿景的力量。这个愿景来自黄大发的使命感，他内心深深爱着家乡和家乡的老百姓，确定了打通"生命渠"的愿景，坚定地带领群众做出非同寻常的善举。

欲望，是人的本性产生的需求。欲望有以下特点：

（1）欲望是人性的组成部分，是人类与生俱来的生物本能，没有满足会痛苦；满足了，会空虚，还想要。

（2）是感性的、冲动的，让人寝食难安，也许会不择手段去争取。

（3）欲的繁体字是"慾"，像山谷一样深，难以填满，即欲壑难填。

（4）满足是当下的、即时的、短期的。

孩子从小常常被限制，脏的东西不能碰、家里东西不能被搞乱、吃饭也要保持干净……导致小孩子常常没有被理解，缺乏尝试的满足感，需求就变成了欲望，总要设法去碰大人说不能碰、去玩大人不让玩的东西，否则就撒泼打滚。

城市里的孩子，玩具、衣服、学习用品一般都不少。但是，得到的过程往往伴随着被硬性的限制，或者要有交换条件。让孩子的许多需求都变成无休止的、恶性循环的欲望。一见到东西就想要，被限制了就哭闹，哭闹了又进一步被限制……

有的需求在家长的限制中，变成习惯性的压抑，不敢说、不敢碰，表面上看很懂事、很听话。但长大后，一旦有了条件，就悄悄地满足自己一直被压抑的欲望，很多的贪官就是这样，走向欲望的深渊。

其实，只要是不危险的，让孩子去尝试，尝试了就满足了，满足了，就不会变成欲望。

　　例如，我的小外孙1岁多的时候，总要去开抽屉。我想给他买儿童安全抽屉扣，避免孩子的手被抽屉挤伤。但女婿说："孩子不傻，让他被夹一次，就知道怎么关抽屉了。"果然，有一次，我看着他被夹疼了，从此以后，就知道怎么关抽屉了，不再需要使用被动限制的安全扣了。

　　我的小外孙女每次去商店，都不多要东西。有时候我想多给她买，她说："姥姥，我不需要，家里已经有了，不要浪费。"在给她买衣服的时候，想多买一件，她说："够了，我衣服已经很多了。"我验证了，只要给予孩子足够的爱和理解，他是不会无止境地要东西的。

很多时候，孩子的不满足不是物质上的，而是想法和行为没有被理解，更高层次的需求没有被激发，带来心理上爱的匮乏和精神上意义感的缺失。不管是孩子还是大人，心理和精神上缺失的难受，不知道要如何弥补，就转化为物质、金钱、情爱、面子的欲望。但是，物质永远都弥补不了内心的欲望。这就是欲壑难填的原因。

作为成人，有了志向，就把欲望转化成为自己的生命成长、为他人和社会做出贡献的良好愿望，可以保证自己一生幸福无憾。

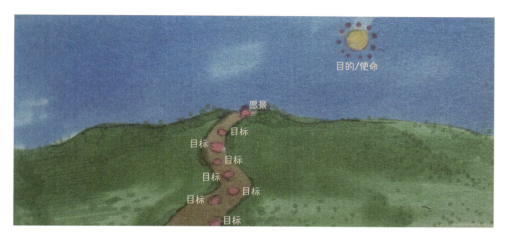

图 5.8　目标 / 愿景与目的 / 使命的关系示意图

3. 目标 / 愿景与目的 / 使命的关系

目标 / 愿景与目的 / 使命的关系如图 5.8 所示。

目的和使命是让人"一路向东"的、远远的那个太阳，就是努力的方向。目标是与做事相关，短期的成果，具体可衡量的，是当前一定时间内，在某些方面所要取得的成果。愿景是中长期的目标，一个一个目标的实现，是靠近愿景的过程。

目的是个人的，长期的、不可衡量的。使命是目的的放大，是社会层面的目的，是长期的、不可能衡量的。愿景是目标的放大，是靠近目的和使命的途径，一般是 3 年及以上的目标，是中长期的、可衡量的。目标是相对短期的、可衡量的，如年度、月度的目标。

第六章　志向实现的途径

有了立志的意识，且想让志向引领自己的人生，有一个诀窍，那就是去做！去落实！不断养成好习惯、抑制坏习惯，让行为处于自然而然的状态，而不是紧张、被动、不得不的感觉。如图 6.1 所示。

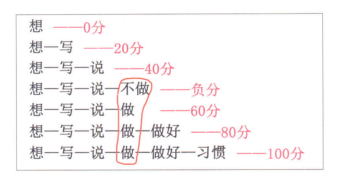

图 6.1　从想到做再到习惯

如果学习了，梳理了自己的志向，但是，仅停留在想上，是 0 分。

如果想了，并且写下来，即制定了立志卡，但写完了放到一边，可能有点用，会记住一点，大约是 20 分。

如果想了并写下来了，且跟人分享，说明比较当回事了，大约是 40 分。

如果想了，写下来了，也分享了，但是什么都不做，那是负分。因为学、想、写、分享都变成了浪费时间。而且一般人不会认为"因为没有用，所以没有用"，而会说"所学的没用"。

如果按照写下来的、分享出来的去做，可以达到 60 分，也就是及格。

如果不仅做了，而且认真地从目标到计划，再到每天的行动，都认真做好，大约是 80 分。

如果不仅做好了，而且从认知上理解其内涵要义，不断练习和改进，变成自己做事的模式和习惯。那么，以后再做，就不是刻意的行为，而是自然而然的习惯，就可以得到满分。

学习同样的内容和方法，对有些人没有用，而对有些人很有价值，区别就在于"做"与"不做"。

一、志向发挥作用的关键在哪里?

志向落地的关键在目标的制定和执行上。

1.年度目标的结构

年度目标包括四个方面，分别是价值贡献、关系品质、创造价值的过程和自我成长。见图 6.2 所示。

维度	年度目标	衡量标准和措施
价值贡献	对家庭： 对组织： 对社会：	
关系品质	家庭中的关系： 组织中的关系： 其他关系：	
创造价值的过程	家庭建设： 重点工作1： 重点工作2： ……	
自我成长	提升专业能力： 养成良好行为习惯： 改善心智模式：	

图 6.2 年度目标结构与支撑关系

（1）价值贡献。即作为个体，对更大整体的贡献。对家庭、对组织、对社区、对社会的贡献，所有的目标都是为了实现价值贡献。例如学生，其价值贡献体现在对班级、学校、社团、家庭的贡献等。

（2）关系品质。即一个人与他人的关系状况。一个人的幸福感，主要来自关系的品质。如果人际关系有问题，心情随时都会受到影响。对主要的关系，需要确定关系建立、改善或维护的目标。

（3）创造价值的过程。即为了实现价值贡献、提升关系品质，需要设定重点工作，包括家庭建设。确定年度的重点工作是设定目标这个环节中最重要的事。

（4）自我成长。即提高自己能够达到以上目标所需要的能力和素质，包括专业能力的提升、习惯的改善和自我认知水平的提高。

这里的年度目标结构是由企业绩效管理中常用的"平衡计分卡"优化而成，它包含着内在的逻辑，层层递进，并形成闭环。"价值贡献"目标的实现需要下面三个层面的保障（见图 6.2 的箭头）；"关系层面"目标的实现需要下面两个层面的保障；"创造价值的过程"目标的实现需要最下面的保障；"自我成长"是最根本的，保证上面三个层面目标的实现。

一个人也是这样的，要成为有价值的、幸福的人，需要有良好的关系；成为幸福的人和拥有良好的关系，需要做好具体的事；要成为幸福的人，要有良好的关系和做好具体的事，这些都需要自我的不断学习和成长。

这个结构可以用于阶段性的目标制定，也可以用于梳理单个项目的运作思路；可以用在工作中，也可以用于生活中。

例如，小王想今年找到对象，并确定关系。

第一，确定这件事的价值。这是他父母着急的事，是对家庭的一大贡献。

第二，建立关系。他先找热心的刘大姐，拜托她给介绍对象。刘大姐很快地给他介绍了两个姑娘，他看中了其中的小张。

他开始追求小张，不仅对小张好，对小张的闺密也很殷勤，让她的闺密能够说他的好话。

几个月以后，去小张家，为了给未来的岳父、岳母和小舅子留下好的印象，他做了认真的准备，通过了小张家人的审核。

第三，创造价值的过程。抽空约会、互相认识对方的朋友、参加对方的活动、见双方的父母、遇到话不投机时候的处理……

第四，自我成长。具体要如何约会？如何陪女孩？如何通过女孩家人和闺密的审核？小张的性格特点和喜好是什么？如何讨得未来岳父、岳母的欢心？这些具体的操作不太会，就需要学习、问有经验的人，以及在犯错误之后懂得反思总结。

学会了之后，上面的目标都可以顺利达成。

从以上的例子可以看出，价值贡献确定以后，其余三个层面的目标往往需要同时运作。

值得注意的是，所设定的目标要与自己的志向一致，并且目标是在舒适区的边缘，让自己不断突破舒适区。如果目标是轻易就可以实现，仅限于自己当下就可以把握的，那么能力的提升空间就会受到局限。

《对卓越的投资》课程的创始人路·泰斯说："我和黛安家中一共有九个孩子需要抚养。在创业之前，我们错误地认为自己很穷。黛安认为她该辞去外面的工作来照看孩子，我继续留在高中教书。我们的几辆车都破烂不堪，每年都得换一辆'新车'。可是我们指的并不是一辆价值一万美元或者是5000美元的新车，而是一辆接近500美元的'新'车。当我们说要买辆新车的时候，意思是买一辆新的破车，甚至都没想过要一辆新的，而是迫于无奈买一辆旧的。新车从来就不曾进入我们的考虑范围。"

一个人永远都无法到达自己没有想到的梦想彼岸。尽管到了人们羡慕的地方、得到别人梦寐以求的东西，因为不是自己的梦想，也不会有实现梦想的开心。

2. 为什么要制定目标和计划？

制定目标和计划，是一种职业化的能力，许多人没有开发出这方面的能力，吃了很多的亏，浪费了大把的时间，却不自知。一般有下面几种情况。

第一种，很多人处在"常立志"的状态，制定目标，都只是说说而已。如果没有给想做的事安排出时间，没有思考的过程，落实的可能性就会大大降低。

第二种，有的人自认为自己要做什么都知道，懒得去制定目标，更不愿意花时间和精力去做计划，因为不习惯做这项工作。殊不知一旦事情多了，因为没有记录、思考和安排，想起的事，很快又忘了。有很多的事情装在脑子里，觉得自己很忙，总被突发事情驱使，让自己常常处在救火状态。

> 比如，小王忘了给客户送资料，突然想起来赶紧冲出去送资料。在路上，同事来电话说，例会开始了。他心里涌出抱怨和委屈：我正在给客户送资料，没有时间参加例会，我这么忙，你们怎么不理解我。实际上，是他自己让没有冲突的事，变成了冲突，还怪别人不理解他。因为心情不好，到了客户那里，还带着情绪，跟客户沟通不顺畅，麻烦就更大了。
>
> 他总是处在忙乱中，面临的总是紧急且重要的事。对工作、对同事、对领导充满了抱怨和委屈，认为大家都跟他过不去，都没看到他的努力……

这就是缺乏目标和计划意识的状态，时间安排得七零八落，什么时候都是着急的、忙乱的。

会做事的人，有目标、有计划、有流程、有步骤，心里清清爽爽的。比如给客户送资料，决定了之后，就安排出时间。像单位例会这样的例行工作，在做计划的时候，自然要留出这个时间。每个阶段做反思总结，要沟通的随时和定期沟通，很少会出现意外的情况。日常中的许多意外，基本都是没有提前安排造成的。

"忙"是"心+亡"，即心死了，做事不会用心。要解决忙的问题，就要学会用心，合理地用好自己的时间，可能的话，可以让他人帮忙，利用他人的时间。就是说，要把目标和计划变成思维方式，这也是挖掘自身潜能的有效方法之一。

第三种，期望能够做完所有想做的事。许多人都有一种习惯——总想把所有的事情都做完，如果做不完，就认为是自己不够好。同时，又没有取舍、没有目标和计划，心里常常是一团乱麻，突发的事情时常发生。

其实，"懒得去做"与"把事情全部做完"如出一辙，这是不会选择和安排时间的两个极端，结果都是被事情所推动，总是为不做事找借口。

以前，尽管我也制定目标和计划，但我喜欢亲力亲为，还总想把事情都做完。因此，我一直处于很忙、很累的状态，但一个人能做的事却是有限的。

为了改变这种状况，2008年，我专门参加了关于"效能提升"的学习班。经过反复琢磨和实践，很快地，我能够做的事情比原来的多了，时间的付出明显地少了。

所以，要落实自己的志向，让自己的时间效率更高、工作更有效，制定目标和计划这件事是不可或缺的。

把制定目标和计划变成一种习惯，做任何事都有清晰的思路，知道轻重缓急、先后终始，知道每个时段聚焦的重点，这是节省时间的有效途径。有的人认为制定目标和计划是浪费时间，其实，缺乏对时间的计划，会浪费更多的时间。

无论在哪里、做什么，都需要有制定目标和计划的职业化习惯。妈妈带孩子、在家里做家务、与家人的沟通协作……所有要做的事都有基本的规律，或者说，任何事都有这件事的道，顺道而为，就是职业化习惯。

3. 必须了解的 SMART 原则

定目标、做计划，非常重要的是要符合 SMART 原则，见图 6.3。否则，有目标和计划，可能也只是说说而已，不一定能得到有效的执行。

示例 1：

目标：我要好好学习，并且写觉察日记。

这是不可衡量的废话，也许只能说是表决心。表决心的事，即使是海誓山盟也未必可信。

图中的计划：三个月内，至少写50篇，共4万字以上的觉察日记。

这是有效的，符合 SMART 五个原则。

图 6.3　SMART 原则示意图

示例 2：

目标：从现在开始我要好好学习。

这也是无效的目标。什么是好好学习？一般要包括：利用什么资源，采取什么措施，达到什么效果。如：从现在开始，我每天问老师或同学一个问题、每天背 30 个单词、每天晚上 11 点前睡觉、每周整理成功记录本……

示例 3：

目标：要对我父母好一些。

这也是模糊的。应该说，我一周给父母打一次电话，一次电话至少 10 分钟；一年我至少回家一次，在家里待五天以上；一个月内，我要通过电话，跟我爸爸做一次完整的沟通，时间至少两个小时等。

示例 4：

目标：再玩一会儿。

这是很常见的问题。一会儿是多长时间？如果没有给孩子具体的时间段，孩子是不会知道一会儿的含义。培养孩子的时间概念，可以从"一会儿"的定义开始。如 10 分钟后出发、再玩 5 分钟、30 分钟后找我……

二、保证目标得以实现的秘诀是什么？

1. 目标一定是不合理的

目标，就是在什么时间，实现什么预期的结果。因为目标是预期的，是靠人去完成的，如果人不去争取资源，什么也完不成，因此，目标一定是不合理的。通过匹配资源，使不合理的目标变得合理。

人们往往会在目标上讨价还价，聪明的做法不是在目标上做文章，而是要争取匹配的资源。

例如，一名中等生，目标是本学年成为班级综合排名第五以内的学生。能否实现这个目标，取决于如何匹配资源。

如果能够找到合适的辅导老师，找到适合自己的学习方法，并能够按照制订的计划去落实，家人不给孩子造成干扰，调整好睡眠时间，那么达成目标的可能性就很大，而且，不仅仅是成绩达标，素质也可以得到提高。

又如，"周五幸福课"每周开公开课，一年出版一套书。完成这个目标的困难对我来说是大还是小？很难说。

如果只有我一个人，完成这个目标是很难的事。现在，有一个实力很强的团队、有认证讲师，大家一起讲"周五幸福课"；出书有审核团队，我只需要梳理出第一稿，最后再审核就可以节省时间。那么，实现这个目标就不是难事了。

所以，认为忙不过来、不可能、不会做……都是思路不清造成的。忙不过来，可以找人一起做，自己做能做的和该做的，不是什么都要亲力亲为。创造条件，不可能就变得可能；有不懂的地方，就安排学习时间，去学、去实践，慢慢地就懂了、会了。

2. 计划就是盘点资源

计划，是为了实现目标而去盘点资源：什么时间、用什么资源、做什么事、做到什么程度。资源，包括人、财、物、时间、信息、环境、自己的身体等。

天上不会凭空掉馅饼，一个人志向的实现，需要一系列资源的组合应用，并需要争取和创造资源。实现目标中的"采取措施"，指的就是如何合理利用、争取、创造资源。

比如，让高三的学生填写立志卡的时候，许多学生没把父母、同学当资源，有的甚至没有把老师当资源，环境和自身的资源就更少有人知道去利用。有的学生只知道时间这个资源。吃饭的时间，甚至走路的时间，全都用上，还是没有效果。

下面主要以学生为例，来谈谈资源都有哪些？怎么利用？

（1）人。包括老师、同学、家长、朋友，以及所有可以提供帮助的人、给自己造成麻烦的人，都是资源。

老师的资源：有问题，随时问老师，老师这个资源是学习阶段最重要的外在资源。如果不喜欢某个老师，要设法跟老师沟通化解。憋着不说、不问，浪费的是自己的能量，影响学习的效果。

同学的资源：与老师和同学的关系状况，严重影响到自己在班级和学校的归属感。经常跟同学探讨问题，结成互助小组，互相分享、提问，是提升学习效果的有效方法。

家长的资源：学生从小学高年级开始基本是处在青春期阶段，如果遇到比较紧张、焦虑或者控制欲强的家长，孩子和家长的关系往往不顺畅，家长烦恼、焦虑，学生的学习也会受到很大的干扰。如果学生能够把家长当作资源，感谢他们在物质上的满足、对自己的关心和期待；有压抑和委屈能够用"直意表达"的方式，跟父母好好表达；遇到问题跟他们商量，让家长成为提高成绩和素质的助力，而不是阻力。改善与父母的关系，这对孩子会有难度，需要明师的引导和帮助，除了学校的老师外，孩子的明师需要靠父母帮助寻找。

朋友的资源：不管是同学还是亲戚，或者发小等朋友，可以在周末和假期一起学习、玩耍、旅游。有那么几个要好的朋友，可以提高归属感，一般情况下就不会走极端。

人这个资源，对一个人的志向实现，是关键性的要素。每个人都想自己能够遇到生命中的贵人，其实，贵人不是凭空遇到的，而是靠自己吸引和培养的。很多时候，贵人就在身边，但是不认识、不利用，就不会成为贵人。

（2）财和物。对学生来说，财的需求是有限的。主要在于家长如何为孩子花钱，这是需要智慧的。原则是，纯粹提高成绩的要慎重，最好在提升孩子综合素养的基础上提高成绩，这是事半功倍的做法。

对成人来说，花钱可以促使生活质量提高，生命品质得到提升，这是值得的；如果是以穷人的心态去花钱，为了挣钱而花钱，会给自己增加烦恼和痛苦。

从二十几年前到现在，我每年都花不少的时间和金钱用于学习。现在，在学习上的花销仍是我主要的支出之一，不仅学习生命成长教育的内容，也学习和应用保持身体健康的内容，我认为这是我做得最正确的选择。

（3）时间。沉溺手机、游戏中，显然是浪费时间的。偶尔玩玩，作为放松的手段，倒也无可厚非。

如果一天除了吃饭、睡觉就是坐着学习，未必就是合理利用时间，需要安排出节奏。"番茄学习法"是一种很好的方法。我在伏案工作的时候，基本上也用"番茄工作法"，工作一个多小时之后，休息20分钟左右，可以保持良好、清醒的工作状态，这是带着觉知的时间管理方法。

隐性的时间浪费更需要去觉察和管理。例如，不良情绪造成什么也不想干，身体出问题造成的什么也干不了，还有各种关系不和谐带来的内耗，这都是对资源的极大浪费。

（4）信息。在大数据时代，搜集信息对于个人的发展越发重要。搜集、整理和应用信息的能力称为"数据力"。小学和初中生，主要学习每门课的方法总结，每门课需要的数据整理，便于自己理解、掌握和记忆。高中生，对于各科目的历史来源、未来趋势的整理，对考试题型的分析了解，特别是学习有用的知识和方法来收集整理，形成自己的方法，这是对信息的有效利用。一般人是被海量的信息所控制，不知道如何有效利用信息。

无论做什么、在哪里，学会做知识沉淀，不断总结经验和教训，记录自己的成长脚步，这是生命成长的精加工，是特别值得利用的资源，能够让现在的努力变成未来的财富。

对中学生来说，有些信息可以提前植入。比如，找机会去参观向往的大学，在大学校园走走，让自己置身于大学真实的环境中。同时，也可以上网了解该大学的介绍信息，以及毕业学生的状况，可以调动自己多维度的感官体验，激发内心的学习动力。

（5）环境。两千多年前的孟母三迁，是孟母为孩子创造的被动的外在环境。孟母的智慧在于，她知道环境的力量是很大的。这跟现在很多家长不惜花大价钱买学区房的行为有异曲同工之妙。

但很多人没有认识到家庭环境对孩子的影响，比学校对孩子的影响要大得多。有些家庭选择学区房花了大价钱，却不知道改善家庭关系，让改善环境的想法得不偿失。

孩子越小，越容易受父母对其态度和方式的影响。到了高中阶段，要帮助孩子提高学习效果，可以尝试改善家庭的生态环境这个途径。

（6）自己的身体。一个人的身体资源，包括眼、耳、口、身、心等，是内在的主动环境，是人最应该把控的资源。见图 6.4 所示。

眼：看得清，看该看的，观察事物的内在规律、自己和他人的状态。

耳：听明白，拥有听见、听懂、听进别人的话的能力，尽量接近耳聪目明。听明白，是提高学习效果的重要途径。

口：说清楚，会直意表达与尽意表达，是学习的基本能力；好好说话、把话

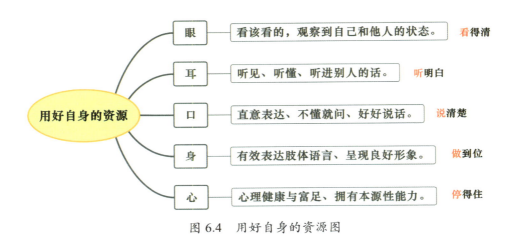

图 6.4　用好自身的资源图

说明白，是提高学习效果的检验标准之一；学会不懂就问，是提高学习效果的途径。

身：做到位，保持身体处于健康的状态，保证行动力和学习的精力，动作灵活，给自己自信和力量感，能够觉察到自己表达的肢体语言，呈现良好的形象。

心：停得住，不断改善心智模式，保证心理趋于健康与富足，并拥有本源性能力，即会用心。对外在的世界有感觉、对当下发生的事能够觉察、可以带着觉知学习和做事、能够感知到自己和他人的需求、感知到外在的人和事物的状态。

身心常常有密切的正相关，有些看似是心理问题，其实是因为身体的脏腑不协调、不平衡造成的。有些看似是身体上的问题，其实是由心理的不健康造成的。

总之，用好自己的身体资源，保证身心的健康，让眼会观察、口说得清、耳听明白、身做到位、心停得住。心顺、关系顺，学习与做事都容易顺畅；减少内外的消耗，减少干扰；这样就可以出智慧、省时间、提效率，成绩自然就好了，见图 6.5。

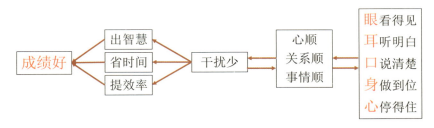

图 6.5　用好自身资源提高成绩示意图

3. 计划和步骤保证过程有效

目标是通过计划得以实现。当过程得到控制，过程就是结果。目标制定了以后，辅以日、周、月的计划，过程就容易得到控制。计划有日程计划和项目计划，日程（周）计划示例和项目计划示例见下表。

周计划表（示例）

序号	工作内容与完成标准（符合 SMART 原则）	要求完成时间	实际完成时间
1	完成书稿第 6、7 章的梳理	6.14	
2	给周校提供资料	6.18	
3	办理港澳通行证续签	6.11	
4	办理 ETC	6.12	
……			

书籍出版计划（示例）

序号	工作内容与完成标准（符合 SMART 原则）	责任人	要求完成时间	实际完成时间
1	确定出版社，并沟通达成意向	张	1 月	
2	签订出版合同	谭	2 月	
3	开始整理，一周整理一章	张	3 月	
4	成立审核组	肖	3 月	
……				
12	统一做三审	张	6 月	
13	第一册交稿	张	7 月	
14	根据编辑的意见修改	张	7-11 月	
……				
20	出版书籍过程总结	张	12 月	

　　以上仅介绍最简单的、最基本的计划表，在此基础上，可以根据实际情况做必要的调整。

　　工作和生活是一样的，顺利与否在很大程度上取决于如何做计划与如何使用资源的能力。如果工作头绪多，日、周、月的计划要写下来还要有回顾；如果工作比较单一，计划就不一定要写出来。在面对要处理的事情时知道什么事谁来做、怎么做、什么时候开始、从哪里入手、需要的资源是什么、做到什么程度、检验的标准是什么，这是心里有数的思维方式。

这种思维方式，是从小在做事中培养出来的。有的孩子，什么都由家长替代，孩子的思维得不到锻炼，未来做事会显得笨手笨脚，不知道从何入手，不知道要点是什么。在职业生涯中，将吃很多的亏。

有一天，我让一位年轻大学生，用蒸汽熨斗帮我熨一件衣服，她说没干过，不知道怎么熨。我教了她基本方法，她很认真地熨好了，接着仔细地把熨好的衣服叠起来。

可想而知，刚刚熨好的衣服带着湿气，叠起来是什么结果，相当于白熨了。可是，这能怪她吗？

我的小外孙女，不到六岁的时候，我教她熨衣服。她够不着，自己想办法搬了一个小凳子站上去。熨的时候我告诉她重点在哪里，怎么熨，熨完了衣服是湿的，不能叠，要挂着。顺便教她，什么衣服在什么情况下是挂的，什么衣服在什么时候可以叠等常识。未来她遇到类似的情况，就不会手足无措。即使未来她没能上好的大学，但是会做事、会做人，走到哪里都会成为一个受欢迎的人。

我家附近有个小学，每天家长接送孩子时，大多数的家长都替孩子背书包，仅此一点，就可以看出家长对待孩子的态度。

孩子的成长过程，除了天天被催着写作业、报各种的补习班以外，各方面的成长要素没有系统设计安排，事事时时地被监控、监督、督促、要求，做事的思维没能得到训练，这是对资源的极大浪费。

三、如何把反复做的事情变得有价值？

实现人生的志向，是一个人一辈子的大工程。不过，再大的事都是从当下的每一刻、每一小时、每一天、每一周、每一个月、每一年组成的。而且，每个阶段所要做的事，大部分都是差不多的。让这些反复的、必须做的事变成了好习惯，那计划就会变得简单。

例如，每一天，几点起床、洗漱时听有声书、几点吃饭、提前上班/上学、工作中/学习中保持专注、中午跟朋友聊天、休息一会儿、晚上11点前睡觉。

职场中的人，每周的周一参加例会、周二见客户、周三……周末户外运动、购物、陪伴家人……

学生，周一到周五，每天有固定的课程安排和自修时间安排、周末玩两小时游戏、跟同学打半天的球、跟家长去购物……

这些都称作例行事项，这些事项做好了，每天就过好了；每天过好了，每周就过好了；每周过好了，每月就过好了；每月过好了，每年就过好了；每年过好了，一辈子就是幸福了。

1. 关于例行事项

所有的任务都是由两方面组成，一是专项任务，二是例行事项。专项工作，是一次性的，或者阶段性的工作。例行事项，就是每天、每周、每月、每季、每年，到点就需要做的重复性事情，这些重复性事情保证家庭、组织、班级和个人日常的有序运行。

一个稳定的组织、常规下的家庭、在常态化下生活的个人，日常有60%-80%的事项是例行性的。掌握例行管理方法，可促进任务的稳定执行，保证做事的质量与进度，让人进入自主化运作的轨道，大大提高工作或学习的有序性。

安排好例行事项，是做事与学习有序的根基，拥有这个能力，可以将专项工作例行化，例行工作标准化，尽可能减少计划外工作，让人心里清爽。

2. 职场的例行事项示例

组织的例行工作，可以让领导从日常工作中解放出来，更多的精力放在与员工的联结上，以及工作的改善与创新上。

下表是一个部门负责人的日、周、月、年的例行工作。

部门负责人的例行事项汇总表

时间	事项	完成标准
日例行事项表		
上午	办公环境的整理	按照《内部环境卫生管理规定》。
	快乐早班车	8:05开始，20分钟，参见《小组学习规定》。
中午	午间操	除非出差、生病，不得无故缺勤。
……	……	
周例行事项表		
周一	中心领导碰头会	执行标准参见"例会制度"。
周末	一周工作计划	根据月滚动计划、临时工作、重要例行工作安排。
……	……	
月例行事项表		
1—5日	填写《双月滚动计划表》	5日前在员工自助系统中完成。
	给直接下属提供绩效评价	根据《表扬/提醒记录表》和期望做出评价。
10日	审核直接下属的月计划	在员工自助系统中沟通确认。
……	……	
年度例行事项表		
1月	春季管理干部培训准备	确定总指挥，安排策划活动，确定授课老师。
	年终奖发放	提供本单位员工年终奖考核所需数据。
2月	春季管理干部培训	对课程设置、讲师聘请等关键环节重点关注。
	三八妇女节活动准备	确定活动主题和方式，安排组织者。
……	……	
12月	编制《部门绩效责任书》	形成《部门绩效责任书》。

3.学生的例行事项示例

学生有很大一部分时间是根据课表上课，自行安排的时间相对少一些，例行事项也比较少，可以做得简单一些。下面提供一个高三学生例行事项的例子。

高三学生例行事项

月计划：

1. 做月度活动计划（包括月度复习、重点科目学习、重点学习任务）
2. 月度自我总结、月考后的反思总结
3. 与家人沟通，跟家人汇报学习状态和想法
4. 月度休闲活动安排

周计划：

1. 周计划与总结
2. 周积累作文素材
3. 整理错题，弄清与总结
4. 周重点学习内容确认
5. 与老师和同学交流至少三次

日计划：

1. 每日反思（听课状态、作业、例行活动……），日日落实
2. 第二天的学习和活动计划
3. 发现疑难问题，不懂的提问，弄懂难题错题，疑问不过夜
4. 与同学探讨的安排
5. 一天背 30 个英语单词，背其他科目内容
6. 课前预习、课后复习、整理笔记
7. 锻炼 20 分钟
8. 晚上在 11:00 前睡觉、早上在 6:30 前起床
9. 帮助他人至少 3 次

四、如何画好人生的规划图？

1. 立志卡介绍

上一章梳理了人生目的、人生使命和愿景，这些是一个人的志向。立志，如果仅仅梳理到这里是不够的，立志卡是从立志到执行的完整系统，相当于人生的规划图，见图 6.6 所示。

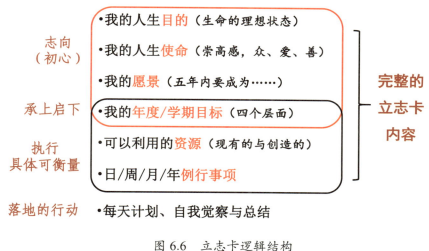

图 6.6 立志卡逻辑结构

对于志向落地，制定年度目标是必不可少的，这是承上启下的工具和方法；为了实现目标，需要盘点可以利用的资源，包括现有的资源和需要创造的资源，接着梳理日、周、月例行事项。

看似挺复杂的，其实一步一步地梳理，把落实工作变成了习惯，就会变得简单。

2. 立志卡示例

示例 1：肖老师的立志卡

立志卡

一、我的人生目的（个人生命的理想状态）
活得健康、快乐、幸福，呈现出生命本来的样子。

二、我的使命（崇高感，众、爱、善）
把生命成长教育与教学内容结合，帮助学生、同事和家人；
用高品质的教学水平和教材，培养出为社会做出贡献的、全面发展的人才。

三、我的愿景（三、五、十年内成为怎么样的人）
三年内，成为将生命成长教育与专业结合的开创者。
五年内，成为生命成长教育的实践者与优秀的传播者。
十年内，成为教练型的幸福导师。

四、我的目标（年度/学期目标，包括要养成的习惯）
1. 改版《管理基础与实务》国家规划教材并融入生命成长相关内容。
2. 协助老师完成《成就孩子的六大素养》书籍出版的编审工作。
3. 从本班级，到本年级推行"立志"课程，至少本年级一半的学生都填写立志卡。
4. 负责任地推进现代物流管理专业建设。
5. 参与青春期教育、讲师认证等项目，完成项目申报、论文撰写工作。

五、我可利用的资源（现有的与要创造的）
1. 生命导师：遇到问题的时候，随时交流；每周至少问一个问题。
2. 学院领导：每季度向领导汇报一次，并征求工作推进与改进的意见。
3. 学生：深入理解学生的需求，把满足学生的需求当作提升自己的机会。
4. 自己身体资源：定期锻炼身体，保证肩周炎的好转，保证身体正常地为我所用。
5. 信息：保证手机环境干净，不被新闻和视频所吸引。充分利用手机查阅资料。
6. 环境：运营好新项目，打造新团队，营造新的工作氛围。

六、日/周/月/年例行活动
每天：早上状态设定、做日计划、晚上做一天的总结、学习群赋能、对家人和学生做三个欣赏。
每周：参加周五幸福课、写三篇觉察日记、陪女儿运动一次、班主任读书群赋能点评、听一本书、周六参加经典学习、参加导师团队沟通会。
每月：读一本书、中山生命学习群的学习、月度工作计划和总结。
每年：做年度计划与总结、立志卡的微调、参与年会的策划准备、回家一次。

姓名：肖祥伟　　　时间：2023 年 2 月 20 日

示例 2：一位高三学生的例子

立志卡
一、我的人生目的（个人生命的理想状态） 开心、快乐、幸福、智慧，活得明白。
二、我的使命（崇高感，众、爱、善） 我要成为一名受学生和家长欢迎的优秀教师，用我的教育情怀和教育能力，不仅教给学生知识，还教学生做人，教育引导迷茫中的学生，获得学习的动力，为社会不断输送健康的、积极向上的人才。
三、我的愿景（一、三、五年内成为怎么样的人） 一年内，考上北方 985 的师范大学。 三年内，成为优秀的大学生。 五年内，成为自食其力的人。
四、我的目标（上学期目标，包括要养成的习惯） 1. 分析英语和语文薄弱的原因，确定改善措施，补上英语和语文的短板，让这两门课的成绩与其他课差不多。 2. 分析我的优势科目，整理适合我自己的学习方法。 3. 培养自己的抗挫能力，从容面对考试，稳定情绪，检验标准是不再害怕考试。 4. 保证身体健康，饮食、锻炼、课余时间利用等方面做出计划，并遵照执行。 5. 跟父母保持良好的关系，不再让他们生气，让父母成为可以交流的好朋友。
五、我可利用的资源（现有的与要创造的） 老师：每周至少向老师请教三个问题、每月跟信任的老师做一次思想的交流。 同学：跟同学保持良好的关系，让自己有好的归属感，有问题直接跟同学沟通。 家长：每次回家的路上好好跟爸爸交流，对爸爸妈妈的不满，直意表达。 手机：周末玩两小时游戏，其他时间需要查资料和跟朋友联系才用手机。 自己身体资源：学会表达和问问题，了解什么叫用心，让自己能够用心学习。 校外导师：每次培训课后，问导师一个问题。
六、日／周／月／年例行活动 每天：一天学习目标和计划、上课时一天至少发言一次、与同学一起探讨一个问题、背 30 个单词、整理当天笔记、50 个仰卧起坐、帮助他人至少两次、打扫寝室卫生、看一眼立志卡。 每周：至少问老师三个问题、写学科总结、整理成功记录本、跟同学打半天的球。 每月：做月考分析、做好错题收集、每月一次外出休闲活动。 每学期：学期计划和总结、立志卡的微调、假期研究报考志愿、寒假去一所向往的大学参观。
姓名：×××　　时间：2022 年 9 月 20 日

示例 3：我的例子

2008 年我学习了立志，2010 年修订了使命和价值观，我还把这个卡片过了塑，随身携带到现在，见图 6.7。

人生使命：我是一个贡献他人，营造和谐的人。

追求型价值观，就是我要活成的状态。这是人生目的。

（1）快乐：当我能够持续学习、完善自我时，我就感到快乐。（因此，我最开心的事，就是学习。只要有机会学习，比去旅游、购物、得到钱财，更加开心。）

（2）贡献：当对方需要帮助，并且我有机会帮助他人，使对方能够获得自己真正想要的东西时，我就是在做贡献。（我认为，人真正想要的东西是成长，是生命价值的体现。因此，我贡献他人的途径是解决问题，化解痛苦，获得成长。）

（3）和谐：当我能够与他人和睦相处并且环境因我的存在而创造和谐氛围时，我就感到和谐。（因此，我要成为家族负能量的终结者。我到哪里，都要成为照亮那个地方的一道光。）

我是一个__贡献他人，营造和谐__的人！	
追求型价值观	**逃避型价值观**
1.**快乐** 当我能够持续学习，完善自我时，我就感到快乐。	1.**生气** 修正措施： 接纳不同，允许犯错。把他人的错误当成是其成长的机会，支持其成长。
2.**贡献** 当对方需要帮助，并且我有机会帮助他人，使对方能够获得自己真正想要的东西时，我就是在做贡献。	2.**恐惧** 修正措施： 防范风险，冷静对待。提升预测洞察力，防患于未然，预防发生不良事件，但发生了就积极面对。
3.**和谐** 当我能够与他人和睦相处并且环境因我的存在而创造和谐氛围时，我就感到和谐。	3.**忧虑** 修正措施： 做好准备，接受现实。接纳自己的任何不良情绪，不断练习情绪替换和情绪转移，保持平和心态。
成功=习惯！	日期：2010.02.01　签名：张丽萍

图 6.7　2010 年修订的立志卡照片

逃避型价值观，就是成长的障碍。这是人生修炼的入手点。

（1）生气。修正措施：接纳不同，允许犯错。把他人的错误当成是其成长的机会，支持其成长。（我生气的时候，是我自己的成长机会。）

（2）恐惧。修正措施：防范风险，冷静对待。提升预测洞察力，防患于未然，预防发生不良事件，但发生了就积极面对。（随时提醒自己带着觉知做事。）

（3）忧虑。修正措施：做好准备，接受现实。接纳自己的任何不良情绪，不断练习情绪替换和情绪转移，保持平和心态。（忧虑是因为对未来的不确定性，清晰自己到底要的是什么，心里有了明确的方向，就减少了忧虑。）

我的信念：成功 = 习惯

因为我有很多不合适的习惯，让自己活得不开心，还让身边的人不舒服。那些不合适的习惯，一直在妨碍着我走向幸福。因此，我不断地提高对习惯的认知，2005 年就开发了一门课程叫"养成习惯"，还发现了养成习惯的"母习惯"。

不管是立志还是价值观的梳理，成为我提高自己能力和素质的指南，促使我在不知不觉中一直在做落地工作，并后知后觉地总结与应用。

反观 13 年来的经历，我庆幸的是，因为有志向的指引，遇到的挫折和困难都变成了财富。

2017 年和 2021 年，两次重新修订了志向，形成现在的立志卡。

立志卡
一、我的人生目的（个人生命的理想状态） 我要活出健康、快乐、和谐、智慧的生命状态。
二、我的使命（崇高感、众、爱、善） 以终为始地将企业人才培养理念和方法前置到学校和家庭教育中，助力更多的家长、老师和学生活得明白、走向幸福。
三、我的愿景（三、五年内成为怎么样的人） 作为生命成长教育的实践者和传播者，在有生之年，成为家庭教育专家。
四、我的目标（年度目标，包括要养成的习惯） 1.《成就孩子的六大素养》整理出版。 2. 继续运作"周五幸福课"，保证持续开课。

（续上表）

	立志卡

3. 再培养 20 名认证讲师。
4. 协助开发一套"青春期教育"的课程。
5. 做两个高三的项目，沉淀运作模式和课程体系，至少复制给十位老师。
6. 去一趟英国，时间为两个月左右。

五、我可利用的资源（现有的与要创造的）
1. 生命导师：持续跟随曹老师学习，每周在线上至少提出四个有价值的问题。每周整理一份答疑解惑资料。
2. 志愿者：每周创造机会跟志愿者深入沟通一次，继续发展志愿者团队。
3. 外孙和外孙女：每年相处至少四个月时间，践行所学。
4. 时间：利用"番茄工作法"，每工作一个小时左右，休息 20 分钟。工作的时候，减少看微信的次数。晚上 10 点半前停止工作。
5. 财：让先生保证我账上有够用的钱，让我能够从容地做公益的事。
6. 信息：充分利用网络查阅资料，不看没有必要的信息。
7. 自己身体资源：定期锻炼身体，保证身体支持家庭教育所需的工作。继续训练提高问的能力。随时觉察、遇到事情时觉察，提高本源性能力。

六、日/周/月/年例行活动
每天：早上状态设定、做日计划、早晚参加线上课、听班主任读书群内容、学习群的觉察日记赋能点评、在家跟先生一起走路 8000 步以上。
每周：参加周五幸福课、周五跟志愿者见面沟通、跟外孙女视频一次、听一本书、周末参加曹老师和房老师的经典学习、跟妈妈电话两次。
每月：个人月度计划和总结、中山学习群的学习与资料转化、参加两次青少年课、尽量参加大课、整理储存目标。
每年：年会准备、做年度计划与总结、立志卡的微调、回老家两次。

姓名：张丽萍　　　　时间：2023 年 1 月 30 日

3. 立志卡的使用说明

（1）填写立志卡的目的：掌握设计人生的思维方式。

一辆车的诞生，需要经过不断改进设计、严格的生产过程。每辆车还配有详细的说明书，到一定的公里数就要保养，年度要年审。如果保养和年审不符合规定，还要增加保养与年审的次数，保证在路上跑的车辆是处于完好的状态。

可是，一个人的人生要怎么过，往往没有设计。如果没有完整的规划，过程缺少维护，直到出问题了才设法处理。生病了才进医院，痛苦地接受维修或者大修。

完整的立志卡相当于生命成长的设计图，目标、计划、例行事项相当于生命成长的加工工艺和使用说明书。生命成长的持续学习和践行，以及遇到不如意事情的觉察、面对、处理，定期的反思总结等，相当于生命的维护、维修、保养和年审。有了这个过程，可以让生命功能发挥得更好一些。

（2）立志卡的使用说明

① 人生目的和使命，到一定的年龄（一般是 40 岁）之后就不变了。如果有变化，也只是微调。除非人生遇到颠覆性的事件，才会有大的调整。

② 愿景，是一直滚动变化的。因为愿景是中长期的目标，人生每个阶段的目标是不一样的，需要滚动调整。

③ 目标，每年需要做几次的微调。目标一般是年度或者学期的，由于实际情况是不断变化的，一般需要每个季度的微调。

④ 资源，是需要利用和创造的。现有的资源需要被发现和利用，欠缺的资源需要去寻找和创造，这是实现目标的关键所在。

⑤ 只有每天、每周、每月的行动才是实现目标的保障。例行事项的每个阶段，需要做微调。在立志卡里，只需要填写主要的例行事项，具体的日、周、月、年例行事项和目标与计划，需要另行制定。

阶段性目标、计划、例行事项的梳理和制定，形成了习惯，变成自然而然的事情，而不是控制和强制。

人生志向的实现，是靠每个当下的觉知和每件事的落实，每个当下和每件事组成每天有效的积累；每天的积累，让每周的工作得到落实；每周的工作落实，带来每个月工作的推进；每月的推进，促使每年目标的实现；每年目标的实现，促成每个阶段愿景的实现；每个阶段愿景的实现，在个人层面实现了人生目的，在社会层面就实现了人生使命，也就是实现了人生志向。见图 6.8 所示。

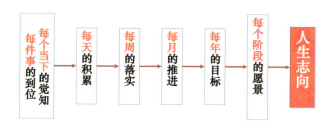

图 6.8　人生志向实现过程示意图

第七章　心想事成的奥秘

一、心想如何事成？

1. 心想事成的体验

心想事成，就是心里想要的能够圆满达成，这是宇宙法则。因为心里所想的，不管是潜意识还是显意识都会配合去实现。因此，王阳明先生说："立志而圣则圣矣，立志而贤则贤矣。"

如果内心是匮乏的，心里装的是羡慕、嫉妒、恨，于是总想着坏别人的事，想着占便宜，也会实现心里所想的，只不过坏的是自己的事。

为了说明这个问题，请大家做一个简单的体验——摆锤游戏。

1. 准备一个 M4 或 M5 的螺母，其他的替代物也可以。

2. 用一根 30 厘米长的缝衣服线，一端系住螺母，做成一个简单的摆锤。

3. 一手拿着螺母另一端的线，用手指捏起线的一头，螺母自然下垂，胳膊肘稳稳地支在桌上。见图 7.1 所示。

4. 闭上眼睛，深呼吸三次，肩膀放松，全身放松，心定在螺母上，手不动。

5. 睁开眼睛听老师的指令："让螺母前后摆动，前后摆动……"反复说四五次之后，螺母就会明显地前后摆动，越摆幅度越大。同理，接着让螺母左右、顺时针、逆时针动。你会发现，螺母会跟着指令摆动或转圈。

刚开始做这个实验的时候，许多人都会觉得很神奇。神奇之处在于，做实验的人，接受所发的指令，他的潜意识牵动了肌肉，主导着螺母运动的方向。在实验的过程中，尽管反复强调手不要动。但是，可以看到，有人的手明显地跟着指令在动着，但是他自己没有觉察到，以为手是静止的。

如果螺母不会"听话"，有几方面的原因。第一个原因，是因为不够专注、心不静的时候，潜意识就不知道要如何指挥自己身体的肌肉，就躺平了。

第二个原因，是接受过专业舞蹈或者其他肢体训练的人，他会控制自己身体肌肉的运动，潜意识在这个方面不起作用。

第三个原因，是实验者故意不听老师的指令，有自己的指令，那么，螺母一定是听他自己的，不会听老师的。

图 7.1　摆锤实验示意图

通过这个实验，得到以下的启发：

第一，心里所想如果坚定，身体全身的细胞、所有的神经都会在潜意识的作用下，配合做出行动，实现所想的目标。也就是说，"想什么"决定了"做什么"。同理，家长从孩子小时候开始反复给什么信息，孩子内心就会植入什么信念，未来孩子就成为家长嘴里说的那样的人。常常有人说："父母对孩子的担心，就是对孩子的诅咒。"就是这个道理。所以认真梳理和填写立志卡，就是让心中所想的变得清晰，行动就会变得更加坚定。

第二，听的人相信说的人，说的才有用。教育孩子的过程中，家长和老师如果没能得到孩子的信任和认同，孩子的耳朵是关闭的，说什么都没有用，说多了，反而可能把孩子推向不想看到的方向去。

第三，对成人来说，一个人的行为，只跟自己有关系，跟别人没有关系。别人说的，只有自己认同了、相信了才能起作用；如果不认同、不相信，就起不了作用。

对学习者而言，如果他不相信立志这个系统的价值，那么，这套东西对他来说是没用的。如果学了立志的课程以后，就想着推给孩子和家人，想让他们立志。这种学习是为了改变别人，往往也是不奏效的。有效的是，自己学习了、立志了，并坚定地执行，生命状态发生了变化，才会影响到别人。

2. 如何做到心想事成?

第一，敢想，系统地想。

以得到钱为例来说明这个问题。很多人不敢想自己会有更多的钱，其实，可以大胆地想，关键是要会想、会系统地想。之所以没有更多的钱，除了环境和外在的原因，也有自己不会想造成的。

首先，钱来自哪里?

钱来自满足他人的需求。问题又来了，如何满足? 满足什么需求? 满足多少人的需求? 这些都跟一个人的志向有关，或者说，由人的价值观和志向决定。

其次，得到更多钱的切入点是什么? 对应点又是什么? 去偷、去骗、去要，可以得到钱，但是，制裁也在等着我。因此，需要选择的能力，要有具体的目标、资源利用、行动措施，并落实到每天的活动中，这是立志的落实部分。

最后，有钱后，要怎么用? 用在哪里?《道德经》第七十七章: "天之道，损有余而补不足; 人之道则不然，损不足以奉有余。" 人之道，是"损不足以奉有余"，让不足的人更加不足，让有余的人更加有余。如果心里总觉得不足、不够、有一颗穷的心，即使得到了，也会以各种方式给损耗掉，这是被 "人之道"所控制。相反，有一颗富足的心，总是感恩已经得到的，感恩别人的支持和帮助，把钱用在有意义的、满足别人的需求上，就可以吸引更多想要的，这是被"人之道"所眷顾。

想清楚了，全世界的资源都会来帮你。所以说，要敢想，也要系统地想，还要知道如何落实，这是立志的过程。

第二，感知到和承认自己的不足，并设法改善。

一个人的发展靠优势，成长靠劣势。一个团队、一个企业想持续提升，就要靠不断地发现和感知到短板，把短板拉长，整个"桶"的水平就提高了。

几十年来，我一直在做着拉长短板的事。我的长板就在那里，丢不掉，短板却时时在妨碍着做事的成效。如果总是靠发挥优势做事，劣势看不到，就局限了自己的发展。

我的短板是表达，不管是文字表达，还是口头表达。我承认我的这个短板，只要有机会，就尝试表达，做培训工作也是为了拉长短板。2006年开始，我讲完课，常常让大家给我反馈，以便不断改进。有时候，听到改进的反馈，我很想反驳和解释，不过，一般还是让自己闭上嘴，打开耳朵认真听取不同的意见。尽管内心更想听的是对我的肯定，但为了提高我的自我认知，我很珍惜别人给我提的改进意见。

经过30多年的拉伸，现在我做的还是原来短板的事，每天不是文字表达，就是口头表达，我知道还有很大的改进空间，继续在边学习边实践中进步。

承认自己的不足，不自卑，不抗拒和排斥，肯下功夫去问、去学、去干、去分享，创造条件弥补不足，让自己不断地走向完整。

如何创造弥补不足的条件？当学生准备好了，老师自然就出现，所有的人和事都变成自己的老师和资源。因此，这几十年，每个阶段我感知到要提升什么，都会有很好的老师出现来教我。

承认自己的不足，并愿意改进，是需要心量的。张念老师是我所见到的这方面做得很好的人。她是很有张力的创业者，属于女汉子的那一类。她说："我知道我的基础不够扎实，我需要努力学习。" 因此，每次不管是谁给她提出改进意见，即使话很刺耳，她都能够柔和地接住，并且马上设法改进。她把每位提出反馈意见的人，都当作是老师，这是因为她知道自己要的是什么。

她承认了自己的不足、肯下功夫去完善自己，这让她不断地收获心想事成。

有的人，看似是承认自己的不足，经常说，我这不好、那不好，但是几乎没有改进的想法。那是对自己不足的合理化，内心实际上不想改变。

第三，用心践行—总结—修正—再践行—再总结……

要心想事成，不是想完了只坐着等，就能成。立了志向而不践行，等于零，甚至是负数。因为浪费时间，而且觉得立志没用："我都立了好多次的志向了，我现在还是这样子。"把缺乏践行这个"锅"甩给立志系统。

对需要做的事，需要寻找其背后的意义。有了意义，就可以不嘀咕，自动自发地、用心地去做。过程中，注意自我觉察，每天和阶段性地反思总结，摸出做事的规律。根据反思和总结的结果，修正做法、改善关系，不断养成良好的做事习惯。

我有一位好朋友，我们的人生志向比较一致。五年前，她找到了人生下半场的志向，她的使命是要影响 100 万个妈妈，成为好妈妈。

在那之前，她在家是什么都不用干的，也不会做饭。清晰了志向以后，她自然地会做饭、会收拾家了。她在国内外学习了最好的当好妈妈的课程，跟随好妈妈的榜样，带着团队认真践行。

昨天，她从天津到广州。我见到的尽管还是她，但已经今非昔比。现在的她淡定、从容，说话的语速慢了、声调也降低了，有一种无形的影响力。在厨房里，她那种定定地享受的感觉，很美！

现在，她是非常优秀的好妈妈导师。无论是做饭，还是家务整理；无论是食品的选材，还是食品的加工利用；无论是对孩子的教育，还是对老公、父母的态度；无论是为人处世，还是自然农法的应用；无论是身体的维护，还是心理的疗愈……她是我认识的人中，最爱自己、最知道好好生活的人。

她说，她成长的秘诀就是"做"，"用一颗大大的心，认认真真地、持续地去做一件件小小的事"。

从她身上，可以看到志向对一个人的影响，以及志向需要踏踏实实的践行，在践行中产生意想不到的奇迹。

3. 打开网状激活系统

树立志向并填写立志卡，为的是让心想的东西清晰化。在日常的工作和生活

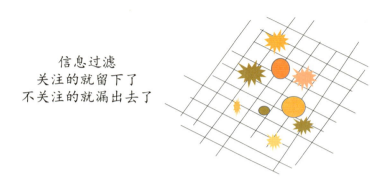

信息过滤
关注的就留下了
不关注的就漏出去了

图 7.2　网状激活系统示意图

中，把要做的事，一件件地设定目标，以便打开"网状激活系统"，网住跟志向相关的信息，就容易心想事成，提高工作绩效和品质。见图 7.2 所示。

网状激活系统是脑子的整个神经系统，由一系列的神经元网络组成，可以过滤掉觉得不必要的信息，让觉得重要的信息留下，即关注什么就会有什么。

比如，我经常在备课，在准备某方面内容的时候，看书、听书、跟人沟通中，常常能够得到我想要的信息。就是因为我关注到相关内容了，网状激活系统就网住了那些信息。

又如，在企业时，我们做目标落实的执行计划看板，每周、每月都要维护计划的完成情况。这不仅可以了解完成情况，还可以强化要完成的目标，使得在日常工作中，能够随时网住所需要的资源信息。

二、如何获得心想事成的捷径？

1. 断言是什么？

断言，是指对某一件事情的"一种一定可以发生的主观性暗示"，有意识地强化心中的想法图像，就好像是已经实现的状态。断言是心想事成的一个工具。这个工具是我在学习《对卓越的投资》时候学到的。十多年时间里，我经常使用，感觉挺有效。

让所有要实现的目标，都变成若干个断言，相信每个目标都能够实现，想象实现了目标的图景，铭记想象时的体验，把目标变成自己一个个导航的目的地，形成自己的自动导航系统。

断言有三个特点。

第一，尽管是主观的，但是，那是自己期盼和相信的结果。

第二，有详细、具体的画面感。比如，想象考试考了多少分，得知分数以后的感觉、表情等，画面越逼真越好。

第三，想象图像带来情感的体验。例如，想象咬了一口杨梅，实际上没有见到杨梅，但是，想到杨梅送到嘴边的感觉，口水就增加了，就像真的咬了一口一样，这就是望梅止渴。这种情感体验，潜意识以为是现实的了，因为，潜意识分不清已经实现了还是没有实现。

2012 年，我在青岛住了一年，在那里帮助了几个朋友改善生命品质。11 月，我即将离开青岛的时候，一位朋友说："你要走了，挺舍不得，能不能跟我说点什么？"

那时候，她 40 岁，已经离婚几年了，很想重新找对象，但总觉得这个年龄了，不可能找到合适的。我就教她写断言，她相信我，也就相信我教的方法。

她写了一条断言："我找到了满意的老公。"我让她想象详细的细节，包括见面的感觉、穿着、长相特点、身高、发型等，还让她回家，将断言贴到可以经常见到的地方。她贴在办公桌前。

过年后，她给我打电话："我找到对象了，我们打算 5 月就结婚。"

结婚后，她就如法炮制地写了一条断言："我有一个可爱的宝宝。"在电脑前贴一个可爱的宝宝图像。果然，很快就有宝宝了。

这不是什么玄事，而是心想事成的原理和网状激活系统在起作用。

这位朋友原来的自我对话是："我已经这个年龄了，不可能找到合适的对象。"这个对话成为她的断言，潜意识帮助她实现这个断言——不可能找到合适的对象。她写了断言以后，自我对话改变成"相信可以找到合适的对象"，现实就改变了，这就是相信"相信的力量"。

我曾经在北京租了一套住房，没有车位。我就写了一个断言：下周我找到了车位。

从哪儿找车位？我不知道。第三天，一个好长时间没有联系的大姐给我打电话。她说刚刚去了商场，那个商场就在我家附近。经过沟通获悉，我们所住的小区是紧挨着。当天下午，我就在她的小区租到了一个车位。

类似的案例有很多，屡试不爽，不断地验证了断言的力量。断言就像是自动导航系统一样，一旦设置了，就会自动地朝着这个方向去。

除了自我断言以外，还有他人断言。

断言是自己给自己的自我对话，他人断言是接受了别人给予自己的话。在孩子小的时候，这个"别人"一般是家长和其他成人；大孩子和成人中的这个"别人"，一般是亲近的人、心目中的权威人士或者自己敬仰和尊重的人，他们的话语只要被接受了，将具有影响一生的作用。

我小时候，长得又瘦又小，家人和邻居都说我长得难看，叫我"丑妞"。我收到了长得难看这个信息，他们的话变成了我的他人断言。有时候我照镜子，感觉自己长得还算可以，并不算丑，但还是受他人断言的影响。因此，我一直都不爱照相，对自己的长相常常没有自信。

比如，在我 7 岁左右，我的太姥姥在我家住了一段时间。她在晒我们姊妹拾的麦穗时，自言自语地说："这个老三默默地干活，拾得最多，未来一定是最有出息的。"这句太姥姥自言自语的话，我收到了，到现在还经常想起来，也成了太姥姥说的样子。

有人说，大家说的话就是一个人的"天"，都说你好，你必然好；都说你不好，你想好都好不了，这就是他人断言的作用。

对教育而言，家长和老师的话，就是孩子的"天"，容易成为影响孩子一生的他人断言。经常相信、肯定、鼓励孩子的话，给孩子赋能，未来孩子必然好。经常不相信、打击、指责、挑刺，孩子不容易活好，即使孩子很努力，获得成就的帝国，也会觉得里面缺乏主人。

2. 如何写断言？

断言是实现目标的自动导航系统，写断言相当于给自动导航系统编码。

刚开始学习写断言，可以问自己三个问题，下面举例说明：

例 1：

（1）问：你的问题是什么？

回答：（具体问题）我的问题是制订了计划总不能按照计划去落实。

（2）问：如果没有这个问题，情况会怎样？

回答：我可以轻松地完成复习任务。

（3）问：假如实现了这个目标、解决了这个问题，心情会是什么样的？

回答：我信心倍增。

根据回答，可以修改写出一个断言：我轻松地完成了复习任务，信心倍增！

例 2：

（1）问：你的问题是什么？

回答：（具体问题）我要有个健康的二胎宝宝。

（2）问：如果没有这个问题，情况会怎样？

回答：我会带着觉知，认真践行学到的育儿方法，做个好妈妈。

（3）问：假如实现了这个目标、解决了这个问题，心情会是什么样的？

回答：如愿以偿。

根据回答，可以修改写出一个断言：我如愿以偿地得到健康的二胎宝宝，我带着觉知好好养育他（她）。

会写了以后，就不需要这样一层一层地问，可以直接写出来，断言举例：

◆为了实现我的目标，我有计划地写断言。

◆我考了×××分，好开心。

◆我考上了985的大学，很兴奋。

◆我背着书包走在×××大学的校园中，听着音乐。

◆我成功地做到早上6:00前起床、晚上11:00前睡觉。

◆对我来说，理解×××是一件很容易的事。

◆我找到学习方法，享受到了学习的乐趣。

◆把考试当游戏，符合我的特点，让我的复习变得有意思。

◆我和妈妈的沟通是顺畅的。

◆因为我愿意帮助同学，因此，我们小组里大家都互相帮助。

写断言的要求：

①第一人称、自行负责：如果写"我要帮他提高成绩"，那是无效的。写的断言是要关于自己的，可以写"我是一个可以支持到孩子的好妈妈""我是一个学生信赖的好老师"。

②现在时：不能说我将来怎么样，那是将来时。需要用现在时，如：我考上了×××大学；我找到了满意的男朋友。要表达的是已经实现了的感觉。

③利己利人的：如果是损人利己的，损害的一定是自己。因为潜意识不认识"他"，只认识"我"。

④积极的：不说不要什么，直接说要什么就好了。例如，不写：我不要不健康、我不要病快快的我、我不要家庭不和谐。潜意识不认识"要"与"不要"的区别，

不要的也会当作要的去实现。因此，直接说，我身体是健康强壮的；我的身体很好、棒棒的；我的家庭是和谐温馨的。

⑤不比较：如果写：我超过了他或期末我的成绩一定比谁好。这种比较的心理，在实现的过程中，需要用一部分的精力去盯着比较的对象，让自己有压力、有内耗、不自在。可以写：在××方面，我超越了我自己；我对我期末的成绩是满意的。

⑥表示成就：需要有可衡量的结果。我相信一切皆有可能、我做到知行合一、我学会抓紧时间提分……这些都是不可衡量的、非结果的描述。我找到了车位、我完成了计划任务、我考了×××分，这是可衡量的结果。

⑦现实的：是蹦一蹦可以够到的目标。如果一个小学生，暗示自己明年考上大学，一般来说这是不现实的。

⑧时限：有的可以有时限，有的可以没有时限。

⑨不断修正：断言可以不断修正，实现了就划掉，继续写其他的，同时可以写多条。

另外，断言有的可以分享，有的需要保密，根据自己的意愿确定。

避免使用的词：将、会、希望、盼望、能够、要、不要……这些词一般都不是现在时，不建议使用。可以、一些、一点、本该、应该、试一试、但是、如果……这些是有保留的，而断言是要百分之百的相信。

写断言的要求和避免使用的词，见下表。

写断言的要求和避免使用的词

写断言的要求	避免使用的词	
① 第一人称、自行负责 ② 现在时 ③ 利己利人的 ④ 积极的 ⑤ 不比较 ⑥ 表示成就 ⑦ 现实 ⑧ 时限 ⑨ 不断修正	① 将 ② 会 ③ 希望 ④ 盼望 ⑤ 能够 ⑥ 可以 ⑦ 一些 ⑧ 一点	⑨ 不 ⑩ 不要 ⑪ 本应 ⑫ 应该 ⑬ 试一试 ⑭ 但是 ⑮ 如果

还要注意的是：

① 断言的事只有跟志向的方向是一致的时候，才是助力，才能心想事成，所以要避免断言的方向跟志向不一致。如果只为满足人性的贪念、嫉妒、无知，将得到南辕北辙的结果。

② 对断言的事真的相信，毫不怀疑时，才有效。

③ 把断言的事变成自身的一部分，才有用。

3. 自动导航系统的形成

首先，一开始需要写五到十条断言，想到要实现什么目标就写条断言，并想象断言的画面。

其次，每天有空的时候，看一下。

再次，已经实现的就划掉，不要删除，这样可以留下成长的痕迹，并有成就感。因此，我不用手机记录，而是用跟银行卡差不多大小的小号线圈记录本。

2012—2014 年，我认真地练习了两年多，记录了四本。想起来就往上写，并顺便看看实现了的都有哪些，做到了就划掉，过一段时间，看到一条一条被划掉，很有成就感。

后来就成为习惯，想一想就有了，不再使用记录本。

最后，使断言存到潜意识中，成为自己非常自然的一个部分。想象的清晰度和情感体验的深刻程度，决定了存储的深刻程度。

4. 对未发生事情的想象体验

以高考为例，把自己变成参加高考的考生，来体验未发生事情的想象：

6 月 7 号早上，6 点钟的时候，我被同学的起床声音吵醒，意识到今天要赴考场了，心里有点紧张、有点激动，心跳加快了一些。我赶紧坐起来，跟兄弟们说："早上好！"穿上昨晚准备好的干净衣服。洗手间有人，我先去洗漱，手轻轻地拧开水龙头，水哗哗地流了出来，凉爽的水，扑到脸上，好舒服。洗了一把脸，清醒了很多……

按照物品准备清单，我又检查了一遍准备的东西，准考证、铅笔……临出门前，我们互相提醒该带的物品，嘻嘻哈哈地出门了。在校园里，不算热，天气正合适。看着到处挂着的标语，认识和不认识的老师们、志愿者们都友好热情地向我们挥手，他们脸上都是灿烂的笑容，我心里感觉到很温暖，这么多人在关心着我们，在为我们祝福，我紧张的心情稍稍平缓了一些……

在考场里，我安稳地坐在椅子上，稍微调整一下坐姿，让双脚自然平放在地面，背部挺直，双肩微微放松，双手自然地放在大腿上（或身体两侧），轻柔地闭上眼睛。

我做几次深呼吸，用鼻子吸气，用嘴巴呼气，深深地吸气，缓缓地呼气，将注意力从外界拉回来，慢慢地放松下来，留意屏住呼吸时的紧张感觉，也留意呼气时的放松感觉。呼气的时候对自己默念：放松……想象紧张被一点点地排放出来，身体变得越来越放松。

仔细体会一下脸部的感觉，让面部放松、嘴巴微微张开，肩部下沉、放松。

伸出双手的食指、中指和无名指，分别放在头顶两边。让六只手指同时以自己感觉合适的压力按压下去，双手分别向两侧和前额移动，留意头顶被按压的感觉，每一处，保持五秒，做三次。

再用那三个手指，按压眼眶上缘和下缘，各按压三次，一次五秒左右。

用拇指，轻轻揉压太阳穴三次，一次五秒。

用左手按压右边的肩膀，右手按压左边的肩膀，按压三次，一次五秒。

整体感受一下身体的感觉，对感觉到紧张或者疲劳的地方，带着觉知按压几次。

再做一次深呼吸，深深地吸气，缓缓地呼气。

已经到了考试的时间，我安静地坐在座位上，手里握着笔，手指感受着试卷的触感，闻到试卷油墨的味道，听到周围翻阅试卷的声音。

试卷平摊在面前，我认真地写了自己的名字和准考证号。看到黑色的印刷字体整齐地排列着，看到试卷上的题型都有哪些。

　　我从容地从容易的做起，遇到不懂的题目，我冷静一下，就有了思路。

　　我填满整张试卷，悄悄地给自己点个赞：×××（自己的名字），你真的很棒，你真的很了不起，又一次完成了挑战自我的任务。

　　在考试之前，做以上的深呼吸、身体按压和放松等练习，并做完整的考前、考中、考后的想象。当意识中熟悉了考试的感觉后，真正进考场的时候，就会从容应对。

　　我第一年高考失利，但第二年的高考，我感觉对高考是熟悉的，就不那么紧张了。就是因为我参加过高考，根据第一次的感觉不由自主地去经常想象第二次参加高考的情景。后来才知道，我是用了"对未发生事情的想象"这个方法，让我第二次高考考了全校第一。

　　对未发生情景的逼真想象，不仅可以用于考试，还可以用于任何的情景想象。在自己的脑子里预演，到现实发生的时候，就不会觉得陌生、不知所措。

三、如何让孩子拥有心想事成的基础条件？

　　心想事成的基础是多方面的，在此仅仅从自我认知、自我对话、自我改变三方面来了解。

1. 自我认知

　　要想心想事成，首先需要提高自我认知，心想的资源才能够得到有效的利用。

　　自我认知的过程，就像打开套娃一样，在一层一层地突破自我中得到成长，见图 7.3 所示。

　　像套娃一层又一层地打开，真正的自我变得越来越小，最后融于环境中，融于世界中。与世界的关系是柔和的、智慧的，不会跟所遇到的人、事、物产生碰撞。需要他的时候，就发挥作用，有极大的爆发力；不需要的时候，对他人不会产生

图 7.3　自我成长就像一层又一层的套娃

干扰和妨碍。

相反，缺乏自我认知，就像最大的那个套娃一样，自我很大，走到哪里，都容易碰到别人，产生冲突，还以为是别人总跟自己过不去。

因此，从自我认知到自我成长，就是"为道日损"的过程。要心想事成，就得从以下三个方面做自我损减。

第一，不断损减以自我为中心的惯性。越是不明白，越觉得自己都是对的，要他人必须听我的，如果不合我的意，就会暴跳如雷，这是人处在混沌的惯性状态。

　　我原来就是这样的，面对爱人、孩子，或者下属、领导，只要不符合我的意，就觉得是他人的不对，心里总是愤愤不平，有受害者的委屈。直到 2008 年，我才真正承认我的固执和自以为是，看到自己的行为给他人带来了伤害，给家庭氛围和团队氛围带来了紧张气氛。

看到了，承认了，就在转化中，可以逐步打开耳朵，听进别人的话，也可以直意表达心里的嘀咕。自我在缩小，工作和生活就越来越顺利。

第二，不断损减对名和利的贪念。对名利的需求，是人性的必然。但是，过了，就错了。过了，是因为匮乏，看不到已经拥有的、什么都不缺的富足。

　　我和我先生常常去附近的湿地公园走路，最近芒果熟了，还有很多竹笋。我们都是在山区长大的，对小时候采摘地里的蔬菜和树上的水果，有着深刻而美好的记忆。现在看到这些东西，就像猎人见到猎物一样，心里痒痒的。

　　如果重温一下小时候的体验，捡几个尝尝，这是一种美好。如果凭着感官的诱惑，就设法去摘、去挖，想更多地把猎物占为己有，那就是贪的行为。

　　在现实生活中，要买更好的衣服、车子、房子……为了面子好看，满足自己的虚荣心，被欲望驱使和掌控。开车希望更快一些，上菜快一些，买东西便宜些……这是怕没有、怕得不到的恐惧，被恐惧所控制。

　　其实，各种的贪，有多少人能例外？但只要在原有的基础上，少贪一点点，回归一点点，从容一点点，心想事成的可能性就会随之大一点。

　　第三，不断损减自以为是的无知、傲慢和困惑。越是觉得什么都懂，不需要学习的人，越是活得不明白；越是觉得自己还需要不断修炼的人，越是可以活得明白。

　　为了实现短期目标而付出努力，并非为了组织的长远发展；为了得到好成绩而学习，并非为了成为有价值的人才，这种的心想也能事成，但是，成的只是眼下的事，对未来未必有益。

　　随着不断地损减自我，打破自我局限的边界，自我就容易跟自己、跟他人、跟世界联结，即拥有了智慧，心想事成是自然而然的。

2. 自我对话

　　要心想事成，就需要改善自我对话，让心"想"的是积极正向的、与志向的方向是一致的。

　　断言之所以有用，是因为断言直接改变了自我对话，产生有力量的、积极的自我形象，从而带来良好的现实表现。这也是学习《对卓越的投资》的应用。如图 7.4 所示。

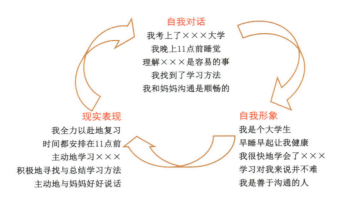

图 7.4　断言直接改变自我对话示意图

　　例如，反复地对自己说"我考上了 ×××大学"，把这变成潜意识的认知，潜意识就认为我已经是大学生了。我的形象就像个比中学生成熟一点的大学生，有大学生的自信，有不再为考试担心的从容。现实表现就会从容淡定地全力以赴，获得更好的复习效果。

　　自我对话，是人在内心自己跟自己无意识的对话，对话内容是自我形象和现实表现的原材料。

　　如果是自卑的自我对话，如图 7.5 的左边：我不行、别人忽视我、我这次肯定完蛋了、我不敢、我学不会、我不能让他小瞧我……形成了类似我是卑微的、算了不用更努力了、我什么也学不会、我需要装得好一些等的自我形象，带来无助、躲闪、不敢说话、不敢接受肯定和好的东西、听而不闻、视而不见、做作等让别人感到不舒服、自己也不喜欢的现实表现，进一步促使产生不自信的自我对话。

　　如果是自信的自我对话，如图 7.5 的右边：我能行、没有什么过不去的事、我是有价值的、我在持续成长中……造就了我很重要、我是自信的、大家都需要我、我可以直意表达等有力量的自我形象，带来大胆尝试、允许和尊重他人、从容面对一切发生、不争不抢、做该做的现实表现。良好的现实表现，能让别人舒服，吸引别人友好的关注，自己也欣赏自己，进一步产生良好的自我对话。

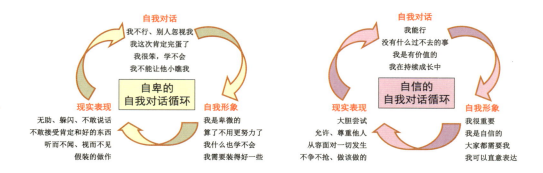

图 7.5　断言直接改变自我对话示意图

　　例如，上大学的时候，流行跳交际舞。我很喜欢，但我的自我对话是：我跳不好，我不好意思跟人跳舞。我的自我形象是，每当有跳舞的机会，我是笨拙的、害羞的，让人不愿意搭理。我的现实表现是，自恃清高地躲到一边，当大家都在开心地玩的时候，我一个人坐着，感到很孤独而尴尬。我自己都不喜欢这样的状态，对自己有了更多自我否定的自我对话。

　　多亏在工作和生活中，我有自信的自我对话。当我成为团队的领导之后，在娱乐活动的时候，我的自我对话是：我是支持者，只要大家开心，我就开心。我跟组织者说：你们怎么玩我都支持，只要别让我参与就好。因此，我年纪不大的时候，就成了"老张"或者"老大"。大家在玩的时候，我的自我形象是"老张"或"老大"；现实表现是积极支持大家的玩闹，不再感到尴尬，大家倒也自由自在地玩。进一步强化了我的自我对话——我可以不会玩，我愿意成为下属喜欢的支持者。

　　自卑的自我对话，可以在自己感觉到不舒服的时候，静下来自我觉察，觉察到了，把想要的状态写成断言；然后，记住所写的断言，慢慢地带着觉知去转化。除此之外，也可以避开不擅长的领域，在擅长的领域改善自我对话和自我形象。

3. 自我改变

要心想事成，就必须有自我改变的意识和能力，事成不仅是具体的事，也是自我的改变与成长，这样的心想事成可以长久受益，让成功复制成功。

海明威说："鸡蛋从外打破，是食物；从内打破，是生命。"人生也是这样，由于自我认知的偏差，遇到不如意的事，被无意识的惯性所操控，总认为是别人的问题、是别人不了解我。

如果在外在的压力下，被动地不得不改变，也可以获得礼物得到成长。更节能的做法是，主动学习，还没有遇到问题时就调整自己，或者遇到问题时，就去了解问题的真相，从根本上调整自己的心智模式和行为，主动地从内部打破。每一次的突破，就是一次破壳的重生。就像图 7.4 中的自我认知一样，一层一层地脱壳，一点一点地让阳光照见自我。

伍老师学习生命成长教育课一年多，家庭各方面的关系改善了很多，但最近情绪又被婆婆的言行所牵制。

她说："这两周我以妈妈住院做手术为由，放任自己不写觉察日记，没做'三好练习'，感觉能量下降了，容易被情绪所控制。"

因此，她的调整方法是：

（1）继续写觉察日记，并做"三好练习"，其中至少写一个婆婆的好，还要至少看到一个婆婆值得感恩的点。

（2）吃好睡好，让自己身体处在正常的状态，保持足够的身体能量。

（3）创造机会让婆婆去买菜、取快递等，把这个当作她与外界接触的机会。

学习不是轰轰烈烈的事，而是体现在日常的生活和工作的琐事中，随时自我觉察，打开自己，坦诚分享，让阳光照进内心。

有些人惧怕打开内心，宁愿一直躲在自我的壳子里，感觉更安全，过着得过且过的日子。每当遇到不如意的事情，从现象上以事论事，没能从根本的真相上化解问题，积累到一定的年龄之后，壳子从外面被打破了，就会感到无处安身的恐惧。

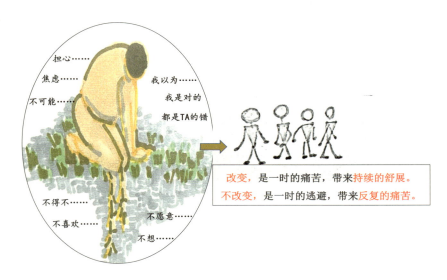

在壳子里不愿意出来的状态，如图 7.6 所示。画地为牢地窝在一个壳子里面，慢慢地生根，越扎越深，随着年龄的增加，想站都没法站起来。这样的活法，自己难受，别人看了也难受。这就是老人被人嫌弃，甚至年轻的时候就被人嫌弃的原因。

担心……
焦虑……
不可能……

我以为
我是对的
都是 TA 的错

不得不……
不喜欢……
不愿意……
不想

改变，是一时的痛苦，带来持续的舒展。
不改变，是一时的逃避，带来反复的痛苦。

图 7.6　从画地为牢到改变的示意图

为了让我自己不会在一个地方"生根"，在我完整地活过一个甲子（60 岁）之时，我决定重新从一岁开始活。正好我的外孙一岁多，我就观察孩子的成长规律，跟随孩子一起成长。

要从里面打破外壳，站起来，学习是唯一的途径，学习就是改变！

总之，改变，是一时的痛苦，但可以带来持续的舒展；不改变，是一时的逃避，带来反复的痛苦。

不知道学习，应对日常的生活和工作看似也没有问题，可是，遇到了大的问题，需要做 90 度转弯，那就很难了。有些人遇到事情需要转的弯太大，转不过去，就"折"了，因为平常的学习积累不够。如图 7.7 所示。

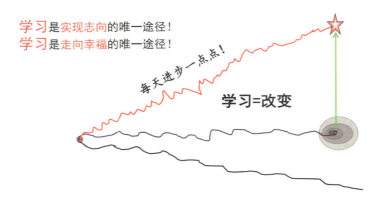

图 7.7　学习成长的示意图

　　这里的学习，主要指的是生命成长的学习。方式不仅是读书、接受培训，还包括所有能够触碰内心，引发反思和自我行为调整的过程。一个人只需要找到适合自己的学习方式，让自己每天进步一点点，人生就有希望。

　　总之，学习是持续获得心想事成的根本所在，也是走向幸福的唯一途径。

第八章　引导孩子少年养志

少年养志系统，由三大部分组成：围绕一个中心，即在日常生活和学习中帮助孩子养志；关注两个基本点，即为孩子赋能减压，并帮助孩子找到可以跟随的明师；还需要走出少年养志的四个误区，见图 8.1 所示。

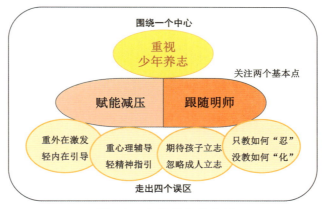

图 8.1　少年养志系统图

一、为什么成人要重视孩子少年养志？

1. 缺乏少年养志的代价

少年养志的"少年"是年少的人，因此，不仅是 10–16 岁的少年需要养志，从小孩子开始就需要养志。只不过在青少年阶段，需要明确人生志向。

养志，需要帮助孩子明白选择的原则，打开格局，懂得把自己放到更大的整体中，逐步清晰人生目的和使命的过程。

少年养志不到位，将付出以下几方面的代价：

第一，学习缺乏动力。不知道学习是为了什么，更不知道人生是为了什么。学习是不得不的、被动的，不仅影响学习成绩，还影响知识面和见识的拓展。因为学习的那些事，内心留下累累伤痕，给自己的一生带来难以抹去的阴影。因此，有很多考生在高考之后，把复习资料撕烂扔掉，以此发泄内心长时间的压抑。

第二，报考志愿的盲目。只知道哪个学校排名靠前，哪个专业将来好找工作、挣钱多，对所上的大学和所学的专业没有真正的了解，以至于有些同学上了大学，实现了父母的愿望，就躺平、摆烂。

志，是读书人经世致用的远大理想；愿，是对所选择的大学和所学的专业有一份承诺，利用大学资源，为实现自己的梦想奠定基础。所以，大学志愿不仅是专业和学校，也是实现志向的一个重要起点。

少年养志强调的是"养"，是一个漫长的过程，"养"出了志向，报考志愿就变得简单而笃定。否则，孩子没有志向，到选择的时候，临时抱佛脚，这不是选择，只是又一次的"我以为"。

很多家长没有"养志"的意识，出发点是找工作和挣钱。根本不知道孩子想要的是什么，只想把自己的想法硬塞给孩子。强迫的结果就是，未来一旦有不如意的事，专业将成为他情绪的借口。

第三，发展底蕴不足。养志的缺失，在找工作的时候，可能缺乏积累、眼界和爆发力，低频的能量难以进到高频的组织。即使进到好的组织里，也会缺乏创新力和发展底蕴，遇到困难和挫折的时候容易不知所措。

企业一直都缺人，可是越来越多的本科和硕士毕业生找不到工作。因为，学生的社会化能力、对工作的认知与企业的需求不匹配。比如，许多同学不会讲故事，缺少打动人心的、生命成长体验的故事；谈到未来，没有系统的设想。在面试中，除了简单的问答和知识型的问答外，常常没话可说，显得尴尬。

2. 孩子生命状态不容忽视

请家长问自己几个问题：

第一个问题，我孩子的生命舒展、绽放了吗？见图 8.2。

舒展而绽放的生命状态：是被尊重的，能够活成他自己；是健康有活力、可以尽意表达；有感恩心、有自己的朋友、有利他心……

孩子的舒展程度跟成绩有关系，但是不取决于成绩。

图 8.2　舒展、绽放的生命状态

王老师分享了一个案例：小于写字非常慢，记忆力不好，存在读写障碍，考试十几二十分是常有的事。

我经常在晚托的时候把他叫到办公室进行个别辅导，但是，前脚教会他认的字，后面再问他，已经不记得了；前面刚教会他写的字，一会儿让他再写，也已经不记得了。凡此种种，常常让我心烦意乱，不知如何是好。

有一天，我在浏览小红书的时候，看到两句话："我只是慢而已，又不傻；我只是理解得比别人缓一点，我又不蠢。""教育就是慢一点，但别停下来。"这两句让我重新思考如何看待小于的问题。

我和他分享了以上两句话，他看着我，似懂非懂的样子。第二天早读的时候，他来到教室，不再磨磨蹭蹭，而是快速坐下来，拿起书本来读；上课的时候，他不再低头发呆，而是抬起头来，跟着读，还会举起手回答问题。我看到了这些改变，及时肯定和鼓励他。我感觉到，他这样积极向上、眼里有光、慢慢来、不停下的样子，真是帅极了，有时候考试可以得到及格。

我还留意到他很热心班级事务，乐意为集体做事，搞卫生也十分卖力。我在班上大力表扬了他，肯定了他为集体的贡献，并把班级卫生检查和保洁的重任交给了他。他每天都有了他能做好的任务，每天上学更有盼头了，同学们也更喜欢他了。尽管他的学业成绩依然是比较差的，但他上课睡觉的次数少了，脸上的笑容多了。每次被表扬的时候，他的笑脸可灿烂了。

小于是幸运的，他遇到了好老师，在老师帮助下，可以活出他自己，活出绽放的生命状态。就像大自然的花一样，有国色天香的牡丹，也有路边的小花，都可以绽放自己。

第二个问题，谁允许自己和孩子的生命没有绽放就枯萎？如图8.3所示。

图 8.3　没有绽放就枯萎的生命状态

在现实生活中，有很多的花，还没有绽放就因为各种原因而凋零，不是所有的花都能够有绽放的机会，这是自然法则。

但是，作为人，谁都不想让自家的孩子提前"凋零"。对一些人来说，不想，只是主观愿望，自己的言行却把孩子逼向枯萎而没有觉知。

有些人一辈子就是这样的，从来就没绽放过，过着枯萎、凋谢的人生。由于心有不甘，又没能找到合适的途径让生命得以反转，就把一切都寄托在孩子身上。焦虑、过度干预，让孩子只能重蹈覆辙。

有个妈妈对孩子要求很高，总是督促孩子学习，不惜花钱和时间让孩子参加各种兴趣班，以至于孩子几乎没有自由支配的时间。

到了初中，孩子开始出现自残行为，时常不想上学。但妈妈只关心孩子的学习，孩子不上学，是她接受不了的。因此，她找到心理咨询师。

心理咨询师让这位妈妈对孩子的要求放松一些，妈妈说："我要求了，他尚且这样，我放松要求，那他就更不像样了。"

咨询师："你这样要求下去，孩子有走极端的可能。"

妈妈："哪有那么娇气？我能给的都给了，他身在福中不知福……"

咨询师："假如孩子走极端，你会怎么样？"

妈妈："我一直都为他着想，孩子就是不听话，气死我了，爱怎么样就怎么样！"

这是妈妈的气话，但是，可以看到执着、缺乏觉知的妈妈带来的是家庭的灾难和孩子成长的障碍。

这种家长是比较极端的，大多数的极端事件，都是因为孩子遇到极端的成人造成的，经历了好多年的互相折磨，直至生命枯竭。

第三个问题，谁让孩子获得累累硕果，果实却是黑心的，或者果树被压弯了？如图 8.4 所示。

那些贪官拥有在外人看来非常成功的业绩，有辉煌的人生经历，但缺了可以滋养自己的人生志向。他们为了欲望而活，累累硕果带着毒性，最后变成后人的笑话和垃圾，留给后人唯一有价值的是反面教材。

有的硕果累累，却把果树本身压弯了，只能暂时性地得到果子，不能得到不断进化和升级。

谁都想孩子拥有舒展的、绽放的人生，谁都不想让自己和孩子的生命提前枯

图 8.4　硕果累累却是黑心果或果树奄奄一息

萎，更不想让孩子变成千夫所指的人。问题是，谁让孩子的生命舒展？谁让孩子的生命保持鲜活？谁让孩子未来的成就变成祸害或是利他？

显而易见，首先，是家长和身边的人；其次，是老师；然后，是社会环境。每一个成人对孩子的成长都可能造成影响，如果成人懂得生命成长教育，就可以给予孩子更好的生存空间和生态环境。

少年养志，就是让孩子的生命从小得到爱、众、善的滋养，保证孩子的生命能够以他自己本来的样子不断绽放。

二、帮助孩子养志要关注的两个基本点是什么？

1. 赋能减压

针对青春期的孩子，从老师、家长和孩子各方面的调研，总结出影响孩子成绩的主要因素有以下七方面，见图 8.5 所示。

影响孩子成绩的现象，一方面是各种压力带来的焦虑；另一方面是让家长头疼的玩电子产品上瘾、做事没有耐心和同学关系问题。这两方面都是现象，前者

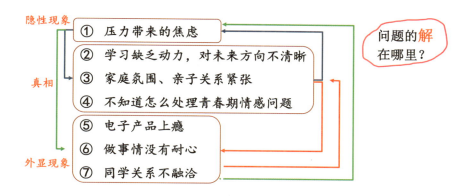

图 8.5　影响孩子成绩因素的关系图

是隐性的现象，后者是外显的现象，这两方面形成了一对恶性循环（绿色线条）。

两方面的现象都来自学习缺乏动力，对未来方向不清晰；家庭氛围、亲子关系紧张；不知道怎么处理青春期情感问题，这三方面的真相。真相与隐性现象也形成一对恶性循环（蓝色线条）。真相与外显现象又形成一对恶性循环（红色线条）。

因此，影响孩子学习成绩的因素错综复杂，存在着三对恶性循环。化解三个恶性循环的解就像一层窗户纸一样，只要愿意去捅开，一捅就破，那就是——归属感！见图 8.6 所示。

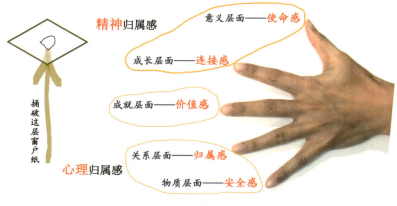

图 8.6　归属感示意图

心理归属感，除了物质的满足以外，主要来自与父母的关系、与老师的关系、与同学的关系、与学校环境的关系，根本的是自己与自己的关系。关系的核心是孩子所在家庭的生态环境，如果孩子跟父母的关系是顺畅的，其他的关系就随之变得顺畅。顺畅的关系，促进成就感的获得，成就感反过来增强归属感。

精神归属感，包括我要活成什么样的生命状态？我对别人有什么用？我对社会有什么价值？精神归属的关键在于清晰"我要活成什么样？"有了精神归属，就可以笃定地做自己该做的，获得成就感。

很多孩子上大学之前，一切都为高考，没有为如何上大学做准备；上大学的时候，没有为上班做准备，也不知道学习除了为上好大学、找好工作之外，还有什么更大的价值；上班的时候，没有为人生下半场做准备，不知道可以为他人、为更大的整体做什么；退休后，无聊、无所事事，混日子；有的想着帮子女带孩子，却常常被子女嫌弃。这就是缺乏精神归属感的生命状态。

孩子的精神和心理的归属感获得的途径如图 8.7 所示。

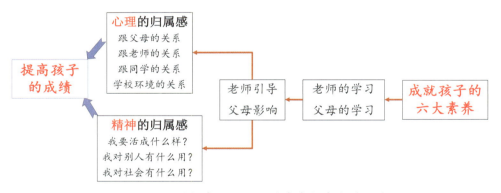

图 8.7　通过提高孩子的归属感来提高成绩示意图

要满足孩子的心理和精神的归属感，需要靠老师和家长的引导和影响，引导和影响孩子的唯一途径是学习，本套书籍《成就孩子的六大素养》就是系统的学习内容，并提供具体的理念、工具和方法。

提高心理归属感是减压的主要途径，提高精神归属感是赋能的主要途径，见图 8.8 所示。

精神
赋能

心理
减压

> ➤ 清晰人生方向，满足精神归属感需求，减少迷茫，保证学习动力。
>
> ➤ 建立和谐的关系，满足心理归属感需求，增加能量，降低内耗。
>
> ➤ 面对考试成绩思维方式的转换，找到价值感。
>
> ➤ 自己觉知到焦虑，做身体、情绪、心理的调适。

图 8.8　赋能减压的途径

精神赋能，一方面，通过清晰人生方向，满足精神归属感需求，减少迷茫，保证学习动力。也就是要立志，并且将志向的落地融入日常的学习和生活中。

另一方面，建立和谐的关系，满足心理归属感需求，增加能量，降低内耗。也就是说，关系和谐了，关系就会成为学习能量提升的重要源头，因为糟糕的关系，会拉低学习效能。

再一方面，面对考试成绩的思维方式的转换，找到价值感。学习成绩是孩子生命状态和生存环境的综合反映，也是阶段性的目标，是衡量学习效果的一种标准，而不是学习的目的。

建立和谐的关系和面对考试成绩的思维方式，既是赋能的需求，也是减压的需求。方法就是要求父母少要求、少担心、少说教、不比较；多了解、多尊重、多信任、要倾听。让孩子在父母面前能够直意表达和尽意表达，这是父母给予孩子生命空间的方式。

心理减压，家长能够觉知到自己的焦虑，减少对孩子投射的影响，并引导孩子提高觉察和觉知能力，掌握一些身体、情绪、心理的调适方法，缓解压力。

总之，赋能减压的核心是引导孩子确立志向，并听见、听懂孩子的表达。

2. 跟随明师

跟随明师，是少年养志的重要条件之一，其实，成年人想持续成长，也需要有明师的指引。

韩愈的《师说》开篇说："古之学者必有师。师者，所以传道受业解惑也。人非生而知之者，孰能无惑？惑而不从师，其为惑也，终不解矣。"

古代求学的人必定有老师。老师，最主要的是要明白学习、生活、为人等的规律和内在逻辑，并且在工作和生活中，不断提高觉知力，将自己亲身践行的有效方法教给学生，让学生提高觉察、觉知能力。同时，引导学生了解为什么要学，怎么学更有效；在传道和授业的基础上，化解学生人生和生命成长中的困惑。

每个人在成长的过程中都会有困惑，如果不知道提出来，或者没有老师的帮助，或者是不接受老师的指点，总觉得自己都是对的，那么，一辈子都将待在不知道自己不知道的状态里。

《师说》接着又说："今之众人，其下圣人也亦远矣，而耻学于师。是故圣益圣，愚益愚。圣人之所以为圣，愚人之所以为愚，其皆出于此乎？爱其子，择师而教之；于其身也，则耻师焉，惑矣。"

一千多年前，韩愈就感慨说，现在的人们，其智慧跟圣人都差得很远，却不想、不愿、不会向老师学习，而圣人是随时随地跟天地、跟人和事物学习。因此，圣人越来越智慧，愚人越来越愚昧。圣人之所以成为圣人，愚人之所以成为愚人，其原因大概就在于能否向老师学习、如何向老师学习。家长爱自己的孩子，会千方百计地选择好的老师来教。但是，家长自己却不愿意跟老师学习，真是糊涂啊！

从古到今，人们对待老师的心态差不多，现在有过之而无不及。家长舍得花钱、花时间给孩子找补课的老师，想让孩子直接提高成绩，却少有能够为孩子寻找赋能减压的明师，更不舍得花时间和精力，让自己跟随明师学习。

既然知道了明师的重要，那如何找到明师呢？基本原则是——当学生准备好了，老师自然就出现。

我的老师曾经给我们展示了国外的《父母宪章》，也就是父母的行为标准，共有七条标准：

第一，父敬（严父）母爱（慈母）。

第二，家庭是孩子人格教育的基地。

第三，父母应该为孩子选择生命成长教育的老师。

第四，父母不要在孩子面前传递负能量。

第五，父母要关注孩子潜在的特质，开发、启发、引导、培养。

第六，父母不断修养自己的道德，陶冶自己的情操。

第七，父母要随时纪念祖先，以教育孩子生命无限，培养恭敬心。

第三条中说的"父母应该为孩子选择生命成长教育的老师"，也就是为孩子选择能够引导孩子生命成长的明师，是家长的责任，不是可有可无的事。

（1）跟随明师的价值

《弟子规》里说"能亲仁，无限好"，指的就是要有能指导自己人生的明师，这样就能"德日进，过日少"，即智慧和优秀的品德不断增长，妨碍自己为社会、为他人做出贡献的不良习惯与无效心智模式不断减少。

如果把学生比作树木，明师就是学生的"矫正器"。如果不矫正，树有可能长歪了。当然，它也可能变成一道风景，那是一个人的选择。

如果把学生比作西红柿的苗子，明师的作用是西红柿的支架，保证植物顺着支架往上生长，结出果子，发挥最大的价值。如果不给西红柿搭支架，果子结得少，而且容易烂掉，如图 8.9 所示。

跟随明师，接受他的指导，可以少走弯路，达到事半功倍的效果。

图 8.9 老师是学生成长的"支架"示意图

（2）选择明师标准

①他不仅仅有时代需要的知识体系，更重要的是要有思想体系。

②他处在不断学习修己的状态，有深厚的修己达人意愿和底蕴，有引导他人解决自己问题的能力。

③他已经化解了自己的生命之惑，自己活得明白，基本脱离了是非人我、财色名利的影响，可以用生命去影响生命。

④他愿意教你，为了利于你的成长，教学相长。

⑤你愿意跟随他学习提升自己的生命品质。

（3）跟随明师学习的方式

跟随明师学习，很重要的是要问、听和做，不懂、不会就问；老师解答的时候要听；听了以后认真去做，就可以把老师的东西消化吸收成自己的营养。

有时候问老师，是为了验证，得到验证后，只需要说："谢谢您，我知道怎么做了。"体现对老师的尊重。如果听了老师的解答，总是说："我就是那么想的，我就是那么做的……"在老师面前证明自己的正确，这不是"学生相"的心态。

在跟老师学习的过程中，有成长和进步，要及时跟老师反馈，这是对老师的最好的奖赏。

三、帮助孩子实现少年养志的中心是什么？

1. 在家里为孩子养志

培养孩子少年养志都是在日常小事中体现，孩子的一系列小事，积累到一定的时候，好与不好都可能变成大事。"不积跬步，无以至千里。"不积小善，无以成大善。这里的善不是善恶的善，而是一个人的素养。

艳花老师说："我觉得每一件生活的小事，都可以作为少年养志的切入点。比如，吃饭的时候，最基本的餐桌礼仪是光盘行动。"

小儿子三岁左右，我们就开始教他，为什么要节约粮食。孩子现在会背《悯农》，"粒粒皆辛苦"。我们跟他讲粮食是怎么来的，袁隆平爷爷又是谁，他对我们有什么帮助，对国家有多么大的贡献。孩子从小在心里种下美好、伟大的种子，知道节约人人有责，并向袁爷爷这样的人学习。

有人说，孩子教育是在餐桌上。大人在餐桌上说什么，做什么，都是在"演"给孩子看。所以，在家里，任何一点都可以延伸成教育的资源。

朱老师的家是和谐的，对孩子不吼不叫，孩子写作业不需要督促，较好地保护了孩子的学习兴趣和学习自律性。

> 她在觉察日记中写道：临近期末考，四年级的女儿作业比平时多了很多。她的学习我几乎没有操过心，平时都是 9 点前就完成作业了，这段时间每晚写到晚上 11 点左右。我好几次忍不住跟她说，作业太多了，超过 10 点就不要写了，你的休息更重要。有时我还和她打趣地说：动脑筋的你来做，不用动脑的妈妈来帮你抄写吧！爸爸也在一旁帮腔：需不需要我来帮忙？
>
> 女儿说："学习是自己的事，要认真对待！要考试了，更加不能马虎！"

如果家长督促孩子写作业，眼睛只盯在作业和成绩上，那么孩子的学习兴趣都被磨掉了，更谈不上"养志"，也不知道孩子未来要费多大的代价去重建内心的秩序、找回学习的兴趣。

少年养志，就是要培养孩子拥有选择的能力，知道自己到底要的是什么，活出自己的人生状态。这种培养不是刻意的要求和督促，相反，是在宽松的家庭环境中，在不知不觉的一日三餐和各种活动中形成的。

父母在家里的言行是孩子情绪的遥控器。下面例子中的孩子是八年级的学生，本来是可以好好学习的。但是，妈妈的望子成龙，容不得孩子有不学习的行为，倒是把孩子拉出学习的状态，使孩子心里产生的波澜久久难以平复。如果继续这样发展下去，甚至可能发生谁都不愿意看到的结果。很多孩子的自甘堕落，都是这样被环境催生出来的。

> 孩子的作文写道：我坐在桌前，放下手中的笔，插上耳机听音乐。听了一会儿，我拿起手机，正准备把音乐暂停住，再看一会儿书。此时，妈妈推门而入，见到拿着手机的我，她的脸色顿时暗了下来，似乎整个房间都被雷云笼罩着。在我按下暂停键的那一瞬间，"雷"落了下来，一个巴掌落在我

的脸上。我被砸得不由自主地冒出了泪水。

不容我一句解释，妈妈急风暴雨般教训了我至少半个小时。最后，手机被没收，外加一周不许出门玩。我全程低着头，没有一句话，心中只有一个病态的、扭曲的想法：不管你说什么，我永远不会去做。

妈妈气急败坏地对我吼道："听到没有？不说话，以为自己很对吗？去写作业！"最后四个字，一字一顿落在我心上，似乎要砸碎我的心。

我的冲动战胜了理智，冲进浴室，把手中的门把手连带门狠狠地摔了出去。一声巨响之后，是一片死寂。接着招来妈妈更加大声的斥责。

我心中的怒火越烧越旺，委屈与对自己的失望交织在一起，本已干了的泪水又一次涌出，一个更可怕的想法在一点点地吞噬我的心，我的目光投向了那个为了维修留下的刀片。在刀片接触到皮肤快要划开的那一刻，妈妈推门进来，她看见满脸泪水的我，以及我手上的刀片，立马愣住了，随之跑过来，夺过我手中的刀片，紧紧地搂住了我……

孩子本来可以安静地学习，被妈妈这么一折腾，情绪的涟漪不知道会蔓延多长时间？而父母在情绪的控制下，就这样浪费孩子的时间、挤压孩子的生命空间、削弱了孩子的自觉性却不自知，还以为是孩子不争气、不自觉让自己生气。

如果母女两人能够坐下来好好做完整完结的沟通，让孩子说出所有想说的委屈和曾经想做而没能去做的事，并且，双方约定未来的相处模式、约定各自的行为边界，那么，这次冲突就成为孩子和自己的成长机会，收获青春期孩子莫名其妙与更年期妈妈阴晴不定时送来的礼物。否则，可能变成孩子内心的一道伤痕。

下面说说我家的例子。我们几乎没有要求和催促女儿学习，关注的是创造条件让她多到户外活动，多适应时代的步伐、适应社会的环境。女儿在高一（2004 年）的时候，对自己的未来做了一个规划，如图 8.10 所示。

这张图是我在女儿硕士毕业后，有一次搬家整理东西时发现的，我问她："当时谁教你画这个图的？"

她说："你们平常经常说这些，我不知道怎么的，就知道了要这么做。"

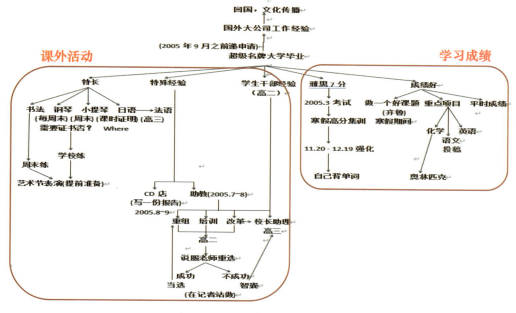

图 8.10　女儿高一时的规划图

我又问："你现在还这么做规划和计划吗？"

她说："是啊，已经成为我的思维方式了，做到心里有数，但是，又不死板，允许变化。有了目标和计划后，面对变化，知道变在哪里、变化有多大。"

我没有跟她交流过计划和目标的内涵，但她说的跟我说的意思是一样的，也许这就是潜移默化的作用。

她在三年级的时候，就确定了要上牛津或剑桥大学。报大学志愿的时候，我们只提了原则和期望，由她自己去选择。她碰壁了，退而求其次去了英国帝国理工大学。在帝国理工硕士毕业后，她想圆牛津剑桥的梦，去剑桥上了一个硕士学位。

上初三的时候，她就想留学，回国做文化传播，如图 8.10 所示。

为了做好文化传播工作，需要国外大公司工作的经验。

为了进国外大公司工作，需要上世界名牌的大学。

要上世界名牌大学，数、理、化、语文、英语要怎么学，平常成绩要达到多少，假期怎么安排。

要进名牌大学，还需要有社会活动经验和特长，因此，争取了当学生干部和校长助理的经验，设立了学校的记者站、办了《草堂》杂志，还组织同学到北京大街上去发传单，做各种社会调研。

初三的假期，跟她师娘的儿子一起合伙开了一个 CD 店，经营了两年，亏了一些钱，却得到了真实的经营体验。

高中的时候，自行安排学书法、钢琴、小提琴、日语、法语。

我们对她的学习没有要求，周末一般都带她出去玩。考试之前，她爸总是说：快要考试了，还学什么？不用学了，好好玩玩，吃好、睡好就行了。

不催促她学习，她反而想学习。

2. 在学校里帮助学生养志

少年养志，除了来自家长，还有老师。

詹锦兰老师学习了《成就孩子的六大素养》课程之后，认真地践行学到的方法，尝到了甜头。她组织学校的师生从立志入手帮助学生找到学习的动力，并用具体的方法，有效地提高了学生的学习效果。

她从开学典礼上就开始了"立志力行，幸福从心开始"的立志教育，还教会班主任们学会立志，安排班主任们做立志教育，开展立志主题班会，并让学生制作立志卡。

图 8.11　学生的立志卡台历示例

　　他们配套设计了立志台历。每天早上，学生在座位上坐下，打开台历，看看自己写下的立志卡，那是自己对自己的承诺，给自己新的一天设定状态，见图 8.11 所示。

　　每天放学或睡觉前，拿出台历，填上自己的"每日一善"和"每日一停"，为自己的进步点赞，思考明天我可以怎样做得更好，并对明天的学习和要做的事情做出计划。

　　引导学生学会写觉察日记，见图 8.12 所示，帮助学生提高觉知和觉察能力，每天带着觉知发现生活的真善美，感恩自己拥有的，接纳自己无法改变的。

图 8.12　学生的觉察日记示例

下面是詹老师在学校开展立志活动过程中处理的一个案例：

　　小仪聪慧有加，却常常在摆烂。上课总是心不在焉，作业按要求完成的次数屈指可数。一年多时间，每当她做得好的时候，老师总会抓住机会表扬她，但她却云淡风轻，不甚在意。

　　班主任请来家长，了解孩子在家的情况。家长当着老师面破口大骂小仪，小仪一副"视死如归"的模样。家长一句"我也没办法"，就把所有的问题推给了学校。

像这样的孩子，学习动力不足，家长无计可施，亲子关系紧张，家长想把孩子教育的责任都推给学校的情况并不少见，因此，学校老师常常要弥补家长教育的缺失。如果老师有能力承担教育的责任，又有能力弥补家长教育的缺失，那是孩子的荣幸。但是，不是所有的老师都拥有这样的能力。

新学期的一天，我找她聊天。

我："你很有灵性，每次作文不写而已，一写总能让人耳目一新。但老师觉得很遗憾，也很难过，因为那么优秀的你每天总感觉提不起劲。现在同学们都在做立志卡，你能告诉老师，你的理想是什么吗？"

她迟疑了半天，抬起头说："如果我说我的愿望是当个普通人，老师你信吗？"

小仪的答案出乎我的意料，但我毫无迟疑，坚定地回答："信！"她有点惊讶地望着我。我终于明白这孩子不想努力的原因了，因为在她看来，做一个普通人就是不需要努力，这样浑浑噩噩就行。父母的高要求让她喘不过气，她干脆直接摆烂。

我："做一个平凡人很好啊！詹老师也是一个平凡的人，你看到詹老师这个平凡人是怎样对待自己的工作吗？"

小仪："你很认真负责，每天早早来到学校，用心备课上课，看到同学们做得好的小细节也会表扬，看到有违反纪律的同学，不管哪个班的，你都会用心引导他们。"

我："是的，这就是一个平凡的人，平凡人也要竭尽全力做好自己的分内事。你能跟詹老师分享你长大后的理想生活的一个具体场景吗？"

小仪："夏日的中午，可以睡个慵懒的午觉，起来后坐在空调房里舒适地喝一杯咖啡提神，过一种慢节奏的生活，自己喜欢干什么就干什么。"

我："这样的画面是温馨的。詹老师看到了你对美好生活的向往。那将来能过上这样舒适安逸的生活，得靠谁？"

小仪："自己。"

我："那你想怎么做呢？"小仪没有说话，我相信如此聪慧的一个六年级孩子能明白其中的真意，此时无声胜有声。

确实，接下来的日子，这个孩子用行动告诉我，做一个普通人不是自我放弃和终日无所事事，而是要充满正能量，过好现在的每一天，认真对待生活中的每一件事，才是一个普通人该做的事。孩子的心智模式改变了，她的行为就能随之改变。

在立志活动开展一个学期后，詹老师学校的一位三年级的班主任总结道：

活动开展之后，受到大部分家长的支持与配合，在家长"每月一评"上都能看到支持的话语："这是一次非常有意义的活动！孩子在活动的引导和督促下有不同程度的进步！"

从每日一善和每日一停的日省立志台历以及每周自省坚持写的觉察日记中，学生的进步和改变也是历历在目的，当然，我也是。种种进步都能在台历和觉察日记中有迹可循。

这个阶段最大的感触是，通过活动的开展，成功地让全班同学重新认识并接纳了一位曾"风评"欠佳的学生，从中感知到此项活动的巨大魅力。事情从我给学生分享我第一篇觉察日记《蜗牛的进步》说起，这位"风评"不好的学生正是这篇日记的主人公。日记中，我感慨了他在学习上的进步——更活跃地参与课堂活动，感叹他在书写上的巨大进步——从字大如牛到横平竖直排版清晰的改变，惊喜他在情绪控制上的进步——曾因稍有不喜欢只会大吼大叫放声大哭到如今能很好地控制情绪。

以上我通过图片对比和情景复现，让同学们也惊叹于他的进步，从而开始悦纳他。在这之后，嘲讽少了，默默学习的同学也多了起来。

四、成人面对少年养志的主要误区有哪些?

1. 重外在激发，轻内在引导

（1）外在激发与励志教育
◆升国旗、唱国歌、讲爱国英雄故事、演讲/朗诵/歌咏比赛、成人礼……

◆参观烈士陵园、红色圣地、博物馆、纪念馆，参加公祭活动……

◆学党史、历史、革命史，看红色电影……

◆参加重大活动、为灾区做点什么、参加有意义的活动后写感想……

一般来说，人到达不了自己所不知道的高度，因此，一定要让孩子见过高尚、见过伟大、见过大境界，励志教育就是起到这方面的作用。让孩子把爱党爱国不仅当作一种情怀，更作为一个中国人的顶级标配。

但如果仅仅停留在励志的层面，励志就变成了故事，甚至是鸡汤，过一段时间，孩子又打回原形。这类的活动参加多了，而没有实质性的落地行为，有些孩子就产生排斥和抵触。

2017 年中国华侨公益基金会发布的《中国大学生成长白皮书》数据显示，有高达 95.7% 的大学生对未来感到迷茫与困惑。

几乎所有学校都会开展爱国主义的励志教育，但是，学生对未来感到迷茫的比率依然如此之高。很多老师也困惑为什么我们经常做爱国教育的活动，甚至请很高端的励志老师来讲课，同学们当场激情满怀，怎么过后就忘了呢？

这是因为外在的激发跟内在的引导不匹配，只有内外结合才能形成志向，而且要可落地、可操作、可衡量。

（2）内在引导

◆天性的激发与人性的理解和满足。天性是人先天就拥有的，需要通过激发感觉、觉察、觉知和感知的能力，实现人与自己、与他人、与世界、与事物的联结。

人性也是老天设置的，需要理解和满足。吃喝拉撒这些最基本的需求必须满足；有品质的陪伴；有情绪的时候，允许释放；不会的时候，允许试错，并适时给予支持而不是替代；犯错的时候，给予改进的空间和机会……

◆立志践行与学会选择能力的培养。立志不是一次性的活动，而是持续的践行，不断养成好习惯、抑制坏习惯的过程。每个阶段和每天要做什么事、什么时候要学什么、要怎么学，都是选择的结果，而不是由情绪掌控。达到这个目的的桥梁就是"立志卡"的正确使用。

◆运动、与大自然联结、身体健康等的引导。孩子从小养成户外活动和运动的习惯，将益于终身，这是学习、工作和生活的基础保障。

◆中国传统文化在日常生活中的应用。传统文化包含着深厚的人类智慧，学习传统文化是需要活学活用，灵活地在日常生活和学习中应用，改善生命品质，提高孩子的素养。

有一次，见到一位初中学生。他见到陌生人表现得落落大方。他跟妈妈一起为大家做饭，饭后大人去上"周五幸福课"，他带着七八个比他小的孩子边读经边玩，有模有样的。我不禁赞叹：这就是有文化的孩子。

因为，从小他妈妈就用传统文化教育他，并跟他一起每天早上 5 点多起床读经。早睡早起、生活自理、学习自律，已经变成他的习惯。

2. 重心理辅导，轻精神指引

写到这一章的这几天，网络上传来歌手李玟选择结束自己生命的不幸消息。李玟是我喜欢的一位歌手，阳光善良是她的标签，谁也没有想到，她却承受了不可承受的痛苦。

此事激发我认真去探究和整理人为什么会得抑郁症，同时，思考如何从根本上减少抑郁症发病的可能。

我了解到，抑郁症是自我认知与人格系统出了偏差，不接纳、不认同自己，导致对自己的现状感到极度无奈和无助，对未来看不到亮光的绝望。

2020 年，当李玟再度为电影《花木兰》演唱同一首主题曲《自己》时，她哭了。在接受记者采访时她说："从小到大，我只知道为歌迷而活、为工作而活、为我家人而活……从来没有为我自己活过。"

她是聪明人，从道理上她知道：你永远没有办法控制别人，你唯一可以控制的就是你自己，所以要学会懂自己，爱自己，知道你是谁。但是，她不知道具体应该怎么做才能爱自己、为自己而活、找到自己。只凭惯性想获取填补内心匮乏的情和爱，想以事业的成功和财富填补内心的匮乏。自己要的到底是什么不清晰，造成想的与说的、做的永远都无法一致，人生缺乏稳定的重心，就可能陷入绝望的痛苦中。

每个人都会遇到各种不如意，为什么有的人能量耗竭了呢？为什么有的人像打不死的小强？

但凡找到人生的价值，找到生命的意义，认为每天所做的大大小小的事，都是有意义的、有价值的，与人生价值和生命意义的方向是一致的，那么就有了稳定的重心，可以随时补充能量。而有"空心病"的人，没有补充能量的重心。

所以说，"空心病"就像抑郁症的种子一样，一旦有种子生存的条件，就会长成疯狂的抑郁症。如图 8.13 所示。

图 8.13　抑郁症的发展示意图

心理和身体因素是抑郁症种子存活的土壤，重大事情的不如意是促使抑郁症种子发芽、生根的水分和肥料。关系状况、压力、不良习惯是促使抑郁症种子生长的阳光。

如图 8.14 所示，如果抑郁症的种子①，替换成志向的种子，就不会有后续的发展。在①②③阶段，有很多置换、调整的机会，越到后面，调整越困难，等到抑郁症的大树根深叶茂⑥的时候，要扭转就很困难，到了⑦的阶段，已到最坏的结果。

心理治疗是阻断抑郁症成长的条件，只能让抑郁症之树枯萎，其根须还在地下，一旦条件成熟，还可能复发。

图 8.14　阻断抑郁症长成的示意图

2014 年，我遇到一位心理学博士。她参加活动的第一天晚上，就跟我说："我用心理治疗的方法，救了很多人。但是，我只能保证他不死，我不知道把他引导哪里去。今天，我知道了我的人生意义在哪里，未来我也会逐步引导我的来访者去寻找人生的价值和生命的意义。"

只有从人生价值和意义入手，找到自己的人生目的和使命，才能真正把握自己、懂自己、爱自己，这是生命成长教育的范畴，使生命得到滋养，才能斩草除根。

生命成长教育离不开心理学的知识和理念，需要将各个门派的心理疗愈方法与人的成长规律、教育学、传统文化、管理相结合，还需要应用教练引导的理念和方法，形成综合的生命成长教育体系，帮助孩子提升生命品质。任何一个单独的专业应用，都不能解决现代孩子的问题。

3. 期待孩子立志，忽略成人立志

我经常问家长："你真的愿意为孩子加分吗？真的愿意让孩子健康成长吗？"

答案不言而喻，每个人都毫不犹豫地回答："当然愿意为孩子加分了。"

再问："你想为孩子加分的意愿可以打多少分？"

回答："120 分！"有的人说 200 分，甚至更高。

接着问三个问题：

①你愿意进入学习状态，做好自己，给孩子做榜样吗？

②你愿意从紧张焦虑中撤出来吗？

③你愿意闭上嘴、打开耳朵好好听孩子的表达，了解与尊重孩子吗？

得到的回答一般是——

◆我要……，没有时间学习，我这辈子只能这样了……

◆孩子未来考不上大学，怎么办呢？怎么能不焦虑呢？

◆我天天督促着孩子，他都不好好写作业，我要是不说他，他更不学习了。

所以说，许多家长想为孩子加分，想要孩子有美好的未来，只是想象而已。

在孩子的学习动力方面，更是这样，成人不了解立志对孩子的价值，也不认为立志与自己有关，就没法帮助孩子养志。如果家长和老师明白什么是立志，如何立志，并且自己立志了，就可以正确地为孩子养志，并引导孩子学会立志。如果家长没有立志，其惯性和视野不知不觉中引导孩子自私、短视、狭隘，那可能会耽误孩子的一生。

每年在填报高考志愿的阶段，时常听说父母左右孩子填报志愿，孩子喜欢他所选的专业，父母不同意，与孩子产生冲突。

十几年的少年养志都没有做，到关键的时候，逼迫孩子顺从自己的意愿。有的孩子抵抗不住父母的力量，就以摧毁自己生命的方式来报复父母的控制和强势。

黄瑛老师这两年很认真地学习和践行立志的内容，并给很多学生讲立志课，还给自己孩子所在班级的同学讲立志课，让很多孩子对未来不再迷茫，自行负责地努力学习。他儿子今年要参加高考了，在寒假里，她给儿子手写了一封长达五页的信，引导孩子认识人生的方向。

她写道：当年，我在你这个年龄的时候，对时间没有概念，荒废了许多光阴。因为，我没有志向，不知道人生的目的和使命，对人生缺乏规划。现在过了不惑之年，才找到人生下半场的使命——成为生命成长的导师。

自从确立了这个使命之后，我每天都过得很充实，那天给你们班的同学讲课，你应该有所感触，老妈跟以前不一样了。

儿子，当前我对你有两点希望：

第一，希望你清晰自己的人生目的，找到适合自己的人生使命，对自己的人生有规划、有目标。因为，没有目标的帆船，任何的风都不是顺风。有了人生志向，发生的一切都将成为来助你的资源。

第二，人的根本需求是爱，我知道爸妈给你的爱一定是有瑕疵的。现在，你已经成人了，只有靠你自己给予自己爱，并接纳自己的不足，遇到不如意的事情时，可以"停一下"，这一招特别管用，可以让你回归自己的内心，摆脱惯性驱使，觉察自己"我怎么啦"让自己有智慧地处理面临的情况，也让你能够理解别人"他怎么啦"。

总之，只希望你能够爱自己，自己有了足够的爱，才能爱身边的人，并得到身边人的爱，这样，你就是幸福的人……

黄瑛老师没有督促孩子学习、没有为孩子的成绩而焦虑，更没有为孩子的备考而小心翼翼。她在正常教学的同时，全方位关注学生的状态，时时在践行着生命成长的理念和方法，这是给孩子能量最有效的方式，孩子顺利地考出了611分。

再举一个美国童星凯莉亚的例子：

她在刚刚过完16岁生日之后，就选择结束自己的生命。她是美国的"明日之星"，3岁就参加选秀节目《选美小天后》，从4岁开始就在电视台上做各种的表演，活泼开朗的个性大受欢迎。

有一档节目访谈，主持人问她："你喜欢什么？是喜欢化了妆在舞台上表演，还是跟小伙伴们一起玩？"她说："不知道。我只是想让妈妈开心。"这时，很多妈妈会觉得，孩子很懂事、很孝顺。

实际上，凯莉亚在回答上面的问题时，她的眼神空洞，笑容机械。说明她做的事情，并非自己的选择，而是她妈妈想要的样子，她自己想要什么，并不知道。

从媒体公开的信息来看，她母亲对凯莉亚寄予厚望，但却没能给孩子足够的选择空间和选择能力的锻炼机会，没给凯莉亚做事的崇高感。凯莉亚妈妈也没有设计自己的未来，她把自己的人生跟女儿的人生捆绑到一起，给孩子沉重的生命压力。

4. 只教如何"忍"，没教如何"化"

我们从小就接受"忍"的教育，"忍一时风平浪静，退一步海阔天空"。当与人发生冲突时，提倡的做法是，隐瞒自己的想法和情绪，为了避免吵架而选择妥协。然而，这样的做法看似维系了关系，可以减少或避免眼下的麻烦和直接的冲突，暂时缓解矛盾。实际上却为破坏关系埋下了隐患。

因为，情绪是有能量的，长期压抑积累的爆发，有攻击性。

对外攻击，伤人伤己。在某个点上爆发，对不明就里的人来说，会觉得这人莫名其妙，那么一点点小事怎么就爆了呢？殊不知，那一点点小事只是压死骆驼的最后一根稻草。

对内攻击，伤害自己。心里从小就堆积的"烂账"，导致性格扭曲、活不好，表现出来的是缺乏力量感、低自尊、委屈、糊涂、容易受欺负、被别人嫌弃。在压抑中，身体承受着痛苦，积累到某个薄弱的器官上，而伤及自己的生命。跟习惯对内攻击的人一起生活，是很不容易的，最后还是要伤到他人。

忍，是有想法不表达，心里有压抑、委屈表达不出，内心别扭、冲突、嘀咕，表现出来似乎什么事也没有。身心分裂，把自己活丢了。因此，忍，是心上一把刀。见图8.15所示。

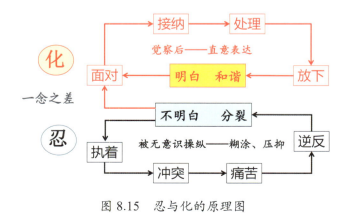

图 8.15　忍与化的原理图

在知乎上看到：心理学家对 427 对情侣展开了长期的调查，结果发现，压抑表达不仅会影响彼此关系的满意程度，也会影响对另一方的满意程度。这意味着，即使只有一方在矛盾中选择了压抑自己的情绪和真实想法，也会导致两人都感到不开心。

心理学家认为，这是因为人们需要通过"阅读"对方的表情和表达，来理解对方。当人们选择压抑表达时，另一方没有办法很好地了解他们真正的想法和情感，这会导致两人之间产生不必要的误解，进而错失了维护亲密关系的机会。

因此，要提倡的是"化"。"化"是把刀从人身上移开。明白一切发生都有其真相，问题的解在真相里。

遇到不如意的事，需要去面对，看到事物的真相是什么。接纳已经发生的，不再排斥不想要的、不符合自己的事。就像面前挡着一座大山，一时撼动不了，不去抗拒大山的存在，而是接纳它的存在，然后绕道走过去，达到自己的目的。

比如，面对父母的固执，需要好好听他们要表达的是什么，也就是了解这座大山到底有多大，允许他们是这样的，不用冷漠、嘀咕的方式跟他们对抗。而是该听的听、该沟通的沟通，特别是把自己与父母不一致的、让他们担心的点梳理出来，并展望自己所坚持的未来，做到自行负责。

做自己能做的和该做的，是积极的、有力量的，自然就放下了，不需要用忍的方式压抑自己。

瑞士心理学家卡尔·荣格说："当你的潜意识没有进入你的意识的时候，你就会被它控制一生，它就成为你的命运。"所以，有话要说出来，提到意识层面，不需要用忍的方式压抑自己，就不会被潜意识所操控。

素养二：诚信篇

第九章　如何认识和理解诚信

诚信这个素养的内容，相对来说理解的难度大一些，但是，只要理解了，就会活得更加通透，看人、看自己都可以看得更加清楚。在关于诚信的第九章和第十章中，主要应用生活中的例子来说明。

一、人为什么需要诚信？

1. 道德与诚信

道，是万事万物运作的规律和准则，是看不见、摸不着、无处不在、无时不有，并且不以人的意志而改变。即便如此，人仍可以通过感觉去跟道产生联结，触摸到道。

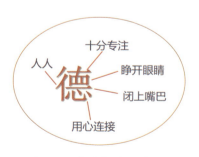

图 9.1　德的解读示意图

道，就像字的本身一样，是"首"的行"走"，引领着一切的运行，人只能顺之，不能逆着来。否则，生活、工作、关系，包括生命必然会出现各种的问题。比如环境恶化、关系失和、孩子辍学、身体生病、内心困惑与迷茫，都是没能顺道而为的结果。在团队或家庭中，只要有一个有道之人，就容易和谐安宁。

德，是道之用，顺道而为便是德。德这个字也体现了德的功能，暂且这么理解：

德是做事中的所有的人，都能够用眼观察、闭上嘴巴、用心联结的明明白白的状态，以便发挥本来该有的价值。见图 9.1 所示。

农民充分利用土地资源，尊重农作物的特性，遵循天气的特点，顺道了，就可以获得丰收；教育中，尊重人的成长规律，顺应孩子的特点加以引导，让孩子成为他本该成为的那个生命状态，发挥他的生命价值……这是顺道而为的德。

诚，属于道的范畴，是一个人对待自己的道，是自己跟自己的联结。有了这个联结，人就能够活得明白、通透、顺畅、简单。否则，不知道自己不知道，对自己不诚和粗暴，换来的是痛苦、纠结等莫名的烦恼。

信，属于德的范畴，是诚的应用。活得明白、通透的人，自然是有信的，人们信他，不是被要求而是自发地信他。活得不明白的人，不管如何强制要求、极力展示美好的一面，人们对他的信也只是暂时的，而不是自然的、长久的。

2. 诚是人最重要的品质

什么叫诚？《中庸》有四大章节讲"诚"，大约占了六分之一的篇幅。在此，就以《中庸》来理解诚。

诚的本质——"诚者，天之道也；思诚者，人之道也。"诚，是上天的原则，是天地的运作规律，是最高的天道。诚，是做人的根本要求，对一个人来说是最重要的品质，不是之一。人与人之间的差别，就在于对自己和对他人的诚与不诚。

那些犯错误的官员，那些诈骗、贩毒等危害社会的人，他们能不知道自己行为给他人和社会带来的危害吗？他们不知道自己在铤而走险吗？他们内心一定是知道的，但是，他们缺乏对自己的诚，被欲望所控制，跟自己、跟世界失去联结，把心思用错了地方，一步一步地把自己带向罪恶的深渊。

失去诚的品质，固执地倒行逆施，没能刹住车，在生活和工作中，就活得不明白，磕磕碰碰，却不知道是自己的问题，进而在大是大非上迷失方向。

试想，如果他们能够随时停一下，回归到诚的状态，觉察到自己内心的不踏实，感知到自己的行为偏离了规律，赶紧"踩刹车"，就不容易犯错误，更不会犯大是大非的错误。

在一个学习群里，我们每周二早上 5:30 开始读书，主持人认真地安排了每个人读哪一段。我看到被严格地安排好要读哪一段，心里生出排斥的感觉。我在群里坦诚地说："看到上面的安排，我觉察到我不喜欢被硬性安排，看到自己的自以为是。"接着我又说："我觉察到了我的自以为是和任性，就不排斥了，可以顺着大家的意思去合作。"

我又一次看到自己的自以为是和任性，每一次的觉察，都让这个卡点化解一点，让我往柔和的方向迈进了一步。

诚的状态——"诚者，不思而得，不勉而中，从容中道。"诚的人，没有必须怎么样，勉强自己或勉强他人，也不为了什么而做事，一切都是自然而然的、流动的、柔和的，拥有该拥有的、得到该得到的，从容不迫地心想事成，达到最合适的状态。

如果做一件事情，需要殚精竭虑、费尽心机、装腔作势，做得苦哈哈的，就该反思做这件事初心是什么？是为了做事而做事？为了一个具体的目标和利益而做事？为了得到认可、显示自己、证明自己而做事？或者是不得不去做？如果是为了这些，那就都不在道上，都是勉强自己，做起来就会比较费劲。

如果做这件事，不完全是为了做这件事，而是从了解自己和人、事、物的规律入手，为了自己的生命成长、为了利于更多的人，就会充满热情地去做，并可以得到更多有助于做成事的资源和机会。那么，做事就变得顺畅、有趣、有意义。过程中，人和人之间的配合也会变得简单，收获到的不仅仅是做成这件事，而是参与者生命的成长、关系的和谐、目标的实现和对环境的贡献。

有句话叫："百术不如一诚。"说的就是，取得好成绩的同时，也要注重诚的品质培养。一个人若能够诚心诚意地把一件事做到极致，那人一定是快乐、幸福的。

诚者要做的事——"诚之者，择善而固执之也。"要成为诚的人，不仅仅是一般层面说话算数、为人诚实守信。更重要的是，会"择善"，选择合适的方向和目标，并且随时带着觉知，持之以恒地推进落实，跳出固有的模式，保证每天进步一点点，保证一生的生命品质。

不少人执着于追求分数和业绩，那是因为不知道"择善"，只能去抓最容易抓的东西。

二、到底什么是诚信?

1. 诚与不诚的特点

诚有以下三方面的特点:

第一，做自己的主人，自己跟自己是有联结的。知道自己在说着什么、做着什么。一位家长在做诚的觉察时，在觉察日记中写道:

> 我在生气的时候，看到孩子不写作业，而在玩手机，气不打一处来，狠狠地骂孩子一顿，还不解气。看着孩子哭的样子，心里更生气，把孩子打一顿。
>
> 其实是我在生气，是我不允许自己浪费时间，我不喜欢自己哭哭啼啼的样子，就把这些情绪都发泄到孩子身上。我知道，这是对自己的不诚，当时不知道是被情绪所控制。

当处于自己跟自己有联结的诚的状态时，这位家长这么处理——

> 我在生气的时候，我知道我在生气了，也知道自己现在停不下来，我允许自己生一会儿气。尽管这时候，看到孩子在玩手机，我很想阻止，但是，我知道在这样的状态下，容易跟孩子起冲突，我这会儿需要的是处理我自己的情绪。半小时后，我心情平复了以后，跟孩子沟通时间管理和做计划问题，很快达成了一致。

跟自己有联结，可以保持觉知的状态，允许一切的发生，跟发生的待在一起，不需要装、编、憋屈、嘀咕，或者发泄等。

第二，带着觉知直面恐惧。恐惧是人共有的，如果排斥、抵触，那么恐惧跟自己越粘越紧。

要在大会上发言，我很紧张，害怕讲不好，让人笑话。我觉察到自己的状态，深呼吸，带着觉知告诉自己："我知道你紧张了，允许你紧张，没有关系，我接受这个过程。另外，我要锻炼自己，讲不好，讲砸了又怎样？"这样就放松了一些。

对自己诚，觉察到自己有恐惧的感觉，面对它，允许恐惧的存在。可以带着恐惧一起去做该做的事，不再用关注去"喂养"它，慢慢地恐惧就失去了存在价值而淡化。

第三，活出真实、自然、清醒的状态。常人随时都会有各种各样的念头出来，可以允许念头来，也允许念头走。如果自责"怎么又起了这么多念头？我怎么就是静不下来？"越排斥，思绪将越被念头带走。因此，不用担心念头，把自己当作通道，一切发生只是经过我的身体。

比如，情绪不好的时候，用手摸一下桌面，感受到桌面的光滑与凉的感觉。创造机会让自己停一下，觉知就回来了，可以感知到自己的念头，知道自己在做什么、想什么。这样就减少了受情绪的影响，回到诚的状态。

几年前，我做过一个非常值得做的训练，每天一次或者几次，到点就做一个动作，连续做一个月。我做的是每天上午8点和下午5点拍一下自己的头。我做过两个循环的训练，收获了随时可以感知到自己的念头，随时停住自己的惯性，还收获了对时间的感知能力。

人一辈子都想得到别人的诚，自己也想做到诚，但是，如果压根不知道诚是什么，就永远做不到诚，也得不到诚。人活得不开心，很大程度上就是因为失去诚。因此，需要随时感知自己的诚与不诚。

不诚有什么特点呢？不诚的人不知道自己不知道，经常被情绪所支配。念头纷飞，既怕得不到，又怕得到了以后会失去，或者想得到更多、更好的。

《道德经》有云："宠辱若惊，贵大患若身。"这句话的意思是受宠和受辱都感到惶恐不安，这就是失去诚的状态。因为人失去对自己的觉知，把自己封闭在自己的感受里，被情绪带跑，看不到行为背后的真相，容易把简单的事情复杂化。

诚是一个人最重要的生命品质，随时觉察自己的状态，意识到自己"不诚"的时候，就开始有了"诚"。

2. 信的内涵

信＝"人＋言"，人言为信。不是要信什么，而是说出来的话值得信。有诚的人，不会胡说八道，若说出不值得相信的、胡说八道的话，说明缺乏诚的品质。信是有力量的，包括正向和负向的力量。正向的力量是相信一定能实现，负向的力量是相信一定是失败的。

诚信的信，是基于诚所说的话，是正向的信。诚需要通过信才能让人感知到。诚信的基础是诚，没有诚，谈不上信。诚信，有一份可信赖的力量，是一种持续不断的过程，不是结果。

我对我的普通话一直信心不足，这是一种负向的能量。1992年，我走上领导岗位，经常要在人前说话，这成为我的一大障碍。

1993年五四青年节的时候，我被赶鸭子上架，对厂里的年轻人做了大约15分钟的讲话，感觉大家反应不错。一位旁听的高级工程师老陈，会后跟我说："你说话很有感召力。"这一句话，让我第一次对自己的说话有了信心。老陈是诚心激励我，我对他的话产生了信，至今我还记得他、感谢他。

尽管我对自己的普通话信心不足，但是我很坦诚，每次只要做了充分的准备，把自己跟听讲的人看作是一体的，跟大家有联结，就能够产生诚信的力量。

信，分真信和假信，见图9.2。真信，有一份诚，并感知到所信的人、事、物，

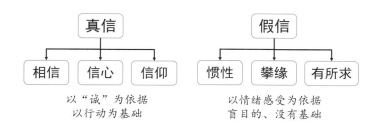

图 9.2　真信和假信的示意图

根据所信的深浅程度，分为相信、信心和信仰。假信，对别人说的话虽然深信不疑，但是处于糊涂的状态，不知道对方葫芦里卖的是什么药。

对一般人来说，不知道诚是什么，凭感觉、碰运气，这也是在所难免的。如果什么都不相信，那是可悲的，生活将寸步难行；如果什么都相信，那是可怕的，随时可能白费工夫，或上当受骗。因此，明白自己到底想要什么，并以诚心感知对方的状态和需求，是选择信与不信的依据。

（1）真信

相信——相信"相信"的力量，是根据自己的认知，不怀疑，预见未见的事物。

"不是因为看到了才相信，而是因为相信才看到。"说的是，在诚的状态下，对所相信的是有认知的，是一种美好的追求，并且付诸实践，朝着既定的方向努力，就能够看到相信的结果。

所以，人必须有志向，特别是青少年，相信所立的志向，并且，立足每时、每天、每周、每月、每年的行动，实现自己相信的人生梦想。

信心——信心是因为相信而生发出来的对目标的信任心态。信心不是凭空的，而是来自对当下和未来人事物的感知得出的判断与准备，是一种前置的准备能力，也可以说是诚的能力。

例如，学习和掌握了"六大素养"，拥有"六大素养"的品质，不仅给自己成就未来的信心，而且拥有成就未来的能力。

信仰——是人类对崇高目标的敬仰和追求，对所信的对象有深入的认知，并接受它。关键是，能够照着所信的去实践，达到不断完善自己、提升生命品质的目的。

共产党员都相信共产主义吗？相信党的宗旨是全心全意为人民服务吗？绝大多数的共产党员是真的相信，但也有少数共产党员是假信，因为他们缺少诚的能力。那些贪官、那些不为老百姓做主的共产党员，他们不是真的有信仰。

真正的信仰是内在的，是心与所信对象的联结。丧失理智的信仰，或者盲目的信仰，其实是以信仰为名，投射自己内心匮乏的抓取。

总之，真信是以"诚"为依据和前提条件的。

（2）假信

迷信是典型的假信，迷信的人并不知道所信的是什么，因为有对惯性的固执、是攀缘或有所求，听人家说好或不好就深信不疑。

惯性——被情绪和固有的想法所蒙蔽，以情绪感受为依据，或者以"人家都这么说"作为依据，不是出于自己真实的感知。常常处在自欺欺人的状态，最终必然被人所欺。

攀缘——出于对名人、明星、有钱人、领导、老板等心中的偶像或权威的崇拜或羡慕。嘴上说相信，心里在羡慕，却没有向他们学习的行动，都不是真信。

青春期孩子的追星、粉丝对明星的崇拜往往是假信，是这个阶段探寻自我认同与情感共鸣，也不是真信。

有所求——是一种贪念，出发点是利用。有些人平常并没有做功课，但是在孩子大考前去烧香拜佛，祈求孩子考试顺利、一举高中，他真的信吗？不一定，有所求是真的。同样地，家里有人生病了才去烧香，或者想生意兴隆才去烧香，这些都是有所求的。如果能够达到心理安慰的目的，也未尝不可。

3. 诚信的内涵

（1）诚信的两方面

诚信是关注觉察当下一切的能力，自己跟自己及他人是有联结的，心里是明明白白的，是什么就是什么的状态。有诚信的人知道，对什么人该做什么，怎么做，会有一套清晰、到位的做事方式。诚信包括两方面：

一方面是你有诚信，他人能够相信你。在现实生活中，认识的和不认识的人遇到困难能够想起你，并求助于你，这是因为对你信任，跟你有联结，或者可以联结。

家长可以让孩子信任，老师可以让学生和家长信任，夫妻可以互相信任，管理者可以让上下级和同事信任，企业可以让消费者信任……那是因为被信任者有自我认知能力，拥有该角色的品质，其行为能够满足信任者的需求。

另一方面是敢于相信他人。家长和老师敢信任孩子，夫妻敢信任对方，管理者能信任他人，企业能信任供应商……相信对方的什么，什么阶段信任到什么程度，也是需要有自我认知，看清自己和对方的需求，评估自己和对方满足需求的能力。

如果对谁都怀疑，像惊弓之鸟一样，就是跟人没法联结，焦虑、紧张的人就是这样。

（2）诚信的四个层次

《道德经》的第十七章："太上，不知有之；其次，亲而誉之；其次，畏之；其次，侮之。"可以用于说明诚信品质的四种人——

一等人"太上，不知有之"。他心里有别人，能够把别人放在心上，别人的苦乐就是他的苦乐，他能够了解和理解大众的疾苦与幸福。人们都愿意信任他，他也信赖大家，他就是人们心目中的贵人，这样的人不成功都难。

二等人"其次，亲而誉之"。他大部分时间会想着别人，能力比较强，能够经常得到别人的认可、肯定、赞赏。知道做事的标准，可以满足一部分人的需求；约束自己不去做不该做的事，做事让人放心和省心。

三等人"其次，畏之"。这类人光说不练，跟他在一起，让人不舒服，人们都躲着他。其实，他不一定知道自己在说什么。

四等人"其次，侮之"。提起他就让人烦，大家在一起就骂他。生活中处处有欠揍的行为，但是他并不自知，是一个缺乏自我认知的糊涂人。

看到这里，请读者自我评估一下，看看自己属于哪一等人。

三、如何避免让自己和孩子失去诚信?

诚信的人，无坚不摧，这是人们期望的状态。人们都不想让别人戳着脊梁骨说自己不讲诚信，可是，就是有人活成虚虚的无诚信状态，自己却不承认，觉得都是别人跟自己过不去；有的人承认了，但是不接受自己是那样的，更不知道如何调整；还有人觉得无所谓，不把诚信当回事。

1. 人是这样失去诚和信的

人失去诚和信的罪魁祸首是恐惧。恐惧来自人类古老的基因，身体因素、生命早期的经历特别是分离经历，包括重大的社会事件，以及未来的不确定等。恐惧是死亡的感觉，这种感觉可以保护人活下来，但是，也给人带来很多情绪上的困扰。

人一旦进入恐惧，全身心都被恐惧所控制，表现为人与人之间、人与世界是隔离的，沉在自己不舒服的感受里；处在糊涂混乱，听而不闻、视而不见的状态中。下面以关注孩子的学习成绩为例，说明恐惧是如何让人失去诚信的。

只知道抓成绩的家长，往往不了解孩子成长的规律。他们除了希望孩子上好大学、找好工作、处好对象、生健康的娃之外，不知道到底为什么要上大学。

对孩子成绩的过度抓取，就像坐过山车一样，身体已经有安全带保护着，但是因为恐惧，双手总要去抓点什么，于是紧紧抓住身前的横杆。其实抓横杆也是靠不住的，只是给人一个可以把控的错觉。我曾经在深圳坐过山车，身前的横杆设计得很粗，手根本抓不住，增加了内心的恐惧。抓成绩像坐过山车时抓横杆一样，是靠不住的，有用的是身上系着的安全带。

"六大素养"特别是立志系统，就是安全带，但是很多人忽略这个安全带的打造。

例如，上小学二年级的小刚，上次考试班里排名前五，当时父母希望下次更好一些。结果下次却退到第十五名。这本身不是问题，但当父母紧盯着这个排名，它就成为问题。

　　父母开始害怕孩子学习不好，过度地想象——孩子要是一直退步，学习不好、考不上大学、未来没有工作……未来的生活得有多悲催。

　　因此，采取愚蠢的行动——更紧迫地盯着孩子学习，找人给孩子补课，不让玩……搞得全家鸡飞狗跳、烦躁不安。

　　对孩子的过度期待，让孩子感受到时时被干预和要求，以及紧张的家庭氛围，没能感受到父母的爱。这导致孩子烦躁和抵触，四年级以后就沉溺在游戏里出不来，成绩持续下滑，与父母良苦用心的初衷南辕北辙。

　　父母因为接受不了这个不想要的后果，向外投放为暴怒，打骂孩子，家庭氛围进一步恶化；向内压抑成抑郁，后悔、无奈、委屈、悲伤等。

　　孩子小的时候，无力抗衡家长的强力控制，在这种氛围下，产生恨、怨等不良情绪，但是又无法表达，向内压抑成焦虑，进而抑郁。

　　如果孩子的不良情绪向外投放，也会出现暴怒、歇斯底里，家庭一地鸡毛，孩子可能就逃学或者辍学，甚至出现打架等暴力行为。

以上例子就是恐惧逐步分化的过程，也是一个人失去诚和信的过程，见图9.3。

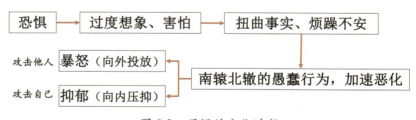

图 9.3　恐惧的分化过程

　　不明白的人，情绪向外投放和向内压抑都有，无论哪种方式，都没法停下看自己，自己的外在和内在离得越来越远，越来越没法做到诚。在没有诚的时候，说什么都不能让人信。失去了诚信，什么事都可能做得出来。

2. 觉察自己对他人的诚

觉察自己面对不同的人时，是什么样的态度？

◆对上级、下级。如果一个人对上级毕恭毕敬、彬彬有礼、言听计从，对下级指手画脚、盛气凌人、颐指气使、咄咄逼人，那一定不是一个诚信的人。

有些人不敢靠近领导和权威，这也是失去诚的一种表现。

◆对学生、家长。对脾气、性格、能力、特点不一样的学生，老师采取不一样的引导方式。对家长主要是反馈学生进步的、好的一面，基本不会常常向家长投诉。这是了解自己也了解学生，跟学生有联结的，拥有诚的老师。

学生有不好的表现就向家长投诉，把问题丢给家长。这是只教知识的老师，跟学生缺乏联结，是没有诚的老师。

　　一位优秀的班主任老师说，她当班主任十多年，从来没有向家长投诉过。她认为，向家长投诉的行为，其实是在告诉家长：我没有能力教你家的孩子。

　　每当学生行为表现不合适的时候，她总是站在学生的角度去化解问题，让每一次的问题都成为自己和学生的成长机会。

　　因为，她了解、理解学生的成长规律，尊重他们的各种探索和尝试的愿望。尝试中出问题时，她来承担责任，这让学生敢于犯错。

在错误中学习，敢于尝试、敢于犯错，是学生学习的组成部分。允许学生在学校里试错，试错后，再教他们了解什么是边界、什么是处理原则，让学生得到利于一生的生命体验，这是老师拥有诚和信的力量。

◆对爱人、孩子、父母。很多人对爱人不满，在孩子面前贬低另一方，让孩子也认为另一方不好，而贬低和远离。这是父母的不诚，无意中造就了孩子的不诚。因为，孩子生命的本能是爱父母的，在他远离一方父母的时候，内心是分裂的，不接受自己的。在他未来的人际关系中，明明内心想靠近一个人，行为却把那个人推开，这种矛盾和分裂，让他失去诚的能力，没法过好自己的生活。

另外，孩子如果让老人带，孩子父母对老人态度不好，也会让孩子很矛盾。人的本能会同情弱者，孩子会不接受父母的态度，有可能因此跟父母对着干，也可能产生"都是我的错"，自责、自我攻击。不管哪一种，都会让孩子在内心不接受自己、否定自己，也让孩子失去诚的能力。

◆对我服务与服务我的人。对待我的服务对象，需要良好的态度，否则客户就流失了。可是面对服务我的服务员，往往态度就很不一样，比如，去饭店吃饭，如果服务员做不到位，就对他们发火、指责。这都是不诚的表现。

还有对有地位的富有亲戚与一般穷亲戚的态度；对不同背景和境遇的同事、朋友、同学的态度；特别是自己一个人独处的时候与在人前的态度，诚与不诚的气息，随时随地向外释放。

看到这里，请读者好好地去盘点自己在各种关系中，对各方面人的态度。盘点之后，就知道自己在什么地方，散发出来的是怎样的气息。

接着，请在一段时间里，集中训练自己，或者带着团队和学生一起训练，每天觉察发生在自己身上的诚与不诚的事件、表现和感悟。

3.诚的觉察练习

我曾经专门训练了一年多，每天觉察自己的诚的状态，并以觉察日记的形式记录下来，这大大提高了我的觉察能力，进而提高了诚的品质。我的心智模式，一次又一次地被觉察到，并得到改善。

觉察的原理是：如果不舒服了，一定是卡在哪里了。

诚的觉察实践成为习惯之后，现在也每天在用着。其实，在生命成长学习中写"觉察日记"，也是在做诚的觉察。这是一个需要长期实践的重要方法，随时觉察自己的状态，如实感知到自己内心的对话和情绪。例如：

觉察到：我这会儿烦了、累了。觉察到了，让自己躺一会儿，或者出去走走，让能量得到恢复。

觉察到：我完成了一项任务，很轻松、开心。知道我开心了，允许自己开心，并唱唱歌。

觉察到：当下我嘴是紧闭着的，嘴角是下垂的。觉察到了，马上放松，让嘴角上扬。

觉察到：我的肩膀是紧张的、上提的，背部是驼着的。意识到了，马上放松下来，并挺直脊柱、嘴巴微微张开……

做决定的时候，也觉察一下，我决定的依据是什么？是否明白自己和对方行为背后的真相？

每天随时随地停一下，觉察到自己不诚的时候，就有了诚。在此提供一个初期学习觉察练习的方法，见图9.4。

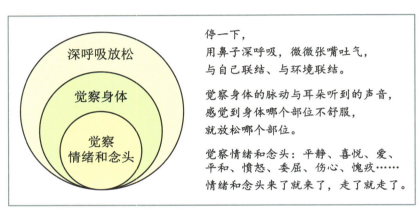

图 9.4　觉察的练习图

第一步，深呼吸放松。行动停下来，坐好或躺下，深呼吸。这时，思绪自然地就停了下来，让跑出去的意识回归。注意：肩膀松下来、脖子拔起来、挺直脊柱，体位到了，嘴就微微张开吐气，避免长时间把气憋在身体里。

第二步，觉察身体。会觉察到身体的脉动，还有某些部位的酸、麻、热、胀、冷、痛……感觉到身体哪个部位不舒服，就放松哪一个部位。

第三步，觉察情绪和念头。觉察情绪：平静的、喜悦的、被爱的、平和的、愤怒的、委屈的、伤心的、愧疚的……是哪种？并觉察有什么念头或情绪飘过了，不管是什么念头和情绪，让它来了就来了，走了就走了。

这样的觉察，很容易感知到自己的诚或者不诚，感知到不诚，也是一种诚。感知到不诚，就开始有了诚。

四、从真实案例中觉察到什么？

1. 从案例中觉察

一位爸爸的觉察日记：

　　我们平时总是让孩子用使用过的纸来画画。今天下班后，我把合同放在桌子上，5 岁的孩子当废纸拿去画画了。在我有用的文件上画画，已经是第三次了，三次都被我打了。

　　这次，因为我学习了"周五幸福课"，打了孩子以后停一下，去感知孩子的感受。看到孩子委屈的眼泪在眼里打转，我心里有点后悔，下手太重了。

　　儿子回自己的房间，在生气。他平时最爱玩手机，为了安慰他，我把手机给他，他也不理我。我说，你不要手机算了，以后也别管我要手机。

　　孩子伸手要了手机，不易觉察地笑了一下，好像心情好了。我坐在他身边跟他讲这份合同的重要性，如果重签合同，客户不同意，麻烦就大了，爸爸就挣不到钱，没法给他买玩具。

　　讲了半天，他还是不理我，在玩手机。按约定一个小时后，还我手机的时候，我又跟他讲了不要在有用的文件上画画，他似乎理解了我，说："爸爸，对不起。"

　　反思：以后要注意自己的情绪管理，减少或不要对孩子发火，更不要打孩子。

在这个案例中，你看到了什么？

当时我看到这个觉察日记，心里有点堵，因为，这位爸爸只觉察到不该发火和打孩子这个点，没有觉察到更多的可以提升自己和引导孩子的点，而且这样的处理方法又在制造新的问题。

下面从诚的角度，看看还有哪些点是这位爸爸没有觉察到的。

第一，孩子代父母受过。孩子才五岁，一定是父母说了算。成人很容易就把问题都归结到孩子身上，证明都是孩子的错，没有意识到自己的错误。这位爸爸还一而再地给孩子讲道理，揪着孩子的错误不放。这是成人不接受不如意的事实、自动化的甩锅模式。因为缺乏自我觉知，即缺乏诚的意识，无意地逃避责任。

家庭里家长甩锅，孩子代家长受过；企业里领导甩锅，员工代领导受过；学校里老师甩锅，学生代老师受过……

孩子学到了，有问题都是别人的错，等他有力量以后，将如法炮制。

孩子把合同当作废纸，源头是爸爸没有管好自己的东西，既然合同对自己很重要，为什么不放好呢？给孩子画画的纸应该是在固定的地方，说明他家平常物品的定置管理不到位，随手乱放东西已经成为觉察不到的习惯。

这位爸爸把这件事呈现出来，是诚的表现，但是，从中反映出来的甩锅、缺乏定置管理、没能随时保管好重要的东西等问题，是不诚带来的。

第二，合同比孩子重要。爸爸发现这个合同被画了，很生气，不知道该怎么办，就打了孩子。在那一刻，合同比孩子重要。不经意间，可能在孩子的潜意识中，留存了"我不重要""做错了，就会挨打"等痕迹。

这种意识，不仅会抵消孩子改进的力量，而且可能导致孩子未来对新事物畏首畏尾，不敢去尝试、不敢创新，循规蹈矩，出问题就找理由、找借口，或者用撒谎来逃避和应付家长。很多孩子的唯唯诺诺，就是这样被塑造的。

父母都爱孩子，不想伤害孩子，但是，因为缺乏诚的认知，缺乏自我觉察习惯，种下给孩子未来带来痛苦的种子，而不自知。

第三，用手机来贿赂孩子。爸爸觉得自己的行为不合适，又没有合适的办法。为了减少自己的愧疚，用手机来弥补自己的过失，想把这个不想要的结果"抹"过去，将助长孩子只要不开心就找手机的习惯。

家长怕孩子未来沉溺于手机，同时却没有边界地用手机贿赂孩子。

第四，威胁孩子。"你不要手机算了，以后也别管我要手机。"这是人们常用的威胁模式，例如"你要是不走，我走了""你要是不听话，我就不管你了"等，威胁的结果，当时会有用，但是给孩子留下的是恐惧。而且，孩子可能也学会威胁，长大后，用不学习，甚至用伤害生命来威胁家长，工作后用跳槽来威胁领导……

第五，没有跟孩子深度交流。本来这是一个可以教育孩子的机会——同理孩子被打后的感受，跟孩子建立联结；跟孩子道歉，教会孩子学会道歉；跟孩子沟通，应该如何保管好重要的东西。但是，这些机会都浪费了，用手机替代了。

这位爸爸一系列失去诚的惯性行为，没有跟孩子重新建立联结，没能让孩子感知到爸爸的爱。

2. 真诚地给自己的五问

如果这件事重新来，作为爸爸该怎么做呢？也就是说，如果遇到孩子的行为让自己不能接受的时候，家长该如何做？可以尝试真诚地问自己——

第一问，为什么孩子会犯这种错误？

自己合同没收好。知道了是自己的问题，就不会怪孩子了。通过这件事，可以给孩子建立一个规矩，不是从规定的地方拿纸，要问一下大人，免得用了大人有用的纸张。

第二问，面对孩子的错误，我的情绪是什么？为什么有这个情绪？

我被情绪给控制了，就打孩子。为什么我的第一反应是这个？从小到大这个情绪我非常熟悉，小时候，我父母就是这么对待我的，不知不觉中，我传承了我父母的情绪反应模式。

所以，不是孩子犯错让我生气，而是孩子触碰到了我的情绪卡点。我的那个卡点或者叫内在小孩，一直没能得到安抚，每次这种情绪出现，都是来提醒我要拥抱与安抚那个内在小孩。

看到这点，那个卡点就有可能化解，至少化解一些。这就是收到了情绪的提醒，这次的情绪发作就可转化为成长的营养，也就从不诚转为诚了。

第三问，我的责任是什么？我做了什么？我没做什么？

我的责任是管好我自己，还有爱孩子、引导孩子。

我打了孩子、怪罪孩子，还振振有词地跟孩子去讲道理；我把合同看得比孩子还重要；我用威胁的方式跟孩子说话；我还用手机来代替我的道歉。

我没有去理解孩子，没有跟孩子建立联结，知道自己做得不合适了，没有给孩子道歉。

第四问，我的处理如果不合适，我该如何弥补？

我应该跟孩子正式道歉，并表示以后要怎么做，跟孩子重新建立联结和信任，顺带教孩子定置管理的方法。让孩子知道，人是会犯错的，对犯的错表示道歉，这是有勇气的表现，更是让自己的心是诚的，是坦然的需要。

第五问，从这件事中，我的成长是什么？我可以帮助孩子成长的是什么？

只要诚心诚意，坏事都可以转化成好事。我的成长是看到自己的卡点和甩锅模式、对物品缺乏定置管理、对孩子使用手机缺乏边界和原则、不会跟孩子道歉，还看到不会跟孩子深层沟通，想把事情轻易地"抹"过去的糊弄。看到了，我就知道以后该怎么做了。

最大的收获是坦诚分享一件小事，却获得这么多意外的收获，体验到诚的力量和价值。

五、关于诚与信你有以下疑惑吗?

1. 诚信与老实、犯傻如何区分?

很多人说，因为我很讲诚信，所以显得有点傻。

诚信的人是明白的，对外在环境和人、事、物状态是有感觉的，说该说的、做该做的，不说不该说的、不做不该做的，不会去斤斤计较一些事，也不会处心积虑争取什么，因此，显得有点傻。这不是真傻，这是真正的老实人，是知道我是怎么回事，别人是怎么回事，心里明明白白的，不会不知所措地干傻事和上当受骗。

而斤斤计较、处心积虑、用尽心机，看似是所谓的精明，其实是真的傻。为一点眼前的利益而掩盖自己的问题，不惜浪费时间、精力，破坏关系，甚至毁坏自我形象，却不自知。

世俗所说的老实人，很多时候是不知道诚是什么，自己和自己缺乏联结，总是被假象所左右，这种老实人，其实是糊涂的人。

犯傻是对该说不该说、该做不该做搞不清楚。因此，就经常说错话，搞砸事情。

2. 怎么看待善意的谎言?

善意的谎言有两种，一种是带着觉知的，帮助他人走出困境，或避免给对方带来困扰。另一种是没有觉知的，是自己的担心和不敢，可能会把简单的问题复杂化。

比如，家人查出来患了癌症，是不是直接告诉他病情？这要看他的心理状态和他对自己的认知。如果是有认知的、心量大的人，就直接告诉他，他可以配合治疗，也可以自己决定怎么办。如果对这种明白人用善意的谎言，会让他感觉到不被信任、不被尊重。而对特别敏感、脆弱的人，如果告诉他真相，他可能会崩溃，所以暂时不能告诉他，可以使用善意的谎言。

对于缺乏自信需要激励的人，有时候需要善意的谎言，悄悄地帮助他摆脱现状。

> 曾经看过王金战老师帮助学生的故事。一个女孩在四年级的时候，参加奥数比赛失利，班主任老师和家长只关注比赛成绩，忽略失利孩子的心理反应，没有给予孩子安慰和鼓励，反而给了打击，使这个孩子心理遭受创伤，从原来的优秀生，变成了数学以"绝对优势"名列倒数第一名的学生。
>
> 高二的时候，孩子遇到王金战老师。王老师带着觉知，成功地用善意的谎言，巧妙地帮助孩子置换了对数学学习的信念，让孩子得到了疗愈。

所以，不是凭自以为的认知确定要不要说善意的谎言，而是需要有觉知力，感知对方的状态，根据对方的状态说该说的。

3. 如何看待报喜不报忧？

子女和父母之间，常常互相报喜不报忧，这种状态其实是互相没有联结，其背后是不想说、不敢说，或者不好意思说。

> 原来我主要是"不想说"，与父母的关系是疏离的，孝敬也是理性的。父亲离开以后的这十多年，我才慢慢地向妈妈打开了自己，好不好、高兴不高兴都跟她说，让妈妈更清楚地了解我，母女有了真正的良好关系。

不想说、不值得说、懒得说，认为我说了也没有用，你帮不了我。因为彼此的关系是隔离的、没有把对方放在心上。

不敢说是担心对方接受不了，怕给对方添麻烦，这是对对方的不信任。特别是不想让父母担心、焦虑、添堵，是对父母承受能力的不信任。有的确实是父母承受力比较弱，不能给他们报忧；而有的是对自己没有信心，认为别人接受不了。

不好意思说，是自己担心、焦虑带来内心的嘀咕，很可能是自己想多了，一旦说出来，很可能得到他人的帮助和理解。当然，需要跟合适的对象、在合适的场合说出来。

因此，报喜不报忧大多是惯性所致，是不"诚"的状态。

4. 很多时候，只能"委屈"求全，怎么办?

委屈求全是自己不知道该怎么处理，只好委屈自己，再无别的办法，这是"两下子"（见第十五章）的做法。实际上，委屈是求之不得的无助，委屈是求不了全的，只是暂时地压抑而已。

委屈是自己的感受，自认为付出多了，得不到回报和理解。一般来说，只要觉得委屈，都是因为做事有所求，并不是发自内心的、负责任地做事，而是不得不地"为你做事"，有付出感。因此，委屈自己，是对自己的不诚，是破坏关系的情绪，将让关系阻滞，不能流动。

做不做，要怎么做，都是自己选择的结果。如果对必须做的事不愿意做，可能是对自己角色认知不够、不会做事，或者是因为懒的惯性，或者看不到做事的价值，没有把必须做的事变成我选择的事；如果对不是必须做的事，去做了以后又觉得委屈，那是因为界限不清，不会、不敢说"不"，又没能感知别人的需求，做了吃力不讨好的事。

解决这个问题，第一，要明确自己的角色认知、提高做事能力，角色范围内的事也是自己的选择，不存在不得不的委屈。第二，提高选择能力，敢说"不"。第三，感知别人的需求，随力随分地做该做和能做的，既然选择做了，就没有不得不。第四，至于别人是不是过分、做事是不是不合适，那是他的事，每个人都需要为自己的选择承担后果。没有委屈，自然就全了。

感觉到自己委屈了，要直接表达。把话说开，让双方互相了解和理解，这才是处理问题的根本之道。

5. 有人说话不算数，怎么办？

首先，要管好自己，让自己说话算数。遇到说话不算数的人，需要反思，是不是自己哪些行为吸引来的？或者自己说话不算数却不自知，对方只是来提醒你的，当你的镜子。如果是后者，可以跟他共同成长，并要感谢他。

其次，让自己成为益友，不当损友。对于说话不算数的人，如果是没有必要帮助的人，就由他去了，因为每个人都有自己的生命轨迹；如果是需要帮助的人，就以合适的方式反馈自己的感受，并一起探讨改进的方法。

不过，有时候情况发生变化，也要允许他人和自己重新沟通和承诺。如果硬性地一定要说话算数，太死板了也是对自己的不诚。

6. 爱打抱不平是"诚"吗？

打抱不平，其实是拿一个更能说明问题的人和事来证明"我是对的"，那个人的那件事，跟我所要证明的是一致的。

打抱不平，表面上看是为了别人，实际上，是为了证明自己正确。所以，爱打抱不平并不是诚的行为。

7. 直脾气的人易得罪人，怎么办？

直脾气，就是性格直爽，不喜欢拐弯抹角，不会遮遮掩掩，是什么就是什么，这正是诚信的特征。直脾气，跟得罪人不一定有关系。

那么，为什么一般人都认为直脾气容易得罪人？其实，得罪人不是因为直脾气，而是因为缺乏感知和觉知的能力，认知不足，说话没有轻重、不分场合，不能体谅别人的感受，更不考虑后果。这种说话方式，就像急着上厕所的感觉，不说出来憋得难受，需要一吐为快，而吐出来的都是臭烘烘的东西。所以，得罪人是缺乏感知和觉知能力，又不知道该怎么说造成的。

第十章　增强与自己联结的能力

一、什么是不真实的"装"？

"装"是没能真正做自己，无意中把自己活丢了，却不自知。"装"的方式五花八门，归纳起来大概有三大类，如图 10.1 所示。

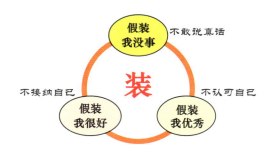

图 10.1　"装"的三种方式

1. 假装我没事，不敢说真话

（1）明明感觉不舒服，但是怕别人不高兴，藏着掖着不敢说，客客气气的。不敢说，不是没有话说，而是把要说的话，变成了心里的嘀咕，越嘀咕越觉得嘀咕的事是真的，心里越不开心。一般从小被控制，父母强势、要求高，或者是被忽略，孩子没有机会有效地表达。小时候，妈妈的脸一拉下来，孩子就害怕，什么都不敢说了，躲到一边去，面上还要乖乖的。把要说的话，都憋到心里。有的人成长中有被吓唬等经历，形成了潜意识的反应模式——一遇到权威，什么都不敢说，把自己封闭起来。

（2）心里在嘀咕，说话拐弯抹角，不说心里话。怕被拒绝、被否定，心里却在抱怨，不直接面对。遇到事情习惯性地在心里嘀咕，做各种的猜想，各种的理由、担心，就是不沟通，把简单的事复杂化。

例如，女儿是上班族，工作很忙，妈妈跟女儿住一起。有段时间妈妈生病了，却不说。几天后病好了，执意要回老家，原因是女儿不关心她。

女儿说："我确实不知道您那几天身体不好，对不起。不过，您可以直接跟我说啊。"

妈妈说："那还用说？你看不出来？"

又如，因为开会迟到挨领导批评，很后悔因为担心给领导留下不好的印象，而纠结当时没有解释等，嘀咕了好几天。其实，跟领导做个完整完结的沟通，承认错误、承担责任、表达未来的决心，反倒有了一个跟领导联结的机会。

（3）不懂却不问，导致不会。想出头露面，不知道怎么做，由不敢问的矛盾、懊悔到自我否定；因为不自信，不得不退到人堆的后面，不容易被发现和重用，觉得怀才不遇；因为不会，一开口就露馅的尴尬，进一步打击了自信心。

不会的仍然不会，越积越多……时时、处处、事事落后；不会，变成不能、不想、不愿……而痛苦地躺平；不会，导致视而不见、听而不闻、反应慢……被嫌弃。

为什么不问呢？因为怕问得不合适，献丑或丢脸，或者怕权威不敢问，有的压根就不知道要问什么。

不问，是困扰很多人的问题，这个问题的存在，让自己待在不会里出不来。一是小时候没有得到有效的训练；二是大人对于小孩子问的问题，可能觉得幼稚，而不好好回答，甚至嘲笑、呵斥；三是有些大人不跟孩子商量事情，也不允许孩子插嘴，导致孩子不敢问，并缺乏参与感。

（4）讨好人，看似友好、善良。怕被否定、怕自己不够好，怕被人瞧不起、怕别人比自己好，努力做事、努力帮助别人，为的是讨好他人，想得到好处。

（5）不敢面对尴尬，就设法打岔，掩盖真相。犯错误以后怕被斥责、打骂、惩罚。有时候父母正常的管教，也有可能让孩子觉得是被控制。孩子应对的方法就是，不管好事坏事，都悄悄地、偷偷地去做想做的事，发生什么事都不跟父母说。成人后，有什么话也不说，缺乏交流、沟通的意识。

这类的"装"主要是怕和不敢，使得缺乏力量，不敢承担。

不过，要注意的是，不是说什么时候都要有话直说，有些时候真的不能说。比如，面对竞争对手，那是绝对不能把核心奥秘如实地告诉对方，如果敢这么说，那就是"傻"。所以，并不是什么都敢说就是诚实，而是说，要带有觉知，说该说的。

2. 假装我很好，不接纳自己

（1）为了让自己显得有钱、有能力，就吹牛、美颜、买名牌、炫耀、追星……对自我价值不切实际夸大，想给人留下值得拥有的错觉。

（2）把自己装扮得很靓丽，活在自己想象里。对自己的外在条件不接纳、不满意，想要更美丽的自己。

（3）强颜欢笑、说谎话，假装一切都好。对自己的关系不满意，心里很痛苦，可是，不敢让人看到不如意的一面。

（4）做不好、不会做，找借口、找理由，假装自己做得很好。不敢面对自己的错误和不足，找理由、找借口。

这类的"装"，有的是来自小时候被溺爱或者正面反馈过度，给孩子的错觉是自己无所不能，做任何事别人都应该允许，提任何的要求别人都应该答应，不知道自己只是普通人。这样的孩子走到社会上，一旦行不通，就趴下了，或者靠"装"保护自己，内心是冲突的。

这种的"装"需要一分为二地看。如果是明星，化妆、打扮、穿名牌服饰那是职业的需要、也是观众的需求。一般人适度的装扮，是必要，也可以给自己信心。但是，如果是一般人却要装得像明星一样，那就是自讨苦吃。

3. 假装我优秀，不认可自己

（1）很想听懂，却没听懂对方说的话。怕让人知道自己没有听懂，但又想显得很厉害的样子，常说出一些自己也不明白的似是而非的话。

我在企业工作的时候，经常有国内外高端的咨询公司给我们做咨询项目，他们常常说一些新名词和拗口的话，感觉很高大上。不知不觉地，我也常常说一些让人听不太懂的话，显得很厉害。

（2）渴望被认可、被赞赏。认知存在偏差，不知道自己能力不足，为了获得存在感，常说一堆没有价值的话，或者习惯于辩解、证明。

在开会的时候，有的人只要有说话的机会，就说一堆自认为很对的、没有价值的话，还越说越兴奋，越拉越远，却不自知。

因为太想表现自己，太想被认可，又缺乏感知力。

（3）评判领导、评判别人。对自己的表现不满意，但是，不接受自己，就转为评判别人，证明自己没有比别人差，其实评判的是自己。

（4）对权威是一个样，对认为不如自己的人是另一个样。看似欺软怕硬、两面三刀，其实是不接受自己不足的一面。

这类的"装"，常常处在不明白的、混乱的状态。这种人，一般是从小内在需求没有被满足，安全感不足。有时候把自己看得很高，自认为很强，有时候，又很自卑。

有的是被过度"鸡娃"，或被打击长大的，必须好，不好就不配活，需要不断去证明自己是强的，一旦感觉自己没有想象的那么好，就靠装，掩盖内心的脆弱，以此求得心理安慰。

总之，"装"让自己活得不真实、不自在，自己不舒服，别人也觉得别扭，无法享受生活。人之所以"装"，是因为认为自己不够好，不接纳自己，又不知道自己不知道，经常花很多心力，却是穿着"皇帝的新衣"。为了面子活受罪，让自己活在自己打造的"玻璃罩"里，跟他人和外在世界隔离开，导致没有能量和精力去听别人说什么，感知不到别人的需求和状态。有问题的时候，认为都是别人的错，用冲突来跟人联结，还把简单的事情复杂化。

这些"装"的现象都是小时候的经历、教育的方式、代际传承和基因所带来的。

如果没能觉察到自己错误的行为模式，就会被该模式所左右。一旦学习了，提高了自我认知、提高了自我觉察能力，这些都可以得到转化。

例如，看到妈妈、老师、领导、另一半或其他人生气的时候，能够想到：他们生气，那是他们的事，我能做的就是把自己的事做好，我该说什么就好好跟他们说，就不用"装"了。

一般人都有"装"的一面，不是说"装"就是不好的，"装"本身也不是错，衡量标准在于诚或者不诚。如果能够带着觉知，知道我在"装"了，因为工作的需要、关系的需要、事情的需要，那就是诚的"装"，允许自己"装"。

比如，我经常讲课，站在学员面前，我需要穿得职业一些、漂亮一些。老师们上班也需要穿扮得体，这是对他人的尊重，是知道我要"装"。

如果要出席正式的活动，就需要按照活动场合的要求着装，有时候还必须化妆，这也是诚。知道什么情况下，自己应该有怎样的合适的行为表现。

二、如何拥有诚信的品质？

发展靠优势，成长靠劣势。也就是说，一个人的劣势并不是坏事，它是个人和团队成长的切入点，人要是感知不到自己的劣势和不足，就会停滞不前。

团队成员的劣势也是团队稳定的重要因素，因为一群人在一起合作共事，在于彼此之间的取长补短，形成错落有致的一个整体。团队成员之间，在真诚地互相支持、补位中，感恩别人的支持，让大家都有了价值。

如果排斥自己的劣势，别人看到的是不真实的人，没法有效地配合，自己也没法持续成长。那么，如何才能不"装"，真正拥有诚信的品质？

1. 打开耳朵，听清听懂

人处在诚的状态中，与自己、天地是联结的，身体器官可以发挥正常的功能。一旦失去了诚，跟自己和天地就失去了联结，身体器官不能正常起作用。

比如，正常人都有耳朵，有些人听不懂、听不清别人说的话，严重影响了人际交往品质和学习、工作的品质，特别是影响学习成绩。

为了打开耳朵，拥有"听"的品质，首先，需要了解如何使用耳朵，如图

10.2 所示。听，包含着以下要素——需要使用耳朵，听者为王；需要使用眼睛，关注对方；还需要闭上嘴巴、用心联结，以十分专注的状态去听。

图 10.2　听和学的示意图

学，需要拔掉耳朵里的"三根毛"，耳朵才能是打开的，耳朵畅通了，耳聪目明，才能获得良好的学习状态。

什么是耳朵里的"三根毛"？内心的嘀咕、抗拒、心不在焉、嘈杂环境等影响专注地听的内外干扰，都是堵住耳朵里的"毛"。

孩子耳朵里的"毛"从哪里来的？有来自人类恐惧的基因、集体意识和潜意识，还有很多是来自成人对孩子的不合适教养方式。

"听"有三个层面，如图 10.3 所示。第一层，耳朵里的"毛"比较多，"假装在听"，听而不闻，这是最不诚的听。不是他不想好好地听，而是惯性使然，耳朵常常是闭着的。对老师讲的、对交代的事常常听不清、听不懂，结果出差错是常态。这种人往往是处在蒙的、糊涂的状态，学习跟不上，在哪里都容易被边缘化。

第二层，有选择地听。一般人都处在"有选择地听"的层面，听到什么，马上产生评判，带着评判的时候只看到想看的、听到想听的，会漏掉一些信息。以"我以为"的方式做事，结果必然不尽如人意。这类人时诚时不诚，看似很有主见，人际关系却不是很顺畅，在职场中容易以自以为是的方式应付和糊弄。

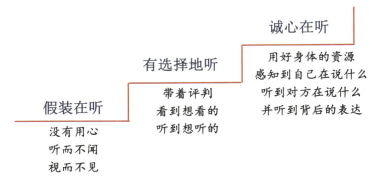

诚心在听
用好身体的资源
感知到自己在说什么
听到对方在说什么
并听到背后的表达

有选择地听
带着评判
看到想看的
听到想听的

假装在听
没有用心
听而不闻
视而不见

图 10.3　听的三个层面

第三层，也是最高层面，是"诚心在听"的品质。这个层面的听，耳朵里的毛基本清理干净，能够用好身体的资源，耳朵在听、眼在观察、心在感知，感知到自己在说什么，也可以听到对方在说什么、背后的声音是什么。

诚心在听，也包括听自己的心声。当自己不舒服的时候，可以听听自己的心声："是什么让我不舒服？这个不舒服要告诉我什么？"收到提醒后，感谢这个痛苦带来的提醒，陪着这个痛苦，看到真实的自己、发现提升自己的需求，找到提升自我的途径。

这个层面的听，是柔和的状态，这种人是理想的合作伙伴，是学习修炼的重要目的。因此，耳聪目明是诚信的结果。

2. 张开嘴巴，不懂就问

不懂、不会的，马上问。只要会提问，总有人能够给予解答。哪怕说错了，问了以后，知道错在哪里，并且疑惑能够得到解决。提问，是学习的开始，知道自己的不知道。

当学生准备好了，老师自然就出现。学生提出问题，主动向老师学习，是最快、最有效的学习方法。没能提出问题，老师给的东西，不一定是自己需要的。会提问题，才能让老师有的放矢地给出东西。很多时候，一个人的问题也是大家的问题，提问也是一种利他的行为。

以前我不会问问题，老师讲什么就听什么。因为不知道问什么，每次看到有人会问问题很羡慕。

直到前几年，每天在线上跟曹老师学习。第一年，每天的提问答疑环节，我总是悄悄地听着。第二年，我才尝试提问题，只要是我不舒服的、困惑的、纠结的、想了解的都是问题的来源。而且，提出问题的过程，训练了我的观察和思考能力。现在，我基本可以随时提出问题，得到老师更多的直接指导，不断去探索更加深层的问题。

爱因斯坦说："提出问题比解决问题更重要。"他还说："假如只给我一个小时的时间拯救世界，我会花55分钟去发现问题，然后，再用余下的5分钟去解决问题。"

由此可见，提出问题是需要洞察力的，能够提出有价值的问题，是能力的体现，也是一个人成长的捷径。

在训练提问的过程中，我体验到了：如果能够发现问题，那么解决问题就容易了。

在生命成长学习的过程中，有的老师进步很快，进步快的老师有两个特点：一是在生活和工作中，不断觉察和实践，记录学习以及践行的过程，并且通过分享觉察日记，坦诚地开放自己的内心世界，获得赋能反馈和指导反馈。二是在实践中遇到问题，随时问。只要问了，就能够得到导师的辅导，很快化解了问题，得到问题带来的生命礼物。

学会提问需要注意的问题：

◆不怕出错，问就是了，慢慢地，提问的能力就提高了。

◆只要想成长，不同的阶段都有要突破的问题，问题一直都在那里，用心去感知，问题就出来了。

◆平常多观察和思考，多自问自答，自己解答不了的问题，就可以问老师。

◆提问之后，要认真听老师的解答，不懂时要追问。在有来有回的对答中，对问题就会有深入的了解。

3. 拨开面子，诚恳道歉

很多时候人们认为，道歉是失败；道歉就是我错了、我不好；道歉了，我身价就低了，因此，即使知道自己做得不合适，也死活不肯道歉。只是因为心里没有诚，死守着"我认为"的那个理，总觉得"我没有错"，跟人死较劲，硬邦邦的。

子曰："好学近乎知，力行近乎仁，知耻近乎勇。"知（智）、仁、勇称为"三达德"，"知耻近乎勇"是儒家的三种美德之一。

耻，不是羞耻的耻。耻，可以理解为，止于耳朵，听到不想听的话，就屏蔽了。汉代之前用的是恥，字本义有听到批评后内心的感受。

知耻近乎勇，指的是有自我认知，感知到内心的感受，知道自己耳朵的屏蔽，承认自己某些行为不合适，给自己和他人带来不好的影响。然后能够接纳与面对自己，主动去做完整完结的沟通，给自己带来改进和突破。

否则，不承认自己的不合适行为，用"一下子"证明"我是对的"，用"两下子"回避、逃避，像没有发生这件事一样；或者不敢承认，自怨自艾，装死、装可怜，内心的自我谈话是："你看，我都这样了，大家就不要说我了。"这些表现都是缺乏诚信，内心是没有力量的表现。

道歉，是承认与面对最直接、有效的途径，是人生进步的捷径。以下是一位学员参加培训之后，写的觉察日记：

> 昨晚吃炸豆腐，感觉有怪味，一问才知道，豆腐放了一周了。我当着儿子（12岁）的面对老公和婆婆发火。好在我参加了学习，停一下，冷静之后，感觉老公和婆婆都挺好的，他们总是包容我，接住我的情绪。我还感知到，我没有给孩子做好的榜样。

> 饭后，我跟老公和婆婆赔礼道歉。他们很惊讶我终于可以道歉了，我在家是"常胜将军"，从来不道歉的。今天道歉之后，老公还给我削了一个苹果。

> 我跟儿子说："妈妈刚才又发火了，不是因为奶奶的问题，而是我不接受豆腐不新鲜这件事。其实，我如果好好说，以后不要做不新鲜的东西就可以了。"

> 儿子瞪大眼睛看着我，我接着说："以后，妈妈如果发火了，你拉一拉

我的衣服，提醒我一下。"

孩子点点头说："以后我发火，你也拉拉我，提醒我一下。"我们相视一笑。

我想从现在开始，我要成为孩子各方面的好榜样，做得不合适就道歉，还要学会好好说话。晚上，一家人的氛围很和谐，我感觉很高兴，体验到真诚的道歉能给孩子做榜样带来力量。

如果跟人之间产生了冲突，就坦诚向他道歉。有人会说，光要求我道歉，如果对方错了，不跟我说对不起，那不公平。实际上，他不道歉，那是他的事，不认错，谁也帮不了他。自己做好了，所在的系统就少了一份不和谐的因素。

需要注意的是，如果感觉到自己做得不合适，要允许自己犯错，不需要较劲、后悔、自责、愧疚等，这些情绪是低能量的，让人失去道歉和改进的力量。

那么，该怎么道歉呢？

第一，发自内心地说"对不起"！

"对不起"是人类语言中最有治愈力的话。先要放弃心中跟人较劲的理，才能够真正认识到自己需要提升的地方。如果自己心里暂时过不了那个坎，也要对自己诚，允许自己还过不了那个坎，等过了那个坎再去道歉。或者知道自己现在过不了坎，但是可以马上道歉，自己再慢慢去消化那个坎。

注意的是，在气头上，情绪还没有平复，暂时不要道歉。特别是孩子，在激烈的情绪中，逼着去道歉，会适得其反。

第二，我犯了什么错，是因为我自己的什么问题，不是因为别人的问题。

我对我的什么行为道歉，因为我的惯性、脾气、没能做好情绪管理、没有意识到自己的行为给他人带来的困扰……不说明任何的原因和理由。如果说："因为……所以我……"这不叫道歉，而是解释和证明。

以上面那位老师因为豆腐不新鲜而发火为例，如果她说："因为豆腐不新鲜，我怕吃了拉肚子，所以我就发火了。"这就是解释。

食物不新鲜就该发火吗？显然不是，我道歉，是因为我没有控制好自己的情绪。保证食品的新鲜，那是另一回事。

她可以说："对不起，我为刚才我没有管理好自己的情绪道歉。"

第三，我做什么来弥补，以后注意什么。

老师常常说学生检讨、认错不深刻，就是因为没有说出自己犯错的主观原因，以及没有改进的措施。所以道歉一般都需要有明确的、可落实的改进措施，而不是一带而过，可有可无的"我今后会改进"等不可落实的话。

第四，请求对方原谅。

不一定要对方原谅，对方也不是一定要原谅，因为，原不原谅是他的事。我的请求，那是我的需要，这句话说或不说都可以。

4. 打开心门，认识自我

一个人的生命品质和能力，是由心门打开的程度决定的。人发展的"天花板"是因为不能充分打开心门造成的。人在诚的状态时，心门打开了，称为"开心"，这时候，跟自己是有联结，进而能够跟他人建立良好的关系。美国心理学家约瑟夫·卢夫特和哈里·英汉姆提出的"约·哈里之窗"理论很好地说明了这个问题，如图 10.4 所示。

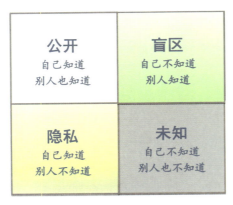

图 10.4 "约·哈里之窗"理论示意图

（1）左上角是公开区域，自己知道，别人也知道。

认识我的人都知道，我身高 1.65 米，体重 58 公斤，说话带点福建的口音，现在住在广州……

我每周从广州来中山做家庭教育的志愿者，喜欢在线上、线下跟大家聊学习成长相关的事，经常讲"周五幸福课"……

我擅长做内容开发，有很多实用的工具和方法，擅长将概念行为化，重视知识沉淀，愿意带团队……

我是生命成长教育的受益者和践行者，我的职业生涯规划到 82 岁，我相信幸福是可以学会的，我认为我有责任为更多孩子的健康成长贡献我的力量……

我是一个热衷于公益事业的教育者、生命成长教育的传播者，我是可以帮助到孩子的妈妈和外婆……

我立志要以终为始地将企业人才培养理念和方法前置到学校和家庭教育中……

以上是按照 NLP 六个理解层次（见图 10.5）罗列了我的公开信息。其实，人的一言一行，都在呈现着公开的信息。

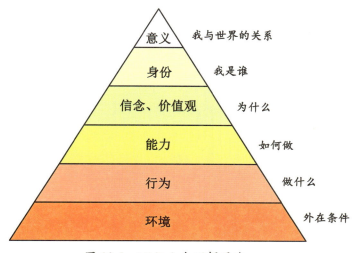

图 10.5 NLP 六个理解层次

（2）左下角是隐私区域，自己知道，别人不知道。

隐私即自己不愿意示人的个人秘密，包括尚未疗愈的心理伤痛、创伤、困境和看法。隐私是需要通过分享和呈现打开的，不敢、不好意思、不分享，那就继续待在"装"的里面。

其实，很多时候，自己认为是秘密的信息，对别人来说，并不关心和关注，也不会影响到什么。比如在青春期阶段，不想、不敢告诉老师和家长的隐私，现在常常可以当笑话分享出来。

　　假如我胳膊上有个疤痕，曾经因此不敢穿短袖衣服。后来穿上了短袖衣服，什么事也没有发生。

　　我跟爱人吵架了，原来觉得让人知道了很丢脸，现在也可以拿来分析，觉察吵架背后的原因和自己的情绪卡点，把吵架变成自己成长的机会，并写成觉察日记分享出去。一方面，为了提高自己的觉察和总结能力，促进自己的实践意识。另一方面，我的经历对别人，可以起到借鉴的作用，大家可以互相学习、互相促进。

如果一个人的隐私很多，心里塞不下的时候，就崩溃了。所以，疗愈并公开那些让自己难受的所谓隐私，心里就坦荡了、轻松了。这是需要慢慢来，像剥洋葱一样，一层一层地打开。

写觉察日记，是非常好用的、有效的疗愈自己、分享自己的途径，让隐私不再成为隐私，而是一个生命成长的契机，是体现诚信的机会。

写觉察日记的分享，不是每个人一下子就可以做到的，允许自己暂时做不到，慢慢地由浅到深、由表及里地分享。敞开说出来了，就会发现很多的自我对话是自我的解读、带有个人的偏见。能够分享出来，是由诚信带来的勇气。隐私公开的过程，让公开区域变大，这是成长的标志。

（3）右上角是盲区，自己不知道，别人知道。

有的盲区需要通过别人的反馈获得认知，有的可以靠自己的觉察和疗愈，走出盲区。不愿意听别人的反馈，盲区没法打开，只能活在"装"的里面。

◆现实的盲区——

假如我脸上有一块黑的东西，带着这块黑迹，站在前面讲课。如果有学员好心好意告诉我，我不听，给我镜子，我也不照照看，还说："你的脸才是黑的。"大家就会暗暗地嘲笑我。"皇帝的新衣"就是这么制造出来的。

我处在这种不诚的状态，学员听课学习的效果可想而知。

◆行为盲区——

肖老师说，我喜欢有院子的房子，当我住进去时，院子里满园春色，好惬意。但是，我从不维护。一年之后，小院杂草丛生，我却视而不见。一天朋友来了，提起这事，我才意识到我只是喜欢，却没有为喜欢付出行动，小院成为我的一个盲区。

经过朋友的提醒，我抽空整理了庭院，并种上喜欢的花草，经常维护，慢慢地恢复了小院的美丽。

像锻炼、早睡、饮食控制……往往说了没有落实，成为行为盲区。

◆能力盲区——

随着角色的变化、职位的变迁、时代的发展，有更多能力的盲区。

以前爱人说我不会带孩子，我不承认。学习家庭教育之后，才承认了当时的无知。

我刚开始做培训的时候，知道我不太会讲课，不敢听别人的反馈。一年后，硬着头皮听取同事和学员的反馈，才知道了要改进的地方。

有人对别人提的意见和反馈，拒绝接受，马上会解释、证明，让人再也不会提意见、做反馈了，继续待在自以为是的状态里，能力得不到提升。

相反，有些人不敢承认自己的优秀，有人提出来了，也不一定敢接受自己的优秀，不能很好地去发挥自己的优势，把自己的才华埋没了。

◆信念与价值观盲区——

自己已有的信念和价值观，就像有色眼镜一样。镜片是蓝色的，看到什么都带有蓝色；镜片是黄色的，看到的东西都是黄色的。

我认为孩子上大学就应该去远点的地区，获得打开舒适区的机会。在跟高三学生的互动中，我了解到 80% 以上的孩子希望上本省的大学，这是我没有想到的。

城市的孩子去贫困地区，听说那里的人吃不上饭，孩子说："没有饭吃，可以吃肉啊。"因为，在他的认知里，不可能没有吃的。

◆身份盲区——

一般人，遇到问题，感觉到痛苦、迷茫的时候，才有可能看到自己的不知道。

例如，孩子到了青春期，父母才知道自己不会当父母。孩子报志愿的时候，才知道对孩子的未来方向是不清晰的。找工作面试的时候，才可能感知到自己人生定位是不清楚的……

遗憾的是，很多人即使遇到问题了，看到了原来的不知道，宁愿继续受苦，也不肯跨出舒适区，因为受苦比学习和改变要容易。

如果是不学习的人，年龄越大、地位越高，越容易在自己的盲区里出不来，只有突破盲区、走出舒适区，增加公开区域，才能成为诚信、优秀的自己。

（4）右下角是未知区域，自己不知道，别人也不知道。

这是要去学习的未知区域。有学者的研究表明：一般人只用了自己 10% 的潜能，还有 90% 的潜能有待开发和唤醒。科学家们也发现，贮存在人类脑内的能力其实是大得惊人的，我们平常其实只发挥了极小的一部分功能。

以我为例，我一直认为我不善于沟通、不爱说话。大学毕业的时候，给自己的定位是，第一不能当老师，第二不能当领导。

　　毕业 20 年之后，我主要的工作角色就是老师和领导，这是我自己都没有想到的结果。反思走过的经历，我常常在舒适区的边缘，不断地突破自己的舒适区，让我的公开区域越来越大。

　　总之，通过自我觉察和疗愈，坦诚打开隐私区域；通过接受反馈、观察和聆听，看到与接纳盲区的短板，发挥盲区的长处；通过未知区域的探索和尝试，不断提高自我认知、增加新的知识。让自己的公开区域一层一层地扩大，如图 10.6 所示，一个阶段打开 1 层，下个阶段打开 2 层、3 层，一直到 N 层，公开区域就不断打开，隐私区域和盲区越来越少，生命品质随之提升。

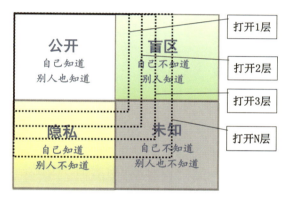

图 10.6　公开区域不断扩大

三、如何看待孩子所谓的撒谎和偷东西？

1. 允许孩子试错

有一次，宦老师跟我说了他当校长的时候处理学生问题的一个故事——

　　有一个初中的孩子，经常拿别人的东西，同学们总说他是小偷。宦老师知道后，找到这个孩子，了解到孩子的家庭背景，知道了孩子偷东西，是因为缺爱。

宣老师只要有时间，中午就跟这个孩子一起吃饭，在中午这段时间，尽量陪他。他们聊天的时候，宣老师从来不用"偷"这个字，而是说"拿了别人的东西"。经过大概半年时间，这个孩子逐步就好了，再也不犯这个毛病了。

有不良习性的孩子，如果没被友善地关注到，没有得到爱的疗愈，就变成"瘾"症，那就成了病。既然是病，跟道德品质没有关系，他也控制不了自己，所以"小偷、偷东西……""撒谎、说假话……"这种话，绝对不能从父母和老师嘴里说出来，不能给孩子贴上这种标签，请记住下面的提醒图10.7。

图 10.7　绝对不能给孩子贴的标签

从某种角度上说，这种孩子是受害者，他也不想这样，就是控制不住自己的惯性。孩子越小，这个病越容易得到疗愈，疗愈的方法就是像宣老师一样，了解、理解、尊重和关怀孩子，给予孩子高品质的陪伴，孩子感受到爱了，毛病就好了。如果小时候得不到疗愈，长大后还有这些毛病，就变成了品质问题。

作为成人的我们，扪心自问，有谁小时候没有干过偷东西与撒谎的事？根据我的了解，绝大多数人都干过，包括我自己。

小时候，我和一帮小朋友一起，到邻居的西瓜地里偷吃西瓜，感到很刺激。孩子眼大肚子小，吃不了的西瓜，砸得乱七八糟的。西瓜被糟践成那样，邻居很生气，结果人家没怀疑到我，蒙混过关了。

这不是说，孩子应该去拿别人的东西，而是说，小孩难免会犯错误。犯了错，才知道那个感受并不好，自然就改正了；有些错，需要成人帮助纠偏。从另一个角度说，孩子成长的过程需要不断试错，他尝试了以后才知道那是错的，这是建立边界的过程。

2. 孩子撒谎、偷东西的原因

（1）为什么孩子要撒谎？

首先，孩子分不清现实和想象。有的孩子七八岁就能分清，有的孩子到十几岁还分不清，把想象当作现实说出来，成人以自己的理解，就觉得孩子在撒谎。孩子轻则感到委屈、有口说不清，重则打击了他的自信心。导致孩子胆怯不敢说话，不敢相信自己的观点和思想。

我认识一位很优秀的企业高管，他很聪明，也很有智慧，想象力丰富。让他耿耿于怀的一件事是，家人总拿他小时候爱撒谎来说事。直到现在，回到老家，比他年长的家人还会说他："小时候爱撒谎。"

他说："我没有撒谎，当时就是那么想的，可是我跟大人说不清。"

因此，他有孩子以后，特别重视保护孩子的想象力，陪着孩子天马行空地去想象。因此，他的孩子得到足够的陪伴，拥有足够的想象力。

所以说，不能轻易地给孩子贴上说假话、胡说八道、撒谎等标签。

我外孙女现在 6 岁多，还处在想象力丰富的阶段。大约从 3 岁开始就喜欢玩过家家游戏，或者叫假装游戏，一个同样的游戏能够反反复复地玩上无数次。

我有一种体验，如果我耐心陪她玩，玩尽兴了，玩那个游戏持续的时间就短一些。如果我漫不经心的，不想玩那些我觉得无聊、幼稚的游戏，持续的时间就长。

因此，如果陪伴孩子的品质不好，孩子没有从游戏里得到足够的体验，他就会被卡在游戏的感觉里面，游戏与现实容易混淆。

其次，孩子被过多地干预，就会发展出不说实话的习性。对孩子控制和干预过多了，他会悄悄地去干一些事，家长一问，他只能乱说，表现出来的就是所谓的撒谎。

有的家长溺爱孩子的时候，只要孩子不哭不闹就行，什么都满足他。一旦觉得他的行为有危险性或不合适，开始制止，让孩子的情感受挫，积累多了，也会发展出不说实话和非要不可的任性模式。

例如，我带外孙的时候，他喜欢按按钮，我无意中抱着让他按了大门口的开关，几天都没完没了地要人抱着去按那个开关，即使我让他按别的不用抱着可以按的开关，他还是要按门口那一个。在我制止这个动作过程中，孩子哭了好几次。这是我没带觉知，给孩子带来的不该发生的干预行为。

陪伴小孩子需要带着觉知，有些不让碰的东西，一开始就不让碰，避免了后期的制止。

最后，害怕被惩罚、打骂，或者怕家长伤心、生气而不说实话。

有的家长过于严厉，孩子害怕被惩罚、被打骂。最常见的就是，考试成绩不理想，不敢告诉家长，会想出各种的理由和方法，设法搪塞过去，或者暂时逃避。

有的孩子做错事了，家长生气，会跟孩子说："都是因为你……"孩子为了不让家长生气和伤心，不敢说真话。

很多时候家庭环境和家庭语言环境，促使孩子不敢说实话、说真话。如果能够了解孩子的特点，给孩子宽松的生长环境和高品质的陪伴，孩子就用不着撒谎了。

所以说，没有爱撒谎的小孩，只有创造孩子撒谎的环境和不理解孩子的成人。

（2）为什么孩子会"偷"东西呢？

首先，对孩子管得太严，爱的基本需求没被满足，孩子需要心理安慰。内心的爱是匮乏的，心理得不到满足，变成了欲望，转成追求物质的满足。潜意识里，想通过外在的东西满足自己内心的需求，临时安慰自己，弥补爱的缺失。因此，他们经常会悄悄拿别人的小东西。如果发展成"瘾"症，治愈就更难了。

其次，孩子的边界不清。被溺爱的孩子，总是认为想要的都应该给我的，所有的东西，都应该是我的。他不觉得别人的东西是不能拿的，缺乏你我的边界感。

最后，缺乏延迟满足的能力。只要想要的，就必须马上拥有，孩子延迟满足能力比较弱。但是延迟满足不是靠训练的，训练的结果，从短期来看，可以做到。但是，内心的压抑，会变成欲望，将来更加麻烦。关键是给了孩子心里的满足感，她自然就可以延迟满足。

我家人在带外孙女的过程中，没有训练孩子的延迟满足，而是注意陪伴的品质，给她足够的爱。她的内心是富足的，就不会想要什么东西，马上就得拿到手的冲动。

孩子从小吃零食基本定点、定时、定量，放在她可以拿到的地方，到点了自己拿。平常要吃，也不会硬性阻止。因为，没有把吃零食变成欲望，平常她比较少想起来去吃零食，从来不用悄悄地拿什么吃。

有一天，幼儿园放学后，我带她去打疫苗，她手里拿着一个幼儿园发的棒棒糖。我说："你想吃吗？我帮你打开。"

她说："我现在不吃，一会儿打疫苗疼了再吃。"

我发自内心地欣赏她会自己安排事情，而且，能够延迟满足，我说："宝宝好厉害，可以自己安排什么时候吃棒棒糖。"

孩子开心地笑了，挺了挺胸说："姥姥，我可以的。"一副自信的样子。

后来疫苗没打成，她说："姥姥，我现在可以吃了。"吃着吃着，不小心把棒棒糖掉地上了，她不仅没有哭，还平静捡起来给我，说："不要了，我不吃了。"

有些家庭为了控制孩子的一些行为，用阻止、控制、限制、惩罚等方法，把可以正常满足孩子需求的东西，变成了助长孩子的欲望。同时，也有怕被发现，就发展出一系列"偷偷地""悄悄地"的行为。

作弊，是一种偷的行为。家长都不希望孩子偷东西。很奇怪的是，有的家长却认真地帮助孩子作弊。因为欲望的驱使，让人失去诚信，做出不明智的行为。

以前，在高考的时候，有专门的机构在做帮助孩子作弊的生意，包括帮助找考试的替身。因为有家长购买，才有市场。这些害人害己的缺乏诚信的行为，能够给孩子带来幸福吗？答案是毋庸置疑的，只能是害了孩子。

3. 正确面对撒谎和偷东西的行为

（1）父母、老师需要反思教育孩子的行为。做个不太恰当的比喻，孩子是教育的产品，生产出次品、废品，不能完全怪产品本身，在生产的过程，包括人、教育条件、教育方法和环境，都可能有问题。

孩子养成了不良的习性，甚至走上犯罪的道路，往往是孩子替成人受过，孩子是受害者。当然，孩子成人以后，就不能把责任推给别人。成人要"成年养德"，自行负责去弥补和调整小时候的缺失。

成人要反思给孩子种下什么样的成长的种子？给了他什么样的自行负责的条件？因为"养不教，父之过"。

（2）调整对待孩子的方式。在传统观念里，孩子要无条件地听家长的话，孩子的行为要符合家长的设想。但在当今时代，这种教育方式大概率适得其反，因此，家长对待孩子的方式要有讲究。

不管孩子多大，父母只要意识到了要调整自己，都不晚，做好自己是一辈子的事。

（3）不要责骂，更不能羞辱，也不急于赔礼道歉。孩子要对自己的行为承担他能够承担的后果，该道歉的一定要道歉。但是，不能在孩子有情绪的时候要求道歉，也不能逼迫孩子道歉，被迫的一定是假的，并且可能不会有行为的改变。

家长面对孩子的问题，不会处理，只会逼迫孩子道歉和辱骂孩子，这样只能给孩子增加负面情绪的压抑程度，带来更不想要的后果。

所以，让孩子道歉，以及利用这个机会跟孩子深入沟通，是教育孩子的契机，这是作为家长和老师的必修课。

（4）需要心平气和地跟孩子沟通，问孩子——

当时发生了什么？什么情况下想那么做？

为什么那么做？不合适行为的感受是什么？

对于已经犯的错误如何弥补？以后遇到类似的问题将怎么办？

需要爸爸 / 妈妈 / 老师做什么？

如果孩子做出不合适的行为，用这些问题去引导他，一起探讨未来怎么做，把关注点放在成长上，把问题变成家长、老师、孩子成长的契机。而不是为了让他认错、要求和指责，减小孩子的压力，增加改正的心力。否则，错误只能是错误。

4. 以诚信对待孩子

最不能骗的是孩子。成人经常觉得孩子小，不懂事，可以糊弄他、骗他。其实，孩子什么都懂，只是不会表达。成人的言行，都储存在孩子的潜意识里，遇到类似的情况，随时自动化地调用。因此，需要注意给孩子潜意识里输入的东西。如果家长自己不够检点，贪小便宜、当着孩子的面撒谎、偷偷做不合适的事，那就不能怪孩子也这样的。

对孩子实事求是，孩子就输入诚信的信息，加上良好的陪伴，未来孩子就用不着"装"着做人，不用拿别人的东西来安慰自己，也不用自欺欺人地撒谎，活着就会轻松一些。

有情绪的时候，不要把情绪转嫁给孩子。如果有情绪的时候，直接告诉孩子："对不起，妈妈现在情绪不好，我现在很着急，你现在别惹我，我情绪调整好了，再陪你。"孩子是能明白的。

孩子犯错了，要了解、尊重、信任、关怀他，让他知道错在哪里。没有带觉知的打骂是发泄自己的情绪，只有带着觉知的行为，才能让孩子受到教育。

成人对孩子的指责、威胁、讽刺等，只能让孩子难堪和紧张，更容易出差错。孩子积累的愤怒、怨恨等情绪，一旦有能力的时候，就自动化地加倍还给父母，这就是青少年逆反的原因。在无意中，惩罚了父母曾经无知的行为。所以，要用了解、尊重、信任和关怀这"八字原则"跟孩子好好说话，允许孩子犯错，需要的时候帮一把，以合适的方法教孩子。

扫码查收 素养教育

智慧锦囊

高质量成长教育，成就孩子的精彩人生

家庭教育秘籍

学习素养教育的家庭智慧

校园教育指南

高质量校园素养教育有一套

正向教养宝典

教你培养高素养的好孩子

成长教育测试

孩子的成长也是父母的成长

中山出版
ZHONGSHAN　PUBLISHING
香山承文脉　好书读百年

成就孩子的六大素养②

张丽萍 著

SPM 南方传媒　广东人民出版社

·广州·

目 录

素养六：感恩篇

素养三：敬业篇

第十一章　敬业的核心是养成良好的习惯

有人认为一心一意努力工作，废寝忘食到顾不上自己的生活和家人，是敬业；有人认为经常加班，早出晚归是敬业；有人认为对工作认真负责，一丝不苟是敬业；有人认为敬业是一个道德的范畴，是指一个人以一种严肃的态度对待自己的工作，勤勤恳恳，兢兢业业，尽职尽责。

到底什么是敬业？如何做到敬业？

一、敬业的内涵到底是什么？

1. 什么是敬业？

从字面上看，上文对敬业的理解，好像是对的，但不全面。因为努力、认真、负责是态度。这些态度的动机是什么？如果动机只是为了一份工作、为了挣钱、为了得到认可，为了证明自己、为了具体的目标，那么，这种敬业的效果是有限的，甚至会损害自己的健康、影响家庭的和谐，或者牺牲孩子的健康成长，这样的敬业是有瑕疵的。

因此，工作努力只是敬业的基础和前提。敬业不仅是时间、体力和脑力的付出，更是成事所需要的、与工作联结的能力；是活好自己、让生命绽放的能力。对组织来说，员工的敬业度不只是用工作的付出来衡量，更多的是员工的心理感受和归属感。

根据能力素质模型，敬业包括四方面的要素，如图 11.1 所示：

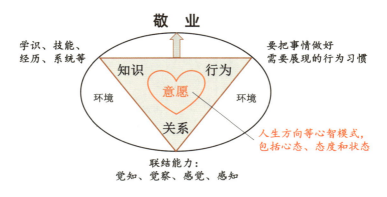

图 11.1　敬业的四个要素及含义

第一个要素是知识，包括学识、技能、经历、系统等。这一要素是最显而易见的能力，也是最基础的，很多人只关注这个要素。

第二个要素是行为。行为是能力的直接体现，要把事情做好，需要做出一定的行为。行为往往通过习惯呈现出来，良好的习惯带来做事的条理性和高效率。

第三个要素是关系。关系是一种能力，这种能力是人与人之间的联结，是在了解与理解自己的基础上对他人的了解与理解的程度。缺乏感觉、觉察、觉知、感知这些本源性的能力，很难经营好关系，且会给自己的工作和生活带来麻烦。

第四个要素是意愿。这是看不见的，却是最核心的要素，是由人生方向等组成的心智模式，包括心态、态度和状态。心态决定态度，态度决定状态，意愿体现的是一个人的生命状态。

意愿决定了愿不愿意更多地获得知识，愿不愿意养成良好的行为习惯，愿不愿意修炼自己，提高本源性的能力，以提高自己与他人的联结能力。

以上的敬业要素是针对个人而言的。一个人的敬业程度跟环境有很大的关系。如果把一个人的敬业度比作灯泡的亮度，那么，一个 100 瓦的灯泡，在整洁房间里的亮度，跟在烟雾缭绕的厨房里的亮度一定是不一样的。另外，同样的灯泡，电路的电压是 220 伏，且是稳定的，它可以充分发光；如果电路的电压低，且不稳定，那么，这个灯泡就会时明时暗，甚至不亮。

以此类推，影响孩子学习的环境包括以下三个方面：

（1）学习需要的必要条件。包括身体条件、学习的硬件条件。

（2）自主学习的环境。孩子的学习往往会被家长控制和干扰，降低学习的自觉性和兴趣。

（3）团队的互相支持与团队学习状态。身边成人的鼓励和支持，以及家庭的学习氛围，都对孩子学习状态和效果有直接的影响。

下面是一位爸爸经过学习，改善了家庭环境氛围，给孩子学习带来了变化的案例。

我 2019 年在北大听了张老师关于如何教育孩子的课，为我改善亲子关系打开了一扇门。当时我与孩子的关系极其紧张，因为我纠正上小学儿子的作文而与他发生争执。由于我处理得简单粗暴，孩子竟然打电话报警了。

我当时很苦恼：为何好心被当成驴肝肺，不被接受？在听了张老师的课后，我有所开悟。后来我又专程到广州与张老师交流，包括线上学习，逐渐拉近了与孩子的距离。我让孩子感受到父亲的爱，满足了孩子心理上的需求；并且帮助孩子立志，树立了将来做老师的理想，找到了学习的动力。

逐步地，我们可以无话不谈，可以一起分享读书的读后感、一起打电子游戏、一起去运动。现在，我们不仅是父子，更是朋友。

在刚刚结束的中考中，孩子考出了初中三年最好的成绩，实现完美逆袭，成功考取北京师范大学第二附属中学。

几年来的学习，让我深刻感知到：作为父亲，足以发挥的作用就是给孩子信任，帮他建立自信；给孩子空间，让他自由成长；给孩子理解和尊重，彼此平等交流；给孩子支持，助他勇于尝试。

2. 敬业的层次

敬业的状态大致可以分为三个层次，见图 11.2。

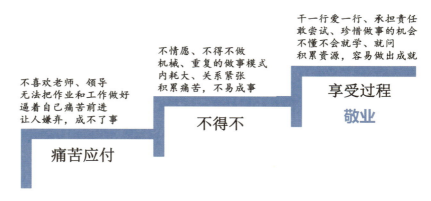

干一行爱一行、承担责任
敢尝试、珍惜做事的机会
不懂不会就学、就问
积累资源，容易做出成就

享受过程
敬业

不情愿、不得不做
机械、重复的做事模式
内耗大、关系紧张
积累痛苦，不易成事

不得不

不喜欢老师、领导
无法把作业和工作做好
逼着自己痛苦前进
让人嫌弃，成不了事

痛苦应付

图 11.2 敬业的三个层次

第一层是痛苦应付。这类人不喜欢老师、不喜欢领导，也没法把作业或者工作做好，他走到哪里，都不受欢迎、不被信任、让人嫌弃，一般人不愿意跟他合作。这样的人，往往馋懒奸猾，自我形象差，成不了事。关键是他们不知道自己的这种情况，因此，总抱怨别人不好、别人对自己不公平。总是处在痛苦应付的状态中。

孩子如果处在这个层次，一定是代养人把他培养成这样的。

第二层的状态是不得不。这类人有把事做好的愿望，甚至是强烈的愿望，但是，因为不喜欢，没有看到所从事工作的价值和意义，内心是不得不的状态。

有的人做事不动脑筋、没有创新、机械重复做事，觉得枯燥、没有意思。这样的人可以做成事，也不乏有成就的人，但他们的人际关系往往是紧张的，内耗比较大，积累的都是痛苦。

好多人总是抱怨收入低，满足不了自己的期望。可没想过："我喜欢这份工作吗？""我付出什么努力，让我在这个行业里做得跟别人不太一样，做到卓越？"只要是不得不的思维方式，就不太可能得到更多的钱，而只是一个标准品，甚至是次品，最多只能够拿到平均及以下的工资，这是一个人获得收入的基本逻辑。

第一、二层的人做事总是差那么一点，干什么都是"等一等"。柜子的东西没有分类，乱七八糟；家里没有功能分区，随处都是随手放的东西；平常穿的衣服脱下来，也随手乱放，到处都是堆着的衣服；收到的快递，随处放着，可能很长时间都不去处理；早上起来，懒得叠被子，反正晚上睡觉还需要摊开被子……

整个生活过程中因为处处的"等一等"，就会等出一堆乱七八糟的东西，然后觉得：生活怎么这么乱呢？事情怎么这么多呢？

实际上，差那么一点就差很多。

因为东西的摆放无序，对东西放在哪里心里没数，经常要找东西。东西不容易找到，就会产生情绪，不仅自己着急，还会影响身边人的情绪，弄得大家都不开心。

因为缺乏良好习惯，面对孩子，同样存在"等一等"的思想。觉得孩子还小，没关系，可以等一等。到了青春期，孩子积累的压抑爆发出来，就搞不定了。

第三层的状态是享受过程。这种状态是真正的敬业，他们干一行爱一行，敢于尝试，能够承担责任；他们珍惜做事的机会，心里顾虑少，不懂就会去问、去学；在做事的过程中，会不断地积累资源，他们的进步比一般人要快，容易做出成就。如果长期保持这样的状态，那一定是因为他们明白生命的价值和意义，或者在做事、学习的过程中逐步确定了人生的方向。

我做过酒店管理，对管理的认知是从学习酒店管理开始的。我一直非常崇拜丽思卡尔顿酒店的管理与服务，在此举一个关于这个酒店的例子。

> 在后厨有个负责洗碗叫伊比的小伙子，这个洗碗工身上的衣服总是非常干净，从事洗碗这个工作的人的身上是不容易保持干净的。这个小伙子非常珍惜洗碗工这份工作，他每天带两身衣服，觉得身上脏了，就换一身干净的衣服。
>
> 过了没多久，餐厅经理请伊比来做服务员，伊比成了服务员。又过一段时间，有人请伊比当领班。客房部负责人也想请他到客房部工作，大家都抢着用他。
>
> 现在这个肯尼亚难民出身的小伙子伊比，已经是一家丽思卡尔顿酒店的总经理了。他就是从认认真真地带两身衣服来洗碗开始，认真做好每一项工作。

在工作中，学会享受工作的过程，开心地多出一些力、多费一些心，就不觉得累。相反，如果面对各种工作觉得麻烦、讨厌，应付工作，尽管少出力了，也会觉得很累。

我有时会连续讲3-4天课，而且，白天和晚上都要讲。每当这个时候，大家都会觉得我很累。其实，只要跟学员建立了联结，让大家听得开心，讲出感觉，那么学员会像海水，老师就像是海面上的一叶舟，授课成为享受的过程，就不觉得累。

如果听课的人没有学习的意愿，是被要求去听课，处在应付、不得不的状态，我没能跟学员建立联结，这种培训会让人觉得累，半天下来可能嗓子就哑了，并且有挫败感。

《心流》的作者米哈里·契刻森米哈赖曾做过大量的实际调查，了解更多的心流状态（心流，指的是忘我的人生顶峰体验）是出现在工作中，还是出现在休闲生活中。结果显示，54%的心流状态发生在工作中，18%的心流状态发生在休闲中。说明了工作跟休闲生活相比，工作过程给人带来更多幸福的体验。

有人会说，枯燥单调的工作，怎么能让人获得成就感和幸福感呢？小学语文课本的《卖油翁》和《庖丁解牛》，主人翁做的就是再简单不过的、重复的事，但是，他们完全活在享受做这种事的过程中，最终他们的技艺达到出神入化的地步。

另外，如果在孩子从小到大成长的过程当中，父母跟孩子谈的都是成绩、排名、证书、获奖，也难以让孩子体验与享受过程。

对个体来说，一个敬业的人也不可能每天都处在心流的状态。其实，每个人都会有三方面的状态，只是敬业的人在大部分时间里，会处在敬业状态。

二、为什么要营造敬业的环境？

1. Hay 集团关于承诺度的调查

2012年5月，全球著名管理咨询公司Hay（合益）集团，发布了2011年中国企业员工有效性调研报告。报告显示，中国企业员工中受挫、漠然和低效的员工高达64%，比全球平均值整整高出10%。有15%左右的员工，尽管承诺度较高，但因为没有得到组织的必要支持，因此无法有效工作，并且有很强的挫折感。

如果能够从这些对工作承诺度不高的员工中，争取到 5%~10% 的比例并大幅提升其承诺度和有效性，企业将会得到很高的商业回报，但问题是怎样做？

出现这一情况的原因是多方面的，其中一个主要的原因是领导和管理这些员工的人，他们创造的组织氛围、管理和领导方式、调动员工的积极性和创造性的方式，带来这样的结果。

Hay 集团在中国关于领导人行为的研究发现，约有 60% 的各级管理和领导者打压或挫伤了员工的积极性。说明了中国企业领导人手里还拥有巨大的资源可以支配。

很多时候领导对下级的打压不是有意的，而是缺乏领导力的无意行为。但是，领导者并不认为自己常常在无意中打压了下属。

20 年来，我多次对自我评价做调查，有意思的是，无一例外地，对自己的投入度或敬业度评价，平均得分要比对别人的评价高。也就是说，大多数人对自己的评价都要高一些。我曾经多次跟一些企业高管聊这件事，大家基本的看法是，对自己的评价一般要打七折。

企业的员工和管理者，都是从家庭来的。他们这种对待下属的方式与工作状态，一般也是在家里对待孩子、家人的状态。

各级管理者，在人群里面是相对优秀的，在这些比较优秀的人里面，依然有 60% 的人会打压和挫伤员工的积极性。以此类推，有 60% 相对比较优秀的家长，会打压或挫伤孩子学习的兴趣和积极性。那些不是当管理者的家长，打压和挫伤孩子的积极性可能会更严重一些，这就是面临的现实。

2. 盖洛普关于完全投入的调查

盖洛普（全球知名的民意测验和商业调查 / 咨询公司）2013 年发布的 2011—2012 年对全球雇员对工作完全投入程度的调查，调查结果见下表。

全球雇员对工作完全投入程度（盖洛普调查结果）

序号	国家	投票自己 fully engaged 的比例
1	美国	30% ± 1%
2	英国	17% ± 1%
3	加拿大	16% ± 1%
4	德国	15% ± 3%
5	印度	9% ± 2%
6	日本	7% ± 3%
7	中国	6% ± 2%
8	叙利亚	0 ± 5%

由上表可以看出，中国在参加调查的国家里，排在第七。一方面说明了我国国民在工作中的完全投入度相对先进国家来说，是比较低的，在调查人群里，仅有 6% 左右的人觉得自己是处在完全投入的状态，这个数据值得我们深思。

另一方面，说明还有一种资源，尽管大量存在，却被大量浪费或低效率地使用。这种资源，就是人的智慧、经验、激情、积极性和创造性。换句话说，我们的人力资源还有很大的可挖掘空间，在同样的人群里，如果每个人投入程度提高一些，不仅会提高做事的效率，而且会减少很多因为没有完全投入而出现的返工、修补等带来的人力、财力、声誉的浪费。

对家长和老师来说，每个人对待孩子的用心程度高一些，问题孩子就会大大减少；而且，奉献社会、奉献国家的栋梁也会增加。至少，从学校毕业的孩子们，进入各行各业和家庭生活中，会减少很多冲突，会过得更加和谐顺畅。

因此，提高敬业程度，不仅是个人的需要，也是家庭、组织和国家的需要。

三、让孩子提高敬业度的切入点在哪里？

1. 通过教育提高学生的敬业程度

　　Hay 集团在中国关于领导人行为的研究发现，约有 60% 的各级管理和领导者打压或挫伤了员工的积极性。盖洛普咨询公司的调查也显示了：影响员工投入度中，有一个重要因素，那就是一线的经理人的因素。也就是说，一线经理人的管理水平会直接影响员工的投入度。两家公司的调研结果如出一辙。

教育能激发人的生命能量，让孩子认识到生命的意义。对敬业的教育，不能等学生进入社会后再做，而应该在学校时就种下敬业的种子。就是说，通过教育，潜移默化地提高学生个体和群体的敬业度。见图 11.3 。

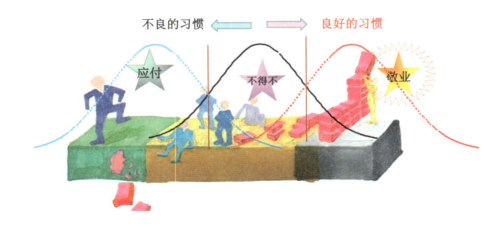

图 11.3　教育对敬业度的影响

通过敬业教育，抑制学生的不良习惯，养成良好的习惯，把敬业的曲线往右边移动。就是让不得不、应付的人数量越来越少，让整个人群的敬业度得到提升。

缺乏敬业教育、成长环境不好的孩子，处在左边状态要多一些。

在右边敬业的状态下，享受做事过程是令人开心的、有成就感的，应该说是人们都愿意追求的。为什么有不少人会处于痛苦应付或不得不的状态？为什么有60%的中国人对于工作的承诺度低于全球平均水平？

这就是本书第二章中《为什么要立志》里阐述的：87%的人没有志向，人生规划和目标模糊，常常是焦虑、迷茫的。长期生活在迷茫中，他觉得那个"好"离他太远了，或者觉得那种"好"的状态，他不配得到。

进一步追踪根本的原因，对工作应付和不得不的人，很可能是幼儿养性、童蒙养正和少年养志都没做好。在孩子小的时候，家长怕他累，怕麻烦，不敢让他去尝试，剥夺了他的行动力；或者引导的方式不合适，孩子拒绝尝试，没能发展出自己的行动力。成人后他没能觉察到自己行为的不合适之处，会认为问题都是别人造成的。

处在第一和第二类的人很多，怎么能够改善现状呢？这就是教育的责任。

首先要接纳。接纳了以后，知道"原来我是这样的"，再通过立志系统，激发生命的能量，让人愿意调整自己。习惯的改变是需要时间的，但是心态的改变，可能就是一瞬间的事。

对待自己的习惯也是这样的，先要看到自己的哪些行为习惯属于哪一类，对处在第一或第二类的习惯，接纳它，再去面对和调整。先从某方面的一点点开始。例如，从整理和清洁某个地方的物品开始，每次做一分钟整理，经常这么做，慢慢地习惯把东西放在该放的位置，做事按照逻辑顺序，并有时间计划……

自己养成好习惯，就能更大程度地发挥自己的价值，进入敬业的状态。如果有类似"我都这个年龄了，算了，改不了，就这样吧"的想法就只能继续吃苦，感受不到敬业的乐趣。

习惯，是敬业的重要体现。训练自己的时候，不用求快，在一个点上做得熟练之后，再慢慢地拓展。

敬业不仅指对工作岗位上的要求，生活中的各种角色，都存在敬业的考验。

2. 敬业的切入点在"母习惯"

通过生活教育，学会做家务、整理物品，这是养成习惯的"母习惯"。"母习惯"指的是，有了这个习惯，可以促进养成其他的习惯。因为，做家务是与世界联结的接口，是学会为人处世的起点，是职业化的常识性能力，也是人活得自在的素养。因此，要培养孩子热爱劳动的精神。

下面从敬业的四个要素来说明这个问题，见图 11.4。

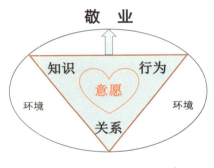

图 11.4　敬业的四个要素

（1）知识。通过做家务，了解事物的模样。比如孩子在做饭的时候，能认识茄子长什么样，然后去了解，茄子长在哪儿？茄子苗是什么样的？家长也可以带孩子到乡下去，或找周边种茄子的地方，孩子一下就有感觉了。

在厨房切菜的时候，能够感知到怎么切更快更好？怎么让刀不切到手？知道火候该怎么控制？知道水沸腾的温度是多少？什么菜应该用什么火候烧多长时间？知道各种食材的特点、重量，各种厨具的用法，调料用途，各种食材如何储存，等等。

整理物品的时候，了解物品归类、物品摆放、空间利用的科学性；了解不同物品材质的区别、不同材质洗涤方法的区别、各种清洁工具的使用方法、冷水热水的来源与使用、各种生活用品的特点和使用，等等。这些全是知识，通过实践体验变成了感知。

如果没有做家务的经历，以后在工作和独立生活中，对以上相关的知识和生活常识都会觉得陌生。遇到陌生的事，就会手足无措，并产生挫败感。也会给婚姻生活带来不和谐因素，甚至有可能会给合作者和领导留下不好的印象。

（2）行为。如果有做家务的习惯，自然比较容易感知到做事的基本规律，在生活和工作中，遇到困难之后马上就知道从哪里入手，不会有畏难情绪。

很多人嘴上说得很好，实际上却拖延、犹豫，找各种借口和理由，或者逃避。因为他总觉得难，不知道从何下手，怕做得不好而不敢做，或者一直在想着如何做到完美，不确保完美就不敢开始，总之就是不动手去做。这些都是没有"母习惯"带来的后果。

在生活和工作中，给别人交代工作，对方如果总是干脆地说："好的！"并且能够很快地完成任务，一般来说，这种人是比较勤快的，并且是会做家务的人。如果对方犹犹豫豫，讲条件、说顾虑，勉强地说："好吧……"过后拖拉，完成不了任务就找借口，一般这都是不怎么会做家务的人。

（3）关系。做每一件事都是跟各种人和物的联结，一旦联结上了，可以让事情和环境井然有序、方便安全。

做饭前，需要知道家里人身体怎么样、习惯如何，再决定做什么饭菜。了解家人谁口味重、谁口味淡、谁喜欢吃酸的、谁喜欢吃辣的，包括谁用什么餐具、餐具如何摆放。这都是感知别人的过程，是联结的过程。

做家务时，感知每一个人的日常习惯。如何统筹安排，让物品容易保持整洁，又方便使用，还保证安全。如果因为勤快收拾了东西，把别人的习惯打乱了，让别人找不到他的东西，反而是给人添麻烦。或者因为自己干活了，就埋怨别人不干活，这都是生事、破坏环境的做法。

　　我每天擦洗手间的台子、收拾卧室的东西，一般不会去改变我先生的习惯。我只是把他的东西清洁一下，在原处摆放整齐，过一段时间，把毛巾拿去洗一洗、晒一晒，完了还是挂回原处。

　　他经常洗澡后把湿的拖鞋穿出去，把地板弄湿了。以前曾让他洗澡时用专用拖鞋，他嫌麻烦，不换。大概是因为我说话的口气不对，让他抵触，因此，说了却无效。后来，我每天只要看到地面是湿的，就拖一下，什么也不说。

也不知道从什么时候开始，他就不再把湿的拖鞋穿出去了。

（4）意愿。意愿是习惯形成要素中最重要的因素。对待家务，如果是有意愿的、欢喜的，营造出来的氛围将是定向有序的、和谐的；如果是缺乏意愿的、应付的、不得不的，营造出来的氛围将是鸡飞狗跳、一地鸡毛。就是说，做事的意愿，决定了环境氛围；而环境氛围和人际关系又在很大程度上影响做事的意愿。

> 例如，在我家本来是我负责做饭的，但我先生总嫌我做得不好吃。为了做出他想吃的味道，他开始尝试自己亲自下厨。不管他做出什么味道，我爱不爱吃，我总是说好吃，进一步提高了他做饭的兴趣，慢慢地负责家里做饭的事就变成了他的习惯。
>
> 几年后，我完全不做饭了，他做饭的时候，我配合打下手，最后洗碗、收拾厨房，把厨房整理好，等他再下厨的时候，到处是干净的、方便的，他就更愿意进厨房了。

最近，网上有个很火的高情商河南老奶奶，她一出口，就是夸。在老奶奶的口中，凯凯爷爷干什么都是刚刚好。切菜不长不短、切肉不薄不厚、做的菜不甜不咸、摘回来的菜绿莹莹的、洗的菜光油油的……夸凯凯爷爷大高个、细长腿，长得不高不低，十里八村的谁不知道你爷长得排场；穿的裤子不长不短、穿的衣服不胖不瘦、穿的鞋不大不小的，漂亮极了……

夸得老爷爷笑着把活都干了，心里还美美的。老奶奶的夸，大大地激发了老爷爷的干活意愿，而且，还让家庭和谐，幸福健康。

所以说，意愿是可以激发的，并且转化为行动才是真的意愿。环境这个条件对意愿可以起到催化的作用。大家互相鼓励、互相促进的环境，能促使人保持行动的意愿，慢慢地形成习惯。

要注意的是，如果带着改变对方、满足自己愿望的目的而肯定、赞赏，这是对对方的一种绑架，是在用技巧而已，可能会导致对方反感和抵触。真正的意愿激发，要从满足对方需求的角度欣赏他，跟对方有心与心的联结，双方的情感是流动的状态。

对团队学习来说，大家可以在线上和线下经常交流与分享行动成效，并回应，这样营造团队学习环境，就可以保持团队学习的生命力。就像一堆火，众人拾柴火焰高，可以一直烧下去。

孩子也一样，孩子的兴趣是脆弱的，更需要靠环境的培育。如果想要孩子形成良好的学习习惯，而家长总是按照成人的标准去纠偏和否定，或者嫌他慢而不断催促；如果家长总想关心他，一会儿给吃的，一会儿想起什么就问他，一会儿怕他累了让休息等等的干扰，看他休息没有学习又要督促他；如果孩子完成了任务，本来很高兴，家长却没有肯定，更有甚者见不得孩子在玩，只要孩子不在学习，就说："就知道玩，作业写完了，可以学别的。"如果家长总是抱怨："你干点活，弄得到处乱七八糟的，还要人帮你收拾。"这样的环境，将处处挤压孩子自主的空间和锻炼的机会，孩子难以激发出自觉的意愿。形成了一方面等待被安排，另一方面又抗拒被安排的矛盾习惯。

3. 缺乏"母习惯"的原因

（1）家庭环境脏乱，没有整洁的习惯。

中国自古以来是农业社会，古人的一些生活习惯和风俗禁忌在今天看来，是非常不卫生的。晚清以后，在西方文明的影响下，中国的公共卫生事业开始起步。但在人们的潜意识里，仍然留存着不讲卫生的凑合思想，一些家庭不注重卫生。在这样家庭里长大的孩子，卫生意识比较差，而且标准低。

（2）家长、老师、领导缺乏"母习惯"的意识。

我去过很多企业，绝大多数在"母习惯"方面做得都不到位。星级酒店、大企业、现代的公共设施，表面上看着挺好的，因为大多数是专门的保洁人员在做，但私人的区域还是不尽如人意。企业知道要提高卫生标准，而且是为了这件事而做这件事，没有把环境卫生的保持，当作培养人拥有习惯的"母习惯"的机会，让大量培养人的机会白白丢失了。

（3）只关注孩子的学习，没把做家务当作必备的能力来培养。

一个人要想活好，做家务是最基本的。很多孩子从小只被要求好好学习，家长只要看到孩子在写作业就高兴，没有给孩子做家务的机会。

2022 年疫情期间，有些年轻人一直在吃方便面，后来小区派发生活物资，有些人说："别给我肉和菜，我不知道怎么做，你就给我马上能吃的东西。"由于生存能力的缺乏，在特殊情况下，有食物也没法养活自己，更谈不上习惯了。

（4）小时候没有养成习惯，长大了被要求太多，把这件事变成逆反的事。

如果孩子小时候没有养成"母习惯"，大了以后，想训练他养成好习惯，就是跨越他的舒适区，容易带来抵触。因此，要从小培养"母习惯"。

不过，孩子在小的时候，做事一般是不到位的。如果家长总去纠偏和评判，过多地干预会让孩子有挫败感。例如，孩子叠衣服叠不整齐，家长出手重叠，并告诉他正确的方法；孩子擦桌子，家长觉得没擦干净，去帮助和纠正……干什么事都要被纠正，他干脆不干了。所以，孩子养成习惯的过程中，要允许他一下子做不到位，维护他的兴趣，这是最重要的。

> 我女儿上初中前，她的房间都是我整理的。上初中后，每当看到她的房间不整洁，我就不高兴，指责或者呵斥要求叠被子，或者整理房间。其实，我平常也经常带她一起做家务，她的东西从小学开始都自己整理，但就是不叠被子，这让我接受不了。
>
> 她大学毕业以后跟我说："其实，我是愿意整理房间的，只是因为当时很反感你提要求的口气和态度，因此，我干脆就不叠被子，看你能把我怎么样。"
>
> 我吸取了带女儿的教训，在小外孙女 2 岁开始，就训练她叠自己的衣服，现在 6 岁了，每天她自己的床铺都整理得很好。女儿给孩子安排的柜子、抽屉，分类很清楚，孩子拿放东西都比较有条理。

总之，需要从我做起，从现在做起，养成"母习惯"，同时让孩子拥有"母习惯"，这是不能糊弄的。退一步说，生活中难免有些凑合的地方，但是，培养孩子绝不能糊弄或凑合，孩子在成长过程中没有糊弄和凑合，那么未来他的人生也就容易如自己所愿。

四、拥有好习惯的好处有哪些?

1. 养成好习惯的好处

在日常生活中，拥有"母习惯"的人，做事是有序的。什么东西放在什么地方，了如指掌；东西总是拿出来的，不是找出来的，这种人一般有较强的心力。

没有好习惯的人，他的内心是混乱的，缺乏定力和稳定性，很容易被当下的环境影响，或者被情绪所左右。因此，做事能糊弄就糊弄，能凑合就凑合，只顾眼下的，不顾下一步，也不顾给别人带来什么，给下一个工序带来什么。

我前几年搬家，没有把这件事作为重要紧急的事来办，衣柜的东西都是临时放的，每当拿衣服的时候，都需要找出来，凑合地拖了两个多月才整理。在那段时间，一看到柜子的无序，心里总是乱乱的，觉得有些不踏实。

有一天，我停了一下，决定马上开始整理，半天时间就完成了。看着整齐的衣物，分类清楚、摆放有序，可以实现要什么东西马上就可以"拿"出来，而不是"找"出来，心里一下子轻松而豁亮，体验到整理物品的好处。

凑合地待在杂乱无章的惯性里，会持续给自己增加麻烦。放下手头的工作，好好整理一下所在的环境，是磨刀不误砍柴工的事情。无论家庭还是组织都是这样的，常常有人像当时的我一样，一直反复地忍受着凑合的麻烦，而不想花一点时间去"磨刀"。

近几年，经常讲物品整理的课，凑合的状况减少了很多。去年底我又一次搬家，我用一周时间，一鼓作气地把需要我整理的东西整理完了。看着物品从杂乱到整齐有序，心里感觉美美的。

以前，我出差回家的行李箱，或从外面带回家的东西，有时候会放几天再处理。现在，我都是第一时间把带回来的行李箱清理好；平常回家进门后，把包、车钥匙等物品，第一时间放到位。尽量保持所到之处的环境是归零的状态。

有了这些"母习惯"带来随时随地的好习惯，不仅时间安排是有序的，物品是定位的，还提高了处事能力。对什么事情怎么处理心里有数，就不会慌乱，因为自己与外在的事物是有联结的。即使出现让人慌乱的事情，也很快可以镇定下来。

拥有好习惯，是自己要这么做的，不能是对他人的要求和强迫。如果因为自己做得好，而要求、强迫别人一定要做好，就会因生气而产生冲突。在被迫和冲突中，对方会产生抵触与反感，因此，干脆就糊弄、摆烂。强迫和糊弄处在没有好习惯的两端，见图 11.5 所示。

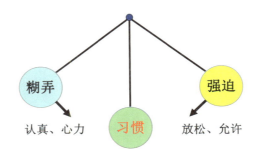

图 11.5　糊弄和强迫是没有好习惯的两个极端

因此，一方面，自己要做好，起到示范的作用，这是前提。另一方面，要放松地允许别人一时做不到，给空间和锻炼的机会，慢慢地提升对方做事的心力，形成认真做事的习惯。有人说，养成习惯是"复利"行为。例如，投资 100 万元，10 年后的资金总额 =100×（1+ 年利率）^{10}

投资利率与收益表

序号	年利率	10 年后资金总额（万元）
1	0	100
2	1%	110.5
3	5%	162.9
4	10%	2511.4
5	30%	1378.6
6	50%	5766.5

由上表可以看出，习惯的形成有两个维度：一个是时间的维度。这会产生时间上的积累效应，每次的行为，都向"习惯账户"中存入了一份资产，每天进步一点点，最终将产生意想不到的结果。

俞敏洪说，他在大学四年，天天给宿舍同学打开水。打了四年，不管是炎炎夏日，还是严寒的冬天，天天如此。他们宿舍四年都没有排值日表，有时候他忘了打水，有同学会说："俞敏洪怎么还不去打水？"学校放电影的时候，俞敏洪一个人扛着全宿舍的凳子去占位置。

俞敏洪创立新东方后，急需大批国际化的人才，他到美国去找以前的同学。同学们回来了，给了他一个令人意外的理由——我们回来，是冲着你过去为我们扫了四年的地，打了四年的水。你有奉献精神，你有饭吃，一定不会给我们喝粥。

俞敏洪有勤快的习惯，这个习惯使他在无意中发挥了自己的优势，同时，这个帮助他人的习惯，让他吸引到更多的人跟他合作。

所以，一个人有利他的习惯，在无形中给自己带来很多的好处，走到哪里都是有价值的、容易受欢迎的。

另一个是年利率维度，这个维度的大小对结果影响很大。年利率相当于学习的方式，如果只学习知识，虽然也有用，但可能只有 1%，或者 5%。如果学习知识的同时，重视实践和总结改进，并跟伙伴们分享自己的成长，大家互相学习，互相促进。那么，这个年利率就会比较大，也许是 50%，甚至是 100%。

2. 习惯形成的三个层次

亚里士多德说过："人的行为总是一再重复。因此卓越不是单一的举动，而是习惯。"习惯在不知不觉中，影响着一个人的品德，暴露出一个人的本性，左右着一个人的成败。

十多年前，我看到一份资料：

◆人生的状态，90% 是由习惯带来的。

◆对技巧娴熟的优秀运动员的大脑进行扫描，结果是，在其专长的运动项目中，其比一般运动员用脑要少得多。

◆对该做的事，习惯地去做，就会减少使用"意志力"，也就是减少耗能。

习惯就是人的惯性。俗话说："江山易改，本性难移。"难移的是一个人包括各种习惯在内的本性，或者叫生命惯性。这种惯性的力量极为强大，要改变惯性的方向，需要比惯性更为强大的力量，这种力量主要来自人的意志力。就是说，抑制坏习惯、养成好习惯，需要强大的意志力。

《高效能人士的七个习惯》作者史蒂芬·柯维，把改变习惯比作太空船摆脱地球引力登上月球的过程。太空船要想登上月球，得先摆脱地球强大的引力，因此在刚发射爬升的几分钟内，也就是整个任务一开始的一千多千米之内，是最艰难的时刻，所耗的能量往往超越往后的几十万千米。一个习惯的改变亦是如此，刚开始需要付出极大的努力，然而一旦摆脱引力的牵绊，便可以享受前所未有的自由。

根据从被动到主动，形成习惯划分为三个层次：第一个层次，也是最低层次，是从不自觉到自觉的行为，需要依靠外力的督促、教育，不断强化，从而产生条件反射，形成习惯。

例如，我学开车比较早，那时候交通规则没有学好，在后续的开车中，每年都会有几次违章，每一次的违章处理，对我都是一次教育、强化的过程，让我逐步形成了遵守交通规则的习惯。

第二个层次，形成自觉的行为，需要一定的意志力，主要靠自我提醒，一般不需要外部的提醒。这层次形成习惯，需要经过多次重复变成行为的惯性。

例如，我坚持好多年每天写觉察日记，就是因为写觉察日记可以促使我带着觉知去实践，并且，每天总结和分享，让我收获了心智模式的改善，从中尝到了甜头。从一开始的硬着头皮写，到后来变成了不写就觉得缺了点什么的习惯行为。

第三个层次，是自我意愿直接改变形成自动化行为，这是最高层次，也是最快的方法。

2009 年之前，我习惯性地跷二郎腿。那年的 9 月 10 日，一位朋友跟我说："你的腰经常不舒服吧？"
我说："你好神啊！你怎么知道的？"
她说："我看你坐着总跷着二郎腿。"
接着她跟我说了跷二郎腿的害处，主要是使腰椎侧弯，导致腰疼。我相信她说的，马上接受。从那一刻之后，我再也不跷二郎腿了。因为好多年的腰酸腰疼让我很不舒服，我不想继续受这个苦了，因此，立马就调整了。调整后，果然问题就解决了。

有的人一辈子戒不了烟和酒。一旦身体出问题了，一下子就戒了，而且是彻底地戒了，这也是形成习惯的第三个层次。因为，一方面，相比戒烟酒的苦，身体带来的苦更大。另一方面，是受苦受够了，改变的意愿比放纵自己的意愿更强，行为就改变了，进而形成习惯。

　　通过学习或者通过看到别人的苦，生命觉醒了，在没有后果的时候，就自行踩刹车，保证自己未来是身心健康的，是活得明白的，这是我们要追求的。

　　帮助孩子培养习惯，如果能够实现第三个层次，将最省事。一般都需要循序渐进，最好是从上幼儿园开始童蒙养正，并从"母习惯"入手，这会起到事半功倍的效果。有的家长在孩子大一些的时候，才了解到"母习惯"的价值，希望孩子一下子就养成做家务或其他习惯。因为孩子原来没做过，一下子做不到位，会有挫败感。特别是，做不好的时候被反复纠偏和否定，将兴趣全无，干脆不做了。

　　所以要以接纳允许的心态，慢慢地带着孩子做，从简单的小事开始，让孩子能够从做中尝到甜头，产生兴趣。必要的时候向孩子道歉说："对不起，因为爸爸妈妈原来不懂，在你成长过程中没有给你这样的机会，现在我们慢慢从头来。"

　　总之，习惯的形成过程，意愿是第一位的，要有耐心地逐步给予孩子锻炼的空间和机会，从小开始、从小事做起。

第十二章　养成习惯的"母习惯"

上一章重点阐述了敬业的切入点，是在做家务过程中，养成习惯的"母习惯"。本章将进一步了解，看似平常的做家务有哪些深刻的内涵？可以如何训练？

一、如何避免丢三落四？

1. 从做家务理解心神合一

以前我干活是不走心的，总想着赶紧做完。我看到很多人跟我一样，因为做这件事只是为了把这件事做完。许多人在做家务的过程中，凭惯性干活，心完全不在这件事情上。擦桌子时，往往是抹布团成一团，在桌面漫不经心地抹几下；洗碗时没章法和顺序，洗完后水池和台面湿漉漉、黏糊糊的；洗完衣服，发现白色的被染成花的……这样地干活，对生命、对心都没有滋养，体验到的只有烦和累。

如果是心神合一地擦桌子，会感知到抹布，把抹布折叠好横向擦几下、纵向擦几下，还要根据桌面的干净程度决定抹布的水分应该有多少，决定一面该擦多大面积，先擦哪里、后擦哪里。洗碗的时候，基本流程、顺序怎么样，如何洗又快又省水，还省洗洁精，洗完之后，整个厨房是干净整洁的，就像没有用过的一样。洗衣服的时候不能让颜色互染，内衣、外衣分开，多少衣服用多少洗涤剂，什么衣服用什么洗涤剂，晾衣服时，外衣反过来晾（减少褪色），内衣正着晾（避免被污染）……

这种心神合一的做事方式，不仅对做事的流程和步骤了然于心，做得周全而到位，而且是最节省时间、节省资源的方式；此外，还让躁动的心得以平静，对生命起到滋养的作用。

> 我一直都比较忙，能够让别人做的事，我都找人帮忙。但是，如果什么家务事都不做，生命的功能会退化，也会失去基本的训练心神合一的机会。所以，我把我的办公桌、床和洗手间的台面，当作给自己的一点自留地。
>
> 每天工作告一段落以后，我就把桌子收拾一下；早上起床，马上把被子反过来铺好晾一晾，到出门前，或者上午10点多再把被子铺好；每次去洗手间，都把水池台面、水龙头、水池、镜面擦干净，抹布洗干净晾好……这样一来就可以保证我离开的地方，是干净整洁的。在家、在工作单位是这样的，出差住酒店也是这样的。
>
> 做这些事，让我保持做每一件事能够用心，用心了就有了耐心。

有些人在心情不好的时候做点家务，很快心情就平复了，就是因为借助做这些事来让自己的心神趋于合一，补充能量。

孩子学会了心神合一的做事习惯，在写作业和考试的时候，能够专注于所做的事，不会马虎应付、拖拉敷衍和丢三落四。特别是在考试读题的时候，如果三心二意，虽然逐字逐句地看了，但是没有入心，对某些条件视而不见，理解就会出偏差，这是孩子们普遍存在的问题。

到底什么是心神合一呢？心，指的是感知、感觉；神，指的是意识。心神合一，就是内在的感知觉与脑子层面意识的合一，减少意识层面的干扰。

> 请在安静的地方，用心地走几步，体验什么叫心神合一。
>
> 正常人都会走路，但是，一般人都不会留意到自己是先迈左脚还是先迈右脚。脚是哪里先着地的？双脚的力量是如何传递的？
>
> 现在体验一下，慢慢地抬脚迈步。假如是先迈右脚，就可以感知到，右脚的脚后跟先着地，左脚的脚后跟抬起，然后着力点逐步地移到右边的全脚，左脚的脚尖用力蹬地，右脚的脚后跟抬起……就这样，右脚和左脚流畅地交替往前，整个过程是完美的力量交替传递的过程。

这是心神合一的体验过程，也是心神合一的训练方法。我在心绪不宁的时候，经常这样慢慢体验着脚的用力，走几分钟，心就定下来了。

2. 避免丢三落四的奥秘

大部分人都有找手机的经历，有时候甚至手机拿在手里却到处找手机，就像图 12.1 的状态一样。

图 12.1　手机就在手里却到处找手机

戴眼镜的人，常常找眼镜。女性往往不爱在兜里装东西，经常找钥匙。或者在包里一通乱翻，找钥匙、手机等东西，有时候，甚至忘了包放在哪里。

还有出门的时候，忘了是否把门关好；停车后，忘了有没有锁车。

在电脑上，经常忘了某份文件放在哪个文件夹了，文件名是什么也忘了，要用的时候就找不着了。

2008 年，曹老师告诉我一个非常简单的方法，只需要一秒钟，就可以避免丢三落四。

那是 2008 年的夏天，我第一次去曹老师的训练中心。到训练中心后，几乎进每个房间前都要换鞋。换鞋换得我挺烦的，我就问曹老师："为什么总这么换鞋呢？"其实我要表达的是："能不能不换鞋？"

老师说："你以为我没事儿，天天让人换鞋？换鞋这个动作是有含义的，是训练的一种方法。"接着说："你试着想想，为什么这么换鞋？明天再说这个问题。"我苦思冥想，怎么都想不出来。

第二天一早，我迫不及待地跟老师说："我没有想出来，到底是为什么。"

她问我："你是不是经常找眼镜？是不是经常找钥匙？门关了以后，不记得关了没有？停车后，有时候不记得锁车了没有？"

我说："我就是这样的，你怎么知道的？"

老师说："不仅你是这样的，大部分人都这样。所以，我才有这个换鞋的设计。"

我还是没有明白："这种丢三落四的现象，跟换鞋有什么关系？"

老师说："丢三落四，是因为心不在这件事上。解决这个问题，只需要在做每件事的时候'停一下'，在心里默念：钥匙放在桌子上，眼镜放在台子上，车锁了，门锁了……一般就不会忘了。"

我一下子就明白了，一秒钟，就解决了丢三落四的问题。从那以后一直到现在，我虽然也会偶尔找一下东西，但总的来说，比以前好多了。

我也这样训练我的小外孙女，我常常对她说："×××放这儿啦。"每次开车带她出去，锁车门后，我就说："我们把车锁好了。"或者让孩子说"车锁好啦"，让孩子从小就有这种习惯。

人做事时，往往凭惯性，心和意识是分离的。停一下，人的心就回来了，心神合一了，就有了觉知。

二、如何提升系统思维能力？

系统思维是一种逻辑抽象能力，也称为整体观、全局观，是对事物全面的了解和联结的自然结果，不是就事论事。是把结果、过程改进，以及对未来、对他人的影响等一系列内容作为一个整体的思维方式。

一个人的系统思维，不只取决于人脑意识层面的思维，还有整个身心协同运作的结果，是心与所接触的外在世界的联结，从一个点可以系统联系到相关的多个点，并且是有序的。缺乏系统思维，只是简单的点对点的思维，事情多了，心里一团乱麻无从下手，是剪不断、理还乱的状态，表现为"只见树木，不见森林"，或者"治标不治本"，见图 12.2。

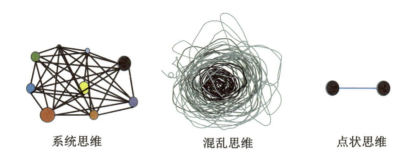

系统思维　　　　　　　混乱思维　　　　　　点状思维

图 12.2　系统思维与混乱思维的示意图

系统思维看似挺高深，其实在日常生活中，可以通过简单的方法来训练获得。孩子的学习成绩跟系统思维有很大的关系，系统思维决定了学习方法，因此，有必要训练孩子拥有这个能力。

1. 关注做事步骤和操作方法

关注细节、步骤和操作方法是训练跟物品联结的途径。

在我外孙女 4 岁左右的时候，有一次我带她去农场玩，回来的路上她跟我说："姥姥，种菜挺简单的。"

我好奇地问："怎么简单呢？"

她说："第一步，挖一个坑；第二步，把种子种下去；第三步，把土盖上；第四步，浇水；第五步，让它长就是了。"

为什么她有这样的认知呢？那一段时间，她起床和洗漱比较慢。我跟她说："第一伸懒腰，第二坐起来，第三脱睡衣，第四穿衣服，第五叠睡衣，第六叠被子……" 她觉得好玩，就自己一步一步地边说边做。

进洗手间的时候，我说："搬垫凳，站上去，脱裤子，坐下来，尿出来。"每听到这儿，她就咯咯地笑。对孩子需要用有意思的方法，这样既让孩子觉得有意思，同时又让孩子熟悉操作的步骤。

洗漱的时候也这样说，孩子觉得有趣，就照着做，速度也会变得快一些。

孩子小，对训练的东西很快就入心了。在游戏中无意间就得到了训练，对流程、步骤有了感觉。

孩子做别的事比较慢的时候，不是催她"快点！快点"，而是说："第一步……"她一般会跟着，就加快了速度。

类似这种无意中的训练，可以让孩子对步骤、流程和物品建立感觉。

网上流传的胖胖小鱼，从5岁开始，父母就教他做菜做饭，9岁就成为大厨，有时候家里请客，一大桌的饭菜都是他一个人做。

如果没有做事的步骤、流程，不知道什么事情怎么做，什么东西放哪儿，哪些步骤先做或后做，他是做不成的。

在曹老师那里学习的时候，我充分体验了学会用心的习惯。比如，洗抹布的水往往是擦地水的一倍，这样才能保证抹布是干净的。因此在那里，没有脏的抹布，也没有卫生死角。陌生人一般不知道哪块是抹布、哪块是洗脸毛巾。放置布和脸盆都有规定，按照规定就不会错了。

洗抹布和毛巾不是水越多就洗得越干净；水少一些，布得到充分的摩擦，搓洗了以后，再反复几次吸水、拧干，最后加水揉洗，就干净了。这样不仅用水少，还洗得快。

对付比较脏的甚至有油污的地方，让布带着饱满水分，用水带出脏东西，这样就不会污染到抹布。

训练擦地的时候，用的是两个盆、三块抹布。擦地原则：先边角，后大面；先上，后下；先擦出一块立足之地，再往后退着一点一点往外延伸；一个手保持干净，另一个手是湿的；每一个动作的结束是下一个动作的开始，所有的事都为下一步做准备；三块抹布和两盆水的功能分清，等等。

训练体现：独善其身才能兼善天下；既有具体的洁净流程、步骤，又有系统的思维。仅仅擦地这一项的训练，就有系统的为人处世的训练理念和训练方法，做其他任何的家务事，都可以成为训练过程。

2. 增强对物品与空间的感知力

做家务，可以增强人对物品的空间感，进而训练逻辑思维能力。

例如，做饭、洗碗、擦地、洗衣服、整理房间。每件事从哪里开始，流程清晰，就知道如何穿插着做，例如，先把衣服放洗衣机里洗，再下锅煮米饭；接着洗菜，把菜放水里泡一会儿，趁这个空当儿擦地；地擦好后，开始切菜、炒菜；菜炒好了，叫家人吃饭，让家人摆碗筷、打饭，顺手收拾一下灶台；吃完饭，衣服也洗好了，去把衣服晾好，回来洗碗。这些操作都心中有数，一切尽在把握中。对事情和空间有感知，做事的过程中还可以听歌、听书等。

这些简单的事，处处体现出一个人的做事能力、逻辑思维和勤俭意识等，这也是系统思维。

我女儿有二宝以后，她就带着大宝把柜子、抽屉重新分类，并打上标签，让大宝去贴。有上衣、外裤、秋衣、内裤、袜子、中文绘本、英文书、乐高、拼图、手工、工具、画笔、弟弟玩具、娃娃、头绳等标签。见图 12.3 所示。

整理前大宝不完全认识那些字，贴完后就知道东西放哪里，并逐步认识了那些字。有了这些标签，她基本能做到按贴的标签放好，谁要放乱了，她就会提醒放好。时间长了也会有点乱，一段时间后再带她一起整理一次，保证物品基本有序，实现有序管理。

我女儿对整理物品的观点：整理物品是建立逻辑概念，训练孩子对空间的感知力，理解物品之间的关系。

图 12.3　物品分类示例

　　大宝 5 岁左右，表现出对数学的兴趣，个位数的加减都会了。我很好奇，我们没有教这些，为什么她会呢？我想，这就是物品整理和分类的作用，数学就是逻辑，通过整理物品，孩子逻辑思维得到了锻炼。

三、为什么说整理物品是培养感恩意识?

1. 整理物品激发感恩心

　　2019 年，我参加了一个培训班。学习实践中有一个为期六个月的训练，一个周期有六个阶段。第一阶段是观察一个简单的物件，一块石头、一支笔、一根筷子……我做过两轮这样的训练，整整训练了一年时间。

　　第一阶段的训练，我选择的物件比较复杂，第一次选择的是眼镜，第二次选择的是鼠标，因为这两样东西跟我的关系最密切。

　　每天选一个安静的不会被打扰的时间，将这个物件放在面前，动用所有的感官，尽可能详尽地去观察它，观察五分钟，每天都会注意到新的细节。然后，想象是在给一个失明的人做描述，并记录下来。

　　观察一周后，可以问一些关于这个物件的问题：我能用它来做什么？它是怎么做出来的？为什么是这种形状？它还有可能做成其他形状吗？它是在哪里制造的？我是怎么获得它的？它的原材料是什么物质？问所有能够想出来的、有助于了解这个物件的问题，自己回答，或者在百度上寻找答案。

每天重复同样的训练，并在前一天的基础上继续探索。这样过一段时间，就可以了解到所有可能相关的问题。

训练的过程中，每天都记录观察和了解到的信息，我发现，我的思维更清晰、敏锐，我的观察力、注意力和理解力也得到提升，对所观察的物品真正生出了感恩的心。

在观察眼镜和鼠标的训练中，我发现了许多平常没有关注到的细节和功能，对它们的了解更加全面，产生珍惜的感觉，跟它们产生了联结。

这个训练结束之后，我对物品的感知能力增强了一些。每样东西在我眼里不仅是被我所用，而且值得我感恩。例如，原来我认为，车子是我的代步工具，所以车被剐了、蹭了，我并不心疼，几年修一次就行，车子的维护保养全都交给别人做。

现在，我感觉车像是我的一位好朋友，用车的时候，关注它、感谢它为我服务；经常自己去给车子做维护保养；开车前、停车后，欣赏车子各个部分的协调与精致之处，观察车子的状况……这就是跟人跟物品建立联结，是对物的感恩。

进而感知到，所有我在用的物品都值得我去感恩，比如桌椅、笔、本、电脑、床、餐具、衣服……缺少哪样，我都不能正常地、舒适地生活、工作和学习，这些东西给我带来了各方面的便利。此刻，我正在舒适的房间里，坐在椅子上，在办公桌前戴着眼镜、用着电脑和鼠标。试想，若任何一个物品缺失或不到位，我都不可能这么方便地整理书稿。因此，感谢所有为我服务的东西。

2. 不可忽视的洗手间

提起洗手间，一般人都把它当作不能登大雅之堂的、不干净的地方，有一种嫌弃的心态，对洗手间严重缺乏感恩意识。

实际上，人几天不吃不喝还能活，但是几天不能上洗手间，会比死还难受。对人体来说，出和进同样重要，因此，重视洗手间要像重视厨房和食品一样。吃饭需要感恩，排泄同样要感恩，这样才能形成持续的循环。

这是我去日本学习后才有的认知。在日本伦理研究所的富士教育中心，坐便器前的门上都写着感恩词。

日本的洗手间，不管是寻常百姓家里，还是公共场合，都干净到极致，五星级的洗手间环境非常普遍。他们认为，洗手间不仅是为了方便，还承担着休憩、享受的功能。

洗手间、洗漱处所体现的，表面上是环境卫生，实质上是一个人对自己负责任的品质、团队的品质、组织管理的品质，也是岗位与角色的品质，所有的品质体现出的是文明的程度。

缺乏这种品质，不仅影响个人形象，也会影响组织形象，对企业来说，无形中会损失很大部分的利润。

有一次，我在宁波讲课，中午组织者带我去当地一个口碑很好的小饭店吃牛肉面和牛棒骨。

等餐的时候，我顺便走到小饭店的洗手间和后厨看了一眼。从门面的卫生状况到洗手间和后厨的状况，就猜到这个饭店的价格定位。

一份牛肉面是20元，带有好些牛肉的牛棒骨只卖15元。我在北京一家大饭店里吃过同样的牛棒骨，78元一份。

可见，洗手间的卫生不是小事，是见微知著的地方。如果没有一流的卫生环境，却说能够产出一流的产品、保障一流的安全、提供一流的服务，将难以令人信服。即使态度不错，也只能是低层次的。

如果洗手间可以保持干净，其他地方也不会太差。洗手间的干净程度，反映出一个人对卫生的感知力。

还有一种情况，有的人看似很爱干净，对外面的洗手间是排斥的，却能每天接受自家洗手间的不干净，没想过要彻底清洁自家洗手间。

有一位朋友，很爱干净，看到不干净的洗手间时，身体会过敏。跟她一起出差，她一般不用公共洗手间，特别是高速路的休息区和火车上的洗手间，她宁愿一天不喝水，以避免上洗手间。

我想，她这么怕脏，家里的洗手间一定很干净。

但有一次去她家，她家的环境真谈不上干净，洗手间跟高铁上的差不多，但是，她却不觉得有问题。

我在思考：这是什么原因？原来，她只是排斥别人的洗手间，对自家的却怎么样都可以接受。她的为人也是这样的，对别人有严格的要求和执着，对自己的要求却并不高。对洗手间的排斥心，背后是对自己和他人缺点和错误的排斥。

养成习惯的"母习惯"，需要看到对洗手间的排斥心，激发对洗手间的感恩；同时接纳让自己不舒服的不足和错误，把这些转化为成长的契机和营养。这将让人生活中的麻烦和死角减少。

因为，洗手间的卫生不仅是洗手间本身的事，而且反映人的心智和品质。国际上还有世界厕所组织、世界厕所峰会，每年11月19日是世界厕所日。这说明洗手间的卫生逐步得到各方重视。

厕所指的是人们用来大小便的设施。洗手间通常指有洗漱用具，提供洗手、刷牙、洗脸、美容等方面设施，以及放置大小便用具设施的区域，洗手间包含了厕所的功能。上述提及的洗手间是厕所的雅称。

世界厕所组织的创始人——沈锐华，在新加坡开设了世界首家公厕学院，培养厕所管理人员，提升厕所清洁工的能力，还开设厕所设计和建筑课程。

2022年11月19日世界厕所日前夕，《联合国纪事》采访了世界厕所组织的创始人兼总干事、外号"厕所先生"的沈锐华，他畅谈了厕所和卫生设施对于实现可持续发展的重要作用。

沈锐华说："40岁左右，我已经赚到了一些钱，名下有16家公司。我开始反思人生的得失，我对自己说：'赚那么多钱有什么用？钱是赚不完的，但人的一生是有限的。'最终，我决定用有限的生命来为人民服务，这是时间能换来的最珍贵的东西。

"我想做一些没人愿意资助的项目，并选定了以厕所作为目标。因为每个人都需要厕所，改进厕所一定是好事。厕所是人都需要的，但因平凡无奇或不堪入目，没有人愿意和它打交道，于是就被忽视了。

"人们觉得谈论厕所很粗俗，也很难接受这一话题，所以我让它变得幽默起来，将世界厕所组织称为 WTO，和世界贸易组织的简称一样。"

对别人不感兴趣做的领域，如果有人像沈锐华一样去承担起来，将激发更多人的积极性和兴趣，改善世界被忽略的死角；将使世界不仅有更多干净的洗手间，还可以清理人们内心的死角。

四、如何疏通阻滞的关系？

1. 改善管理水平的基础条件

看到家庭环境，就知道家庭的关系状况；看到企业的卫生环境状况，就知道企业的经营管理状况；看到班级和宿舍的环境，就知道学生的心理状况。

来广州之前，河北的一家企业请我去给他们的企业做诊断。这个企业曾经在行业里名列前茅，但是现在被甩到了后面，产品价格上不去，而且进入一线城市比较困难。

我从进大门，到办公楼经过前台，顺便去了一趟洗手间，再到他们的会议室。这一路，不用谈什么，我已经知道了他们进一线城市困难和价格上不去的原因。

我看到，大门口两边都是烟头，还有人蹲在绿植边抽烟、聊天。保安室里又脏又乱，保安室外面挂着几个不知道是干什么的破旧小盒子，上面落满了灰尘，面板上的塑料膜脏兮兮地卷翘着。墙上还有电线不规则地耷拉着；办公楼前面的地毯是脏的、卷着边的；办公楼明亮宽敞，摆着很多贵重的摆设，但是前台的台面和地下不规则地堆放着一些东西。

我想：保安室和前台也许是公司基层人用的，老板和职能部门所在的楼层估计会好一些。办公楼整体还挺气派的，走廊有企业的宣传。但进了洗手间，看到整体的情况，跟其他楼层是相似的。会议室一进门看着还不错，角落却是不干净的。

企业介绍的沟通结束后，负责对接的副总让我去车间看看。我走马观花地看了几个地方。每一个车间楼梯下都有一两处储藏间，里面的东西一般都堆到了门口。我问边上的人："这里堆的是什么？"回答说："是没有用的杂物。"

我又问："有多长时间没有清理？"答道："从来没有清理过。"

其实不看也知道了大概，看了以后更验证了我的想法。面上的问题都能在公司内在的管理、领导的合作、老板的特点等方面找到解答。老板本人和高管一定也存在着家庭关系的"堵塞"问题。

这个企业的老板很善良，也很好学，而且他们采购的原材料品质都比较好，老板还舍得让员工学习。但是因为对企业基础管理的忽视，整个企业管理基础是空的，对环境卫生视而不见也反映出基础管理的薄弱，没有意识到环境卫生体现出来的是企业的品位、管理水平和产品品质。

现场环境状况呈现出来的企业能量比较低，让经销商可以跟他们压价、谈条件，并且吸引不到高品质的经销商。

组织管理问题，外在看得见的是空间和物品的状态，内在看不见的是心智和关系的状态。每次我做企业项目之前，就先看看企业的环境，特别是要看边边角角、洗手间、储藏间的状态，就知道大概的情况了。只有环境没有问题，才能谈更高层面的内容。

想从根本上改善环境，需要从心智模式入手。心智模式的改善，是一举多得的事，改善环境只是其中的一种副产品。

"扫除道"创始人键山秀三郎有一个汽车售后服务公司，他不会管理，但是就像妈妈一样，坚持每天自己打扫卫生，用20年时间影响全公司的人一起打扫。有个叫镰田的社长跟他学习后，用10年时间发展出"扫除学习会"。

又过了 10 年，影响到整个日本把扫除变成了维护治安的对策。这个结果不是键山秀三郎设想的，却是他几十年坚持而积蓄出来的能量。

他们公司有一个很牛的做法：跟任何客户都不报价，客户说要什么，就把东西寄过去，同时寄去账单，对方就把钱转过来。因为他们让消费者感到绝对放心、绝对安全。他们说："你要不相信我们，请看一下我们的洗手间，就相信了。"也就是说，只要到店里看一下环境，大家就相信了。

有一次，他们所在的地区抓到了一个大盗。这个大盗偷了附近许多企业的财物，被警察抓到后，去指认偷盗现场。路过镰田的公司门口时，大盗说："我本来想偷这家的，后来没去，因为他们打扫得太干净了，有一种威严感，我不敢走进去。"

小偷不敢靠近整齐干净的地方，那是因为整齐干净的场地散发出的是正气；而邪恶的东西是低能量的，这是自然规律。

一个组织要改善环境这个基础，需要从一把手开始，全员参与，并且长期持续维护。看似是很简单的事，做一次、两次可以，长期每天坚持做，就很难了。一般会遇到很大的阻力，因为各级人员习惯了原来的环境和做事方式，需要打破舒适区。

打扫卫生、整理物品还有一个很重要的功能——心情不好、想不通的时候，去干这些事，心中的结与迷惑往往会在整理中神奇地化解。因为在打扫卫生的同时，心里的一些杂念也被打扫掉；整理物品的同时，心智也得到了整理。

在辅导高三学生的项目中，临近高考的时候，我让学生做一次宿舍、教室、课桌的物品整理。有人说：这么紧张的争分夺秒的时候，为什么还让他们花时间整理物品？

我说：正是因为学生有些紧张，通过整理物品，把不要的东西清理一下，把环境整理得整齐一些，可以缓解焦虑、整理心智，可以让学生以比较好的状态面对高考。

樊登老师讲过一个他妈妈的案例——

　　20世纪80年代，大概我上初中的时候，妈妈到一所学校去当校长。那个学校很糟糕，简直就没法待。为什么呢？一下雨，厕所的大便小便都流到大街上来，所有人上厕所，像是去经历一个特别大的事一样，提着裤脚，小心翼翼地，尤其下了雨，就特别可怕。

　　学校的风气也很糟糕，老师不认真教学，学生逃课等行为严重。我妈妈作为年轻的女校长被派到了那个学校去。我觉得妈妈上班的转折点就来自她重新打扫了厕所。

　　她到那个学校做的第一件事不是听课，不是整顿教学，不是给老师们下任务、定指标，而是把厕所重修。重修之前要打扫，我妈亲自去掏厕所的坑，那坑里好多大便，就是疏通不下去，没有人愿意干这样的事。

　　用现在的话讲，叫美女校长蹲下身子去掏厕所里的大便，把那个厕所清理得干干净净，用新的砖给它重新修好。以前这个厕所是旱厕，我妈把那个厕所清理干净之后，换成了水厕。

　　接下去的事就顺理成章了，整个学校的教学质量、老师的精气神、学生对于学校的满意度、老师跟家长的关系发生了天翻地覆的变化。

樊登老师说，如果我们能够认认真真抱有诚意地去践行"扫除道"，相信会给中国带来改变。

2. 获得贵人相助的途径

打扫卫生需要弯腰低头，放低自己，这让人变得谦虚。特别是年轻人，需要用谦虚、勤快的态度，获得前辈的帮助，也就是获得贵人相助。

　　我大学毕业后被分配到贵州"三线"基地（军工单位）的一个工厂，那会儿工厂里的大学生是稀缺的，我成为厂里的"宝"。在那里上班的几年里，除了休产假，我每天提前半小时上班，打扫办公室、楼道，还打扫隔壁军代表室，接着打水；有空的时候，就跟师傅们学机械加工的车、铣、刨、磨、钻、钳等操作。就因为干了这些活，得到从领导到工人师傅的加倍认可。

1986 年我结婚了，第二年就有了孩子。我先生在某研究院（洛阳）工作，因此，调动就成为我们那时候的主要事情。在我先生单位的努力下，加上我车间主任、军代表的帮助，1988 年我顺利调到了先生的单位。

我是第二个从这个厂调出的人，很多人以为我一定有什么硬的后台。其实，我调出基地，没有送过一份礼，相反，在我离开的时候，收到很多人的礼物。现在想起来，心里仍然充满了感动。

我是幸运的。现在回想当时的调动成功，其中一个原因是，我这个当时厂里的"宝"——大学生，愿意打扫卫生、愿意下车间干活，这种勤快"培养"了贵人，领导、前辈都想帮我。

一个人愿意低头打扫卫生，那不是做低贱的、简单的工作，而是体现一种为人处世的态度，一份愿意奉献自己、服务他人的品质；这个简单的行为，可以实现跟环境的联结、跟身边人的联结。

尽管以前我比较勤快，拥有"母习惯"，愿意打扫卫生、整理物品，但是，那都是无意的行为。我有意识地把这件事当作素养和理念来培养，是从 2006 年才开始的。

我那会儿常常跟一位老师学习，她那里有一位退休的老先生。一天，我和老师一起路过老先生的住处，他的门敞开着，我看到他房间里的东西摆放得整整齐齐的。老师告诉我说，老先生休假要回家，他是军人出身，经过严格的训练，他所到之处，在离开时就像没人去过一样整齐。

通过这件事，老师跟我讲，一个人能够把整理物品作为基本素养，无论到哪里，都能够管好自己、放低自己，不会给别人添麻烦，那么无论做什么事，都能够让人放心。

我问："如果住酒店，我们是付了钱的顾客，有服务员，还需要自己整理房间吗？"

　　老师说："当然要整理了，这是我们自己素质和形象的体现，跟有没有服务员没关系。"

　　从那之后，我无论到哪里，离开座位时会把椅子归位；离开会议室或培训室，会把房间整理得像没有用过的一样；每天早上一定要铺床、整理房间……把原来的潜意识行为变成了意识，意识经过升华后，又优化成了潜意识的行为。

　　我出差一般是做培训或者咨询辅导，往往会有同行者或者客户要找我说一些事，我的房间无论什么时候都是整齐的，让别人来了不至于因为房间脏乱而尴尬。

　　2018年12月，我参加扬州"扫除道"传习中心举办的"扫除道"训练班，又一次突破了自己的认知。

　　每期的培训班总有企业老板和高管参加，大家不管面对多脏的厕所，都徒手打扫，因为只有手才能够感知到陶瓷表面的干净程度，也只有手的直接接触，才能跟所擦的物品建立联结，收获到那份感动。虽然组织者也准备了手套，但是几乎没有人戴，因为选择参加这个训练，为的就是体验。

　　体验的时候，直接去打扫很脏的厕所，是有一溜长沟的那种。我们穿着雨靴下到沟里，徒手去刷、去蹭留在沟壁上的大便。刚开始真的下不了手，但过一会儿就都接受了。这个动作真的非常疗愈：这种活都可以干，今后还有什么不能干的？

　　通过这一次学习体验，我好好地打磨了自己的排斥心，彻底打破"洗手间是脏的"思维定式。在家里，我随时可以徒手清洁坐便器，特别是擦洗边角藏污纳垢的地方。擦洗脸池、洗碗池的时候，一定会把地漏及下水口也擦干净。

　　我还感知到，如果能够为了清扫心灵而去清理身边的物品，将为自己营造更加适宜的环境。如果大家都能够这么做，这个社会必然变得更加美好。

　　从整理物品、打扫卫生这些日常小事开始，训练孩子不怕脏、不怕累，愿意弯腰低头做事的品质，是给孩子最好的生活技能和社会化能力，也是磨砺心性的很好的方式。因缺乏这类训练而养成的无意间的不良惯性行为，将损害自己的形象，给领导留下不良印象；孩子可能在不知不觉中犯错，错了还不知道是怎么回事。

　　我过去的一位下属，从小被溺爱，在学校学习成绩一直都名列前茅，工作后表现出的专业操作能力很强，但是除此之外，可以说什么都不会，人际关系更是不会处理。在她35岁的时候，各部门都不想要她了，我看她专业能力强，就让她来我的部门。

　　刚开始，开会她不知道坐哪里，给领导倒水，倒得满桌子都是水，拿什么东西都容易掉在地上，总是叮当哐啷的，跟人的关系也同样是别别扭扭的。家里更是乱七八糟，心里也是杂乱无章的，成天不开心，总觉得别人跟她过不去。她总想证明"我是对的"，可是心里又是虚的、自卑的。

这样的人，责怪她不会做事、不懂事，一点儿不为过。但是，这能都怪她吗？她也不想让自己这样，她就是典型的"只要成绩好、什么都可以不用做"的教育理念的牺牲者。改变现状的唯一办法，就是带她从头来，从打扫卫生、整理物品开始，教她家里怎么整理、工位怎么整理。通过做事，她逐步建立了自信，并能够低头认识自己的不足。经过两年的调整，她整个人似乎活过来了。

五、如何拥有"母习惯"？

1. 养成习惯的"母习惯"需要的条件

第一，家长和主要领导者亲自坚持践行。家庭和组织一样，如果家长和领导者缺乏整理和打扫的意识，想让孩子和下属养成"母习惯"是比较难的。如果学校的领导和老师对整理和打扫这些事没有亲身体验和带头的行动，光号召学生养成习惯，也难以成为持续的学校文化。

第二，整理和打扫卫生的工具物品要齐全。《论语》里说："工欲善其事，必先利其器。"我考察过很多企业、酒店、学校和各种机构，几乎都存在一样的问题：一方面，干活的工具不齐全、不好用；另一方面，工具基本都没有合适的定置管理。而且工具是脏的，是不规则地堆放。《扫除道》里展示，在他们公司"最显眼的地方放的是打扫卫生的工具，别人觉得工具应该放在阴暗的角落、不被人发现的地方，这是因为不重视打扫卫生这件事，觉得那是脏的，要把它藏起来。所以，那里成为公司最脏、最难打扫的地方，而且工具也不干净，有的在需要用的时候找不到了，或者发现变坏了等"。

第三，拉高做事的需求层次。推行"母习惯"养成的初衷是"做这件事不完全为了这件事"，而是为了让人养成习惯的"母习惯"；为了得到心神合一的体验、系统思维的训练、感恩意识的培养及疏通阻滞的关系。

有的家庭和组织，为了建立落实机制，制订了奖惩措施。其实，最好的奖励是生命的成长，如果使用额外的奖惩，很可能拉低需求层次，让人只为得到奖励，或者为逃避惩罚而做事。因此，要慎用奖惩措施。

第四，过程中要有创新和改进。在整理打扫的过程中，要不断改善方法，提高效果。

> 我带孩子拖地的时候，孩子说水桶放得太远，第二次洗拖布时，我就把水桶拎到近点的地方。刚拖的时候，孩子说拖布挤得太干了，拖得不干净，第二次开始我就多留一些水分。拖把涮了两次后，孩子说大人用的拖布太重，希望用小的拖把，我就给换个小的……在不断商量和改进中，孩子的需求和困难被理解，建议被采纳，而且成果看得见，所以孩子干得很高兴，并期待第二天接着干。每天都找一些让孩子参与的活，并跟她商量，不断改进。

如果是在学校和组织里，就要把任务变成需要探讨的主题，分层级探讨为什么做、怎么做。让大家讨论决定，并让每个人做出自己的承诺，这将是激发大家积极性的有效方法。要避免什么任务都是由老师或领导下指令，那样的话大多数人将只会被动地接受。

一件事的落实，必然存在一些问题和困难，不但要允许提出来，而且要鼓励直意表达，减少执行中的抱怨和抵触。对直意表达的人给予肯定，让其感觉被看到、被尊重，他就有了配合的积极性。对于提出的困难和问题，大家共同设法解决，能落实的尽量安排落实。

2. 了解 "5S"

"5S"是整理 、整顿、清扫、清洁和素养，因上述五个词的日文第一个字母均为 "S"，故称为 "5S"。见图 12.4 所示。

"5S"于 20 世纪五六十年代起源于日本，是指在生产现场对人、机、材、法、

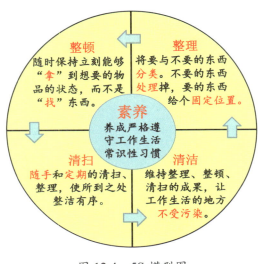

图 12.4　5S 模型图

环等生产要素的管理，这种管理方法逐步在世界各领域广泛应用。"5S"的原理很简单，做法也简单，但是需要不嫌麻烦才能好好坚持。难以持续的根本原因是，大多数人从小没有养成习惯的 "母习惯"。

◆整理的重点在：物品归类，并给每样物品一个固定的位置。像人一样，在一个群体中，需要有个定位，这样才会觉得自在，有存在感。

◆整顿的重点在：做到让东西被 "拿" 出来，而不被 "找" 出来。

◆清扫的重点在：清扫不是一劳永逸的事，需要定期清扫与随时随地的清扫

相结合。

◆清洁的重点在：一是创造保持清洁的环境，如：房间门窗的密闭性，保证家里少落灰；每个东西有自己的归处；清洁的工具完备齐全……二是踏实，团队每个人有"5S"的意识，大家共同维护。

◆素养的重点在：把"5S"变成常识性的习惯。如果觉得麻烦，能不做就不做，那是还没有拥有基本的"素养"。

整理物品是省时间的工作，全球调查显示：一个上班族，每天在办公室或电脑上找东西的时间达40分钟。生活中也是这样的话，不仅浪费时间，而且严重影响情绪。

因为随手放东西，没有归纳整理的习惯，东西不是"拿"出来的，常常是"找"出来的；电脑里的文件也不是根据文件的路径打开的，而是"找"出来的，所以总是在"找"东西。

值得注意的是：如果大家不维护，只有"我"有这个意识，那么"我"就可以脱颖而出。大多数企业里，都有一些脱颖而出的工匠型人才。

其实，中国也有与"5S"类似的说法，那就是《弟子规》——

> 房室清，墙壁净。几案洁，笔砚正。墨磨偏，心不端。字不敬，心先病。
> 列典籍，有定处。读看毕，还原处。虽有急，卷束齐。有缺坏，就补之。

除了把《弟子规》当作知识来学习或者背诵以外，更重要的是要从中明确做事的标准和操作步骤与流程，把古训落到实处，才能让孩子真正拥有养成习惯的"母习惯"。

3. 彻底打扫、整理

请你感知一下，你的家庭/组织的卫生环境，可以打多少分？（从1到10分，完全不满意打1分，完全满意打10分。）

下表罗列了厨房、洗手间、卧室、客厅、办公室需要打扫的位置。家里和工作单位，根据现实状况，彻底打扫、整理一次，并且随时维护。

常用的环境清洁整理表

厨房	洗手间	卧室	客厅	办公室
·灶台	·洗漱台面	·床	·入户玄关	·地面
·燃烧灶	·水池	·被子	·鞋柜	·电脑
·油烟机	·地漏	·床下	·沙发	·植物
·锅	·水龙头	·床头柜	·沙发下面	·墙壁
·厨具	·坐便内外	·衣柜	·茶几	·开关面板
·调料瓶	·水池下面	·抽屉	·地面	·墙面、墙角
·储物柜	·柜子、抽屉	·梳妆台	·桌面	·桌面
·水池	·镜子	·化妆品	·柜子、抽屉	·桌子下面
·地漏	·各种毛巾	·窗帘	·墙角	·抽屉
·水龙头	·洗漱用品	·门窗	·开关面板	·文件夹/架
·抹布	·牙刷、杯子	·地面	·电视柜	·电源线、插座
·洗碗布	·洗浴室及墙壁	·桌面	·电源线	·公共物品
·切菜板	·脚垫	·充电线	·临时物品	·清洁用品
……	……	……	……	……

注意的问题：

（1）做好定置管理，什么东西放在什么地方，要固定，东西用完了就放回去。

（2）尽量使用收纳盒，帮助归类。常用的放在外面，不常用的东西归类放到储藏物品的地方。

（3）尽量多利用垂直空间，减少平面的占用。

（4）物品摆放的位置要方便使用，而且让全家人都知道，避免一个人放，其他人找不到。

（5）根本的方法是进出平衡，减少重复购买，并断舍离，把不用的东西清理掉。

另外，根据家里和办公室的空间情况，能够放柜子的地方，适当多放柜子，便于存放物品。需要注意的是，柜子不能变成藏污纳垢或者储藏没用东西的地方。

如果能够做到随时整理和保持，化整为零，在平时保持一个标准，其实不需要每阶段都做大扫除。让自己养成"一分钟整理"的习惯：

（1）从外面带回来的东西，用一分钟，一次摆放到位。

（2）放东西的时候，用一分钟，摆放整齐，避免凑合堆放。

（3）每次开始之前，用一分钟，把做事的物品准备到位，摆放整齐。

（4）每次要离开一个用过的地方之前，用一分钟，把该地方恢复到清洁、整齐的状态。

这里的"一分钟"，不是说一定要用一分钟的时间，而是指随时用很少的时间去随手整理，保持环境的整洁。

第十三章　再认识勤与俭

敬业很大程度体现在行为习惯上，培养敬业能力的切入点是养成习惯的"母习惯"。本章着重阐述勤俭的习惯，因为勤俭是一个人敬业习惯的重要组成部分。

勤俭的内涵和外延都有哪些？在物质相对丰富的今天，到底该如何做到勤俭？只有把这些问题弄清楚，才能真正理解勤和俭，并养成勤俭的习惯。

前两天，我给妈妈打电话，从对话中听到她疲惫的声音。她说最近一直在下雨，墙壁和房顶有些地方发霉了，这会儿正在擦墙、擦房顶，叫另外一个70多岁的老姐妹，给她递抹布。

84岁的老太太，居然自己爬上梯子去搞卫生，一下子把我吓着了。我的音量瞬间提高了16度，大呼小叫的，让她赶紧停下来，不能再上梯子或凳子了。

我让她坐下来，跟她聊了半小时，终于把她当时着急搞卫生的劲停歇了下来。

为什么她要自己干这个危险的事？一方面，因为老妈的身体相对同龄人是好的，她不觉得爬高上低是危险的事。另一方面，当天我大姐不在家。大姐是慢性子，她想过几天请人来打扫；老妈是急性子，习惯什么都要亲力亲为，又舍不得花钱请人，于是她就趁大姐不在家，自己亲自干。

从勤俭的角度来说，老妈很勤快，能自己做的事尽量自己做；她很节省，宁愿冒险，也不愿意多花点钱。但这是真的勤俭吗？

好多年以来，我和先生都比较忙，因此，我们家会请阿姨帮忙打扫卫生，需要多花一些钱；每周我从广州到中山，一般都不开车，而是打车去。这是不讲勤俭的浪费吗？

一、如何避免无效的勤？

勤，是尽力多做、不断地做，或在规定的时间里，准时做该做的事。

这个概念是没有问题的，问题是如何避免陷入勤的陷阱，即因为勤快、勤劳造成更大的浪费，或者给自己和别人带来额外的麻烦。

1. 说干必须马上就干

有的人，看到要做的事，必须马上就去做、非要去做才行。否则，心里过不去，就生气、骂人等，这是"非要"的任性。

什么事都随手就干，而不是等一等，这是一个人的品质；说干就干，这是一个人的执行力。但是，什么事都不能一概而论。看到，却能够停下不做，也是一种能力，从某种意义上说，这是更加难得的能力。到底是要做还是不做？对不同的人，有不一样的原则。

（1）老人——要缓一缓，健康为要。

像我妈妈一样的老年人，想打扫房子的卫生，马上就要去做；不做，会因放不下心而睡不着觉，心里总想着这件事。这是一种"非要"的偏执——自己的心被这件事给控制了。这时需要"停一下"，缓一缓，等心情平静了，让自己带着点觉知，就不会轻举妄动，避免可能出现的身体损伤等危险。

我已经60多岁了，体力和精力不如年轻的时候。所以，为了安全，也为了节省时间，我去中山不开车，这也是自我保护的做法。

也就是说，到了一定的年龄以后，就不能像年轻的时候一样，急匆匆地做事；而是要慢一些、放一放，能不做就不做。老年人，不做，体现的是一个人的修养。

（2）孩子——要立即去做，锻炼动手能力。

动手实践对孩子是全方位的训练，孩子是闲不住的，要允许他随时去探索、去尝试。孩子都是从不会到会，探索的过程就是试错的机会，只要是安全的，尽量不要限制孩子的行动。如果常常被限制、行动受阻，没能充分地体验，孩子可能一辈子都卡在那里。

例如，1岁多的孩子，有个阶段会不停地扔东西，那是为了获取空间感、位置感，并且感知各种物品扔下去的声音、轻重等不一样的感觉，以此来体验自己与空间之间的联结、与物品的联结，这是不可或缺的人生经历。如果家长不知道这个道理，一味阻止孩子的体验，未来孩子很可能就缺乏空间感，缺乏与物品联结的感觉。

（3）成年人——要分清轻重缓急，要事优先。

年富力强的成年人，日常的一些小事，需要说干就干，干完了就清静了。对于重要的任务，有计划地按轻重缓急、本末终始去安排，不被当前的事情所控制，而要围绕已经确定的那个原则和目标，做到要事优先。说干就干，一方面是紧急的事、顺手的小事马上就干；另一方面，已经列入计划的事，安排了就要去做。这是一个人职业化的基本要求。

2. 凡事亲力亲为

有的人，可能是对他人不信任，认为只有自己才能做好，或者怕别人做得不好，给自己添麻烦，什么事都愿意亲力亲为，显得很勤快的样子。

凡事亲力亲为，是真勤快吗？这要因人的不同年龄阶段而异。

（1）老人生活尽量自理。

退休的人，一般事情比较少，自己能做的事，尽量自己做，保持生活的乐趣。但是，像爬高等有危险性的活，就不要逞强去做。保证自己的安全，不仅为了自己，也为了避免给孩子添麻烦。

另外，年轻的时候工作比较忙，夫妻中一般有一个人会勤快一些去照顾另一个人，这是和谐生活需要的配合。但是，对正常的人来说，退休之前，就要开始为退休后的生活做准备，自己的生活要自理，勤快的一方对另一方要放手，让对方提高独立能力；被照顾的一方，有时间了要勤快一些，生活上逐步独立负责，减少互相依赖的程度。这是生命规律的需要，说白了，是为了以后一个人先离开时，另一个人不至于受到太大的影响和打击。

（2）培养孩子的社会化能力。

在童蒙养正阶段，最重要的是培养孩子的社会化能力，养成良好的做事和学习习惯、独立能力，童蒙养正会避免长大后敬业度和执行力的缺失。

　　我外孙女大约 2 岁开始，每天起床，我就教她把被子、睡衣等叠好，把床收拾整齐，慢慢地她就养成了这个好习惯。

　　5 岁的时候，她在奶奶家，早上起床跟我视频聊天，告诉我说："姥姥，我在奶奶家，跟在广州的家里一样，我穿好衣服，叠好了睡衣和被子。"图 13.1 是她自己整理的房间。

图 13.1　5 岁孩子自己整理的房间

　　去年女儿外派到了伦敦，外孙女 5 岁半。生活中的许多事情她基本上可以自理，特别是自己的房间、床都是自己整理。学校要求每天穿的衣服不一样，每天晚上她自己把第二天的衣服准备好，早上出门需要带什么东西，大多自己准备。

　　最近我到了伦敦，跟他们住在一起。每天早上我起得早，等她起床后，她把我的被子也叠好；放学回家，她自己的东西都自己拿；我们一起上街买东西，她说："不能让姥姥受累，我要多拿点东西。"

我想，这已经成为了她的习惯，并将伴随她的一生，让她走到哪里，都不会偷懒，自然地对他人、对环境做出贡献。

现在提倡的"60分妈妈"，说的就是给孩子机会，妈妈不替代孩子，孩子能做的一定让他自己来，避免家长的勤快把孩子的视野给挡住了。给孩子机会就是给孩子未来，这才是真正爱孩子。

我女儿的育儿理念就是从小训练孩子的能力。从外孙女五六个月开始，她就不再把食物弄成糊状，水果、蔬菜、零食，都让她自己咬、自己啃，11个月的时候，孩子可以自己拿着大鸡腿啃。孩子自己吃饭，难免弄得浑身上下、桌子、地板都很脏，脏了收拾就好了。孩子的能力，大人是给不了的，只能给予足够的锻炼机会。

（3）必要的时候让别人替自己做事。

成人后，随着成家立业，工作量增加和工作重要性的提高，如果所有的家务事还都自己做，难免会让人顾不过来。因此，许多家务事可以找人帮忙，可以节省自己很多的时间。不过，请人帮忙做事，是有原则的：

原则之一：主人可以不做，但是不能不会，这样才能提出做事的范围和标准。

原则之二：要有界限，例如需要配偶关照的事，是绝对不能替代的；照顾孩子不能完全替代，这是为了保持父母与孩子的情感联结。

原则之三：一开始就要建立一些规则，让帮忙的人达到自己的基本要求。

原则之四：用人不疑，疑人不用，要平等地对待帮忙的人。

3. 每天都很忙

做好自己的本职工作、照顾好家人、营造良好的家庭氛围等，都是自己角色的职责。以下是要注意避免的。

一是自己勤快的同时，指责其他人不干活。很多时候，其他人不干活的懒，都是因为身边勤快的人培养出来的。特别是有一个勤快，又爱唠叨、爱指责的人，这种人往往把家人都推到懒的位置，以显示自己的价值。

被控制、被指责的人，习惯处在被动的位置。长期被指责、被控制，会在无意中发展出抵触、排斥、摆烂、冷漠等的防御机制，要是看不到自己的状态，就会被惯性所左右，憋屈地活着，不能承担起应该承担的责任。

二是处在忙、盲、茫的状态中，不知道自己要的是什么。没有想过做事是为了什么；也没有想过这样下去，未来会是怎么样的。凭着惯性的勤快，没有觉知、不带思考，每次都这样做，总是犯同样的错误，往往得不到想要的未来。

有人一直都很忙、很拼，看似在工作中很勤劳，从早到晚，没有时间照顾家庭、也没有时间照顾孩子。也许这正是不会安排时间、不会陪伴孩子、不愿意承担家务的很好的借口。因此，有一种勤劳，正是掩盖心里和头脑里的懒，或者只是被惯性左右的所谓的"勤"。

有位志愿者叫张盛，他是一个企业主，一直都很忙，没空照顾孩子和家人，对亲子关系和亲密关系一度存在一些困惑。他说：

过去，我把全部精力都放到工作上，除了吃饭、睡觉，恨不得把所有的时间全部留给工作，这种状态持续了十多年。

我对爱人和孩子没有太多的耐心，因为我总感觉我很忙，我遇上的每件事情都很重要。有时候，孩子来找我，我觉得他在打扰我，我会对孩子生气大吼，孩子曾不止一次被吓到大哭。

有一天爱人打电话给我，哭着跟我说："这孩子我不知道怎么教了，说什么都不听，油盐不进，脾气又暴躁，是不是被我教坏了。"

就在那一刻，我意识到了问题，孩子开始成长，我需要时间去陪伴他、引导他。如果孩子小时候性格坏了，长大就很难纠正过来。

正当困惑的时候，我开始接触家庭教育，学习"周五幸福课"，接着系统地学习了"成就孩子的六大素养"课程。我学会停下来了解我自己、觉察自己，我开始关注爱人、孩子和身边的人。

一年半以来，尽管我每天工作还是很忙，但我们夫妻俩每天都留出足够多的时间陪伴孩子，真正做到了倾听、回应、激发、陪伴。每周我雷打不动地带孩子参加"周五幸福课"的学习，做一至两天的志愿者。

孩子今年6岁，是"周五幸福课"中最小的志愿者。上课前，他协助量体温、扫码签到；下课后，他负责关灯、锁门，最后一个离开。他的积极性、勇敢和担当，让我觉得自我的学习成长和陪伴孩子成长是我对自己、对家人的正确选择。

一个对自己、对家人负责任的人，才谈得上对企业、对社会负责任。我和孩子学习成长的这一年多，企业的经营状况没有因为我关注的时间减少而产生不好的影响，相反，企业经营状况比以前好了不少。

因为张盛知道了自己要的是什么，带着觉知对待工作、家人和自己，一切就变得顺当了。

4. 几十年如一日

在赞扬一个人的时候，经常会说他几十年如一日、勤勤恳恳地去做某些事。以前，这个说法一般都是在肯定一个人的坚持和韧性。现在，人们对"几十年如一日"的认知发生了变化，即使几十年干同样的工作，也需要随时考虑变通、改进和创新。

例如，当了几十年的老师，不了解现在孩子的普遍状况、不了解网络教学、不改善引导孩子的方法，是当不好老师的。即使是门卫，不会用手机、不会使用现代的安全设施，也是不行的。

习惯可以是"几十年如一日"，比如每天起来都叠被子，每天都友好地跟人打招呼，每次上课前都认真做好准备，当几十年司机都不出事故……"几十年如一日"是褒义还是贬义，关键在于是带着觉知还是凭惯性地"几十年如一日"。

比如老妈妈一辈子每天起来做早饭，如果带着觉知，跟家人是联结的，就会每天都开开心心，把这件事当作爱家人的机会。如果凭惯性，只是做早餐，跟家人没有联结，这件事就只是一件累人的琐事，"几十年如一日"的品质就大打折扣。

我曾经给一些企业做培训管理者的培训，参训者都是培训管理人员。有的人只是做培训班的组织工作，对于培训实施系统的完善、课程体系的建立、内训师的培养、知识沉淀习惯养成等培训体系的内容，都不知道该怎么做，更不用说自己当讲师了。他真的是"几十年如一日"只是做简单的工作。

不止一个人跟我说："张老师，我从来没想到培训还能这么来做，我一直以为培训管理就是做培训班的组织。"我想，这样的"几十年如一日"就不是褒义了。

我在给老师们讲课的时候，用了很多企业培训的方法和理念，好些老师说："我当老师十几年或几十年了，不知道可以这样随时随地随人随事地引导学生，也不知道应用这些简单的方法，就可以激发学生的参与热情和学习兴趣。"

很多人在组织里，其工作就是"几十年如一日"。有人说："根据我现在所做的事，就能知道我退休的时候是什么状态。"大多数人并不希望自己是这样的，但是又很难改变这种状况，因此，容易陷入职业倦怠。

在此讲一个故事，进一步说明这个问题。

白龙马从西天取经回来，见到以前一起干活的兄弟黑马。黑马说："你就去了一趟西天取了经，现在就功成名就了。可我这几年，也没有闲着，每天都给主人干活，我走的路、受的累不比你少。为什么我还是原来的样子？主人现在嫌我老，我可能很快就要失业了，甚至连命都保不住了。"

白龙马听了黑马的话，说："老兄呀，这些年我们走路的距离加起来可能是差不多的，但是，我和我们的团队共同经历了很多艰难困苦。我们一起战胜了困难，达到了取经的目的。一路上我还看到了巍峨的高山、宽阔的河流，还有好多的美景。"

不同的人，经历的时间一样长、路程一样长，可是心境却截然不同！这是因为，人生目的、使命、态度、见识、素养不一样。

所以，要想拥有勤劳而有效的一生，避免"几十年如一日"，到退休的时候仍然活得有价值、有意义，就需要有自己的志向，还需要带着觉知。

以上是谈做事，而"几十年如一日"的学习，则是特别需要提倡的，让自己通过学习越活越明白。当然，如果越学越固执己见，那可能学的只是知识，或者学习是为了证明"我是对的"，而不是为了改善心智模式，提升能力，这种学习成效有限。

总之，既要培养自己和孩子拥有勤劳的品质，又要避免陷入勤的误区。微雕精神和勤奋品质，既不是让自己厌烦地重复，也不是让自己焦虑地煎熬，而是时时关注可以带来成长机会的做事方式，让自己每天进步一点点，每月进步一小步，每年进步一大步。

二、在物质富足的时代如何做节俭教育？

1. 节俭与浪费的层次

俭，是节约、节省的品德。财物的节省是最基本的俭，培养孩子拥有俭的品德，可以从最简单、最表层的开始。

节俭教育仅仅停留在财物这个层面上，这是远远不够的。例如，不管在网上还是去实体店买东西，有时会为几块钱讨价还价，货比三家，贵了几元钱，就有情绪，跟商家理论和争取，看似节约了钱，其实浪费了很多时间，这是虚假的节俭。

有人珍惜食物，总是舍不得吃，东西放时间长了，怕浪费还是吃下去，结果拉肚子，在床上躺了几天，这也是虚假的节俭，实际上是在损害自己的身体，造成了更大的浪费。

如果我为了节省，每周自己开车去中山，身体受累了，还没法利用车上的时间做更有意义的事。看似节约了，实际上浪费了时间，还损害了身体。如果开车违章或出一些状况，那浪费就更多了。

不是说不要比价格、不要珍惜食物，或者说不要自己开车，而是要让自己和孩子知道到底什么是节约。节省资源的意识、节省时间和情绪，比节约具体的金钱更加重要。让自己发挥更大的价值，自然就可以获得更大的财富。

那么，到底什么是俭呢？俭是顺道而为。在整理物品方面，是随时归零，放到该放的地方。在对待物品上，是物尽其用，减少多余的东西。沟通中，知道自己在说什么，也知道对方的反应是代表什么，即知己知彼。做事的时候，认清本末终始、多少大小、轻重缓急，明白步骤和切入点，顺当地把事情做到位；遇到问题，知道事情的本质和真相，从根本上解决问题。

总之，俭是最省事的，在哪里都化事，不生事。

财物的节约，是最表层的、显而易见的节俭。比财物更容易浪费的是时间，而时间节省常常被人所忽视。

情绪会在不知不觉中，大量地浪费财物和时间。通过管理情绪来节省时间和财物是更大的节俭。

最高层面的节俭是生命，很多时候发生事故和身体健康损害，都是因为长期的马虎、凑合积累到一定的时候，而出现的后果。其实，时间的浪费和情绪浪费也是生命的浪费。节俭与浪费的层次由深层到表层，见图13.2。

图 13.2　节俭与浪费的层次

2. 避免节俭带来的匮乏感

物质层面的节俭，需要注意节俭的初心是节约地球资源、养成良好的品质，还是因为内心的匮乏感，怕没有、怕不够而担心的节俭？

　　一位妈妈跟我讲她孩子如何懂事的故事：儿子从幼儿园回家，给她一颗大枣，妈妈说："宝宝吃吧，妈妈不吃了。"宝宝说："妈妈辛苦，我要孝顺妈妈，妈妈吃。"她感动得差点掉泪。

　　她吃了大枣，把核扔到垃圾筐里。一会儿，她看到孩子捡起枣核在舔剩下一点点的枣肉，她心疼得眼泪滚落了下来，并怪自己粗心。

　　原来，那是幼儿园一项培养利他精神和孝心的活动，如果孩子做到了，就会给予奖励。理念没有错，培养孝和利他精神也是必需的，关键是方法如果不合适，可能会伤害孩子的心性，让孩子内心匮乏。

　　一天中午我跟女儿说小外孙女吃零食的事，我赞叹说："娃吃零食，很有节制，一天最多一颗糖，从不多要，而且愿意分享。"女儿说："要尊重孩子的基本需求，基本需求满足后，内心是富足的，就不再有强烈的欲望了。"

　　是的，内心富足的人，长大后，自然就不贪，不会去抓取，不会急功近利，也不需要去压抑，或者为了得到去伤害自己。

　　通过这两件事，我意识到：如果基本的人性需求在小的时候没有得到满足，或受阻了，表面看似是有孝心、利他的、懂事的，但这些在幼小的心里压抑着没被满足的需求可能会发展成压抑的匮乏感，因而内心对物质有无限贪婪的渴望，或者长大后会显摆、炫耀、好面子。

　　因此，许多有钱或有地位的人，反而不追求面上的好看，以舒适、合适为标准。炫富的人，往往是内心匮乏的人。

　　内心匮乏的人，从理性上明白自己要做好人、要利于他人，因此，需要用很大的能量去战胜被压抑的渴望。一旦环境诱惑增加，没能继续战胜自我，内在压抑的魔鬼被释放出来，就不可收拾。这就是一些人从表面上看非常努力、孝顺、节俭、低调，却成为大贪污犯的原因。他们有一屋子的钱，不敢花，还要继续贪，因为，他们永远都填不满匮乏的黑洞，存在怎么都不够的饥渴。如果没有自我认知，缺乏自我觉察，就被这种匮乏的感觉所控制。

　　真正有大爱的人，内心是富足的、坦然的，不需要额外的力量去压抑人性的恶。他们的爱是溢出来的，流淌出来的，不是抠、挤出来的，利他也是自然而然的，是有完整自我的利他。

当今时代，不能将老一辈的观念强加于孩子，不需要对小孩子人为地制造对物质的压抑。当然，也不能放纵，要有边界，这就需要符合规律的育儿理念和方法。该给的给够，可以给孩子选择的就放开让孩子选择；不该多给的收好，减少对孩子的诱惑。避免孩子产生财物的匮乏感，对财物产生永不满足的渴求。

匮乏的"匮"里面是个"贵"，就是说，人是"本自具足"的，拥有宝贵的资源，但是被外面的框给框住了，就成了"匮"。好在这个框没有框死，有一面出口——人的匮乏是因为还没有找到出口。一旦意识到自己的匮乏，并清晰自己的人生方向，明白自己的志向，就不再匮乏，逐步走向内心的富足。

匮乏的意思是：缺乏、贫穷。表现在不配得感、自惭形秽、自愧不如，这些情绪让自己的内在能量很低。

一般人认为，没钱、贫穷，会让人内心不自由。实际上，没钱不是真的匮乏，金钱也不是阻碍做事或实现梦想的障碍，真正的阻碍是对金钱的错误认知。匮乏感是一种永远都不满足的心理渴求，它和一个人实际拥有多少无关。

3. 人生最大的浪费是情绪泛滥

情绪泛滥，带来了精力、体力的浪费，还给别人带来各种纠纷和麻烦。从中医的角度看，人的情绪称为"七情"，包括喜、怒、忧、思、悲、恐、惊。见图13.3 所示。

图 13.3　人的情绪惯性类型

喜的情绪是人人希望拥有的，不过有时候喜过度了，忽略了安全隐患，得意忘形、乐极生悲，也是一种情绪泛滥，带来浪费。

人更大的浪费是在失意忘形时产生的。失意的情绪可分为以下三大类：

第一类：忧和思是内心不满足的匮乏。

表现：怕得不到的担心与焦虑、期待被看到的紧张和讨好、期待得到满足的欲望与渴望、想弄明白的困惑和着迷等。

带来的能量损耗：心不在自己身上，而在别人身上，猜想、琢磨、朝思暮想、一厢情愿的内心冲突、自作聪明的"我以为"……为的是要得到什么，要被看见、被认可，内心充满了贪念。

这种人因为不敢相信自己，不认可自己，内心是没有力量的、脆弱的，自己看不起自己，觉得自己是卑微的。让别人看见了，看到那个不配得的、卑微的样子，让人不喜欢、不舒服，就创造了让人不喜欢的人际关系。

第二类：怒和悲是不合心意的攻击。

表现：说不得，认为"我是对的，你是错的""你不能那样"，一意孤行等。

带来的能量损耗：一旦不合自己的心意，不接纳结果，就对外攻击别人。暴跳如雷地指责、埋怨他人；用拉脸、冷漠、眼神、动作来表示愤怒，要对方知道"你错了，是你让我生气了"；为了说明我是对的，没完没了地证明、解释，总之，都是别人的错。听不进任何话，不但伤害自己，也在伤害被攻击的对象。

有的人是对内攻击自己，只要遇到问题就自责，或者自怜自艾、垂头丧气、愁眉不展、可怜巴巴，以此来说明"我都这样了，你就不要再说我了"。或者内心觉得整个世界都对不起我，要别人来关心和可怜我。

例如，跟爱人吵架、生气，躺在床上不吃不喝，为了证明"你是错的，你要跟我道歉、要来关心我"，还要说明"我很可怜，我需要有人关心"，内在的需求是要得到关心和关注。

第三类：恐和惊是不明白与害怕的无助。

表现：恐是对未来的恐惧，是由内而外的害怕，无奈、无助、不敢直意表达的内心嘀咕；惊是当下遇到危险和意外的不知所措，是由外而内的害怕。

带来的能量损耗：逃跑、逃避、委屈、伤心，被恐惧、害怕所控制而不知所措。

这时候，不敢看自己、不敢看现实，造成视而不见、听而不闻。

平常做事胆小，就是怕碰到卡点，干什么都没法认真，对什么事都得过且过，能糊弄过去就糊弄。

总之，情绪泛滥造成的浪费是不可估量的，惯性的情绪模式就像是火遇到汽油一样，以迅雷不及掩耳之势发挥作用，立马就爆了。情绪会死死地控制住一个人，让人痛苦、难受，一般人都会排斥，不想要那样的痛苦。可是，越和问题抗争反而越陷越深，把自己逼进浪费财富、浪费关系和浪费生命的死胡同。家长面对孩子的时候，若情绪泛滥而不自控，给孩子带来的负面影响，孩子将用一生去疗愈。

纷繁复杂的世界，总有不符合自己心意或意料之外的事，如果任由惯性控制，大多数能量就耗在情绪里，干不成什么事。对工作的承诺度不高、完全投入度偏低，很大程度上是受到情绪的影响而不自知。

情绪泛滥用知识解决不了。只有学会认识自己的情绪，学会"停一下"，觉察到情绪，并停止排斥和抗拒；承诺下一步的践行措施，设想下次遇到类似情况的行为模式，才可能化解。

4. 最应该避免的是对生命的浪费

做事马虎、糊弄，小则找不到东西，浪费时间和精力、体力、情绪；大则造成飞机失事、桥梁倒塌、工厂爆炸等事故，变成国家层面的损害和对生命的伤害。

比如，以前有的司机为了图省事，将一个假的安全带扣子，插到安全带插孔里，这样就不会听到未系安全带的提示音。这自以为聪明的做法，实际是在以自己的生命为代价，糊弄自己。百度中关于开车或乘车不系安全带的危害调查数据显示：在一次可能导致死亡的车祸中，安全带的使用可使车内人员生还的概率提高60%。发生正面撞车时，系了安全带可使死亡率减少57%；侧面撞车时，死亡率可减少44%；翻车时，死亡率可减少80%。最新研究表明，车祸中后排未系安全带的乘客猛烈撞击前排座椅，会对驾驶人或前排的乘客形成极大的冲击，使他们在车祸中死亡的概率增加大约五倍。

生活中常常因为心神不合一而出岔子，如做饭时刀切到手，用剪刀时剪到手，这样的小岔子不会造成太严重的后果。但是，出门忘关燃气灶的火、忘关水龙头、用电图省事而不规范等，就可能出大事，造成严重的后果。

有些事情，比如与飞船、飞机相关的制造、维修、维护、编程、数据等，稍微有一点糊弄，就可能造成机毁人亡的重大事故。

　　我曾经在酒店工作，处理过由于操作失误，操作工人从十几层高的电梯口掉到电梯井里的事故。

　　我在燃气集团工作期间，经历过燃气管网施工，操作人员没有按照规程操作，引起了爆炸，造成了人员伤亡，让人触目惊心。

　　我在航空航天部门工作时，知道了可能就因为少了一个垫片、一个螺钉的扭力不够、一个元器件失效等，导致导弹打靶失败，造成经济损失和人力财力的巨大浪费。

每一个事故都不是凭空发生的，都有许多征兆，如果缺乏对事物的感知力，看不到征兆意味着什么，那么不出事故是侥幸，出事故才是必然。

　　海因里希事故概率法则（1∶29∶300∶1000）就说明了这个道理，即每一起严重事故的背后，非常可能有29起轻微事故和300起未产生工伤的安全事故，以及1000起安全隐患或违章。

因此，我深知严谨认真的重要性，对安全要求比较高的环节，不经意的糊弄也可能就攸关人命。靠什么来保证操作符合规范，特别是与安全相关的操作能够万无一失？最可靠的就是人心神合一的意识和能力，时时带着觉知的意识和形成良好的习惯。

人体是一个精密的系统，比任何设备都更加精密。一旦身体出了问题，就会影响人的精力和体力，进而影响做事的能力和效果，具体的得失利弊每个人都有体验，问题是，人们往往都是好了伤疤忘了疼。所以，我们要对自己身体的隐患有所觉察，尽早发现并排除隐患。

三、如何提高效率，避免无意的浪费？

节俭的第二个层次是节约时间。我们把可贵的生命交给工作和生活，就有责任让自己的时间都投入有价值的事情中，这是对生命的尊重。

现在是过去每一刻选择和行动的结果，将来是现在每一刻选择和行动的结果。用好每一刻的时间，才是对自己负责任。

一个人对时间的利用决定了他生命的品质。但是，许多人对时间长短没有概念，对时间节点不当回事；事情做错了，错了就错了，下次可能继续犯错；该做的没做，或没做到位，反复出现同样的状况；面临的总是紧急和重要的事，或者常常在找东西。让自己的生命处在纠缠不清的耗能状态中。

浪费时间的习惯如图 13.4 所示。

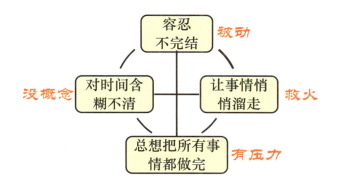

图 13.4　浪费时间的四种习惯

1. 拥有对时间长短的认知

要培养孩子珍惜时间，拥有时间观念，家长应先问问自己是否有时间观念。

家长经常用催促的方法让孩子去做该做的，催得家长烦，孩子也烦。越催，孩子越皮，把家长的催促当耳边风。

带孩子出去玩，当家长让孩子回家时，孩子正玩得高兴，他会说"我再玩一会儿"，家长没有与孩子说明什么叫"一会儿"。过几分钟，催一次："已经玩这么长时间，赶快走。"可是，正在兴头上的孩子，他的"一会儿"和家长的"一会儿"根本不是一回事。家长等得不耐烦了，拉着孩子走，孩子没办法只能撒泼打滚，家长更是气不打一处来，觉得孩子太不讲理、太不像话了。

到底是谁不讲理、不像话呢？如果没有给孩子界定"一会儿"是多长时间，这种因对时间含糊不清而出现的剧情每天都在上演，孩子不但积累无法沟通的愤怒，而且也难以在日常生活中养成时间观念。

为了避免对时间含糊不清的情况，我跟小外孙女提到时间时，不会说"一会儿"。我会问她："你还想玩几分钟？"一般她会说再玩五分钟，或十分钟。我再问："要不要设闹铃？"如果设闹铃，铃声响了，或者不设闹铃，我说"时间到了"，一般她都乖乖地跟我走。如果还想玩，让她自己再申请几分钟。对于她说的几分钟或设闹铃的选择，我都听她的，让她有掌控感；而且不会糊弄她，几分钟就是几分钟，慢慢地，她对时间长短就有了感觉。

外孙女每周三要去外面上体能训练课，从幼儿园放学到上体能课，大概有20分钟的空当儿。每回她都会问："姥姥，我可以玩多长时间？"我告诉她时间后，时间到了，她马上就走。当然，孩子毕竟还小，有时候也会耍耍赖或磨蹭一会儿，我都允许她。越是有边界的允许，她就越自觉，不会拖太长时间。

有一段时间我比较忙，缺少了耐心。我会直接催她"快点"或者说"赶紧穿衣服"等。很明显，她就变成被动一方了，越被动就越磨蹭了。所以，给孩子主动权，让她知道在这段时间里做什么，是很重要的。

要注意的是，孩子小的时候，动作比较慢。家长要允许他的慢，不能用大人的速度要求孩子。

另外，大概从孩子5岁开始，我们用一块小白板，当作孩子的月度例行活动看板（如图13.5所示）。她自己写日期，每月写一次，开始时写错数字，也不纠偏。

白板左边是我写的周几学什么，几点接她，每一项用一个符号代表。例如，周一学画画是"○"，周三体能课是"△"，周日趣味活动是"□"，我去中山的时间是"——"。符号让她画到相应日期里。

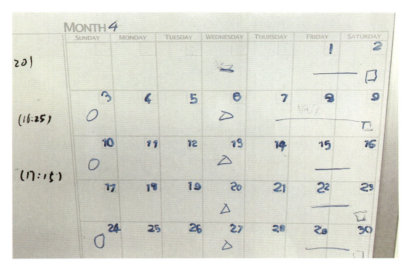

图 13.5　孩子的月度活动看板

因为是孩子自己写的、画的，她就愿意执行。

孩子的时间观念培养好了，未来就会成为他的能力和财富。

2. 养成完整完结的习惯

做事随意不到位、事情做错了、发生了矛盾，产生了"结"；该做的没做，或没做到位，产生了"洞"。"结"和"洞"需要后续化解和填补，就将浪费时间和精力。以自行车为例说明这个问题，请见图 13.6，一个轮子的螺丝松了，自己拧一拧马上就可以恢复完整。如果没去管它，发展到辐条断了，自己搞不定，需要找修车师傅恢复完整。如果辐条断了一根没管它，还凑合着用，自行车受力不均匀，其他的辐条会继续断掉。直到轮圈坏了，不能骑了，再去修它，就不好修了。不仅麻烦，还浪费时间和财物。

每天从柜子里拿衣服，随性地拉出来，上面的衣服乱了；洗好的衣服放回柜子里，不想分类就随便堆放，用不了几天，柜子里的衣服就乱了。

人际关系也是这样，有些不和谐的时候没及时处理，越积累，带来的麻烦越多，处理起来越困难，浪费的时间就越多。

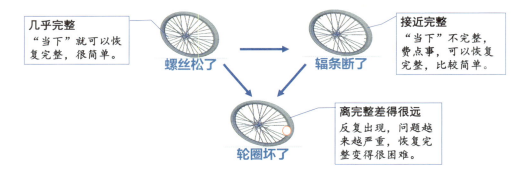

图 13.6　从小问题到大问题的演变过程

　　例如，小两口刚结婚的时候没什么问题，过日子过程中，难免有意见不一致的地方，碰到自己的卡点就冷战、吵架。不知道把一开始的不和谐，变成双方成长的机会，而是自己忍着、憋着、心里嘀咕着；反复出现小的摩擦，不去沟通修复关系，而是互相积累着对对方的不满，直到矛盾大爆发。

　　不管是物品还是关系，有缺口没能及时修复，成了"债"，越积累越多，造成了被动的混乱局面。结果整天晕头转向、疲于奔命；常常被批评、被指责、被挤压、被打扰；不停地找理由、解释，失去尊严和信任，感受不到工作、做事带来的积极意义，这种状态所浪费的时间，是难以估量的。

　　因此，要明确知道什么时候该做什么，怎么做，随时使事情处在完整的"归零"状态。完整的事情不会妨碍其他工作，而且不再为此感到烦恼或担心，这是最节省时间和精力的做法。

3. 防止事情悄悄溜走

　　经常想起一些事，很快又忘了；有好多事情装在脑子里，以为自己可以记住，实际上，过后就忘了；对要做的事情，没有落实措施和标准；总被突发事情驱使，让自己处在"救火"状态……这些都是让事情悄悄溜走的现象，而我们每天都有做不完的、重要又紧急的事情，那怎么防止这样的事情发生呢？

　　比如，我的一位同事两周前就收到通知，要做各板块的总结和工作改进设想，并向老板汇报。

　　汇报之前，我问一位专业能力很强的同事准备得怎么样？他说，今天早上5点才做完。我笑着说，你等着挨骂吧。

　　果然，没有说几句，他就被老板骂，要求下周重新汇报。这就是做事拖拉，总是要等到最后一刻才完成的结果。本来是可以从容地优质完成的任务，变成了"救火"的事，最终没能偷懒，精力也没有少费，却还要挨骂。

要避免陷入"救火"的状态，就要养成做计划的习惯，明确计划的完成标准。特别是小孩子，从小的日常作息时间要有规律，长大以后，才会减少随意性。

　　我外孙女每天19:30前洗澡，20:15左右刷牙，20:30上床睡觉，第二天早上7:00起床，8:00出门。在更小的时候，20:00前必须睡觉，假期21:00前睡觉。

　　我女儿在孩子成长的每个阶段要求睡眠时间一定要保证，形成了孩子的作息习惯。当然这个习惯并不是绝对机械地执行，偶尔晚几分钟，也是允许的。

从2005年起，我自己一直都在使用例行活动安排表，这对时间管理起到很好的稳定作用。

　　另外，越是忙的时候，越要多提醒自己停一停，否则，就会出现"忙多错多"的现象，带来连锁的时间浪费。

　　有一次，我在中山讲完课，开了一个会，就打算回广州。会议还没结束，车就来了，我就急忙草草地结束了会议，收拾东西，坐车走了。

　　走了有半小时左右，宦老师发现我的电脑忘了拿，还在充着电。电脑相当于我的手脚，没有电脑，干不了活。我只好在一个休息区等着，请宦老师开车给我送电脑来。

就这个小小的疏忽，让我和司机在路上等了半个多小时，宜老师来回开车一个多小时，还不断打电话，不仅浪费了心思，还扰乱了心神。

这种浪费其实是看不见的浪费，不仅是对财物的浪费，还是对生命的浪费。

4. 别总想把事情都做完

"总想把事情都做完"，这是很多人的想法，实际上，无论如何，一个人无法把所有的事情都做完。事情越压越多，任务堆积如山，负重前行，压力山大。不要总相信自己是万能的。

很多事情，可以选择做，也可以选择不做。

例如，我每周从广州到中山，一般选择打车，而不是自己开车。自己开车的时候，我如果听一些东西，或者思考一些事，这时开车是不安全的。改为乘车，这一个多小时的时间，就变成了休息、打电话、听课或者思考的时间。从财物层面看，浪费了一些钱，但换回了安全和时间，对我来说是划算的。

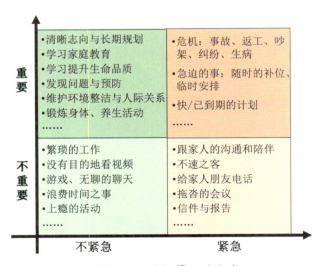

图 13.7　时间管理的分类

"懒得去做"与"把事情全部做完"如出一辙，都是不分清事情的轻重缓急，不选择，因此忙不出头绪来。

我们需要接纳不能把所有的事情都做完的事实，同时，确定事情的优先级别，有选择地做能做和该做的事。事情的紧急程度和重要性如图 13.7 所示。

重要的事：对个人或组织会产生重大影响的事情，必须安排时间去做。

不重要的事：对个人和组织的影响比较小的事，可以不做或有空了再做。

紧急的事：此刻不做就会给自己和他人带来麻烦的事情，必须马上去做。

不紧急的事：相对和缓，可以延迟处理的事。

紧急的事情，不一定是重要的；不紧急的事情，不一定是次要的。

下表是我这个阶段时间优先顺序的安排表：

时间优先顺序列表

重要但不紧急的事：	重要且紧急的事：
·参加经典的学习 ·读书、听书、听线上课 ·写书、备课 ·知识沉淀、整理电脑资料 ·生命成长教育的"周五幸福课" ·做家庭教育培训 ·锻炼身体、身体护理、体检 ·跟妈妈打电话、回老家 ……	·书稿已经过了交稿期限要赶工 ·陪伴孩子、爱人 ·学习群的回应 ·解答同学们的问题 ·跟导师团队的随时沟通 ·每周二早上的读书会 ·快到期了还没备好课的培训 ·生病了要去看病和治疗 ……
不重要也不紧急的事：	不重要但紧急的事：
·手机视频 ·一般的家务事 ·朋友开玩笑的聊天 ·打牌、打麻将 ·玩游戏 ·旅游 ……	·银行卡到期要更换 ·家里东西坏了找物业维修 ·每周五去中山的打车 ·准备审核资料 ·参加合作方组织的拖沓的会议 ·回复礼貌性的信息

将事情分为 ABCD 四类，其优先顺序如图 13.8 所示：

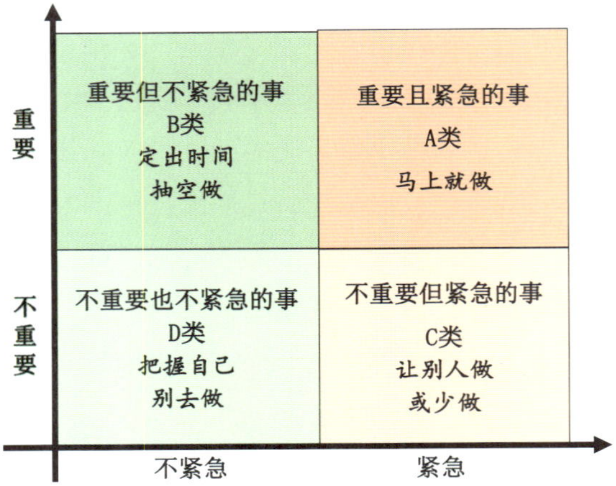

图 13.8　事情的优先顺序

A 类：重要且紧急的事，需要马上去做。

这类事都是"救火"的事。许多的"火情"都是因为对重要但不紧急的事情不够重视，缺乏系统性和计划性造成的。以下是常见的"重要而紧急的事"。

危机的处理：事故、返工、吵架、纠纷、生病等，必须马上处理，等不得。这种"火情"是出其不意的，处理的时候，要冷静、带着觉知，化事不再生事。

随时的补位、临时安排等事情：这往往是帮助他人"救火"，救了别人，也救了自己，免得"烧"到自己。另外，如果经常帮助他人，自己遇到棘手的事情时，也会有人帮助。

快到或已到期的计划：有时间期限，需要自己亲自完成的工作，没有抓紧时间，拖成紧急的事，这是自己创造的"火情"，一般是可以避免的。

B 类：重要但不紧急的事，安排出时间，必须做。

这类的事情，是节省时间的切入点，做这类事相当于"治未病"。以下是常见的"重要但不紧急的事"：

清晰志向与长期规划：是"治未病"的首要工作，有了志向和长期规划，就会有足够的动力去做该做的事。

学习家庭教育。李嘉诚说："一个人事业上再大的成就，也弥补不了教育子女失败的缺憾。"因此，作为父母必须学习家庭教育相关的内容，提升育儿能力，这是一本万利的重要的事。

学习提升生命品质。通过学习，提高自我认知，不断提升生命品质。同时，经营好夫妻关系，这是保持良好的心情，保证工作效率的核心工作。

发现问题与预防。对人、事、物保持敏感，提前预防可能的问题，发现问题的重要性是解决问题的一半。例如，通过观察孩子表现，或者在跟孩子聊天中发现孩子认知的偏差，及时处理和纠偏。否则，等孩子出事了、不上学了、搞不定了，再去处理就比较困难了。

维护环境整洁与人际关系。这是让自己有一个良好的软硬件环境。环境的整洁可以请人帮忙，但需要自己确定标准和经常维护；良好的人际关系是身体健康和做事效能的保障，必须靠自己维护。

锻炼身体与养生活动。没有身体这个"1"，后面再多的"0"都是无效的。

C类：不重要但紧急的事，安排碎片化的时间去做，或者找人替代。

不速之客：安排共进午餐、晚餐；休息的时候见面聊聊，可以告诉客人自己的时间安排；看客人跟自己的关系情况，有的可以安排别人代替接待。

给家人朋友电话：这是要亲自做的，可以在乘车、饭后散步、工作的间隙时间，也可以利用微信留言和问候，任何碎片化时间都可以利用。

拖沓的会议：不重要的、拖沓的会议，有的可以找人替代，不能替代的，可以操作自己的电脑，一心二用。

信件与报告：这种事往往是因为不及时处理，变成了紧急的事，既然是紧急的事，就要安排出时间去做，否则，就要承担后果。

D类：不重要也不紧急的事，控制自己别去做。

繁琐的工作、没有目的地看视频、游戏、无聊的聊天、参加其他上瘾的活动……这些事需要靠自律让自己不要去做。如果为了放松、休闲偶尔玩玩也未尝不可，但是，需要知道自己的状态，不能沉迷其中。

很多人都学了时间管理，并且也知道时间管理的优先顺序，可是，为什么还是管理不好自己的时间，总处在赶工、救火、焦虑、被催促中？

因为，时间管理本身是一种综合的能力，时间管理的工具和方法需要在系统中实践，具体要关注以下要点：

第一，缺乏做事能力，时间管理是不起作用的。

第二，要清晰志向，把时间更多地用于志向这个重要但不紧急的事上。每天的事、做每件事都跟志向的方向是一致的。

第三，要学会做一件事完成多个工作的技巧。例如，陪孩子出去玩。自己锻炼了身体、陪伴了孩子、听了一本书、让孩子有更多户外运动时间、让孩子学会跟小伙伴一起玩、顺便教孩子认识两种植物、观察小动物……

又如，出差学习，带团队成员一起去。团队有机会深入沟通，在某些方面达成了一致，并增进感情；学到的内容让下属回来落实，锻炼了下属的能力；旅游、交新朋友、扩大影响力……

第四，有些工作可以外包，不需要亲力亲为。例如，在家请钟点工，工作中培养下属和年轻人分担工作，遇到问题请教高人并尽快化解，学会使用现代设施设备……

总结：

有的人一辈子勤勤恳恳、俭朴廉洁，却过得不如意，这是因为缺乏感知他人及他人需求的能力，没法跟人建立联结、满足他人的需求。因此，这只是表面的勤俭。真正勤俭是这样的：

第一，出于爱，而不是出于匮乏。在物质基本满足的今天，真正爱自己、活好自己，活出自己的生命品质才是最重要的，才有能量去爱别人。并且，发自内心地喜欢所从事的工作与生活。

第二，是带着觉知的勤俭，而不是凭惯性的勤俭。带着觉知，是不生事的，与自己、与他人、与外在的环境是和谐的。

第三，是知己知彼的，而不是以自我为中心的任性。看到自己和他人，以及事物的本质，做恰当的事。明确服务的对象都是哪些，他们的需求是什么？所做的工作能够满足人的需求，在工作和生活中感知到归属感和认同感。

第四，勤俭不仅针对有形的，更是针对无形的。身体的勤与财物的俭是基础，节省无形的时间、情绪，才能保证生命品质的有效提升。

所以，从小培养孩子的勤俭品质，是为了让孩子的生命更有价值。试想，一个本该是有价值的人，从家庭到学校，再到社会，许多人参与和付出，用 20 多年时间培养其到大学毕业；结果，这个人做事有头无尾、为人只知道以自我为中心、处事只看眼前，给自己和他人、给家庭和组织带来困扰和痛苦。这不仅是对财物的浪费，更是对生命的不尊重，是家庭的损失和社会的浪费。

俭，是节流。企业讲开源节流，个人也需要开源节流，光节流，存量有限。

勤，是开源。充分利用时间做该做的事，把情绪当作修炼自己的机会，最终达到提升生命品质的目的。良好的生命状态，可以创造更多的财富。

素养四：友善篇

第十四章　如何认识和理解友善

一、如何理解和看待友善？

人为什么需要友善？首先，人类战胜野兽、适应大自然，不是凭一个人的力量，也不是靠敌意、攻击、竞争，而是靠人与人之间的互惠互利，因此，需要友善；其次，友好合作是人类领先其他物种的重要原因，友善是一个人社会化合作的基本能力，是获得贵人相助的条件；最后，人不是因为善良才对他人友善，而是因为友善，才变得更善良。友善就像阳光一样，人们都愿意跟友善的人合作与生活。

1. 友善与不友善

甲骨文中的"友"字由两个"又"字构成，意思是两个人的手协调工作，人在一起要互相合作、帮助和支持。人之有友，如人之有手，能给生活带来便利。

善，表示美，动态的艺术美、形式美、精神美，是生存需求的物质保障，更是顺道而为的关系状态。

苏格拉底把善当作人生的最高目的，他说："善是我们一切行为的目的，其他一切事情都是为了善而进行的，并不是为了其他目的而行善。"也就是说，做任何事，都不是为了做这件事本身，而是为了善，即为了让生命变得更加柔和。

过去做善事是铺路架桥，现在做善事是铺心路、架心桥。也就是说，过去讲善，主要通过做事和财物；而在物质相对丰富的今天，善主要指的是用心的联结。

从生命成长的角度看，友善是富足的、积极的，跟自己和外在世界是有所联结的，这种状态叫柔和。友善的人，总把别人对自己的好存在心里，既滋养了自己，又善待了别人。

就是说，柔和是友善的核心能力，柔和的关系状态是顺其自然的，是在了解自己和他人的基础上，随时调整自己的交友方式，没有纠结和烦恼，是什么就是什么，让关系总是舒服的，人与人之间是互相滋养的。

不友善是敌意的、孤独的，对他人不了解、不尊重、不相信，也不关心。不友善的人内心是匮乏的、消极的，对世界怀有戒备，跟外在世界缺乏联结，不愿意接受别人对自己的好，处处切断关系。

> 一个朋友回农村的老家看他父母，跟家人说好自己打车回去，不需要其他人去接。因为火车半夜才到站，车站离老家比较远，姐姐身体不太好，他不想麻烦姐姐。即使姐姐、姐夫去车站接他，他也不接受，仍然坚持自己打车回去，让姐姐他们空车回去。
>
> 要走的时候，父母和姐姐给了他好些土特产，他觉得家人都不富裕，不能把他们的好东西带走，因此死活都不肯拿。
>
> 他每次回家，知道家人对他好，可是总觉得被要求、被安排，他很烦；家人盼他回家，可是，总感觉他回了家很别扭，让人觉得他不近人情。

这位朋友，他有一种不配得感，即不敢接受别人的好意，得到后就要马上还回去，让这件事了结，不想跟人有联结关系。

这位朋友回家不让家人接送、不想给人添麻烦、不想拿走别人给的东西，但他的家人不理解、不接受他的处事方式，仍然按照"我以为"的习惯对待他。因此，家人跟他互不理解，互相都没有联结，互相都感知不到对方的友善。

所以，让人高兴并非就是友善，"我以为"对人家好，也并非就是友善。真正的友善，是在了解自己和他人基础上，以相对柔和的状态，做出合适的行为，让双方都能够接受，都感觉到舒服。

请看下面哪些行为是友善的？

（1）先人后己，总是设法帮助他人。

（2）没有负面情绪，总是用良好的状态对待他人。

（3）总是做得最好，面面俱到，成为他人的学习榜样。

（4）性格温和、开朗，有他在大家就开心。

答案是：不一定！

因为，友善不是一味地付出，也不是委曲求全地一心只为他人，更不是做没有负面情绪的完美开心果。而是会爱自己，让自己拥有高的能量。有了高的能量，再自然地让能量流淌出去滋养他人，这才是真正的友善。

2. 真善和假善

真善，是拥有高能量的柔和的状态；假善是从"我"出发，不管别人怎么想，执着地以"我以为"或者"我猜想"的方式对待他人。因此，有时候吃力不讨好。下面从五个维度来看真善和假善，见下表。

真善和假善

	真善	带着觉知走向善	假善
用心	坚定、无条件地爱自己和他人，不夹杂委屈与纠结。	知道自己有点私心，努力做利他的事。	私心、讨好、执着、不得不，不知道自己不知道。
范围	真心利于大众，恭敬别人，无所求。	在自我成长中，改善家庭氛围，教好孩子。	只为了自己或小家的利益，满足自己的欲望。
需求	做利他的事，做了就做了，不是为了让他人知道。	为影响人，择机说说也是必要的。	为了面子、炫耀，怕别人不知道。
方式	没分别、不执着，帮助能够帮助的人。	只帮助看得顺眼的人，知道自己的不知道。	强直地以"我以为"的方式帮助他人，希望让人高兴。
效果	给社会大众做表率，影响是自然产生的。	努力提升自己的生命品质，以提高影响力。	吃力不讨好、委屈、互不理解的烦恼与添乱。

总的来说，真善很简单：心无旁骛，做好自己应该做的，又是能够做到的。假善既复杂又麻烦，让关系常常处在纠缠中。很多时候，人并不是有意做出假善的行为，对接受者来说，可能他也不知道是怎么回事，只觉得不喜欢。这是因为大家在缺乏觉知的时候，都看不清，被表面的感受所蒙蔽。

有的人觉得社会很复杂，社会上的人很复杂，别人对自己都不友善。在相同的环境里，有的人却不觉得复杂，感觉别人对自己很好。这是为什么呢？这是因为有的人不会和别人相处，不知道人和人之间相处的规律，感知不到别人的状态，不知道什么时候该说什么话，在哪里该做什么事，因而经常踩了别人的"雷区"。

而有的人跟人相处如鱼得水，因为懂得配合与求助，工作有成就感，进步快，得到前辈和领导的青睐。这时候，那些不会跟人相处的人就会说，这个人会拍马屁、会来事、有心眼……当然，不排除暂时性的用心机和技巧的可能，但是，真正如鱼得水的人，跟人相处一定不是靠拍马屁等技巧取胜，而是靠对人、事、物的规律的感知。

除了上表所列的假善之外，还有似是而非的友善，如图 14.1 所示。

图 14.1　似是而非的友善

似是而非的友善一般有三种类型：

第一类是包揽替代型。不管是面对孩子，还是爱人、下属、朋友，自己都像任劳任怨的老黄牛。但其实别人对此并不满意，因为他剥夺了别人锻炼的机会。

第二种是苦逼型。一个人独来独往，努力拼搏，万事不求人，一切靠自己，一切自己说了算，这种人自己独立做事没问题，一旦跟人合作，就会困难重重。

第三种是老好人型。好为人师，有求必应，不敢拒绝他人的请求，有事不敢直意表达。背后是有所求的讨好模式，觉得：我是个好人，我不能拒绝。很多时候顾一头却顾不上另一头，常常耽误事，并损害了自己的形象。

3. 益友和损友

除了真善和假善，还需要了解益友和损友的区别，并且，让自己能够成为别人的益友，避免把自己变成损友而不自知。

孔子曰："益者三友，损者三友。友直，友谅，友多闻，益矣。友便辟，友善柔，友便佞，损矣。"益友的三方面和损友的三方面，见下表。

损友和益友

益友		损友	
友直	正直有力量，能够当朋友的"镜子"，直面自己的不足与卡点，勇于自我疗愈。	友便辟	讲道理，头头是道，只说不练。不敢、不想看自己的不足，糊弄掩盖问题。
友谅	真诚守信，值得信赖。了解自己也了解朋友，接纳朋友的特点，取长补短。	友善柔	表面一套，背后一套，谄媚逢迎，装出和颜悦色的友好。
友多闻	有一定的见识，可以拓宽朋友的见识，遇事可以请教，同时虚心向朋友学习。	友便佞	善于花言巧语取悦人、拍马屁，跟人只是面上的交往，缺乏心与心的联结。
在内德上下工夫，给人带来积极影响和正能量，影响朋友提高自我认知，朋友困难给予帮助，挚友越来越多。		在外表上下工夫，没有真材实料，表里不一，自己活得累，关键时刻帮不上忙，最后失去朋友。	

益友能够当朋友的"镜子"，让朋友了解自己也了解他人，在朋友遇到问题的时候，能够真正帮助他人。朋友之间应该相互了解，说话可以直来直去，不用拐弯抹角。

有位女士，每次被领导批评，就找闺密宣泄一番，闺密就会和她一起骂领导，证明都是领导的不公正、领导的错，她以为这样的闺密就是懂她的好人。

和闺密一起骂领导，暂时解气了，但是，过后心里还是堵着的，越想越觉得委屈，跟领导的矛盾没能化解，反而越积越多。因为，闺密的附和进一步证明了"我是对的""他是错的"，强化了自己错误的认知。不去感知问题的真相，就失去了这个让自己成长的机会，这样的闺密在无意中成了损友。

如果是益友，看到闺密被领导批评后的委屈和沮丧，在给予安慰之后，如果能够给闺密当"镜子"，帮助她了解真相、分析原因、寻求对策，帮助她修复与领导的信任关系，那才能真正帮助到闺密。

损友不是坏人，只是人生经历让其呈现出更多的损友特点，或者是环境让其更多表现出损友的一面。

如果自己身边的朋友中，损友居多，要看看自己是否也是别人的损友？因为人以群分，人总是吸引同类型的人。

如果吸引的都是益友，损友自然离你而去，这是本事；如果能够把身边的损友都影响成益友，这更是本事。

二、友善的行为标准有哪些?

友善的行为，像水一样，是柔和的、流动的、顺畅的，与环境融为一体。在此，借用《道德经》第八章"上善若水"的七个特点，作为友善的标准。

1. 居善地

选择好的环境居住，只需要外在的改变，这是相对简单的事。难的是能够主动去创造好的环境。真正友善的人，在哪里都可以创造善的环境，让别人受益、得到滋养，走到哪里，哪里就是善地。

一个家庭，只要有一个有道和善的人，家庭就是和谐的。

一个全校闻名的后进班，换一位班主任，没多长时间就变成了先进班，那么，这位班主任就具有"居善地"的特质。

一所普通的学校，来了一位新校长，让老师和学生的笑容多了，学生的状态越来越好，这位校长就具有"居善地"的特质。

同样，一个组织、一个团队、一个家庭拥有"居善地"的人，会让整个环境都得到改善。

相反，有的人走到哪里，哪里就变得不安宁。这样的人，选择居住在什么地方都没有用，因为他的内心是贫瘠的，慢慢地他会把周边的营养全都耗费掉，都变得贫瘠。

2. 心善渊

对一切是接纳、包容的，跟那个地方的人和物有心的联结，在所在的地方拥有很多可以滋养自己和他人的积累与沉淀。并且，不强调自己的存在，与整体融在一起。举杨纯老师的一个案例，她说：

> 每一年的年初二我都没回娘家，是我的选择。因为初二姑姑们都回来团聚，这个过程是与婆家人联结的好机会。就以今年初二来说，我收获满满。
>
> 第一，我本身就喜欢做吃的，一群人来分享我做的美食，我有成就感。
>
> 第二，婆婆很骄傲，女儿们一进门就跟她们说，你们嫂子一大早就起来张罗。言下之意是她好幸福。
>
> 第三，厨房是我和老公情感交流的场所，今年，女儿也一起加入，这种时光是我很珍惜的。
>
> 第四，姑姑们感到很幸福，发朋友圈感谢哥嫂。吃完饭后还抢着洗碗扫地，姑姑们抢活干的时候，我欣然接受，体验互相帮助和支持的快乐。
>
> 第五，我觉得女婿们看在眼里，也会感觉到自己老婆的娘家有强大的后盾，以后会更心疼尊重老婆，未来我也一定要做自己女儿的强大后盾。
>
> 我感觉这样的联结方式很自然又美好，大家相处融洽，幸福感油然而生。

杨纯老师把自己融进大家庭中，不强调自己的存在。因为她的存在，让婆家变得温暖、有吸引力，大家都开心了，她也开心。

3. 与善仁

心里装着别人，并能够感知到他人，满足他人需求，更要能看到他人没有看到的，让他人的生命变得完整，这是更高层面的给予。

给他人的，不是"我以为"的，而是感知到的，给予是不着痕迹的。比如，我口渴了，有人递来一瓶水；我要上洗手间，一起身，服务员就告诉我洗手间在哪里；我脸上粘了个黑点，有人给我一个小镜子，避免了尴尬……

给予，不仅是给好的、让人方便和舒服的，其实，最大的善是忍得了别人受苦，也忍得了自己受苦。受了苦，才能真正得到成长，这是给予他人生命成长的善。特别是面对孩子，在可控的范围内，要忍得住让孩子受苦。

4. 言善信

说话的时候，知道自己在说什么。得意的时候，感知自己的感受，也能够感知别人的感受，不会口若悬河，避免让人不舒服。失意、愤怒的时候，停一下，带着觉知，避免口不择言。

不管什么场合、什么话题，只顾说自己想说的，滔滔不绝，这是不尊重他人的时间，让人失去倾听的意愿，这样说出的话，变得没有价值。如果没给对方完整表达自己的机会，那就切断了自己跟对方之间的关系，可能因此失去对方的信任。

说话，不只是说，还包括听与回应。对别人说的话都能够听得进去，哪怕一个眼神、一个微笑、一句话，不管愿不愿意听，都能够给予及时的回应，这才是会说话。

5. 正善治

这里的"正"指的是合适，在合适的时间做合适的事情，说合适的话。

因此，要知道自己到底要的是什么，做事时，掌握事情的本质和规律，知道这件事的关键点和切入点，任何时候，面对的人、事、物都能合理安排、合理运用，而不浪费。在此引用丁美玲老师的案例：

有个初三的学生，周末晚上因感冒头疼，一觉睡到天亮，错过了英语听说训练。学生不安地给我发了长长的一段话，说明事件起因和过程、处理办法及感受。我看着孩子的长篇大论，想象到她那忐忑不安的心情，那一刻，只觉得这个娃可爱。于是我做了两件事儿：

第一，把孩子的信息进行了分析，找到每个点背后的优点，然后在家长群表扬她，见图14.2。

第二，回复学生："你看，感情到了，写文章多容易。"

我这样做的原因如下：

一是转移事件，平复孩子心情，让孩子更愿意听，更愿意说。

二是孩子写作很纠结，我告诉孩子真正的感情是要经历的，有感受后写作自然行云流水，促进她用心对待生活、对待学习。

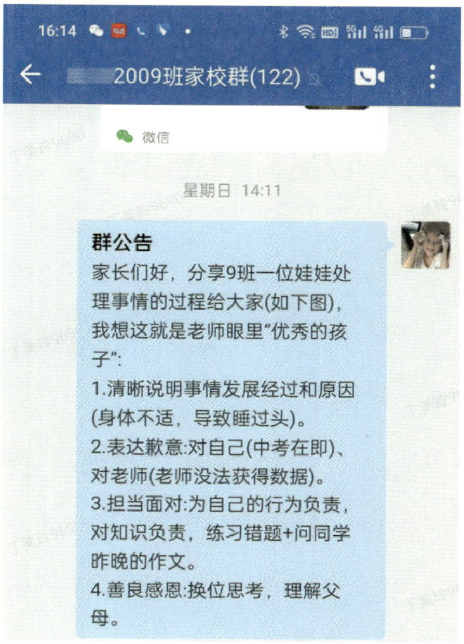

图 14.2　发到家长群里的信息

之后，孩子又来了一篇"长篇大论"。我知道自己做对了，走进了孩子的内心，因此听到了她背后更深的心声。孩子需要在错误中成长，只有允许孩子犯错，才能引导和教给她面对和处理的方法。

从丁老师的案例中，不难看出一切美好的发生只因老师的"一念之间"，此念为随时把学生放在心上的"善念"。

6. 事善能

水可以随方就圆，是极其有效能的。友善的人像水一样，顺势流动。至于一滴水能够流多远、流动的力量有多大，取决于这一滴水能够融入多大的水量，以及水所处的势能有多少。

一个人的价值最大化，取决于想做的、该做的和能做的三方面重叠的程度，见图 14.3。想做的无止境，该做的也很多，能做的却有限。因此，人需要立志，清晰自己想做的；需要明确人生的价值和角色的职责，做该做的；那么，剩下的就是提升自己的素养和做事的能力，适时发挥所长，最大限度地发挥自己的价值。

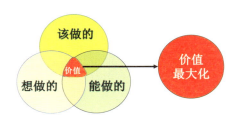

图 14.3　价值最大化示意图

7. 动善时

水会随着时间、环境不同而发生变化，夏天变成雨水，冬天变成雪和冰。人在做事时，要知己知彼，分清本末、先后、大小、终始，心里有数，恰到好处。

人要带着感觉，感知场域，觉察自己和他人的状态，自然就可以做出判断：什么地方、什么时候？该说什么、做什么？怎么说、怎么做？

例如，孩子生气的时候，家长就不能讲道理、提要求，而是要同理和安慰，等待孩子的情绪平复后，再沟通就顺利了。

不了解情况的时候，就不要随意开口给建议，以"我想"的方式给建议，十有八九是不合时宜的，是有风险的。

以上是水的七方面的特性，也是友善的七个标准，那么，如何知道自己对别人的友善程度呢？

角度一：自己心里憋着一些话，有不能或不敢直说的憋屈，逼着自己用"不得不"的状态做事；常常对自己不满意，既不接纳自己，又没法通过行动去改善心智模式，改变的仅限外貌和穿戴；总是不满足地羡慕、嫉妒、恨等，对自己不友善，对他人也不友善。

角度二：如果对身边人的评价都是不好的，那么你大概率是不友善的。但是，对身边人的评价全是好的，也不一定是友善的，可能是分不清好坏。友善是如其所是，是相对客观的，能够看到人、事、物的全面信息。

角度三：如果别人都不愿意和你一起共事，那你很可能是不友善的。友善是可以接纳不同的人，并能够让他人变得友善。这样，你走到哪里都是受人欢迎的。

三、如何避免陷入不友善的陷阱？

1. 不友善的原因

友善可以给人带来和谐、愉悦和爱等正能量，每个人都想得到友善的对待，每个人也都想拥有友善的品质，为什么还有那么多人不友善呢？根本原因是内心匮乏。因缺爱而恐惧，总被情绪所控制，没能活在当下，固执地凭自己的认知判断，一般会出现前怕狼，后怕虎的状态。

（1）前怕狼。

觉得未来会发生不好的事，就像眼前被一只要伤人的狼挡着路，总是处在担心、不敢、紧张、焦虑中而停滞不前。拒绝改变，怕舒适区被触犯；面对改变，觉得我不行、没有办法，只能这样拉着脸；跟人相处时，因担心被拒绝或期待得到认可和肯定，而讨好他人；怕做不好、怕别人不满意、怕不完美，迟迟不动而拖延；担心得不到而"不得不"；以不喜欢或不关我的事为由，袖手旁观……

> 例如，孩子刚生下来，或者才几岁，做父母的就担心，未来如果孩子学习不好怎么办？考不上好大学怎么办？找不到好工作怎么办？没房子或者找不到好的对象怎么办？因此各种补课，就为了考大学。在孩子很小起就攒钱给他买房子，这都是前怕狼的典型表现。

（2）后怕虎。

不接受已经发生的结果，做一切事，都是因为害怕后面有老虎，带着恐惧，不愿意或不得不地做事是这一类人的典型行为。

遇到不符合期待的事情或者犯错的时候，第一反应就是"甩锅"、埋怨他人，并解释、证明"都是你的错，我是对的"，不想承担犯错的后果，总是"因为……所以我……"；用言行来掩饰，装成很好的样子，随时刷存在感，怕自己没有价值，亲力亲为、没事找事、替代他人；用讽刺和贬低别人来证明别人也没有比自己好多少，或者觉得"都是我的错"，觉得对不起他人，陷入深深的自责和愧疚中……

不管是前怕狼还是后怕虎，都是耗费能量的负面情绪。不是逃避就是拒绝，不是活在未来，就是活在过去，唯独没有活在当下，如图 14.4 所示。

图 14.4　前怕狼，后怕虎的画像

在教育和管理的过程中，家长、老师和领导常常用的是胡萝卜加大棒的方式，让孩子和被管理者因害怕被惩罚，或者担心得不到认可和肯定，而尊重规则。这是在培养他们前怕狼和后怕虎的意识。

孩子住校时，存在旷课和不睡午觉的现象，老师和家长怀疑他看手机，但是孩子矢口否认。老师和家长配合跟踪孩子，孩子在厕所里看手机，被抓个正着，这时孩子编出很多理由。然后，扣班级分、扣个人分，叫家长到学校把孩子领回去。

这是典型的前怕狼，后怕虎状态：前怕狼——跟踪、扣分、告诉家长、停课；后怕虎——不承认自己行为不合适的事实，证明"我是对的，我有理"，看不到事情的真相：孩子因为没有自主权，只能偷偷摸摸地做，或者找理由、找借口。

没用对方法，就把处理过程也变成了问题，直接把孩子摆在被告席上，孩子只能被动应对，言不由衷地做保证，很多孩子就是被这么训练的。

其实，这件事的处理并不难，如果能够和颜悦色地跟孩子沟通，孩子放松以后，就不用掩饰、逃避了。家长要理解他的行为，比如说"大人在开会的时候，也会偷偷看手机"；尊重孩子的人格和青春期这个阶段的特点；相信孩子可以自行处理好这件事，以孩子为主导，老师或家长跟孩子一起制订看手机的规则，一起沟通未来遇事的处理办法。经过这样的处理，这件事就变成了孩子成长的机会。

2. 不友善的行为表现

前怕狼，后怕虎，都使得身心是分离的状态，形成内耗，没法用好身体的资源。有嘴，却不会好好说话；有耳朵，却听而不闻；有眼睛，却视而不见。

（1）不会好好说话。

不好好说话包括说出口的话语和表情及肢体语言不中听。

俗话说，祸从口出，如果不会好好说话，话一出口，就切断了双方的关系。

撑——你不长眼睛啊！你没有长嘴吗？你这德行像你爹/妈一样。你这么着急是要投胎去……本来是可以关心帮助的情景，却变成让人愤怒的导火索。

有一次，我带外孙女（6岁）跟小朋友们一起玩，小朋友们发生了冲突，外孙女很委屈地跟我说，B（7岁）不跟我玩，还说："就不跟你玩！"我安慰了她，没有太在意。

一会儿B和C过来了，他们一起玩得很开心，外孙女就过去跟B说："我跟你一起玩，可以吗？"B说："我不跟你玩，我要跟C一起玩。"

外孙女更加委屈，我看到她的委屈，内心充满了愤怒，脱口而出对B说："你不能这样欺负妹妹！"B嘟囔着说："我碰到鬼了。"我不知道该说什么，就气呼呼地带外孙女走了。

在那个当下，我除了捧以外，不会说别的话，不会妥善地处理面临的事。说完之后，就感觉到自己处理得不合适，被自己的行为所震惊。我怎么会对一个 7 岁的孩子发火呢？

骂——跟你说了多少次，你就是不听。给我滚！一边去！给我回来！这都不会？笨死啦！

消极——你真是没药可救了。你笨得像猪一样。你这死孩子，你这不争气的东西……消极的话马上拉低了能量，失去了自信。

心不在焉——眼睛看着手机，或者心里想着事，有一搭无一搭地、不耐烦地跟人说话。让人有被忽略的感觉。如果有事可以提前告知，等处理完了再跟人好好说。

唠叨——你要好好学习，否则……回家不赶紧写作业，就知道看手机……房间乱得跟猪窝一样……不会心平气和地跟孩子沟通学习计划、了解孩子难在哪里、需要父母什么支持，就只能唠叨了。

嘲笑不屑和贬低——你也配？老师怎么不说别人？就知道吃，懒得说你……这种说话方式再加上表情，越说越让孩子没有自信。

评判——你就是不认真、不听话，看你那个熊样，你从来都……你说话总不算数、撒谎……让听的人觉得，反正我就是这样了，打击了改善的勇气。

冷漠——面无表情、爱理不理、不回应，或心不在焉……低能量的行为，让孩子不知所措，或委屈讨好，或同样以冷漠相对等。

威胁——你要是不快点，我就不管你了。你再不听话，就不要你了。有本事你就别回来。你以为我不敢告老师……孩子可能会把威胁当真。

还有人说话总是带着情绪喊着说，有人说话不留余地，有人一开口就是大道理……总之，大人面对孩子不会好好说话，让孩子不仅失去了友善的沟通能力，而且被激发出来的不良情绪，还严重影响学习意愿。

（2）听而不闻。

听而不闻是友善的极大障碍，不仅影响学习与做事效率，还会破坏关系，让自己活在纠结和不满中。

互相激发的听而不闻。双方都陷入被对方的听而不闻激怒的坏情绪中，都觉得对方不可理喻。

　　有一次，要组织一场培训，我想做一些创新，负责这个项目的人一开始就皱着眉头，提出他的好些顾虑。

　　我觉得很简单的事情，他却认为是不可能的。当我跟他说第三遍后，他还在强调不可能的理由，我停了一下，意识到我没有认真听他的顾虑，他被卡住了，因此我说什么他也听不进去。我们双方都处在听而不闻的状态中。

　　接着，我好好地听他说，了解了他的顾虑所在，理解了他的担心，然后，再探讨创新的可能性，最后他愉快地接受了建议。

我感知到，一个人的听话能力，与当下的情绪有直接关系，而当下的情绪，在很大程度上，取决于他过往的情感经历，也取决于对方创造的听的环境。

　　不懂不会型的听而不闻。老师布置作业，有的同学总是不能按时交作业，或者干脆不交作业。问其原因，回答总是"不知道""不喜欢"，或者各种理由。接受家长或老师辅导时，总是漫不经心，很容易激怒辅导的人。

　　另一方面，辅导的人不了解和理解孩子，缺乏有效的沟通方法，只顾说自己认为正确的话，让孩子听不进去，造成恶性循环。

　　自以为是型的听而不闻。在沟通、开会、培训等场合，有的人只听到其一，就用自己的逻辑和观点去解读，听不见后面的内容，然后就把自己的解读当作别人的观点。有时候，明明沟通过，对方也答应了，但是一做就走样。比如，

　　我："请你今天下午把这两份材料送给 A 公司的总经理。"

　　小李："好的，我下午送去。"

　　过了两周，我坐小李的车，发现副驾驶座位上有一份两周前让送的材料。

　　我："这份材料怎么还在这里？"

　　小李："我认为两份材料是一样的，所以，就送了一份。"

　　我一时真不知道该说什么，瞪大眼睛看着小李，眼镜差点掉了下来。

小李的自以为是时常发生，我又领教了一次。

我："我好奇的是，你怎么知道两份是一样的？"

小李支吾了一下说："我感觉是一样的。"

"我以为"式的听而不闻，是来源于太想让人看到、太想让人认可，因而听的时候就分心了，其注意力被自己心里的念头给占据了，心里只有那一堆让自己不舒服的嘀咕，没法听到别人说什么。

成人听而不闻，只是那个曾经听而不闻的孩子长大成人了。好好听的能力在很大程度上属"童子功"，需要从小培养。

（3）不能用心深度交流

一般人的交流都停留在表层，以事论事说事情本身，没法深入沟通。深入交流是能够通过现象看到真相，并且实现心与心的交流，产生人与人之间的联结。

例如，前面我用掉的方式说了7岁孩子的例子，如果我跟外孙女此后对这件事没有深入交流，从表面上看，孩子得到了支持，但孩子积累的，却很可能是敏感和被欺负的委屈，再遇到类似的事，只期待他人去搞定，没人帮她的时候，可能会产生谁也帮不了的无力和无助情绪。

如果我跟7岁的孩子道歉了，这件事就结束了，这也只是做了表层的事。

其实，外孙女被拒绝，再现了我小时候类似的情景，激发了我的愤怒，我看到了过去不会处理的无助。我暂时放下自己的情绪，马上跟外孙女做了深入的交流。

她看到我说她的伙伴，感受到被支持。我同理了被支持的感受，告诉她："姥姥爱你，无论你未来发生什么事，我都爱你。"孩子很感动地搂着我。

我接着说："以后发生什么事，都要告诉我和家人，我们都爱你。"反复种下有事要告诉家人的种子。

她用力地点点头，说了好些在学校里曾经发生的事，也跟我说了她妈妈教给她的方法，但是不知道怎么用。我再次教她在冲突的时候，要学会直意表达自己的感受，例如："你这么说，我感到很生气！""我们是好朋友，以后还是要一起玩的，不要说让自己后悔的话！""我先跟他玩，等会儿就找你玩，好吗？"我们一起演练了几种情景。孩子说："姥姥，你不仅是我的亲人，也是我的老师。"

跟外孙女沟通后，我找个地方安静地反省，让委屈、悲伤、无助的情绪充分流动了，接着我又做了一件事：我真诚地向那个 7 岁的小朋友道歉，并问她当时发生了什么、她想的是什么，然后，教她以后发生类似的情景，要好好跟人说："我需要先跟 C 玩，过多长时间后，我再找你玩，可以吗？"教了她，其实也是教了我自己。

在跟小朋友道歉的时候，我让外孙女看着我这么做。她悄悄问我："她欺负我，你为什么还跟她道歉？"

我说："姥姥是大人，她是小孩，我当时来不及觉察自己的情绪就说她了，这是我的不对。既然不对，就要道歉。"她点点头。

我接着问："如果我不道歉，我再见到你的好朋友时，我们会有什么感觉？"

她说："会有点尴尬。如果对一个人发火了，会有后悔的感觉。"

我说："是的，以后怎么能不尴尬和后悔呢？"

她说："要发火和说难听话的时候，停一下，说说您和妈妈教的话。"

我顺便跟孩子做了道歉的示范。

其实，我会作回应，也会做深入交流，但是在情绪被激起的时候，这些能力就丧失了，说明我的那个卡点尚未疏通。通过这件事，这个卡点又一次被疏通了，面对冲突的时候，有效回应和深入交流的能力又提高了一点。

与孩子有关的任何事情，都可以跟孩子深入沟通。这是给孩子一生幸福的重要的能力，体现出来的是友善地对待他人，更重要的是可以友善地对待自己。须注意的是，深入交流之前，需要同理对方的感受，跟他处于联结的状态，否则，说自己的观点就变成说教。

四、保持友善的法宝是什么？

友善的本质是关系，关系就是联结，实现联结的切入点是了解；在了解的基础上给予对方所需的尊重和信任；在了解、尊重、信任前提下给予的关怀，才能关怀到点上去，减少人际关系的能耗。

了解、尊重、信任、关怀是经营关系的八字原则，见图 14.5。

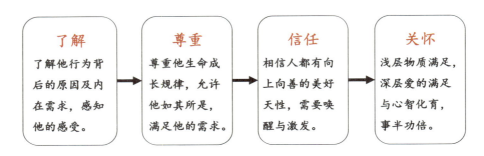

图 14.5　经营关系的八字原则

1. 经营关系的八字原则

（1）了解。人和人之间的友善关系需要从了解开始。不管是什么关系，不管遇到什么问题，都需要了解对方行为背后的原因和他的需求，感知他的感受。了解与感知对方的前提是了解和感知自己，即自我认知。

不了解对方，以"我以为"的方式解读对方的行为，并以"我以为"的方式对待对方，没法走进他人的心里，也没法真正化解问题。

了解自己和对方行为模式的真相，才谈得上联结，很多人学习人际关系处理技巧，技巧能够做到的只是处理关系的表层，正是这些表层掩盖了、阻隔了心与心的联结。

（2）尊重。尊重对方生命成长规律，允许他如其所是，满足他的需求。人在生命各个阶段的规律是不一样的。例如，孩子小的时候，动作慢、安静的时间短、用哭来表达需求等。如果家长不断催促孩子，嫌孩子不理解简单的作业，不让孩子哭，犯错的时候上纲上线地说教，用暴力或者冷暴力对待孩子等，都是对孩子的不了解和不尊重。

（3）信任。人是需要信任的，越得到信任，越可以做好自己。即使面对的是小孩子，也要真正地了解和尊重他，并信任他们，小孩子也是可以商量、可以配合的。

信任孩子为的是提高孩子的自信，而不是为了达到大人的目的。如果孩子在小的时候，常常得不到父母和家人的信任，他会对自己产生怀疑，不敢信任自己，也不容易信任他人。日常生活中，总是处处提醒、询问、帮助，这也是对孩子不信任。例如，6岁以上的孩子，吃饭时总是问他吃什么、吃多少，或者帮他夹菜，是对孩子的不信任，会造成孩子的被动、不自信，进而不好好吃饭。

另外，信任不是盲目地放手，而是对孩子不同的阶段，在了解的基础上信任什么、信任到什么程度，随着孩子能力的提高，逐步增加对其信任的程度。如果在孩子能力还达不到，或者还没有养成习惯的时候给予信任，反而会让他失去自信心。

例如，让小学生学习大学的课程，除非天才孩子，否则一般孩子都会觉得太难了，只能以失败告终，让他们对学习失去兴趣。

（4）关怀。物质满足是浅层的关怀，爱的满足与心智化育的深层关怀，可以起到事半功倍的作用。关怀是爱的最直接的体现，有效关怀，需要以了解、尊重、信任作为基础，这个顺序不能颠倒。

很多人在人与人关系上、在对待孩子上，顺序颠倒了，没有打好前面三方面的基础，直接就提供关怀。而且，只有浅层物质的满足，缺乏深层爱的满足和心智的化育，就出现了吃力不讨好、好心办坏事、帮倒忙等情况。如图14.6所示，都是不会经营关系的现状。

图14.6　不会经营关系的现状

2. 八字原则在教育中的应用

（1）八字原则在家庭教育中的应用

例1：我带外孙女去一个陌生的地方，她看到我跟一个小朋友说话，不高兴地说："姥姥，你是不是喜欢她，把她当外孙女了，不要我这个外孙女了？"

我愣了一下说："你到这里不熟悉，心里有点害怕，因此担心我不管你，是吗？"她点点头，使劲地拉着我的胳膊，我抱抱她说："我只是跟那个小朋友说了一句话，对吧？如果我看到你和老师说话，我就说：'你是不是喜欢她，把她当姥姥了，不要我这个姥姥了？'"

她说："不是的。"

我说："是的，我们都不会因为跟别人说说话，就不要自己的亲人。"接着问："以后我再跟别的小朋友说话，你不会介意了吧？"

后来，确实就没事了。

这个案例的转折在于——我说出了孩子内心的恐惧，让我们之间建立了联结，后面我说的话她就听进去了。如果没有了解孩子的心理，没有说出她的感受，我们之间是没有联结的，这时候，我跟她讲后面的道理，就不会奏效，还可能引发她更大的情绪。

我面对孩子的所谓无理取闹，没有评判、指责、排斥和情绪，是因为我不仅设法了解她，还尊重她当时恐惧的心理，于是她就有了情绪转化的空间。这个过程就是对孩子最大的信任和关怀。

例2：一个孩子上幼儿园不肯进门，要往外跑，一直在哭。年轻的老师去抱他回来，并且跟他说："妈妈去上班，下午就来接你，妈妈挣钱给你买玩具……"孩子根本不听，挣扎着，越哭越厉害。

有经验的老师过来了，蹲下来抱着他说："你想妈妈了，对吧？"

孩子哭着点点头。

老师又用孩子的口吻说："想妈妈了好难过，我也想哭。我想赶紧回家，见到妈妈……"

孩子的哭喊慢慢停了下来，他紧紧地跟在这个老师身边，老师叫他做什么他就做什么，特别配合。

这是对孩子了解和尊重的效果。人在有情绪的时候，心里被某个感受卡住了，卡得难受，需要用接纳来疏导，疏导通了，情绪就消失了。年轻老师说："妈妈去上班，下午就来接你，妈妈挣钱给你买玩具……"这种话孩子理解不了，没有起到疏导的作用，反而让孩子感觉到没有被理解，更加烦躁。

人们面对有情绪的人时，常常会说"没关系，其实……""这有什么好生气的，不要生气了"或者说"我们都觉得你挺好的，不要多想……"等类似的话。那是不尊重对方的感受，是对他人感受的否定，进一步把对方的情绪堵住。

有经验的老师，了解孩子的状态，每句话都说到孩子的心里去。孩子被理解和尊重，就放松了，不再抗拒，跟老师建立了信任，整个过程是对孩子真正的关怀。

例3：6岁的孩子出门前哼哼唧唧，妈妈平静地问："是不是不想出去？不想去我们就不去了。"

孩子更加不高兴，就哭了。

妈妈："宝宝，为什么哭呢？"这是在了解具体的原因。

孩子："刚才你误会我了，所以我不高兴。我也不是不想出去，你又误会我了。"孩子心里不痛快，总是有原因的。

妈妈："哦，是这样啊，我知道了，对不起，我误会你了。现在妈妈可以做什么？"家长该道歉的，要及时道歉，这是对孩子的尊重。

孩子："现在你不要理我，让我哭一会儿就好了。"有了情绪需要一个调整时间，孩子的要求是合理的。由于长期以来的铺垫，孩子对自己的情绪是有觉知的。

妈妈："你需要几分钟？"

孩子："三分钟。"

三分钟后，果然好了。孩子说："我不高兴的时候，停不下来，需要给我时间，慢慢停下来。"这是孩子对自己的认知。

妈妈："好的，妈妈知道了。妈妈特别欣赏宝宝知道自己生气了，并且，明确告诉我需要三分钟。你是个明白的宝宝，妈妈抱抱！"这是对孩子深层的关怀。

这个妈妈处处在应用八字原则，对孩子是友善的，允许孩子不高兴，给予时间，让他自己调整，而不是指责、说教，或者不让孩子哭。因此，这样的孩子心里是有力量的，能够感知到自己不高兴的感受，而且知道怎么处理。

孩子不可能像成人一样，做事都可以商量着来，在孩子成长过程中，会发生许许多多意料之外的事。家长如果了解孩子的成长规律，以及各个阶段的特点，保持自己的稳定性，接纳孩子的情绪，孩子的情绪是可以得到释放的。

（2）八字原则在老师教学中的应用

对自卑、让人嫌弃的下属，如果上级深入地去了解他的生命经历和生存环境，并给予尊重、信任和关怀，他很可能成为好用的下属。特别是青少年，大多数所谓不听话的学生，当被真正用心对待，大部分人的生命状态是可以改变的。方法就是用心地应用了解、尊重、信任和关怀的原则。以下是舒乾标老师的案例：

最近表扬了扎西上课不再睡觉，作业也按时、单独交到我办公桌上。这节课专门抽了扎西背书，他背不出来在我的意料之中。

我说："那你等一下再背，我先让其他同学背，可以吗？"他连忙点头。我让两个同学背了以后，问他："可以了吗？"他涨红了脸，右手抬起来摸着脖子说："还不行！再给一分钟。"我说："好。"又叫了另一位同学背书。

这个时候，他自信地说："可以了！"全班同学都屏气凝神地看着他——因为这学期他还没有在课上背过书。当他把课文背出来的时候，全班都响起了热烈的掌声！我说："你看，这是你自己赢得的掌声！"孩子们的掌声更加热烈。停了一下，我又说："我还观察到，你的人缘真好！全班同学都给你掌声，而且，周围的几个哥哥和姐姐还给你竖大拇指！"扎西头抬了起来，满是激动和幸福。

我相信，今后他再也不会站起来时头低得快到桌面了。

下面是杨纯老师的案例：

今天第一节课我到班上的时候，孩子们七嘴八舌地告诉我，他们刚才被突击检查仪表了。有同学指着一位男同学，问我："为什么他的头发还不合格？"我笑着说："这个问题是不是跟我们讲身体所需元素一样啊，太多了不好，太少了也不行。"全班同学哈哈大笑。场面一下被我直接转入化学课，大家认真地读起"核心知识"。

在阅读的时候，我发现那位被查出头发不合格的男生在哭，我知道这孩子的心理比较脆弱、敏感，但如果这个时候停下来问他什么事情影响了他，或者让他出去洗脸，又担心离开我的视线会有不可控的事情发生。

我拿了几张纸巾塞到他的手里，摸了一下他的头说："老师相信你能调整的。"

接下来我只管上课，不断地调动课堂的气氛，我觉得一个人在积极的环境下会比较容易释怀，我不断面向他的方向去互动，刚开始他还抬不起头，继续难过，我灵机一动请他帮忙解答身旁同桌的一个问题时，他的精神就回过来了。大概上课十分钟后，他就进入了听课状态，后面整节课状态都很好。不仅如此，因为我的情绪高涨，第一节课也没有犯困的孩子，课堂效果很好，真是利己利他。

过后我告诉他："你调整得很好，尽快地让自己进入听课状态，没有错过这节课的知识，你也没有影响到其他同学。当我们面对困难的时候，一定要相信解决困难的办法至少有三种。"

第十五章　走向友善的途径与方法

一、友善利他有哪些基本途径?

1.理解"现象 ≠ 真相"

俗话说，眼见为实，耳听为虚。事实上，眼见未必为实。就以"杯弓蛇影"的故事来说明这个问题——

> 客人喝酒，瞥见杯中似有一条游动的小蛇。回家后，他感觉肚子里有一条小蛇，因此一病不起。事实是挂在墙上的弯弓影子倒影在客人的酒杯中。客人知道真相后，病也随之而愈。

这个故事说明眼睛看到的不一定都是真的,况且,现实中的事情往往比较复杂,会受更多因素影响。因此,在处理问题的时候,如果仅仅相信表面听到的和看到的,一定不够全面,由此引发的行为往往失之偏颇、不友善。

下面是金泳灿老师处理的案例:

> 开学初的一天，我看到小李同学上课的时候趴在桌子上睡觉，前几天也有老师反映此情况。今天被我逮个正着，我就想马上拎出来教育一通。
>
> 但我停了一下，先了解他睡觉背后的原因。

我先给他妈妈打了电话，原来他爸爸在暑假病逝了。这对一个 13 岁的孩子来说打击太大了，导致他睡眠不好，上课睡觉，沉默寡言。

大课间时，我带小李同学到安静的课室聊天。我对自己没及时了解他家的情况道歉，并表示理解他的变化。小李同学哭了，跟我谈了他的感受，并且说不想上学了。

我没急着劝说，只是给了他几个思考的问题，让他想好了再跟我聊。

第二天，小李同学找我说，为了妈妈，也为了自己的未来，要努力学习。我肯定了他的想法，并告诉他，需要帮忙的时候可以随时找我。之后就没发现他上课睡觉，学习状态也恢复良好。

学生出现迟到、上课打瞌睡、抽电子烟、沉迷于网络游戏等现象，背后的原因到底是什么？这需要老师去了解。一旦明白了真相，就有了化解问题的方法。如果看到这些现象，老师只简单地批评教育、告诉家长，这样欠友善的处理方法将使学生反感和产生抵触情绪，让情况恶化。另外，老师的简单粗暴、告家长的不友善现象，其真相是老师教育能力不足，没能关注到学生的生命成长的表现。

以上的例子说明了：有时候，眼见未必是真相，这就叫作"现象≠真相"，如图 15.1 所示。

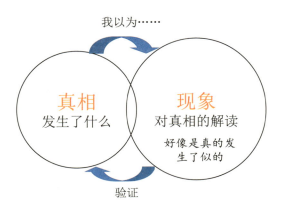

图 15.1 "现象≠真相"模型图

真相是真实发生的情况，现象是看到的或是对真相的解读，用"我以为"来解读现象时，将越想越觉得"我以为"的是真的，并将不断验证"我以为"的就是真的。

在金老师的案例中，假如不是金老师，而是刚参加工作的王老师处理，他看到小李同学上课睡觉，可能会这样：

> 王老师认为小李一定是假期犯了网瘾，晚上不睡觉造成的。王老师问小李是不是犯了网瘾，小李低头不语，他相信小李是不好意思说。当他看到小李假期作业没有完成，再次验证了他的想法，就像小李真的犯了网瘾一样。
>
> 于是，王老师就给小李妈妈打电话，没有问清情况，就劈头盖脸地说孩子在学校的不良表现，并要小李妈妈控制孩子的上网时间，不要让孩子熬夜。
>
> 王老师对小李花了心思和时间，可是，处理的结果让本来情感就很脆弱的小李真的不上学了。王老师生气地指责小李不懂事。可是，他不知道，他的处理方法，正是小李不想上学的直接推手。
>
> 王老师之所以会认为小李上课睡觉是网瘾造成的，是因为他接触过的有网瘾的孩子，"网瘾＝上课睡觉"已经变成他的潜意识认知，因此，他就被潜意识所控制。

所以，处理问题时，需要借助发生的现象，去了解真相，并看到自己在潜意识里对事物的认知，一旦看到了就将被破解，不再被这个潜意识所控制。

那么，如何找到真相呢？那就是避免陷入无意识的不友好。可以用"5W2H"来理清，同时带出落实的措施和计划。

◆在何时、何地发生了什么？（What、When、Where）

◆我和有关的人做了什么？没有做什么？（Who、What）

◆我/他产生了什么情绪？这种情绪背后的需求是什么？（Why）

◆如果重新来，会怎么做？（How to do）

◆打算怎么做？做到什么程度？有哪些方案？（How much）

例如，最近外孙女反复说了三次："不喜欢周二的体育课。"

我："宝贝，请你说说是什么让你不喜欢上体育课？"（找真相从了解入手。）

她："其实我是不喜欢上足球课。"（澄清了一步，只是不喜欢足球课。）

我："足球课的什么是你不喜欢的？"（进一步了解。）

她："老师总喊着说话，我不喜欢。"（更具体了，不喜欢老师的说话方式。）

我："嗯，我知道了，你不喜欢老师喊着说话。除了这个还有什么让你不喜欢？"（需要多角度了解。）

她："我同学的球都能听话，我的球不听我的话。"（这个离真相更近了。）

我："嗯，就是说，因为你的球不听话，觉得没意思，所以不喜欢。"（帮她总结和确认。）

她："是的。我的球容易飞出线。"

我："哦，你的球容易飞出去。还有什么让你不喜欢的？"（柔和地追问，避免漏掉信息。）

她："没有了，姥姥，其实我跑得挺快的。"

我："嗯，跑得快是你的优势。你觉得有什么办法能够让球听话一些呢？"（转为寻求解决方案。）

她："我是最后插班的，他们都学了好长时间了，就我学的时间短。"

我："也就是说，你参加的时间短，所以球还不能听话。如果想让球听话，你该怎么办呢？"（认同她的观点，再说怎么做，先跟后带。）

她："是的，我学的时间短，我想，我可以多练练球。"（她自己提出了解决方案。）

我："嗯，这是好办法！怎么才能多练呢？"（重要的是如何落实。）

她："姥姥能陪我练吗？"（孩子有需要就好办了。）

我："可以啊，什么时候练呢？"（确定落实的具体措施。）

她："放假后，没下雨的时候，每天练半小时。"（方法和措施是她的，不是我的。下周就放春假了，要放三周假，这是可行的。）

我："好啊，到哪里练呢？"

她："我知道有个地方可以练，我到时候带你去。"（给她可以把控的主动权。）

我："太好了，谢谢你可以带我去。家里有球吗？"（梳理一下条件是否具备。）

她："没有。"

我："没有球怎么办？"（把问题交还给她。）

她："让爸爸买。"

我："什么时候让爸爸买？谁让爸爸买？"

她："我明天让爸爸买。"

我："现在还不喜欢上体育课吗？"（确认她的感受。）

她："对下周二的体育课，不那么讨厌了。春假期间，我可以练一练了。"

我："太好了，姥姥可以陪你去踢球了，我好开心。"（进一步激发她练球的意愿，她高兴地蹦了几下。）

应用"现象≠真相"这个原理，可以避免处理问题带来的很多冲突，关键是要练习使用。在使用"5W2H"的时候，灵活应用，不一定每一个要素都问，目的是要了解真相，才能对症下药地解决问题。

2. 搞清楚"我以为≠他以为"

知深浅、懂进退、有边界，保证其行为是友善的。首先需要建立自己的心理边界，即人与人相处舒服的临界点。人的界限被侵犯或者被迫退让，心里会不舒服；侵犯了别人的界限，会被抵触和排斥。因此，要尊重自己与他人的心理边界，必要的时候可以说"不"，也要允许别人说"不"。

例如，朋友想请我去吃饭，我算了一下时间，出去吃饭至少需要两个多小时。对我来说，时间很重要，我告诉他最近我的状况，取得他的谅解。

又如，孩子哭的时候，我习惯性地想去哄孩子。我女儿阻止我说："要允许孩子发泄情绪，让他哭一会儿就好了。"我接受了，并且学习了对孩子的了解与理解。

有时候"我以为"他人需要，但对方不一定需要。若我非要按照"我以为"的方式对待他，结果没能得到认可，反而遭到埋怨，便引发双方的情绪。这就是保姆式的、控制型父母的模式。

> 例如，16岁的儿子假期要回老家，妈妈忙乎帮助买了飞机票，儿子嫌飞机场太远，不想乘飞机，埋怨妈妈自作主张；妈妈就退了飞机票，买火车票，孩子嫌时间不合适，再次埋怨妈妈不长脑子。被否定了两次，又遭到埋怨，妈妈既委屈，又生气，但是憋着没有直接说出来，按照孩子说的，买了另一趟的火车票。
>
> 这时候，老公喊她到厨房帮忙，她就把气撒到老公身上："你们谁都可以支使我，谁都可以跟我发脾气，你们都重要，就我不重要……"老公觉得莫名其妙。

这是更年期遇到青春期的典型例子。不是青春期的孩子遇到更年期的妈妈都会这样，而是缺乏边界的、控制型的、总代替孩子做事的父母更大概率会出现类似的情况。

16岁的孩子回老家，选择怎样的交通方式，买什么时间的票等行程安排，他自己完全可以搞定，而且，这是一个可以锻炼孩子系统安排事情的小项目。但是，妈妈习惯了用"我以为"的方式替代孩子做事，造成吃力不讨好的状况。

家长的替代，让孩子感知到不被尊重，被剥夺了锻炼机会，让孩子失去了存在感。为了活出存在感，就会抓狂、反控制。一方面，让孩子养成只说不练、坐享其成的习惯；另一方面，又让孩子养成百般挑剔的习惯。家长"成功"地把孩子培养成为一个不友善的人。

所以，家长要承认、允许和尊重孩子是独立的个体，满足他的存在感，满足孩子作为人的最基本的需求，孩子未来才可能是友善的。

"我以为≠他以为"，有三种现象：

（1）把别人的事当作自己的事。帮助别人的前提条件是了解他人有被帮助的需求，否则就成为讨好、替代、害怕、焦虑和担心，或是喜欢刷存在感的人。其实，别人的就是别人的，做好自己，带着满满的能量，自然地就帮助到别人。

（2）把自己的事交给别人做主。把应该自己处理的事扔给别人，让别人来负责任。当别人做完后，自己却失去了存在感，生出情绪，进而埋怨和挑剔别人。一方面依赖，另一方面又想独立的矛盾，带来纠缠的关系模式。

（3）把自己的意愿强加于他人。一方认为自己想的都是对的，说过的，就一定要马上照办，否则就发脾气。另一方觉得所做的一切都是"为你好"，但是对方却没有得到滋养。双方互相在纠缠着，感知不到别人的感受，其实是心里没有装别人的空间。

出现以上三种现象的根本原因，是孩子从小的生存和教育环境缺乏爱的流动和情感的交流，导致缺失了感知自己和感知外在世界的能力。

要改善以上现象，在帮助他人时，关注以下三个问题：

第一，这个问题是我的，还是他的？如果是他的问题，要把问题还给他，相信他有自己的处理方式，即使处理得不理想，那也是他自己的事。特别是孩子，他需要锻炼处理问题的能力。因为，家长的帮助只是一时之策，不能帮助一辈子，要忍得住他人和孩子"受苦"，"受苦"是成长必经的道路。

如果因为"他的问题"产生情绪，那是自己 hold 不住自己，是自己与他人粘连了。因此，处理自己的问题才是有效的。

第二，这是他需要我做的，还是我要做的？分清楚是谁的需求，如果他人没有需求，我却赶着去做，很可能会费时费力不讨好。如果是自己的掌控感和存在感的需要，就要学习提高自我认知，看到自我匮乏的真相，疗愈自己。

第三，这么做，我的感受是什么？他的感受是什么？感知到他人的时候，自然就知道自己该做什么、怎么做。如果因自己感知不到对方，而打扰了对方，使对方不舒服，自己也会莫名地感到别扭。很多人感知不到自己也感知不到别人，活在"不知道自己不知道"的状态里。那么，当感到"自己不舒服"了，就是最好的感知自己的机会。

例如，父母辅导孩子写作业鸡飞狗跳的问题。

第一，完成作业是孩子的事情，父母的责任是教会孩子养成良好的学习习惯，给他空间，从小学会自行负责。如果不会辅导，要帮助孩子找到好的辅导老师。

第二，辅导孩子写作业，并非孩子的需要，而是父母担心、焦虑所致。完成作业是孩子的事，父母该做的是学习提高自己的教育能力，而不是督促、监督，更不是随时地提醒、随时地纠偏。

第三，自己和孩子的关系是否顺畅，是父母做得到位与否的检验标准，如果不顺畅，就要学习提升自己的能力和自我认知水平。

训练自己和孩子减少陷入"我以为"的误区，有一个简单的方法，那就是带孩子经常做"我看见……""我听见……""我感觉……"的游戏。

我跟孩子一起去公园、去幼儿园的路上，我们常常做"我看见……""我听见……""我感觉……"的游戏，一人一句反复玩都玩不腻。

因为有这个游戏的基础，当孩子觉得不被理解的时候，她会说："姥姥，你看到的不是我看到的，你感觉到的不是我感觉到的，你要了解我。"

有时候，我也会说："我们看到的、听到的和感觉到的不一样，我们好好了解一下到底是怎么回事。"

3. 从"两下子"到"三下子"

一般人只有"一下子"或者"两下子"，没有经过学习和训练的人，比较少能够做到"三下子"。

"一下子"是点对点的打——我是对的，我要打败你！（见示意图 15.2）满心的愤怒、指责、抱怨、攻击、强制要求，自己和问题和对方紧紧地粘在一起。这时候，双方都被情绪所控制，本来简单的事，会变成连锁反应的复杂的事。

图 15.2　"一下子"的打

　　我曾经是一个"一下子"的人：只要是我坚持的，就得听我的；只要对方的观点和做法与我的不一致，不符合我所想的，我内心会受挫，会带着情绪去据理力争，去要求和强制对方，甚至把善意的关心和建议解读为"我没有做好，你在否定我"，因而心里产生了抵触："不用你说，我知道该怎么做。"活得像刺猬一样。

　　"两下子"是平面的逃或僵——我暂时认怂，你打败了我！（见图15.3）假装没发生，忍着，哄着，积累着；或者冷处理，有话不说，给脸色……用这些来反控制和自我攻击。以这种自我防御的盔甲，从表面上是将自己和对方隔离开了。但是内心的冲突仍然在，并继续升温，跟对方还是粘连的，没能建立顺畅的联结关系，同样解决不了问题，压抑的能量终归要爆发，而这就是压死骆驼的最后一根稻草。

　　很多孩子在小的时候，面对家长的控制、责骂、指责、要求、忽略，没有抗衡的力量，往往用"两下子"的方式回应，如不交流、关门、

图15.3　"两下子"的逃和僵

逃学、逃课、不写作业、不好好听课、沉溺虚拟世界、看小说等；或者用听不懂别人的话、生病、哭哭啼啼等"僵"的方式来应对内心的不满和难受。

　　到了青春期，随着身体力量的增强，有了可以抗衡家长的力量以后，继续用"两下子"，或转为"一下子"的攻击，双方的矛盾冲突会加剧。

　　"一下子"和"两下子"，都是人和人之间的冲突模式，也是家庭和组织中主要的不和谐因素。

　　"三下子"是有空间的处理方法——双方共同寻求第三种解决方案，如图15.4所示。这个方案满足我，也满足你，是你的也是我的，双方一起创造"1+1>2"

的"化事不生事"的方式。

　　要达到这个处理效果，首先需要了解自己，看清自己和看清对方：你是你，我是我，双方都拥有独立的人格。

图 15.4　"三下子"有空间

　　其次，与对方同在，感受对方的感受，体会与理解对方的难和苦，不排斥、不抗拒，认知"你是我，我是你"，跟对方建立内心的联结关系。

　　最后，接纳对方，明白"我不是你，你也不是我"，允许对方是这个样子，慢慢带着自己和对方走向友善与和谐。

　　这个方法的核心是创造力，是双方有意愿一起创造的过程。

　　我跟先生沟通时，常常双方意见不一致，我会产生情绪。每当这个时候，我学会了停一下，想想：我们沟通这件事的目的是什么？我们不一致在哪里？他为什么是那么想的？他的合理性在哪里？能不能在他合理性的基础上，实现我们共同的目的？

　　我欣赏并采纳他的一些想法，保留我的一些想法；对我认为不合理的地方，不去证明他的错，问题就化解了。只要我这样接住了，就可以让沟通和关系回归顺畅的状态。因此，这几年我们不再有冲突了。

4. 平衡"事"和"情"

事情，即事和情，是两回事，两方面的关系如图 15.5 所示。

提高合作成效和工作效能，成为平衡高手，实现友好成事。见图 15.5 中的第 I 象限——既关注事，也关注情。

　　有位老师，每天带同学一起整理教室和课桌，只需要几分钟；每周带同学一起彻底地整理整个教室，在干活的过程中，跟同学们说说笑笑。结束之后，跟同学们一起分享收获、吃点零食、让大家互相欣赏。

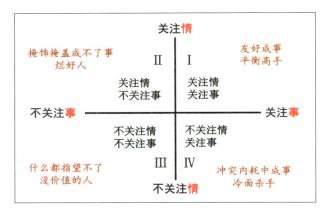

图 15.5　"事"和"情"的矩阵图

这就给这件事注入了美好的情感体验，让同学们喜欢做这件事。

再举一个黄瑛老师处理"课堂上'火山爆发'的男孩"的案例：

今天在自习课中，从最后一排爆发出摔书和推倒桌子的巨响。只见李同学满脸怒气地把书撒了一地，桌子被推倒在一边，全班同学目瞪口呆之际，有些同学发出了怪叫声。

我马上说："来！大家深呼吸。"我走到李同学旁边，轻声说："来，深呼吸。"然后我帮他把一些书捡起来，旁边的同学也帮忙捡书，我看他把桌子推到另一个位置。

午饭后，我叫李同学到办公室，他本能地坐得离我远远的。

我："现在心情好一点了吗？"

他："好一些了。"

我："我们不用那么大声聊，我能坐近一点吗？"

他："可以的。"我往他的位置靠近了一些。

我："你能说说刚才课堂上发生的事情吗？"

李同学沉默了一下说："班主任今天突然把我的桌子移到了今天的位置，我前面的同学不停地叫我退后，还摇晃我的桌子。"

我："哦！本来被老师换位置，心里就不痛快了，同学还摇晃你的桌子，然后你就怒火冲天，爆发出来了？"

他："嗯！"点点头。

我："有情绪是很正常的！现在你回看当时的做法，你怎么看？"

他："我不应该发那么大火。"

我："如果再发生类似的事情，你情绪不好的时候，会怎么做？"

他："我会找老师说，并和同学好好说。"

我："对，这是解决问题的途径。另外，在有情绪的当下，可以深呼吸，停一下。看到自己当下的情绪，接纳这个情绪。当然，这些方式现在还用得不熟练，以后你可以更多地练习，好吗？"

他："嗯！"再次点点头，露出了微笑。

我："班主任为什么要把你的位置换了呢？"

他："因为我和旁边同学讲话。"

我："你现在搬回了原来的位置，要不要和班主任说一下呢？"

他："好，我去和班主任说。"

这个案例的老师有了一定的积累，所以能灵活处理学生各种突发的事情。在处理问题时，关照自己和对方的情绪。情绪关照到了，事情就顺了。

理性不足、感性有余的人，是关注情、不关注事的"烂好人"，在一起玩的时候会很开心，但是他不敢触碰问题，不敢直意表达，只会掩饰、掩盖住不良的情绪。见图 15.5 的第 II 象限。这样的人往往比较压抑，对外态度很好，对家人不一定有耐心，一般难以成事。

例如，有些家长只关注眼下搞定孩子，让孩子顺从，把手机、游戏当作奖励的筹码，把这件事与正向的情感体验联系到一起。没想到这种方式是在助长孩子玩手机的欲望。

感性不足、理性有余的人往往只关注事，不关注情，叫"冷面杀手"，见图

15.5 中的第 IV 象限。这是很多冲突的来源之一。有冲突就会有内耗，在内耗中成事的效率和品质必然大打折扣。

学校常见的打扫卫生工作，一般都是轮流值日，有的学校把这件事当作惩罚的筹码，即学生犯了错误，用打扫卫生来惩罚他，把打扫卫生变成一件让人讨厌的事。

整理物品、打扫卫生是一件事，如果把这件事与惩罚等负面的情感体验联系到一起，会让同学们都不愿意去做这件事。

以前，我带团队时，我不会肯定、欣赏下属，我认为他们做得好是应该的，做不好就该批评。一个典型的"冷面杀手"，让下属敬而远之。

最后一类，是不关注事也不关注情、什么都指望不上的"没有价值的人"，或者叫作彻底躺平的人，见图 15.5 第 III 象限。这种人往往在情感受挫后，对人、对世界绝望了。

小结：要真正做到友善利他，不仅提供物质上的帮助，或一味地付出，而要在提高自己认知的同时，懂得爱自己、满足自己的需求、提升自己的能力，这样才可以了解与理解他人，心里装着他人，在更高层面利他。利他有三个层次，见图 15.6。

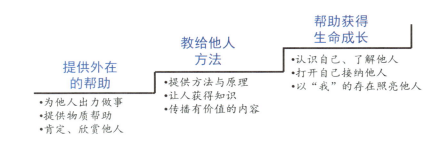

图 15.6　利他的三个层面

第一层（也是最浅层），是提供外在的帮助，为他人出力做事，提供物质帮助，以及肯定欣赏他人。这些是最容易做到的。

第二层，是教给他人方法，为他人提供方法与原理的指导，让他人收获知识，传播有价值的内容。尽管有很好的爱心，想为他人的幸福做点事，但更多只是从术的层面提供帮助。

第三层，是通过认识自己进而了解他人，同时能够打开自己去接纳别人，因为"我"的能量满满，走到哪里都能够照亮他人。这就需要关注提升自己的生命品质，才能帮助他人获得生命的成长。

例如，有些多子女家庭，老幺是儿子，当姐姐的为了让父母高兴，一直倾其所有当"扶弟魔"。弟弟有父母和姐姐罩着，成为只知道索取的低能人，变成被指责的对象。

姐姐对弟弟的无条件帮助，其内心其实可能并不情愿，压抑着很多的委屈和抱怨，但是又持续这么做着。一切为了父母、为了弟弟，活得失去了自己。

实际上，正是父母和姐姐害了弟弟，剥夺了他成长中的锻炼机会。

姐姐的付出和委屈并不是真正的利他，而是爱的匮乏的一种表现方式，以为这样付出了就可以得到父母的爱。

因此，不管弟弟还是姐姐，想活出自己，都需要看到自己，需要照顾好自己。当自己的能量足够丰盈的时候，自然就会流淌出来，滋养他人、利于更多的人。

二、拥有友善品质的方法有哪些？

1. 微笑，价值不可估量

微笑是人类宝贵的财富，是人的一种重要能力。俗话说"伸手不打笑脸人"，常常露出充满活力的微笑，对人生会有很大的帮助。

首先，微笑可以让自己成为一个受欢迎的人。微笑具备不可抵挡的魅力，总是板着脸的人，即使品德高尚，也会让人敬而远之。

其次，微笑能给自己营造愉快、和谐的生活和工作氛围，提高自己和他人的归属感。

再次，微笑可以降低恐惧感、焦虑感和紧张感，让自己和他人放松下来。

老师经常微笑面对学生，学生自然喜欢这样的老师，提高学习兴趣，愿意跟老师说心里话，有问题直接告诉老师。

领导经常微笑对待下属，将增强自己的亲和力，并提高下属的归属感和工作热情。

夫妻之间经常微笑，能让对方感受到爱的温暖，保证家庭的和谐，并给孩子良好的成长空间，促进孩子的健康成长。

子女对父母经常微笑，接纳父母的不完美，将让父母产生安心、放松的幸福感。

学生保持微笑，会减轻学习的压力，保持同学间的良好关系。

服务人员微笑面对客人，能大大提高服务的品质，提高客户的保留率和签单率。

跟陌生人保持微笑，将避免冲突。即使有冲突发生，微笑也能避免冲突进一步升级，免去意外的麻烦。

常常保持微笑，可以使人生如意事十有八九，不如意只有一二。一般人在没有觉知的情况下，往往不会笑。人生不如意十有八九，那是缺乏自我认知、被惯性模式所控制的结果。

有些幸运的人，生来拥有微笑习惯。还有许多人，常态下是不会笑的，我就是其中之一。

2008 年，我训练自己养成微笑的习惯，训练了一年多的时间，每天想起来就微笑。我在手机的屏保、电脑屏保、笔记本、办公桌前上放着经典的微笑照片，看到了就微笑，让嘴角上扬。训练后，我的面部表情比以前好多了，不过还有很大的提升空间。

这几天整理的这部分内容，又提醒我要微笑。晚上躺在床上，我清晰地感知到——我的嘴是紧闭着的，眉头是皱着的。每当意识到了，嘴角就上扬一点，脸部、眉头和内心，马上感觉到放松。

有一天，孩子问我："姥姥，你不高兴了？"

我猛然意识到，我看到孩子动作慢而有些着急了，如果孩子没有提醒，我都不知道自己又掉坑里了。我意识到了，马上说："对不起，我有些着急了，我不高兴是我自己的事，跟你没有关系。"然后，马上调整心情，用微笑面对孩子，她的动作就快了一些。

为了优化自己所在的环境氛围，请反思自己对爱人、父母、孩子、朋友、同事是否经常微笑？如果笑得不够，可以通过训练获得——

（1）看着镜子对自己微笑。

（2）在不影响别人的前提下，边干着活儿，边哼着小曲。

（3）找一些经典的微笑的图片放在可以经常见到的地方，看见了之后就提醒自己要微笑；随时"停一下"让自己微笑，嘴角上扬。

（4）注意坐姿、站姿、走路姿势，拉直脖子、挺直脊柱、下巴回收、面带微笑，随时保持良好的状态。

纽约市一家百货商店曾经在圣诞节前夕，发了一条广告，其中说道：

> 它分文不花，却创造多多。
> 它让得到者富有，付出者也不会贫穷。
> 它在瞬间发生，有时却给人留下永恒的回忆。
> 它给疲惫者带来休息，给沮丧者带来光明，给悲伤者带来阳光。
> 但它买不到，讨不来，借不了，偷不走，
> 因为你把它送给别人，才会有好处。

这条广告说的就是微笑。

2. 打招呼，激活关系

打招呼，以及打招呼的声音可以彰显一个人的人格和生活态度。打招呼表达友好的态度，让关系和工作处在被激活的状态，这是维护人际关系的重要途径。不擅长打招呼，工作的投入度和人际关系上会有很多看不见的损失。

早上和家人、团队、同学等人见面，互相不打招呼，一天气氛都会死气沉沉。如果充满活力地大声地问一声："早上好！"氛围马上活跃起来。

十多年前，我跟一个朋友参加了一个培训，了解了打招呼的价值。周一早上，她见到半年多都不说话的同事，不自然地跟她打了招呼，对方没有反应过来，就擦肩而过。转天早上，她们见面，她又打了招呼，同事不太自然地回应了。第三天，双方都自然了一些。

周五上午，同事邀请她一起共进午餐，她们把曾经的误会和互相的看法都说了出来，关系很快就修复了，因为本来就没有什么实质性的矛盾。同事说："你头两天跟我打招呼的时候，笑比哭还难看，我想我也是。"

我也不擅长打招呼，经过培训以后，每天早上跟先生和家人说："早上好！"见到团队的人，大声说："早上好！"

以前我从小区门口进出，一般不跟门卫打招呼。参加培训之后，我很主动地跟门卫打招呼，有时候买水果什么的，顺手给他们一点。所以，门卫对我很友好，看我拿的东西比较多，他们会主动帮我开门，或者帮我把东西拎到电梯口。我在家办公，经常有人去家里找我，我跟门卫说了一下，后来只要有人说到我家找张老师，他们都会热情地让客人进去，并做指引。

疫情期间要进北京，过检查站一般都要进行严格的检查，堵车堵一个小时是常事。夏天的一天，我看到安检的小伙子满头大汗，还不断听到有人抱怨。轮到我的时候，我真诚地说："你们辛苦啦！"他们很开心地笑着说："应该的。"从此以后，不管堵多长时间，我都保持耐心，每次都真诚地跟安检员打招呼。

简单的一个打招呼，不仅让对方感受到一丝温暖，也让自己内心柔和一些。有的朋友经过学习以后，就因为夫妻友好地打招呼，关系就有明显的改善。

有人说，天天见面还打招呼，觉得好假；有的人认为一家人总在一起，用不着打招呼；更多人认为，不认识的、无关紧要的人不用打招呼，也不习惯打招呼；还有的人不愿意先打招呼，有人害怕尴尬，见到熟人就绕开……

家长经常会逼着孩子打招呼，越逼，孩子越不说，家长就会评判孩子没礼貌、不懂事，有的甚至因此打骂孩子。结果，孩子心里对打招呼产生了抵触和反感。

幼儿园孩子的自我还没有完全建立，不应该强求孩子先打招呼，要允许孩子的不打招呼和害羞。这是孩子必然要经历的成长过程。

另外，电梯里的寒暄也是学问。电梯里的几秒显得特别长，心想：怎么还没到？有些在高层写字楼里的大公司，会专门训练员工，设计好电梯里的寒暄内容，特别是利用电梯里的几秒、几分钟，达到跟领导产生联结的目的。

打招呼和微笑一样，这些行为是由心智模式决定的，反过来，人的行为形成了习惯后，也可以反作用于心智模式。可以用简单的方式，直接培养孩子打招呼，请用好图 15.7 中的问候语。

美好的生活从"打招呼"开始！

大声明朗的相互问候

你/您好！	××你/您好！
早上好！	××早上好！
上午好！	××上午好！
下午好！	××下午好！
晚上好！	××晚上好！
……	……

用好"五句良言"

早上好，一天愉快！

亲爱的，我回来了！

晚上好，一天辛苦了！

晚安，做个好梦！

我想……可以吗？

……

图 15.7　打招呼的问候语

我从外孙女出生起就每天跟她打招呼。早上起床说："早上好！"晚上睡觉说："晚安！"这些对孩子会形成潜移默化的影响。

对小外孙女，我从不逼她打招呼，而是自己经常跟人打招呼，让她自然受到影响。孩子的人际关系比较正常，在外面，总能主动找陌生伙伴一起玩。

前几天，见到一年没有见面的一位大姐姐，刚见面的时候，孩子躲到我的身后，有点害羞，我允许她这样。大约五分钟后就好了，她跟姐姐一起玩得很开心。

就是说，对孩子需要引导、允许，不逼迫，更不能指责、打骂，家长自己做好，孩子慢慢地就知道该怎么做了。

3. 及时回应，争取主动

为什么有人总做出一些欠揍、找骂的行为？很多时候就是因为缺少回应。沟通的双方，一方发出信息，另一方有所回应，沟通才能进行下去。如果面对面时，说什么都没有回应，很容易激怒发出信息的一方。

现在很多沟通都用微信，如果对方收到信息，感觉不爽，就不回应，这是被情绪控制的、切断关系的模式。

如果是安排工作任务，接收信息的一方在工作过程中没有反馈，到了期限也不主动反馈，就会让安排的人着急，接受任务的人就被动了。

人在合作中，遇到了问题的时候，只要沟通了，就不会有问题，很快可以得到化解。如果不沟通，到发生不良后果的时候才问："为什么不早说呢？"得到的答复往往是："我看你忙，我怕……"其实，就是内心的那个"怕"让自己停滞在自己的嘀咕里，耽误了事情的推进。

为什么普遍存在不回应的问题呢？因为从小缺乏良好的童蒙养正的训练。

《弟子规》"入则孝"开头的四句话就说明这个道理——父母呼，应勿缓；父母命，行勿懒；父母教，须敬听；父母责，须顺承。

"父母呼，应勿缓"，是回应的品质，这个品质决定了人际关系的品质。这不是指父母说的都是对的，而是对父母的"呼"要快速回应。孩子养成"父母呼，应勿缓"的回应习惯，有利于一生。延伸到师长呼，应勿缓；长辈呼，应勿缓；领导呼，应勿缓；妻子／丈夫呼，应勿缓，就会大大增强友善的氛围。

"父母命，行勿懒。"因为前面父母的"呼"不能及时回应，升级为"命令"

施加压力，这时候，如果孩子能够"行勿懒"，问题就化解了，否则，双方的情绪继续升温。

"父母教，须敬听。"一开始的"呼"不起作用，"命令"也不奏效，父母一忍再忍，耐着性子开始说教。这时候，如果孩子能够"敬听"，并赶紧遵照执行，事情也可以到此平息。

"父母责，须顺承。""呼"不起作用、"命令"不奏效、"教"也失效了，带来的就是"责"骂了。被骂的时候，如果能够"顺承"，算是孺子可教，能够醒悟，调整自己今后对待"父母呼"的态度。

问题是，"父母责"带来排斥、抵触，更难以"顺承"，形成了习惯，那么孩子长大后，不及时回应、事情没做好，还总有理，说不得，就成为惯性。

呼、命、教、责，这四件事的核心是恭敬心。父母情绪层层加码到爆发，其罪魁祸首是孩子听而不闻表现出来的傲慢。

在职场上，及时回应是职业化的基本要求。缺乏基本的职业化能力，会让自己处处碰壁。

4. 直意表达，疏通关系

直意表达，是和自己、和别人快速联结的方式。但是，控制型的人，不允许别人表达；缺乏感知的人，听不到别人的表达。没法表达的人，要么忍着、憋着，要么到达爆发的状态，终将让关系进入恶性循环中。

一个人表达受阻，就会变形出各种负面情绪和不合适的自动化行为，如果没能意识到自己的那些自动化行为在给自己和他人带来麻烦，就会一直被自己的行为所困扰。

不能直意表达和尽意表达所形成的心智模式，以及不断强化的自我形象，见下表。

不能直/尽意表达的心智模式

序号	不能直/尽意表达形成的心智模式	不断强化的自我形象
1	有话不直说，让人猜。认为说了就没有意思了，或者不好意思说。	我是需要被照顾的。
2	不会商量，只有对错。我说了，就一定要得到同意，按照我说的做。	我就是这样，不可改变的。
3	我是错的，我得听话。只有得到同意我才敢去做，得不到同意，就不敢去做。	我是弱者。
4	我必须大声说，他们才听得见。总是带着情绪表达自己的需求和观点。	我脾气不好。
5	没有人理解我、帮助我，只有靠自己。不相信能够得到别人的支持。	我是孤独无援的。
6	常常偷偷去干一些事，报喜不报忧。说了也没用，我只能这么做。	没有人重视我。
7	听不见别人说话，只想着自己心里想着的事。没人听我的，我不重要。	我是无关紧要的。
8	说话没头没尾，自己明白，别人一头雾水。认为别人应该知道。	我是无足轻重的。

由上表可以看出，表达受阻之后的行为，总是自我否定的压抑，把自己放在一个弱者的位置。可是自我需要有存在感，因此，就憋出非正常的表达情绪的行为，以保护内心的脆弱，我把这些行为称为"撒手锏"。

一般人的"撒手锏"——不理人，掉脸子，不吃饭，说难听的话，骂人，暴怒，歇斯底里，无理取闹，摔东西，生病，哭哭啼啼，把自己关在房间里，一直睡觉不起床，沉溺在网络世界里，问什么都"不知道"，自残，离家出走……

青少年专属的"撒手锏"——打架，欺负同学，抽烟，喝酒，拉帮结派，跟家长/老师对着干，不写作业，辍学，搞怪，做小动作……

成人专属的"撒手锏"——死命干活，一哭二闹三上吊，打孩子，指桑骂槐，跳槽，离家，离婚，出轨，骂领导，喝酒……

要破解这些"撒手锏"，改善不合适的行为，最简单的方法就是直 / 尽意表达，表达的方法如下：

（1）心里有嘀咕，直接说出来。

　　例如，一位老师问我问题，我忘了回复。两周以后，我突然想起这件事，回复了她，并道歉。

　　她说："我一直在嘀咕，我是不是做错了什么？老师是不是瞧不起我？为什么老师不理我了？我有种被忽视的失落，渴望回应和被看到。"我们一起学习了一年多，她懂得如此直意表达。

如果她看我没有回复，问一下，给我一个提醒，就没事了。但是一般人经常会心里嘀咕，却没想直意表达问一下。因为从小惧怕权威，有话不敢直说，心里习惯性地嘀咕……使得自己的能量大量地在这消耗掉。因此，有人说："嘀咕有毒！"

（2）对人有看法，直接说出来。

在合作中，如果对他人有看法，直接说出来，这是对团队负责，也是对他人的帮助，并避免积累对一个人的评判。

　　例如，张念老师是一个教育机构的创始人，十几年来，一直是自己说了算，她有时候会不沟通、不反馈就直接自己做决定。

　　有两次，我直接说，希望她能够及时沟通和反馈，达成一致后，便于落实。她是个聪明人，很真诚，从不为自己辩解和找理由。

　　她说："感谢您真诚的提醒，让我看到自己这个只顾自己往前冲的'英雄模式'。我不主动沟通，遇见问题憋着不问，其实是不知道该怎么问。这次我需要好好地突破自己。这是礼物，我打开了一封天使的信。"

　　经过两次这样的沟通之后，我们建立了很好的联结和默契。

（3）用"不要以为我……我想要……"这句话代替大吼大叫、口无遮拦地发泄骂人，或者极力证明自己不是他人所想的那样。因为越证明就越委屈和生气，让对方越抗拒。

"不要以为我……"这句话可以提醒自我觉察，比较准确地把委屈、无助、无奈说出来。

"我想要……"是自我觉察之后，直意表达自己的真实需求，让对方了解自己的需求。

> 孩子可以说："不要以为我不会累，我只是想休息、放松一下；不要以为我什么都不懂，我想要我们的家庭氛围能够好一些；不要以为我就是你想的那样，我想要你们能够耐心听我说想说的话；不要以为我是坏孩子，我也想成为一个好孩子……"
>
> 成人可以说："不要以为我很强大，我想你能够为我分担一些家务；不要以为我只是重视你的成绩，我想要你健康成长，未来能够幸福生活；不要以为父母是全能的，我想我们可以好好商量解决……"

（4）使用直意表达的沟通工具。与孩子面对面沟通，或者让孩子写信说出长期积压在心里的话，这个方法可以经常用。

> ◆一直要说但没有说的是……
> ◆一直想做却没能去做的事是……
> ◆我愤怒、抱怨、无奈、伤心的是……

很多时候，孩子说的事情和感受是在家长／老师意料之外的，会让人感觉到委屈和无辜。但是，不能要求孩子关照到家长／老师的感受。无论孩子说什么，家长／老师都不能插话，更不能生气、解释、证明，而应该在适当的时候道歉。

这么做的目的是保证孩子直／尽意表达，释放他们内心压抑的能量，让孩子感受到爱与支持。只要他能够直／尽意表达，就是疗愈的过程，基本可以保证孩子健康成长、顺利完成学业，并为未来的工作和生活铺平道路。

对成人来说，在表达的时候，还需要兼顾对方的情绪，要表达自己在这些事情中的责任、对对方的在乎和未来的期待，还需要表达未来自己的具体做法，并邀请对方共同走向未来。这是"完整完结的沟通方法"（参考本册第十七章）。

（5）以调查的方式，让学生直意表达其想法、看法、困惑、问题等。可以让学生写下最想对家长、老师说的话，写下自己目前在学习生活中有什么困惑、烦恼等。

这是一个一举多得的方法，不但让家长、老师了解到学生的真实状况，还可以让学生获得一个情绪出口，疏导学生的情绪，又训练了学生的直意表达能力。

总之，要培养孩子拥有友善的品质，靠理论是教不会的，需要有模仿、训练和体验的过程，核心是让孩子爱自己的同时，心里能够装着别人。

　　最近两个月，我天天陪着外孙女。在陪伴中，时时应用正在整理的这些理念和方法。就在昨天晚上，我在倒水的时候，不小心洒了一些水，孩子马上拿擦地的抹布说："姥姥，我擦地上的水，你腰不好就不用弯腰了。"

　　早上，她看我在忙着，就帮我把面包烤好，抹上花生酱，还把我的牛奶在微波炉里热好。

　　我陪着二宝时，看到外孙女做好出门的准备了，我就起身要送她上学去。她马上过来拉我说："姥姥，小心你的腰，我帮你一下。"

　　出门前，她回头亲了亲弟弟说："弟弟，姐姐好爱你，姐姐上学去了，你要乖乖哦，下午见！"看着孩子一系列的友善行为，我心里感到很欣慰。

　　在上学的路上，我说："姥姥过几天就要回去了，你每天要帮妈妈准备早餐，有空的时候陪伴弟弟。"

　　孩子认真地说："姥姥，你放心，我喜欢成为家里的小服务员，我可以走来走去干家里的活，不会累的，你们大人走多了会累。"

对一个6岁的孩子来说，重点不在于她能做到多少。只要她心里能够装着别人，未来她大概率能成为一个友善的、受人欢迎的人。

素养五：孝敬篇

第十六章　对孝敬及其障碍的认知

孝敬是中华民族传统美德的重要内容之一。尽管随着时代的变迁，孝敬被赋予不同的意义，但其核心价值是几乎不变的。

孝敬，是指尊敬、感恩父母，侧重"敬"。

孝顺，指尽心奉养父母，顺从父母的意思，孝顺侧重于"顺"。

孝敬是顺从"意愿"，顺从的是父母行为背后的需求，尽量满足父母的需求，有品质地孝养父母，体现的是对父母的爱与尊重，而不只是听话。

从孝道的角度说，不管是顺从"意愿"，还是顺从"意思"，都是柔和，像水一样，随方就圆，却不改自己的本性。跟什么人在一起都能够让人感到舒服，得到滋养，这是需要通过学习和修炼形成的良好品质。因此，不管是孝顺还是孝敬，除了与父母亲情联结的因素外，还需要通过个人的修养来获得。

一、人为什么要孝敬父母？

1. 什么是孝？

（1）从字面上看

孝是"耂"和"子"的结合，见图16.1所示，体现出老与子的血脉相连、心意相通。

"老"字的下半部分是"匕"，"子"置换了"匕"，解决了人年龄大了以后的后顾之忧。这是人之道，

图16.1　"孝"字

是人的需求，更是人类延续、生生不息的需求。

上是"孝"字头，下是"子"，儿子背着老父母，这是长幼次序的礼节。强调了子女的家庭责任，并保证父母老有所养。

（2）从现实的角度看

孝是随时随地的内心修养，体现出对父母如其所是的接纳，同时了解父母的需求，并尊重他们的正当需求，力所能及地满足这些需求。

父母和子女的关系是天然的、割不断的关系。如果父母过得不开心，子女一般也不会持久开心和幸福。

父母有不合适的行为时该如何尽孝？《弟子规》里说："亲有过，谏使更。怡吾色，柔吾声。谏不入，悦复谏。号泣随，挞无怨。"就是说，子女面对父母不当的行为，必要的时候要提出来。关键是，提出的态度与方式要合适，避免对父母说教，因为不管对谁，说教都是无效的。需要顺其愿而孝，顺其善而孝。如果父母的行为触犯了法律或严重伤人、伤己，就要坚持设法坚决制止，否则，可能就是愚孝。

（3）从关系的角度看

要提倡的是"父慈子孝"系统的和谐。"慈"是爱孩子，并尊重孩子成长规律与独立人格，使子女有能力孝顺父母，"孝"才能得以延续。

孩子没法做到孝，有可能是因为父母缺乏慈。这种父不慈、子不孝的关系，很可能进入恶性的循环，从而形成社会问题的根源之一。

也就是说，每个人都需要不断地修炼自己，在孝敬父母的同时，让自己成为慈祥的父母，才能拥有被孝顺的资格，让孝敬的行为进入良性的循环中。

（4）从发展的角度看

孝是尽后代的职责。无论有没有得到慈，子女都应该为了自己及子孙后代的幸福生活，主动去疗愈、修复自己与父母的关系，做到孝敬父母，以便滋养出自己慈的品质，这样才能让下一代比上一代强。

为人父母如果能够为孩子创造有爱的环境，让孩子与父母有良好的联结，这是父母流向孩子的爱，让子女内心富足；内心富足的子女，面对父母，内心溢出的爱，就是孝敬。孝敬是爱的体现，是爱的回报。如果内心匮乏，就要靠学习和修炼来疗愈自己，才有能量回报父母。

从法制节目里看到某些父母控告子女不孝的案例。其实，这都是父母自己打脸的行为。子女不孝的根源很大程度上在父母，是自己没能把孩子教养好，没有给子女好的示范和有爱的环境所带来的苦果。

在互相控告的伤害中，缺爱的父母和不孝的子女，都是缺爱的受害者。如果受害者没有觉醒和觉悟，继续创造纷争的环境，没能看到自己、疗愈自己，将接着祸害自己的子孙后代。

子女长大成人，本该"成年养德"，弥补成长过程中的缺失。但是他没有学习生命成长教育的机会，只能延续父母的模式，很可能活得跟父母一样。

2. 为什么要孝敬父母？

（1）《孝经》的基本观点。

《孝经》中《三才章第七》，子曰："夫孝，天之经也，地之义也，民之行也。"孝道犹如天上日月星辰的照射和四季的运转、地上保证万物的自然生长，是人们应该遵循的做法，是人类最根本的、首要的品行。

尽孝是为人子女者义不容辞的责任，也是判断一个人基本品行的标准之一。许多企业招聘员工，特别是选用中高层管理者的时候，会考察应聘者与培养对象对父母和家人的态度，还要考察他们处理家庭关系的情况。大量的事实证明，对父母不孝敬的人难以对企业、对本职工作尽职尽责；家庭关系处理不好的人，一般也不能很好地带领团队。

《孝经》中《开宗明义章第一》，子曰："夫孝，德之本也，教之所由生也。"孝，是一切道德的根本，是一切教育的出发点。

孔子接着说："身体发肤，受之父母，不敢毁伤，孝之始也。立身行道，扬名于后世，以显父母，孝之终也。夫孝，始于事亲，中于事君，终于立身。"人的躯干、四肢、毛发、皮肤，都从父母那里来，保护好自己的身心完好，是行孝道的基础。树立自己的志向，为人处世遵循规律和原则，做好本职工作，得到各方面的肯定和认可，成为他人与子孙后代的榜样，使父母脸上有光，变得尊贵，这是孝道的归宿。

所以说，孝敬看似是为了父母、为了本职工作与领导，其实，最大受益者是自己。在孝敬中，练就柔和的个性，成就感恩与尊敬他人的素养，让自己不论什么时候都能够立于不败之地。

另外，如果以后我们成为父母，死去后，就是子孙后代的祖先。因此，对待祖先、对待父母的态度，就是儿女未来对待自己的态度，也将是子孙后代对待自己的态度。

（2）孝是与整体的联结。

人生的所思、所想、所行大部分受制于人类遗传基因和环境因素，从古至今人都需要吃喝拉撒睡，都是日出而作、日落而息，人的衣食住行都大同小异，人与人之间的关系都存在因七情六欲而起的各种关系。所以说，人类相似的远比不同多得多。为什么是这样的呢？

如图 16.2 左边所示，每一个人都有赋予自己生命的父母（上一代），共两个人；赋予父母生命的上一代，共有四个人；赋予爷爷、奶奶、外公、外婆生命的上一代，共有八个人……以此类推，一个人的父母和祖先人数总和是 $2^{n+1}-2$。例如，10 代的祖先和现有人数总数是 $2^{11}-2=2046$ 人，20 代的祖先总数是 $2^{21}-2 \approx 209.7$ 万人，30 代的祖先总数约是 21.5 亿人，32 代是 85 亿多，33 代是 170 亿人……

就是说，每一个人背后都有庞大的祖先群体。现在全球人口 80 亿左右，32 代，大约不到 900 年的时间，一个人的祖先群体相当于全球的人数。

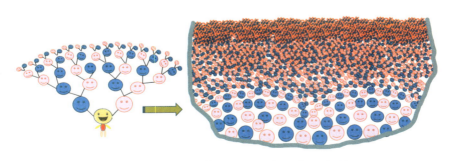

图 16.2　一个人背后的父母和祖先示意图

人类存在于地球 300 万年，已经发展了上百万代人。当下每个人的祖先都是数不胜数的，由此可见，很多人的祖先是重叠的。人们常常说，同姓的人，500 年前是一家，就是这个意思。因此，人类身上的很多基因是一样的。

结论：一方面，你我并不孤单，大家都彼此彼此。你的困惑也是别人的困惑，你的问题也是别人问题的根源，你的惯性也是大家的惯性……只是每个人表现出来的侧重点和程度不一样而已。

另一方面，人和祖先的联结，是跟庞大的整个人类的联结。如果一个人和他的祖先之间没有"联结"，来自祖先的支持能量也无法到达他的生命。所以，父母常常要带孩子祭祖，以教育孩子了解生命的无限、代代相传的延续。祭祖时，认真、严肃、用心，向孩子传达祖先的事迹及家庭文化，以此培养孩子与祖先的联结，同时培养孩子对祖先的恭敬和敬畏。

孝敬是与整体的联结，因此，要与父母建立良好的关系。一是修好与母亲的关系，与自己的内在和解，获得良好的人际关系。二是修好与父亲的关系，与外在的世界联结，获得生命的力量感。如果觉得总是不顺心，也许要反思自己和母亲的关系；如果内心有很多的不敢、害怕或莫名的无力感，不敢面对心目中的权威，就要看看自己与父亲的关系。所以，不光是要孝敬父母，而且要通过孝敬，建立与父母的联结关系，让自己的生活和工作变得顺畅、有力量，获得该有的成就。

总之，孝敬包含整个人类的集体意识和潜意识，这是人类社会和谐共处的本质。子女的课题是修炼自己、疗愈自己，做到孝敬父母，才能获得自助与天助的能量。

（3）孝敬是人类进化的需要。

一代更比一代强，需要传承与发扬父母的优点，改正与弥补父母的缺点。这就要求人们挖掘出父母的优秀品质，并感恩父母。对父母的行为让自己感到不舒服、无奈的部分，须避免有意无意地放大，或者变成自己不孝的借口与痛苦的理由。

还要把阻碍自己的卡点提到意识层面，避免那些卡点不知不觉地左右自己的行为。例如，小时候被父母暴打，自己给自己一个承诺——以后绝对不打孩子。等有孩子后，确实做到了。但是，也有可能表现出来的是溺爱孩子。其实，暴打和溺爱，是一体的两端，都是被卡点所左右，没有真正跟孩子实现联结。

因此，需要从认识原生家庭以及父母的原生家庭开始，认识遗传基因和环境因素对自己的影响；从根本上了解自己的性格和行为的成因，看到自己的惯性；认识不奏效的"恶"和奏效的"善"，就能有意识地"抑恶扬善"，找到摆脱束缚自己的方法，最大限度发挥自己的潜能。所以说，孝敬父母的品质可以作为人成熟与独立的一个检验标准。

3. 为什么世世代代都提倡孝慈

越是缺失的东西，越容易强调和关注。比如，身体哪里疼了，不舒服了，就会对那个地方特别关注。人病了，就特别渴望健康。反之亦然，越是反复强调的东西，越是说明它缺失。因为缺失，所以渴望。

从古至今，人们都知道孝敬是人的优良品质。但是，不孝的行为却依然存在。很多人从理智上知道要孝敬父母，也想孝敬，但是，跟父母待在一起，就会有不爽的感觉，让双方进入纠缠的状态中。因此，就要不断地强调与提醒作为子女的要孝敬父母。

《道德经》第38章："失道而后德，失德而后仁，失仁而后义，失义而后礼。"意思是，失去了"道"，就去强调"德"，要求顺道而为；不能按照规律和准则去做该做的，而是要求要这样、要那样做，变成了说教；强调"德"不奏效，就强调"仁"，要求人要友善、利他、相亲相爱；当这些还是没能做到时，就强调"义"，要人们懂得责任、职责与情义；一旦人的不负责任以及失职、渎职、糊弄、不认真变成普遍的现象，没办法了，就强调"礼"，即要求礼仪、礼节、礼貌、礼遇等外在的行为。所以说，"礼"是道、德、仁、义不足的产物，是维护关系和谐的权宜之计。实际上，有道的人，根本就没有德与无德的概念，也从来不去追求表面上的德。因为顺了道，一切都是自然而然的。

孝是由内而发的，若无内在的道义和情感，只有外在形式，会流于表面和虚伪。人需要内外一致，否则出现人格分裂，带来的都是内耗。

《道德经》第18章："大道废，有仁义。慧智出，有大伪。六亲不和，有孝慈。国家昏乱，有忠臣。"意思是，大道没被遵循，就需要用仁义来维持。智谋机巧等方法出现了，会产生应对的狡诈虚伪，即道高一尺，魔高一丈。家庭关系不和谐，才强调孝慈。国家处在动荡不安的状态，就需要忠臣站出来力挽狂澜。这说明，每当出现"六亲不和"的现象，就要强调"孝慈"。

古人对人性有透彻的了解，他们明白子女和父母相处要讲究方法，孩子大了以后，难免会用小时候被对待的方式对待父母。所以提倡父慈子孝，避免父母老了以后日子不好过。

4. 责任心和自信心的基础是孝心

从孝心到责任心和自信心的"七个心"，称为"孝心链条"，即孝心—感恩心—恭敬心—谦卑心—爱心—责任心—自信心。

孝心是一个人为人处世的基础，孝心最直接的体现是感恩心。首先，感谢给予自己生命的父母，其次，感谢开发自己智慧的老师。感恩父母、老师是跟世界联结的起点。

因为感恩，对感恩的对象生出感激、尊敬和敬重的心态，这就是恭敬心。不仅感恩直接帮助自己的人，还感恩天地、大自然赋予的一切，包括困难与挫折。这样，对世界都将是恭敬的。如果对父母和老师有一分的不恭敬，对其他人就有五分甚至十分的不恭敬。

有了恭敬心，面对人、事、物等都不会高高在上，而是放低自己，即谦卑心。有了谦卑心，与他人能够友好相处、互相配合，容易把事做成，进而产生了爱心。爱心不仅是对子女和家人的爱，更是心里有他人，跟他人、跟世界有联结。

爱心体现在满足他人需求、尊重他人、让人感到舒服的行为，带着爱心去做事，出于大爱的付出，呈现出来的是责任心。带着责任心，所到之处，都能够把分内和分外的事做好，自己有成就感，并且得到他人的肯定，就增强了自信心。

有人说："某某很有孝心，为什么他缺乏责任心，也不自信，做事总不到位呢？"

很多时候，自认为的孝心，可能只是面上的孝，跟父母并没能实现真正的联结，那么，后面的几个心都可能是假的。

父母、老师有责任让孩子建立起牢固的"孝心链条"。不过，如果直接顺道而为，能够了解和理解自己、进而了解和理解他人，遵循规律和准则做事，就跨越了链条，一切都有了。

二、孝敬存在哪些误区？

1. 对传统的孝不了解带来的误区

误区之一：以为孝敬是过时的老观念，把愚孝等同于孝。

一方面是不了解中国优秀的传统文化，不明白孝敬的深层含义；另一方面，从小接受的孝敬教育只是表面的、形式化的做法和要求，让人感觉不好，把孝等同于愚孝。

孝≠愚孝，孝是随时随地的内心修养，体现出的是对父母如其所是的接纳，了解并尊重他们的需求，再满足他们的需求。愚孝是背离道的行为，跟父母缺乏心与心的联结，互相并不了解，既没能真正了解父母行为背后的原因，也不知道应该如何孝敬父母。只是面上的言听计从、自以为是地对父母好，或者互相粘连与纠缠。因此，愚孝没法给父母长久的幸福感。

误区之二：以为给了足够的物质条件，就是孝敬。

父母以为给了足够的物质条件，就是给了孩子幸福。同样，子女以为给了父母足够的物质条件，就是对父母的孝敬。其实，物质只是基本条件，父母更需要子女给予心理上的满足和精神上的归属，过有尊严的老年生活，这是更高层次的孝。关键是，很多人自己也不知道到底想要的是什么，不知道人生下半场如何活出生命的尊严，自然就没能满足父母更高层次的需求，自己进入老年生活后，就重蹈覆辙。

误区之三：想让父母接受自己的生活方式，以为这是让父母晚年享清福。

从农村到城市的子女们，努力在城里买房，想把年迈的父母接到城里生活。可是，有的老人在城市里住一段时间后，死活要回去，宁愿住在边远的山村，城市里再好都不稀罕。

因为，他们一辈子都待在熟悉的地方，不习惯离开舒适区。随着年龄的增长，老人接受新事物的能力更弱，适应能力更差。而且，在老家有天天在一起说话的老朋友们，可以说说张家长、李家短。到了城市，环境不熟悉，谁都不认识，每天子女上班后，连个说话的人都没有。

所以说，如果把不习惯城市生活的老人硬性地安排到城市生活，相当于让他们连根拔起，心无所依，失去安全感，这是对老人的不尊重。

2. 对孝的片面理解带来的误区

误区之一：以为孝顺就要给父母洗脚，否则就是不孝顺。

给父母洗脚，是与父母联结的一个方式，能体验父母的不易与父母的衰老，但不能作为孝顺的衡量标准。子女应该了解父母的习惯和想法，去感知父母没有说出来的需求，并尊重他们的意愿，以他们愿意的、喜欢的方式满足他们的需求，而不是将别人的方式，或自以为是的方式，硬塞给他们。

很多时候，正是追求形式，而没能感知父母的感受和需求，以让人觉得不舒服、甚至反感的方式去行孝，这种对孝敬的教育，起到了相反的作用。

误区之二："父母在，不远游"，因此，必须生活在父母身边。

首先，这是断章取义。《论语》里的这句完整的话是"父母在，不远游，游必有方"。只要明确自己的去处，清晰自己职业生涯的安排与人生的规划，并且跟父母做充分的沟通，让父母放心后，去哪里都行，即"游必有方"。

古代交通与通信不发达，每次远行都会花费很长的时间，不能照顾父母，有急事也没法及时回家处理。当今社会，不管身在何处，只要心里与父母有良好的联结，怎么样都能够照顾到父母。而且，如果能让自己的生命充分地绽放，让生命活出价值，做到"立身行道，扬名于后世"，让祖先和父母脸上有光，就是更高层次的孝敬。

子女能够孝顺父母，让他们心情顺畅了，有益于身体健康。所以，孝敬不是要孩子必须在父母跟前，实现身体的捆绑，而是要心上做联结。

如果只强调"不远游"，自己的基本生活、收入不尽如人意，生命价值没能得到有效的发挥，没能为他人、为社会做出更大贡献。父母因此成天为子女操心、担心，一家人愁眉不展，那才是真正的不孝。

即使人在父母身边，总跟父母产生冲突，总是让父母操心、担心、生气，又有何用？

"父母在，不远游"这个观念，只是惰性、不敢跨出自己舒适区的借口。一般情况下，在哪里工作，如何孝敬父母，是自己的选择，跟父母住在哪里并没有关系。

误区之三：自古忠孝难两全。

大多数人把忠和孝，当作两件事来看，这是不明白忠和孝的根本内涵及两者的关系所致。忠和孝是一不是二，忠孝是心态和心智在家庭与在组织中的不同呈现方式。在家里对父母和长辈是孝，对家族、家乡、组织和领导就是忠。孝是忠的基础，没有孝的忠是假的，可能出发点只是为了地位、利益和稳定的工作。

孝，是与父母的联结，体现在日常工作和生活中，做事、说话都能够从整体出发，方方面面都让父母满意开心。

忠，是与组织整体和领导意图的联结，体现在工作中，从大局出发，做什么事都能够让同事和领导省心与放心。

忠孝难以两全，很多时候说的是工作和生活的平衡问题。工作和生活的平衡是一个伪命题，是把工作和生活分开与对立；追求平衡是内在不安全感在作怪，人生本来就是随时打破平衡与接近平衡的过程。如果期望一直处在平衡中，那只有待在舒适区里。

生活和工作的平衡，从短期看，有的人确实会有一些困难，关键看自己的安排和协调能力。

三、孝敬的障碍有哪些表现？

1.普遍现象

不孝的行为表现有以下几方面：

◆不会照顾自己、伤害自己的身体。

◆工作、生活安排不好，甚至啃老、躺平。

◆无所事事、养成恶习，成为社会的累赘和危害因素。

◆对父母忽视、不管不顾。

◆对父母不耐烦，不尊重，色难，嫌弃，跟父母发脾气。

◆指责、埋怨父母，把自己过得不好的原因都归结为父母的教养问题。

有以上行为的子女，从某种角度上说，他们也是受害者，这类人是可恨的，更是可怜的。

他们在成长的过程中，没有机会接受良好的生命成长的教育。成年以后，没能"成年养德"，修复幼儿阶段"养性"的不足、弥补童蒙阶段"养正"的缺失、补上少年阶段的"养志"教育，活在被外界、被情绪所控制的惯性中。

没人想成为不孝之人，可是，不知不觉中，这些人就成了不孝之人。有时候，不孝的行为与孝敬存在困难和障碍有关系。也就是说，孝敬需要父母和孩子双方的努力。

孝敬父母存在以下障碍：

◆父母将孩子定在关系的核心位置，以为孩子是"我"的，不管孩子多大，都要"听我的"，替代包办孩子的一切。

◆子女做什么，都要挑刺，不符合自己的意愿就生气、愤怒。

◆父母年龄大了，能量低，接受新事物慢，显得越来越固执与自我。

◆身体不好，需要子女的照顾，却仍然带着坏脾气。

◆父或母总是在孩子面前贬低另一方。

◆有话不直说，总是让人猜。身体不好的时候也不说，直至发展到不可收拾的地步。

◆总是害怕孩子不够吃，做很多饭菜，剩下的又舍不得扔，每顿吃剩的。

◆有一点小事就着急焦虑，不停地催促。

◆不讲究卫生。

……

没法孝敬的父母从哪里来的？曾经不孝的人成为父母后，就逐步变成了让子女孝敬有困难的父母，这是代际传承的恶性循环。

　　如果父母对孩子有耐心，陪伴得比较到位、细腻，那么，孩子成人后很可能也会以这种方式对待父母。如果父母对孩子没有耐心，经常指责打骂孩子，那么，孩子待在父母身边时，曾经的不舒服和排斥都会被激活，之后就用同样的态度来对待父母，大概率会把曾经的愤怒情绪还给父母。

　　有些父母没有接受家庭教育的机会，年龄大了更是活在自我里，表现出固执、任性，这种状态得不到子女的理解。子女在跟父母交流中，内心积累的小时候的伤痛很容易被激活，对父母的排斥、指责和嫌弃，让父母感觉到难过、生气，极力想解释和证明自己，或者因说不清而生气与无助，越有情绪，越让子女觉得不可理喻，子女越不想交流、不想孝敬，父母听不到他们想听的，就越听不进子女任何的话，双方就无法沟通。父母更加因得不到理解而感到痛苦和郁闷，因此，跟父母相处更加困难。如图 16.3 所示，这是孝的恶性循环，就像陷入沼泽地一样，无法自拔，甚至越陷越深。

图 16.3　父母和子女关系的恶性循环现象

　　孝的恶性循环的真相，是父母内心的苦得不到理解和化解，子女形成一套面对父母时自我防御的模式促成的。他们的成长环境造就了他们的生命状态，只能以那样的方式代代相传。

2. 关系错位

我请好些人做过一个游戏——在图里画出你和你家里所有人的位置，见图16.4所示。

- 在这个图里，你在哪个位置？
- 你的爱人、孩子、父母、亲人、朋友、自己在哪个位置？
- 这就是你的人生关系图。

- 关系错位，造成情感错位；
- 情感错位是家庭关系不和谐的根本原因，引发一系列的矛盾、问题和痛苦。

图 16.4　确定家人的定位图

有的父母把自己放在关系的核心位置，要求子女必须听"我"的，认为这才是孝顺。有的子女将父母定在核心位置，认为子女应一切先听父母的，即使父母有错也应该忍着，并以为那就是孝。见图 16.5 所示。

把爱人放在外环，把父母和孩子放到核心，这是对传统孝文化的误解，也是常见的典型的情感错位。

图 16.5　把父母放在关系的核心

试想，夫妻的中间隔着父母，一切都听父母的，丈夫要跨过父母才能和自己的妻子接触；同理，妻子也要跨过父母才能与丈夫联结上。夫妻双方因为父母在他们中间，在内心够不着对方，心里会有莫名的委屈与愤怒，结果必然是夫妻不和。

妻子感知不到丈夫的关爱和支持，丈夫感受不到妻子的温柔和温暖，婆婆觉得年轻人忽视自己，大家都缺存在感，进而缺乏安全感。一触即发的紧张气氛，使得任何一件小事，都会触发家庭战争。

对于婆媳关系，丈夫的协调作用是核心和关键。但是，当丈夫的没能承担起协调好妈妈和媳妇的责任，没能给予她们安全感，因而错误地把家庭问题归结为婆媳问题，把自己放在旁观者或受害者的位置，这其实是大不孝的行为。

一个企业的老板说："在外面谁都说我好，亲戚朋友都知道我很孝顺。而媳妇跟我妈妈却合不来，天天跟我闹别扭。你说不是媳妇的问题，难道是我的问题？"听这些话就知道，这是一个把自己活丢了的人，可能还是个"妈宝男"。

他的媳妇非常委屈，因为这个老板从表面看是个大孝子，非常孝顺，干什么都先考虑爸爸妈妈。妈妈在他心里是说一不二的。

他们刚结婚的时候，晚上婆婆不让他们锁门，为的是可以随时进他们的房间。媳妇不愿意，但是，这个老板说："我妈养我这么大，我得听她的，就开个门有什么了不起的？"

每当媳妇的需求和妈妈的需求有冲突时，他都首先满足妈妈的需求，还说媳妇不懂事、不孝顺。媳妇总有被忽略的感觉。

因为两口子的关系紧张，心情长年郁闷、不顺畅，但是又不知道如何排解，所以夫妻两人的身体都不好。媳妇在带孩子的过程中，就把内心的郁闷传递给了孩子。

孩子看到爸爸辛苦，又看到妈妈很可怜、无助，不知道该怎么办，左右为难，干脆就躺平了。孩子大学没上完就辍学在家，现在近30岁了，天天在自己的房间里玩游戏，基本不出门。

这个老板看似是个大孝子，实际上，是大不孝。因为，为了"听话"，牺牲了自己和家人的身体，牺牲了小家的和谐幸福，还牺牲了孩子的未来。

维护好自己的身体，过好自己的小家庭生活，让子孙后代健康成长，这是最基本的孝顺。如果把父母定在核心位置，一个人显得很孝顺，却让另一半的孝敬有了障碍，引发夫妻关系的不和谐，没法让夫妻带着孩子共同孝敬长辈。

3. 父母强势

大多数人的内心都有着来自各方面的伤痛。有一类父母对子女极度控制，一切都要符合自己的心愿，一旦不合心意就会暴怒，指责、抱怨、生气，成为常态。

这类父母的内心一方面是僵硬的，另一方面又是非常脆弱的，他们长期地用指责、抱怨来保护自己的脆弱。他们内心长期积压的苦无处排解和释放，每一次发飙都给子女带来伤害，也给自己带来伤害。情绪平复以后，又觉得懊恼，却没法表达。所以，情绪总是处在低能量的状态。

几乎所有人，在理性上都想孝敬父母，只因为父母的性格脾气，让子女没法顺利地孝敬。当父母发脾气、有情绪的时候，子女常用的方法是讨好，或者口是心非地哄着、供着、骗着、报喜不报忧，或者讲道理，让父母的表达没能得到理解和回应，父母因感到莫名的愤怒而找茬和指责，进一步把子女推开，子女没法真正与父母联结。父母一方面在制造着子女的委屈，子女委屈的状态又引发父母的进一步气愤及指责。

子女受不了父母的情绪，产生抵触，并设法逃离，对父母敬而远之。父母面对子女的逃离，没处发泄，更加无助，因而抓狂、着急。

面对父母的状态，子女对自己的行为感到自责，设法重新靠近父母，让父母的控制生效，父母于是再次抓取、控制子女。

长期纠缠关系中，形成了"子女与父母关系的情绪链条"，实现无限的循环。如图 16.6 所示。

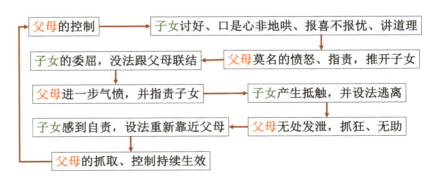

图 16.6　控制型父母与子女关系的情绪链条

有的强势父母的孩子可能延续青春期的叛逆，跟父母水火不相容；而有的孩子可能远远地逃开，干脆就不回家。

4. 不麻烦人的父母

不想麻烦子女的父母，子女为其做什么、给什么，都客气地拒绝，让子女无法孝顺，久而久之减少对父母的关心和关注。由于父母不想麻烦子女，有小问题不说，逐步积累成大问题后，还是需要子女照顾，子女表现出无奈和愤怒，父母更不敢跟子女说什么、要子女做什么，处在受害者的状态里，子女感到自责却不知道该怎么办，父母和子女的关系处在没有联结的关系中，如图 16.7 所示。

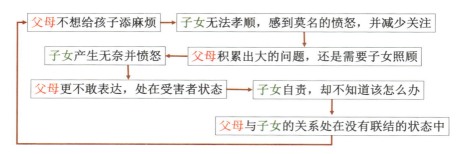

图 16.7　不想麻烦子女的父母与子女的情绪链条

亲子沟通的类型很多，不过都大同小异，最终结果大多数是父母和子女关系的切断。切断了关系，看似解决了眼下的问题，其实，子女内心是不踏实和内疚的，只是不去面对而已。

四、孝敬障碍的真相是什么？

让子女有孝敬障碍的父母，他们的成长经历中也许存在教育的局限、自我成长的缺失和原生家庭的伤害。由于成长中的伤痛没能得到疗愈，创造了不利于孩子健康成长的原生家庭。因此，丧失被子女忠和孝的资格，促使子女不孝不敬、孝而不顺，以为被父母控制是孝顺，或者活成以为是孝顺的"妈宝"状态。如果子女对自己与父母的关系模式没有觉察、觉醒和觉悟，不仅自己受罪，活得不开心，而且没能给孩子树立良好的榜样，孩子日后很可能将继续传承父母这种不良的模式，形成恶性循环，如图 16.8 所示。

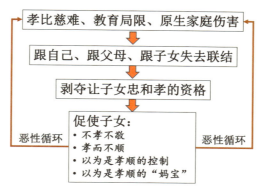

图 16.8　孝敬障碍根本原因示意图

1. 孝比慈难是事实

养育下一代，是自然本能，爱是向前流动，这是天道，不需要条件，呈现出父慈的自然力。但是，因为很多人不识天道、不顺天道，只活在个人感受里，随时感受着自己的情绪，被情绪所左右，那么，父慈这种自然力就呈现不出来。由于缺乏父慈，孩子得到爱的滋养不足。就是说，孝敬这方面，存在先天不足，因此，后续子孝就缺乏力量。

胡适在儿子出生的时候写的《我的儿子》，其中写道：

树本无心结子，我也无恩于你。

但是你既来了，我不能不养你教你。

那是我对人道的义务，并不是我待你的恩谊。

将来你长大时，莫忘了我怎么教训儿子：

我要你做一个堂堂的人，不要你做我的孝顺儿子。

胡适是认识天道的明白父亲，履行人道的义务，养育孩子过程中，只是想把孩子培养成堂堂正正的人，但是不要求孩子的孝顺。其实，做一个堂堂正正的人，自然包含着对父母的尊敬、感恩，这就是父慈子孝。

孝敬父母则是人性需要的向后回报，是人超越动物的体现，要穿透原生家庭的藩篱，是需要内外条件的，如图 16.9 所示。条件是子女得到的爱是相对饱满的，内心是富足的，或者从小接受正确的孝的教育、成人有学习的意愿和机会。所以，孝比慈的难度更大，需要每一代子女去超越。

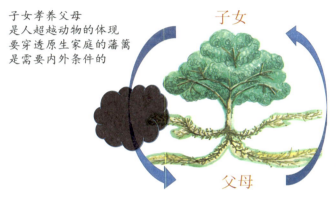

子女孝养父母
是人超越动物的体现
要穿透原生家庭的藩篱
是需要内外条件的

子女

养育下一代是自然力
是天道
不需要额外的条件

父母

图 16.9　孝比慈难的原因示意图

某些年迈体衰的父母，特别是那些需要他人照顾却仍然用坏脾气控制子女的父母、给子女增加麻烦和痛苦的父母，对子女来说是重大考验。把这个阶段的艰难，看作是父母给子女最后的"礼物"和历练机会，这是父母用他们的方式，来提醒和要求子女认识生命、认识自己、接受生命成长教育的机会。

这样，面对需要子女照顾却带着坏情绪的父母，子女才有可能 hold 得住，hold 住的同时，也在抚慰着父母身心的双重痛苦。否则，情绪受父母的坏脾气影响，身心俱疲，孝敬变得更加艰难。

2. 孝的教育存在局限

有些家庭强调子女对父母的孝，以及对权威的服从，而忽略父母对子女的慈。而且，如何做合格父母的教育严重不足。孩子没有得到良好的孝敬父母的榜样，相反，常常看到的是负面示范，孩子没有学会孝敬长辈的正确做法。

企业中，有大量的领导力方面的培训，不过中小企业的管理者接受培训的机会比较少，而且，领导力方面的培训，大多数用的是技巧。相比之下，强调如何当好下属、如何在权威面前做好自己的培训要少很多，绝大多数人没机会也没有兴趣学习、提升这方面的能力。这造成了相当部分的领导者其实不会带团队，做下属的也没有意识到要处理好与上级的关系。因此，很多人遇到问题和冲突，百分之百地认为是别人的问题，生气、愤怒之下，只会以离职、跳槽的形式应对。

学校和教育机构重视孝的教育，但主要强调学生如何孝敬父母，对老师如何拥有慈的能力、如何与学生建立联结强调得比较少；孝的教育对老师来说与企业的状况相似。

父母的慈爱是"因"，子女的孝敬是"果"。孝的教育只是在结果上下工夫，没有把重点放在源头上。一方面，不断地制造着不合格的、不会提供合格家庭教育的父母；另一方面，强调让人去孝敬不合格的父母。这让孝敬这件事变得更加困难。

仅强调"子孝"，而不强调"父慈"，一代又一代地培养出缺乏"慈"的人。人缺乏慈的能力，养育的孩子不会孝，再投入大量的精力去教育怎么行孝。这就是孝的教育的局限。

3. 原生家庭带来的孝敬障碍

如图 16.10 所示，有压力、内心基本需求没有被满足的人，很大程度上不会爱。妻子想从丈夫那里得到爱、认可与关注，还期待得到小鸟依人的靠山。现实却是得不到想要的感觉，又不知道该如何表达。丈夫希望妻子像"好妈妈"一样给予自己理解、包容和爱，不希望妻子像"坏妈妈"一样对他要求和控制。

面对给不出爱的、苦闷与无奈的丈夫，妻子内心孤独、无助，甚至抓狂。而且，她既要工作，又要照顾孩子，还要做家务事，以及处理家庭的各种琐事，逐步地变得强势、不耐烦、暴躁易怒，只能呈现出"坏妈妈"的状态。

丈夫面对像"坏妈妈"一样的妻子，就戾了，或者吵架，或者逃掉，夫妻关系进入恶性循环中。双方童年所缺失的，都想从对方那里得到，可是对方也没有。越是没有，越想得到，期待落空后产生失望和愤怒，不自控地张牙舞爪想要对方

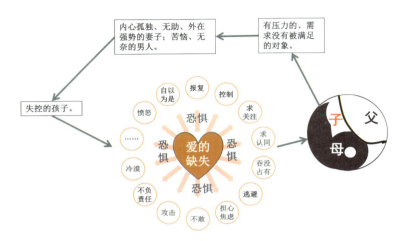

图 16.10　原生家庭带来爱的缺失的后果

的爱，造成了夫妇关系的不和谐。

　　由这样的父母组成的原生家庭，必然是缺乏温暖的。养育孩子的过程中，没法感知和满足孩子对爱与陪伴的需求，大概率地会给孩子很多不好的感受，导致孩子行为容易失控。常常被担心、焦虑、愤怒、控制、求关注、求认同、被吞没、逃避、不敢、攻击、不负责任、冷漠等负面的情绪所困扰。

　　孩子和父母之间，有着互相关怀的心理情感需求。在 3 岁之前，若缺少父母的特殊照顾和关怀，这种遗憾，一生都无法弥补；若要弥补，日后必须付出加倍的代价。孝敬父母对他们来说就比较困难，一方面是父母本身的情绪"按钮"比较多，容易被子女碰到；另一方面，子女本身的"按钮"也比较多，容易被父母碰到。双方就像刺猬一样，挨到一起就互相刺痛，必然影响到孝敬的品质。所以说，孩子行为背后是父母的行为，孩子的差异是父母的差异。

　　原生家庭的平衡状态，是理想的追求，如图 16.11 所示。

　　情绪稳定、乐观有爱、负责任的婚姻对象，容易感知到对方的感受和需求，遇到问题可以直意表达，与他人沟通顺畅。夫妻恩爱，互相支持和帮助，可为对方的生命增值。其实，夫妻双方，有一方活得明白，很大程度上能够互相疗愈，过好日子。

　　这样的父母在养育孩子的过程中，能够给予孩子比较多的爱与陪伴，给予孩

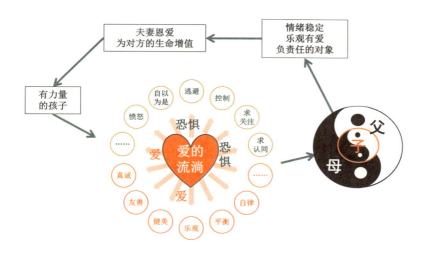

图 16.11　原生家庭带来爱的满足的示意图

子理解与尊重，因此，能培养出有力量的孩子。

这样的父母尽管不完美、教育中也会有缺失，而且孩子也有人类共有的恐惧带来的一系列情绪，但是，程度会相对低一些。而且，拥有真诚、友善、乐观、自律、平衡、健康情绪的孩子，其内耗少，对于不如意的事，往往接得住。

孝敬父母对他们来说是比较容易的。一方面是父母本身的"按钮"少，子女不容易碰到；另一方面，子女本身的"按钮"也比较少，互相触碰的可能性小，自然地，子女就容易孝敬父母。

4. 原生家庭不幸不应成为不孝的理由

最后，值得注意的是，原生家庭只是一个人成长的背景，不是过不好日子、不能孝敬父母的理由。另外，即使父母没那么亲切，甚至有些不合适的行为，但他们给予了子女生命，仅仅这一点，就足以让子女回报最深切的感恩，毕竟生命是很可贵的。

有的人将原生家庭的不幸经历变成对父母的埋怨，对父母以牙还牙，或者变本加厉。有的人把原生家庭的问题当作自己不学习、不成长、待在痛苦里的理由。有的人把自己的无知、不孝归结为原生家庭的问题，这些都是不成熟的表现。也有的人，把孝敬的困难和障碍变成成长的阶梯，这才是成年人的成熟。

那么，是否可以说，父母做得好，子女就失去了修炼自己的机会？只能说，父母做得好，更容易得到子女的孝敬，父母和孩子的人生都会过得惬意一些。一个人的精力是有限的，如果在跟父母的和解上少花费时间，就可以把精力放在别的有价值的事情上。

> 《人生只有一件事》的作者——台湾的金惟纯老师，在书中提到：在学习西方心理学的时候，觉得自己母亲的教育行为都是错的，自己在工作和生活中的不如意，都是因为当年母亲的过分强势，对自己造成的伤害，因此对母亲有很多的抱怨。
>
> 十几年后，他继续学习生命成长教育，发现他所有的成就，都是他母亲给他的。母亲用她所能用的方式，教育他成人成才，让他没有走上邪路、没有躺平。他越来越体会到母亲的伟大与智慧。

因为自己的观念变了，就把对母亲的抱怨变成了感恩，把伤害变成了营养。所以说，从积极的方面解读父母对自己教育的行为，就容易把父母对自己的行为变成财富。

如果因父母的特点和状态，说自己无法孝敬父母，那不是本事，是借口和逃避成长。

无论面对什么样的父母，都能够做到跟他们联结，都能够孝敬他们，这才叫本事。有了这种本事，无论走到哪里，都能处理好人际关系。

改善对父母的态度，一个很简单的方法：多找一些自己小时候的照片，看看自己小时候的样子，再看看那时候父母的样子。当时自己天真可爱、父母年轻健康；现在自己长大了、忙了，父母已经衰老、身体不如以前。看看过去的照片，可以让彼此的生命连贯起来，把握生命的整体意义。

第十七章　孝敬父母的必修课

子女一生要修炼的是接纳父母的如其所是。与父母关系是天赐的关系，别无选择。因此，孝敬父母，最重要的是无条件接纳父母的言行习惯、情感态度、价值观、外在状况，以及他们的经历、社会身份与角色，不指责、要求和改造父母。上一章说过，有相当部分的人在孝敬父母上是有困难和障碍的，在这种情况下又要能够做到接纳，这是对子女的考验，也是作为人修炼自己的一个检验标准。

一、怎么做才是真正的孝?

家庭是生命的脉络，脉络清晰，人才好定位与定义自己。至少从关系角度可以知道自己在什么地方，为何在这个世界上。家庭是每一个人的起点，父母和子女的关系是家庭的基础，是一切人生关系的基础。

在家里，子女对父母孝敬从物质到心理，再到精神，分四个层次，每个层次都有其对应的难点，如图 17.1 所示。

1. 第一个层次——照顾好父母的生活，即养父母之身

物质满足是最基本的，这个层面的需求如果不能满足，其他的满足很可能是无效的。这个层面的孝也是最容易做到的，就以我老家福建农村为例，以前生活普遍困难的时候，生活没有依靠的老人大有人在，现在这种情况比较少见了。

这个层次的孝包括：奉养父母、照料父母的饮食起居、保障父母的衣食住行。具体来说，给予父母足够的物质条件，保证父母衣食无忧，自己拥有什么样的生

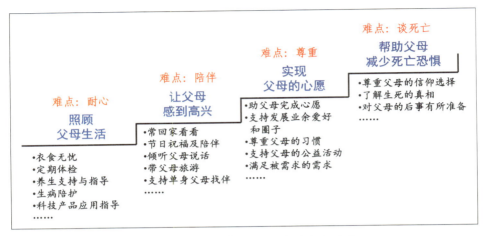

图 17.1　在家里孝敬父母的层次和难点

活水平，也要保证父母拥有差不多的水平；安排父母定时体检，有病及时治疗；创造条件并鼓励父母参与合适的锻炼项目，保持身体处于相对健康的状态；支持和引导父母日常生活中的饮食起居，懂得养生之道；父母生病的时候，做好照顾和安排；年龄较大的人对电子产品比较陌生，特别需要子女耐心地指导和帮助。

　　我和先生家里都有好几个兄弟姐妹，但我们都把父母当作只有自己一个子女一样地去孝敬，做我们能做的。

　　双方父母生活物质条件的保障基本都由我们负责，但是，在父母身边照顾、陪伴，我们做不到。我们发自内心地感谢兄弟姐妹对父母的陪伴和照顾。所以，我们跟兄弟姐妹之间关系都很好，大家都互相感谢，谁也不会计较谁付出多、谁付出少。体现了"兄弟睦，孝在中"，让父母不会因为兄弟姐妹欠和谐而费心。

　　从 2000 年起，我的父母跟我一起生活了 12 年，照顾我们小家的生活，那时他们 60 多岁，身体都还比较好。当时，我大姐就表示："现在爸妈身体还好，跟你生活可以帮助你，等爸妈年龄大了，我也退休了以后，我就回家照顾他们。"大姐说到做到，2013 年父亲生病去世前，她就回家跟父母住在一起。

　　其他的姐妹也尽力做她们能做的和该做的，因此，妈妈经常说，感觉现在的生活很幸福、很满足！

看到父母年龄越来越大，子女会越来越担心，特别是独生子女，他们没有兄弟姐妹的帮助，照顾父母的压力比有兄弟姐妹的人要大得多。但是，独生子女也可以用他们的方式孝敬父母。

我女儿大学毕业以后，跟我说："以后爸爸要买品牌的衣服和用品就由我负责。"她以此来表示对爸爸的关心和联结，她爸爸每次收到女儿给他购买的东西，都格外高兴。每年女儿都会给我们更换手机，买各种时髦的电子产品，并安装好，教我们使用。

另外，女儿、女婿都是独生子女，他们把赡养老人的危机感化成实际的行动。比如，按照他们的理解和意愿，给两家的父母都买了足够的保险，以防万一。还以他们的方式让双方的父母尽量减少劳累，保证身体的健康。

比如，女儿坐月子都在月子中心。生二宝的时候，离过年还有一个多月，为了让我们能够放心回老家过年，她在月子中心待了两个月。

这是我女儿、女婿对生活的理解和行孝方式，我接受和配合他们的方式，大家相安无事，在力所能及的条件下互相支持。

仅仅做到这一个层面是远远不够。子由问孝，子曰："今之孝者，是谓能养。至于犬马，皆能有养；不敬，何以别乎？"（《论语·为政》）。大意是，现在所谓的孝，是能够照顾和侍奉父母的饮食起居。如果只是养活，而没有尊敬，就像犬马为人做事一样，只是完成任务，而没有尊敬之心。

因此，第一个层次的孝的难点在于耐心。缺乏耐心常常表现在"色难"。父母生病需要子女照顾，或者家里的事需要子女帮忙，如果子女给脸色，父母会觉得给子女添麻烦。这样，就算父母的需求得到了满足，子女也不算是孝顺。如果一不高兴就给脸色，随之而来的是说教、训斥、冷漠不理，或者遇到事情不愿跟父母好好沟通，三言两语地把话扔给父母，让双方沟通的通道受阻，这更是不孝的行为。

2. 第二个层次——让父母顺心高兴，即养父母之心

了解父母感到高兴的点有哪些，照顾父母面子上的需要，让他们不仅心里高兴，

还可以在亲戚朋友面前有面子。例如，子女常回家看看，节日祝福及陪伴，倾听父母说话，带父母旅游，支持单身父母找伴等。

在2000年之前，每次给父母钱，我都有意用汇款的方式。因为，每次邮递员送汇款单时，会大老远就喊我爸爸的名字，说："你女儿又给你寄钱啦！"爸爸听到都很高兴，这种高兴不仅是收到钱，更是收到女儿的一份孝心。同时，邻居们听到后，对我父母表示羡慕和赞赏，这额外地满足了他们内心的需求。因此，每次寄钱都是一举多得的孝顺。

另外，妈妈是穷苦出身，过了大半辈子的穷日子，对钱有特殊的感情，很喜欢数钱。每年过年我都给妈妈足够一年花销的现金，而且，都是新钞。每个节日前和生日时，包括我的生日，我都给姐姐转钱，让姐姐给妈妈取现金，妈妈有空就会去数一数。一数钱，她就开心，满足妈妈的需求。

这个层面的孝的难点在于陪伴。如果面对的是脾气暴躁、固执、敏感、多虑的父母，子女的陪伴变得困难，父母与子女的情绪容易互相扰动。整个家庭的生活，都会因为一个人的不良情绪而不和谐。

这是子女与父母关系的原始状态，要改变这种状况，就要修炼自己，从自我学习入手，将自己变成"家族负能量的终结者"，那样，父母和其他家人就会因为自己的改变而改变。

而且，越是带给自己负能量的、内心匮乏的父母，越是历练自己，越容易提升自己生命的品质，获得资源和机会。如果被动地、无奈地接受现状，不学习，不改变，就失去了修炼自己的机会，也失去了理解他人的体验。这种亲子关系模式很可能传承给下一代。

我的妈妈从小失去母亲，4岁开始有了后妈，脾气火暴的后妈从来没有给她好脸色，而且非打即骂，有时候还会往死里打，一直到她11岁，才去了外婆家。12岁的时候，疼爱她的父亲突然去世。可想而知，我妈妈内心有多少伤痛，她的亲情父母之爱多么匮乏。

妈妈养育了 4 个女儿，尽管她内心对孩子很好，再困难也要设法让孩子吃饱、供孩子上学，但是，由于童年积压的情绪，一直没法得到疏导，她的脾气很暴躁，有时候孩子就成为她的出气筒。

她没有生儿子，这成为她一辈子的心病。所以女儿们长大后，妈妈强行介入老大和老二的婚姻，要女婿成为上门女婿，要孩子姓我家的姓。在将近20 年的日子里，老大和老二的婚姻被搅得乱七八糟，大家都严重受伤，妈妈还觉得非常委屈，总觉得孩子不听话。

我的婚姻没有被妈妈直接干扰，因为我吸取了老大和老二的教训，在谈恋爱的时候，就给对方提了一个条件——今后孩子要随我姓张。幸运的是，我先生虽很传统，却能够满足我这个近似无理的要求，默许了孩子要姓张的要求。后来经过学习，我知道了这确实不是顺道而为的事，仅此事，足以让我对先生感激不尽。

2000 年开始，我有幸接触到传统文化和心理学，我用了十几年的时间，修复与妈妈的关系。在与妈妈和解的同时，其实，我也与自己和解了。

跟妈妈修复了关系后，我可以有品质地陪伴她。尽管我一年只回去几天，但是，我每周给妈妈打两次电话，用"Yes, and…"的聊天模式（见本章的第三节），可以很顺畅地聊天。

3. 第三个层次——实现父母的心愿，即养父母之志

感知父母的感受，尊重父母的特点和需求，与父母实现联结，解决父母的担心和忧虑，实现父母的愿望，发挥他们的生命价值，在精神上让父母安心踏实。具体包括：帮助父母完成年轻时未完成的心愿，尊重父母的习惯，支持其发展业余爱好、圈子和公益活动，满足其未被满足的需求等。

此层面孝的难点在于感知父母的感受和需求，并且尊重父母，设法满足他们的心愿。

一位朋友的父亲是企业管理者，多才多艺，在单位里很活跃。没想到他在退休前因病瘫痪了，人生的愿望和梦想一下子就坍塌了。在身体恢复的过

程中，他女儿鼓励他写回忆录，他用电脑费劲地一个字一个字地敲。写回忆录变成他活下来，并坚持做康复训练的动力。回忆录写完了，他的身体也康复了很多，女儿还帮他编辑、印成书。他看到自己写成的书，特别有成就感。

大多数人都有一些特别的心愿。比如，盖个房子，买套房子，或者是学习琴棋书画、做公益帮助别人……有的父母在离开人世之前，很想回一趟老家，或者去某个名胜古迹游玩一次，去天安门看一次升旗仪式，或者只是期望有一次全家的大团圆……儿女如果能够帮助父母实现父母的心愿，不仅可以提高父母的心理能量，儿女们也会因为满足了父母的心愿感知到自己的力量。

有的父母不一定了解自己的心愿，需要子女跟他们深入沟通，帮助他们了解心愿，并设法满足。

4. 第四个层次——减少对死亡的恐惧，即帮父母了解生死

这个层面的孝是最难做到的，不过可以做一些相对简单和容易做到的事。

例如，可以引导父母有所信仰，并尊重父母的信仰选择。面对年迈的父母，在沟通中了解父母对后事安排的意愿，并对父母的后事有所准备。做到这点的前提条件是，自己有意识地去了解生死的真相，可以更从容地跟父母谈后事。

这个层面的孝敬难点在于忌讳谈死亡。死和生都是客观存在的，死亡跟每个人已故的祖辈（过去）、健在的父母长辈（现在）、自己（未来）有着直接的关系。虽然我们或许知道关于死的真相：身体器官衰竭，感官失去作用；后天的意识消失；父精母血结合的能量形成的"壳"开了，生命重新回归自然……但是，还是需要允许自己对死亡有恐惧，毕竟死是未知的、不可控的。

比了解死亡更重要的是了解善终，这个话题比较容易让人接受。五福临门中的一福——善终，指的就是人在还没有完全老的时候，有力量去修炼自己，保证在年老气衰之后，表现出来的惯性行为是有尊严的，不至于让人讨厌和嫌弃。一个人的生命品质，决定了其临终前的状态，如果能够有长期的生命成长的自我修炼，老年生活保持尊严的可能性就比较大。

因此，让自己善终是相对可控的，对父母的最高层次的孝顺，就是自己进入学习状态，同时引导父母一起学习。这个做法不仅真正帮助到父母踏实地走到终点，

而且影响到自己生命离开时的状态，甚至可以影响到整个家族子孙后代的状态。

总之，要做到真正的孝敬，以及做到值得让子孙孝敬，必须活得明白，让自己善终。

> 我的父亲前几年去世了，在照顾父亲的日子里，为了解开自己在生死方面的困惑和疑问，我开始关注有关生和死的话题。
>
> 随着自己年龄的增加，我更加关注生和死的奥秘，尽管还是懵懂的状态，起码逐步地对生死不再那么恐惧和忌讳，并尝试跟母亲讲生和死的话题。我母亲也已经为自己的离开做好了所能做到的准备。

能够从容面对父母离去的准备过程，是作为子女生命独立的过程，也实现了亲子关系一辈子修炼的"分离"，这种"分离"不是情感隔离，更不是对父母的不孝敬，而是真正体现了对生命自然规律的遵循。

二、孝敬意识如何应用到社会活动中？

人活在世上，需要一个个生命的圆圈，从内往外，由核心向外扩散，而圆圈的核心是自己，跟自己最密切的关系是家庭。社会是由一个个家庭小单位组成的，当"我"活得好，促使一家人和和乐乐、父慈子孝、兄友弟恭。反过来孝顺的行为也让"我"活得幸福。如果个人做到这一步，再往外延展到整个社会，行孝之风盛行，那么，社会的风气就慢慢改善，最终实现强国梦，见图17.2。

在社会活动中，孝又分为三个层次："始于事亲，中于事君，终于立身。"三个层次相应存在三个难点。如图17.3所示。

1. 第一个层次——始于事亲，让父母放心

"始于事亲"，首先要做的，就是把自己照顾好。爱惜身体，保持身体的健康。这不仅是做人的责任，也是孝道的根本。自己好了，才能有心力和精力服务他人、服务社会。照顾好自己的生活，包括照顾好自己的身体、经营好自己的小家、教育好子女、跟父母有效沟通，这些让父母放心。

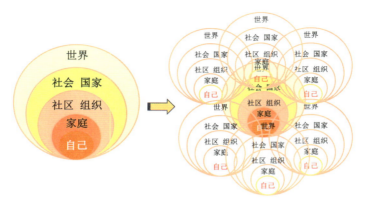

图 17.2 家庭是"我"的社会关系的核心

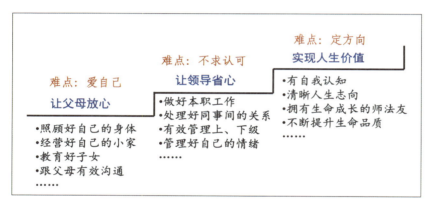

图 17.3 孝的意识在社会活动中的应用与难点

如果自己的身体照顾不好，家庭没能经营好，让父母操心、担心、伤心，就谈不上孝了。身体不好，家庭有纠葛，必然会影响到工作状态，谈不上为组织分忧、让领导省心，相反，还将给家人、同事和领导带来麻烦。

这个层次孝的难点是爱自己。不管出于什么原因，不知道劳逸结合、不好好吃饭、不好好睡觉，积累出身体的问题；或者沉溺于网络，或花大量时间在其他没有意义的事上，无谓地浪费生命；或者为了他人、为了工作把自己累坏了、累垮了，看似敬业，实质是不会爱自己；或者不会生活，内耗多，日常生活中就把自己累出毛病来。

为了工作，不能关照好家庭、爱人，对孩子照顾不到，不会维护家庭的和谐氛围。这样的人，有了孩子以后没能学习成为合格的父母，在孩子教育上出现失误，都是孝行不到位的表现。

在此需要说明，不是一家人必须待在一起才叫照顾。对家人的关照、关爱更多时候体现于语言和态度上。跟不会爱的人生活在一起，可能带来更大的伤害。拥有爱的能力的人，即使在天涯海角，一个电话、一段视频、一个安排就可以传递出满满的爱的能量。

过去像王阳明、曾国藩等有作为的人，他们很少跟家人和子女生活在一起，只有书信的来往，却能把自己照顾好，把子女教育好，把工作做好，给几十代的子孙后代带来了积极的影响。

2. 第二个层次——中于事君，让领导省心

在工作中，一切行动听指挥，是"中于事君"的基本要求，也是对领导的最大的支持。听指挥，不是傻傻地等着指挥，说一说才动一动，而是锻炼自己做到"交代一，做到二，想到三"。具体表现在：对领导的指令能够听清楚，并立即回应，说话高声起、低声落，表现出积极的态度；在做的过程中随时沟通；完成任务后及时反馈。那么这个人工作中起码拥有 80% 的优秀品质了。如果能够举一反三，关注到系统和未来，那就是理想的下属。这样的下属必然很快得到提拔，负责更重要的工作。

让领导省心还包括：做好本职工作、处理好同事间的关系、有效管理上级和下级、管理好自己的情绪等。

在家孝行做不到位的人，一般处理不好工作中的关系，容易把家庭关系投射到工作关系中，从而莫名其妙地产生各种冲突。

这个层次孝的难点是——不为求得认可而努力。一切的努力都不是发自内心地想把工作做好，而是为了求认可、求肯定、求表扬。这是因为他的内心缺乏爱，心里一直存着对自我认可的强烈需求的人，会把领导投射成心目中的权威。他们在努力工作、努力做事的同时，总有一部分心思用在"盯着"领导上，看领导的脸色，揣摩领导的喜好。具体表现为对领导不直意表达，有疑问不问，领导交代

的工作还没有说完，就开始用"我以为"去解读。结果是越想做好给领导看，越容易跑偏，总是把简单的事情复杂化，让人费心。

不期待父母的认可，也就不会有那么强的求认可的心念。不求别人的认可，只求活好自己，做自己该做的、能做的，就心安理得，没有内耗，活得轻松而自在。

3. 第三个层次——终于立身，实现人生的价值

人生最重要的孝在"终于立身"，能够独当一面，做事恰如其分，立得住脚。这个层面的要求是有自我认知，清楚自己能为这个世界、为自己的子孙后代留下什么，拥有生命成长的老师／方法和共同学习的团队，不断提升生命品质……对得起父母的养育，对得起祖先长辈的期待，不虚度一生。同时让自己的人生过得有意义，实现人生价值，为子孙后代做出好的榜样。这才算真正把孝道做到圆满。

没能活出生命的意义，不知道自己人生到底要的是什么，即使有孝敬父母的意愿与做好工作的意愿，也只能算低层次的孝，实现的将是较低层次的人生价值。

"终于立身"不在于学历多高、地位有多尊贵、挣多少钱，而在于做好本职工作。

过去我从事物业管理工作的时候，认识了一个小伙子，他是北京一个写字楼的保洁员。

他非常勤快，而且是典型的"交代一、做到二、想到三"的人。他上楼下楼只要看到有人搬东西，都会顺手帮忙。他无论到哪个楼层都会去看那些经常要扔垃圾的办公室，帮他们清理，顺带得到废纸箱，可以卖钱。

那些办公室的人，慢慢地就把他当作自己单位的人，有什么事就打电话找他，让他帮忙，有可以卖的废品也留着给他，所以他比一般的保洁员要忙得多。

得到帮助的办公室年轻白领们很感谢他，每逢过年过节，总有人给他送一些吃的、用的小礼物。

后来，有人要挖这个保洁员到别家公司做后勤工作。物业公司领导发现他已成为公司的一个招牌，不想让他走，就持续给他加工资，让他成为保洁

明星。他爸爸从山东乡下来看儿子，公司的总经理亲自去接，并请他们到大饭店吃饭。

这个小伙子没有学历，没有背景，也没有靠山，靠的是用自己纯净的真心对待工作中的每一件事、每一个人，就这样在社会上站稳脚，并能够服务更多的人，这就是"立身行道，扬名于后世，以显父母"。

这个层次孝的难点是确定自己的人生志向。这部分请参考第一册的内容。

三、有效行孝的秘诀有哪些?

1. 八字原则在孝敬中的应用

子女与父母的关系一生要修炼的核心功课——接纳。如果意识到自己不愿意接纳父母的某些行为，那就有了学习成长的机会。在不接纳的时候，"停一下"，看到自己有多么不接纳，就有可能开始接纳了。应用八字原则（如图 17.4 所示），可以让自己比较容易地接纳父母、友善地对待父母。

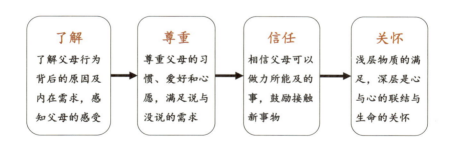

图 17.4　八字原则在孝敬父母中的应用

了解父母行为背后的原因及内在需求，感知父母的感受。当父母发脾气时，了解其背后的原因，就能够理解他们。

　　有个老同学跟我诉苦：她妈妈身体不好，总骂他们兄妹不关心她，她嫂子专门在家照顾她，她也总是不满意。有一天我去她家，老妈妈拉着我的手，诉说了她的痛苦。我说："阿姨，你是不接受自己现在的状态，不接受身体不如以前的事实，对吧？"她不说话，放开我的手，停了一会儿，哭了。我看到她整个身体都松弛了下来。接着跟我说，以前她怎么能干……

　　尽管老妈妈还是经常控制不了自己的情绪，经常挑子女的刺，但是，老同学兄妹似乎释然了一些，会抽空跟妈妈聊聊她的过去，不再跟妈妈较劲。

　　很多时候，老人的坏脾气缘于内心的苦，子女不了解，老人也就得不到理解。因此，要孝敬，很重要的是会了解父母行为背后的原因，孝就会变得容易一些。

　　这是针对具体行为去了解其背后的真相，还需要跟父母深入沟通，全面了解父母的生命历程。

　　尊重父母的习惯、爱好和心愿，满足其已说与没说的需求。老人年龄大了，改变习惯不容易，如果跟他们讲道理、指责、要求，那一定是改不了的。只有耐心对待，让他们放松心情，才有可能改变。

　　引用一位朋友的觉察日记：

　　　　最近跟公婆同住，老人家的一系列不良习惯让我难以忍受，实在没法喜欢他们。

　　　　好在我正在参与生命成长的学习，我看到其实自己身上也有不少婆婆的影子：易着急、爱抱怨、常担心、嫌弃人、常常因纠缠在关系中不开心。

　　　　原来公婆是来修炼我的，如果我不调整自己，未来的我将跟现在的婆婆一样，让子女不易接受。

　　　　因此，我就从小事做起：花时间耐心地陪婆婆学习用电视机遥控，那是婆婆学了两年多还时常"卡壳"的事；让婆婆帮忙做些去快递点取菜等力所能及的事，既减轻自己的工作量，又让婆婆有事可干，有价值感；每次出门前告诉婆婆去向，解决婆婆的猜测和担心；每天寻找并记录婆婆的三个优点……

　　不到一个月的实践，我看出婆婆的表情放松了一些，开始有了笑容，做菜开始用抽油烟机了，三餐可以跟我们一起在餐桌前吃饭了，用手机外放功能时调小声一些了，并且可以自己出门去逛了……

　　我也逐渐地在适应和公婆同住的生活，在学习尽孝的同时，把这当作成长的机会。先生看到妈妈的转变，也很开心。

相信父母可以做力所能及的事，鼓励其接触新事物。很多人觉得父母辛苦了一辈子，年龄大了，要创造条件让老人享清福，不让他们做事。现实是，忙碌惯的人，一旦没事干，会觉得自己没有价值，身体将快速老化，能量快速下滑。因此，相信老人应像相信孩子一样，给予适当的做事机会，让他们感到自己的价值。这是老人保持身体相对健康的重要方法。

　　我妈妈跟我住在一起的时候，我把家里的事都交给她，我从不干涉她可以做的事，也不会挑剔她哪里做得不好，只有点赞和感谢，她就很有成就感，感觉在我家住得比较自在。

　　现在大姐陪妈妈住在老家，一日三餐和基本日常的事，也是妈妈做。我每次回家的时候，她更是忙个不停。我时常说："我们已经60多岁了，在家还有妈妈照顾着，感觉好幸福。"妈妈因此感到自己很有价值。

另外，也可以教老人使用电子产品，看视频。这两年，我姐妹教妈妈学会了用手机视频软件。我们经常给她发她重孙们的视频，她看得很高兴。她每天都看一会儿抖音APP，跟家人和朋友聊聊，增加聊天的内容，对老人也是很好的事。

关心关怀父母的生活，这是孝敬父母最基本的行为，物质的满足是浅层的关怀，父母更期待的是心与心的联结以及生命的关怀，尽管他们一般不会说出这个需求，或者也没有意识到这个需求。做到这点成本最低，很简单，只需要有耐心就好。

2."Yes，and…"的聊天模式

这个聊天模式有两条规则：

第一条规则：yes 是接受，无条件同意对方说的内容。不一定是同意对方的每一句话，但是，至少可以尊重对方的说法，以开放的心态去接话。

No 是人类的本性。孩子学说话的时候，学会"不要"要比"好的"要早得多，日常生活中，人更容易说 No。说 No 是切断与别人的关系，也让自己无路可走，这是需要自我觉察和关注的。

第二条规则：and 是添加，无论对方给的是什么信息，另一方都在此基础上添加，增加一个新的信息还给对方。相当于，你给我传球，我也给你传球，就能够玩得起来。你搬来一块砖，我在此基础上又搬来一块砖，搭着搭着就搭成了一栋房子，见图 17.5 所示。

图 17.5 "Yes，and…"的沟通就像传球与砌砖一样

and 还有一层意思，是提醒自己要有所贡献、互相认可。聊天本来就不是为了竞争或证明对错和输赢，只要互相回应下去，这种聊天方式，谁也不知道谈话会朝着什么方向发展，避免出现不知道该说什么，或者因不高兴而聊不下去的可能。

以前，我一给妈妈打电话，她就问我先生在哪里？女儿在哪里？他们在干什么？天气很热，尽量不要出去，下雨了要带雨伞等。

听到这些，我心里就嘀咕：我都不管先生和女儿在哪里和干什么，您管那么多干什么？您在福建老家天气很热，我在北京怎么能一样呢？还有是否带雨伞，我当然知道了，我又不傻，需要您提醒吗？老太太真是没事找事，瞎操心……

这些不耐烦、嫌弃的内心对话，自然地会溢于言表，让妈妈不知道该说什么。她尴尬地说不上几句，就赶紧挂电话。

后来，我逐步理解了妈妈，她之所以问那些，是因为她需要没话找话说，在她的认知里，只能说那些。

当我学会了"Yes, and…"的聊天模式之后，同样的开头，但是，过程和结果都很不一样，例如：

我："妈，他现在在做……干得很带劲，他还说过年要回去看您，在家里多待几天。"我先生是否说了这话，并不重要，重要的是让老妈听得高兴就好。

妈："你们打算什么时候回来？"

我："我到时候会提前告诉您的。我想回去吃您做的海蛎汤。"我没在心里嘀咕和评判老妈提前两个月就开始念叨过年回家的事，而是主动提出她想聊的事。

妈妈："好的，你们一回来，我就给你们做好海蛎汤，你还想要什么，我提前给你准备好。"妈妈的口气里，明显地带着高兴。

我："我要吃甘蔗。我还记得小时候，在老家的门口吃甘蔗的场景……"

妈妈："是啊，那时候，家里穷……"

我："妈妈，您再给我说说，当时发生的那件事……"

……

就这样，跟妈妈打电话或面对面聊天，顺着她熟悉的、愿意说的话题一直延伸，就不会再感到没话说的尴尬。最后，根本不知道我们的聊天内容是从哪儿开始的。甭管从哪儿开始，跟老太太聊天用不着有什么目的和逻辑，只要大家聊得高兴就好。

以上的聊天特点是互相都没有否定，没有独占话题，而是顺着对方的话题往下延展，不管对方说什么，都往下接着，同时，还不忘自己要表达的意思。

跟父母聊天可以这样，其他场合也都可以用这种模式，无论是谈恋爱，还是跟陌生人说话，还是跟客户沟通，都可以使用这样的方式。但是，有一点要特别注意的，要带着觉知说话，要不就变成了让人烦的话痨。

3. 应用"了解父母的沟通话术"

父母一定是不完美的，会有各种不良习惯，性格也会有缺陷。如果要求、指责、嫌弃，或者角色颠倒地对父母说教，把父母当作孩子去要求和指导，都不是孝敬的行为，只能让亲子关系更加紧张。

父母之所以有时候会显得固执、不可理喻、难以沟通，在很大程度上，是因为他们不但得不到他人的理解，还常常遭到子女的抵触、指责和嫌弃，越来越自卑、无助，把自己包裹得越来越紧。

成年人需要用成年人的眼光去客观看待父母行为的背景以及他们的想法，这是成年人成熟的标志。因此，有必要全面了解父母的生命历程，帮助自己理解父母的行为方式和习惯，并反省与改善自己的行为。

十几年前，我跟我妈妈的关系是隔离的，我的内心是硬邦邦的。孝敬都是出于理性的，我没有直接跟我父母发生过冲突，但是，看到妈妈和姐妹们发生冲突，我内心对她有很多的评判、抵触和嫌弃。

为了让我的生命变得柔和，我从2006年开始有意识地修复与妈妈的关系。十年前，我应用教练技术整理了"了解父母的沟通话术"，每次回家跟妈妈做一次正式的至少三小时的沟通。除此之外，每顿饭后在饭桌上跟老妈和家人一起聊上半小时到一小时，我不仅进一步了解了妈妈的过去，还了解了很多我父亲和家族过去的故事。

下面是"了解父母的沟通话术"：

了解过去：

（1）几十年来，您最开心的事是什么？

（2）您当时是怎么想的？

（3）您当时做了什么，得到了什么？

（4）几十年来，最让您伤心、痛苦的事是什么？

（5）当时您是怎么想的？

（6）是什么让您渡过了难关？

（7）当时最困难的事是什么？

（8）以往最让您感动的人／事是什么？

（9）几十年来，让您最难忘的人／事／物是什么？

（10）几十年来，您最想做的事是什么？

（11）如果重新来一次，您会做什么选择？

（12）如果重新来一次，您会怎么做？

（13）您曾经／经常提到的……（事／人），到底是怎么回事？

（14）您是怎么跟我爸爸／妈妈恋爱、结婚的？

（15）当时／现在您怎么评价我的爸爸／妈妈？

（16）你们生活了这么多年，您最感激他／她的是什么？

（17）如果让您列举他／她的十个优点，会是什么？

（18）他／她最让您难受的是什么？

（19）您打算怎么对待这些让您难受的地方？

（20）如果要改善，您想做什么？我可以帮您做什么？

（21）如果您俩已经达到您最满意的状态，请您描述那是什么景象？

（22）您从事过的工作／做过的事都有哪些？

（23）最让您自豪的事是什么？

（24）最让您闹心的事是什么？

（25）现在，您怎么看待当时让您开心和难受的人和事？

（26）您的爸爸妈妈（我的爷爷奶奶／外公外婆）过去的情况是怎样的？

（27）祖辈的情况是怎样的？

（28）他们对您有什么样的影响？

（29）说说您小时候成长的经历。

（30）当时您最希望的是什么？

（31）在跟您父母、家人生活的过程中，您最开心的是什么？

（32）在跟您父母、家人生活的过程中，最让您痛苦的是什么？

（33）您父母给您的最好的礼物（有形和无形的）是什么？

（34）您认为您的哪些方面受到他们的影响？

（35）当您回看时，有哪些地方您和您的爸爸／妈妈一样？

（36）过去您最崇拜或敬仰的人是什么样的？

了解现在：

（1）现在您最开心的是什么？

（2）您最想做的事是什么？

（3）您长期想说、又没有说的话是什么？

（4）是什么让您没有说？

（5）如果说出来了，会怎样？

（6）如果不能完全达到那样的效果，您会怎样？

（7）您最想对我说什么？

（8）现在最让您难过、困惑的是什么？

（9）对这些事，您的期望是怎样的？

（10）您觉得是什么导致那些事的发生？

（11）如果重新来，您会怎么做？

（12）现在可以做什么，解决哪些问题？

（13）您长期想办、又没有办的事是什么？

（14）是什么让您没有办？

（15）如果办了，会怎样？

（16）如果不能完全达到那样的效果，您会怎样？

（17）现在，您最在乎的事／物是什么？

（18）现在，您最崇拜或敬仰的人是什么样的？

（19）您想让我怎么做？

（20）您希望我做什么，来达到您想要的效果？

了解未来：

（1）您最希望实现的是什么？

（2）为了您活得更好，您想要什么？

（3）您想要怎样的生活状态？

（4）对未来，您最在乎的是什么？

（5）为了未来，您最想做的事是什么？

（6）面对未来，您觉得最让您感到不踏实的是什么？

（7）为了我们的未来，您希望我能够做什么？

（8）对未来，您最担心的是什么？

（9）我做到了什么，未来您就会觉得踏实？

（10）我做到了什么，您会觉得未来更加美好？

（11）您对自己的未来做了哪些准备？

（12）这些准备有哪些可能性？

（13）如果能够选择，您想怎么做？

（14）到目前为止，如果您给自己做总结，会有哪些？

（15）您想留给我的最重要的东西是什么？

（16）人都会走到人生的终点，到那时候，您希望我怎么做？

常用的问话：

（1）还有呢？

（2）请多说说这个。

（3）请说得更详细一些。

（4）您说……指的是什么？

（5）能举个例子吗？

以上的沟通话术不仅适用于跟父母的沟通上，跟其他人的沟通也都适用，关键在于问话的基本原理。具体问的话，则可以在聊的过程中灵活应变。

刚开始，每次跟妈妈正式沟通前，我都要做功课，看看"话术"的内容，想想要问哪些话，这几年用多了就不需要了。

4. 完整完结的沟通

完整完结的沟通是修复人际关系很有效的方法，在此用到修复与父母的关系上。大部分人都需要跟父母做完整完结的沟通，修复亲子关系曾有过的创伤与裂痕。第十四章介绍的"直意表达"也是一种完整的沟通。只是方法比较简单，主要用在当下发生的事，或者用在成年人与孩子的沟通上。完整完结的沟通，主要用在处理成人之间的比较大的关系问题，或者处理长期积累的问题；直意表达的同时还需要关照到对方的情绪和承受力，最后需要邀请对方一起创造美好的未来。

每一个人，不管在关系还是做事上，都有着不完整的积累。一方面要允许自己是不完整的、不完美的；另一方面，需要不断地学习，慢慢地让自己走向完整，让自己的生命变得完整一些。

上一章的图 16.6 "控制型父母与子女关系的情绪链条" 和图 16.7 "不想麻烦子女的父母与子女的情绪链条" 都属于不完整的沟通，使双方陷入无解的恶性循环。如果可以跟父母做完整完结的沟通，可以让双方关系变得相对和谐，获得完结的关系，这时候，双方是互相赋能的关系，如图 17.6 所示。

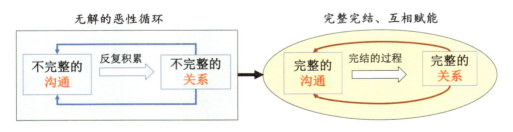

图 17.6　关系从不完整变得完整的示意图

父母和子女之间之所以会存在类似图 17.6 左边的关系模式，就是因为双方都被自己的情绪反应模式所控制，都看不到自己情绪背后真实的需求。完整完结的沟通过程，是允许对方成为自己的镜子，帮助自己看到自己的盲区。看到了盲区里常年沉积的垃圾，清理了，就变得干净、完整，变成图 17.6 右边的关系模式。当然，这种沟通不是一次就可以解决，一般需要多做几次，沟通才会变得越来越简单。

（1）完整完结沟通的步骤

请你跟他面对面沟通，或者给他写一封信，这是为了跟他创造一种完整的沟通机会，并努力开始和他建立一个全新的关系。

第一步：做好铺垫，同理感受对方，感谢这么多年对方给我的帮助……矛盾双方心里都有一大堆不舒服的感受，因此需要做好铺垫，无论如何都需要找出对方对我好的方面。为的是对方能够打开耳朵，愿意听我说。

第二步：尽 / 直意表达出我的愤怒、我的抱怨、我的无奈、我的伤心……这么多年压抑在心里的话都要说出来。

第三步：发生这些事，我的责任是……不需要强调对方的责任，因为责任无论大小，各承担各的责任。但是，也不要把自己说得一无是处，要实事求是，是什么就是什么。

第四步：跟你谈这些，是因为我在乎、爱、未来、希望……今天跟你谈这些，把我心里的垃圾都倒出来了，为的是创造一个全新的关系。

第五步：我承诺未来我要怎么做，邀请你未来……为了走向幸福，我承诺具体要做什么改变，也希望对方具体要做什么、怎么做。

（2）完整完结沟通的注意事项

这种沟通，一对一或者多方一起都可以。

面对面的完整完结沟通需要足够的时间，若时间仓促，沟通不完整，会影响效果。

沟通中，往往会有痛哭等情感的流动，要允许流动，这是释放情绪很好的机会，不要劝说、解释等打扰对方。

通过沟通，也许双方会激动、高兴，解释后互相拥抱，一起出去吃顿饭庆祝一下，或者用其他的方式，只要有利于关系的修复，都是可以的。

要感谢对方给自己一个沟通的机会。沟通是为了让关系恢复完整，不是为了改变对方、为了证明对方的错。

如果不善于表达或因距离远没法面对面沟通，或对方已经去世，或者只是因自己在意而需要沟通，而对方却不在意、不愿意沟通，也可以用写信、录音、录像的方式。

完整完结的沟通这个工具几乎可以用于所有需要修复的关系，在这里主要说明如何运用于修复与父母的关系。这是人生的修炼，也是许多人的必修课。有人说，85% 的人跟父母的关系需要修复；还有人说，人的 99% 的问题都与父母有关，即大部分人需要修复与父母的关系。修复与母亲的关系，可以顺利获得应得的财富；修复与父亲的关系，可以获得人际关系中的力量感。

通过运用上述工具，我比较彻底地跟妈妈重新建立了联结，互相间的隔阂基本消除了。我第一次跟妈妈做完整完结的沟通是在 2009 年的过年期间，我用了将近四个小时，第一次感觉到跟妈妈有了真正的亲密感。后来我每次回家，我们都要做一次长时间的沟通，正式沟通一次比一次用的时间短，开心的母女交心的聊天时间越来越长。这几年回家，跟妈妈沟通就变得简单很多，不需要那么多的铺垫和后续的行为改变的承诺和期望，只是互相聊透，心里就敞亮了。

每次我都感谢妈妈能够这样跟我好好聊一会儿，妈妈也很高兴我能够这样坦诚地跟她好好沟通。

四、孝敬父母的根本之道在哪里？

1. 什么是慈？

慈，就是愿意感知自己的感受和需求，进而能够感知到孩子的感受和需求，并愿意打破自以为是的条条框框去了解孩子，以合适的方式去满足孩子的需求。拥有慈的人，就拥有了被孝的资格。

被慈爱的孩子能够感觉到联结和支持的力量，心是笃定的，勇气就出来了，和世界就有比较好的联结。

慈的能力并不是当父母后才需要培养发展的，而是要从小培养，小时候得到父母足够的爱，自然就会有慈的力量。但是，父母是不能选择的，如果父母也没有得到自己父母的慈爱，他学会的就是上一辈那样带孩子的方式。如果一代一代这么传承下去，问题将是无解的。

解在哪里呢？解就是从"我"做起。开始进入自我成长的学习状态，就有改善的机会，让自己可能成为家族负能量的终结者。

2. 慈和孝的关系

慈和孝是相辅相成、相互促进的。子女尽后代职责，获得自助天助，圆满人生；父母尽长辈职责，赋予子女孝的能力。如果慈是到位的，那么，孝就是顺理成章的结果。有孝敬能力的人一般也拥有慈的能力，当父母以后，对儿女自然表现出慈，那么父母的慈与子女的

图 17.7　慈和孝的系统关系

孝就可以互相促进、升级与升华，如图 17.7 所示。父母尊重孩子的成长规律与人格，使孩子有能力孝养父母，孝得以延续；子女需要通过卡点疗愈自己，获得生命的成长，在孝顺父母过程中，同时拥有被孝的资格。

慈父慈母不是要紧紧地把孩子控制在身边，跟孩子的关系，父母一生修炼的核心功课是"分离"。跟孩子实现成功的分离，将使孩子拥有健康、快乐、自信的素质，获得独立、自主、自强的能力。

慈和孝是相同性质的情感，只是位置不一样而已。慈和孝，也是循环的关系，没有先后。如果只有父母的慈才有孝，子女的不孝行为就有了理由；如果说"天下无不是的父母"，父母的不慈行为就有了理由。因此，慈是对自己的要求，不是要求和责备父母的理由；孝也是对自己的要求，不是要求和责备子女的理由。

总之，每个人都需要跟孩子一起成长，跟父母一起成熟。拥有慈的能力，获得被孝的资格，自然就可以得到孩子的孝敬，就不用总去强调、要求子女孝敬。

3. 学习是获得慈与孝能力的唯一途径

从父母和子女关系的孝的恶性循环（第十六章图 16.3）转为良性循环（图17.8），转换的枢纽是学习。

学会了解父母的原生家庭和生命历程，了解他们形成这种性格模式的原因和过程，了解后就容易理解和尊重他们了。父母被了解、被看到，进而得到理解后，

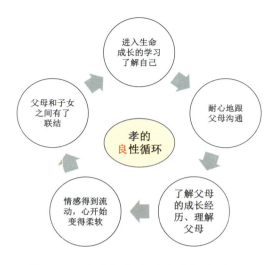

图 17.8　父母和子女关系的良性循环

跟子女的情感得到流动，心就会软下来，变得易于沟通。父母和子女之间有了联结，子女就可以顺利地对父母行孝。孝敬父母进入良性的循环，不仅自己活得顺心，还将转变家族的家风，让子孙后代很可能都成为孝顺的人。所以，了解父母是改善与父母的关系和实现孝敬的有效途径。

　　在陈先生小的时候，他的父亲就去世了，他的妈妈在家说一不二，家中里里外外一把手。随着陈先生和妹妹先后成家，妈妈的价值感得不到体现，说什么都要跟他一起住。陈先生的爱人也是企业的高管，能力很强，比较强势，因此妈妈在背后总说陈先生软弱，当他们两口子吵架的时候，妈妈怂恿陈先生离婚。

　　许多年来，他们家一直处在"控制型父母与子女关系的情绪链条"（图16.6）里。陈先生夫妇很想对妈妈孝敬，各种哄、照顾、讲道理，但是，妈妈每次都越听越抓狂。

　　在陈先生女儿进入青春期、爱人进入更年期的那几年，夫妻走到离婚的边缘。

　　在他焦头烂额的时候，他们公司做了创建企业文化的项目，每个月跟中高层管理者一起参加一天生命成长教育的培训，陈先生和爱人一起参加了培训。他们两口子尝试用非暴力沟通的方法，用"了解父母的沟通话术"，以及"完整完结的沟通"互相沟通，并用这些方法跟妈妈沟通。特别是陈先生的爱人，耐心听婆婆讲她的成长历程、听她讲在原生家庭里所受的委屈、听她讲跟爸爸的相爱相杀，只是用心聆听、时常发问澄清、同理回应、说说听到的感受，不再劝说、说教、指导，也不再打断与否定。

他和爱人一起跟妈妈正式聊过几次，在沟通中，他们都坦诚地直意表达妈妈的情绪给他们带来的苦恼，让妈妈也清晰地知道自己给孩子带来的困扰。

从那一年开始，妈妈折腾的次数慢慢少了，每次闹腾的时间短了，而且，冲突以后，她会跟孩子们说："对不起，我又控制不住。"逐步地，他们不再受到妈妈情绪的困扰。

陈先生还说，因为跟妈妈关系方式的改变，他们尝到了坦诚沟通的甜头。他们如法炮制地跟女儿好好沟通，不再紧盯女儿的学习，能够感知孩子的感受，尊重孩子的选择和实践安排，跟女儿的关系也改善了。

而以前，他们对爱人、妈妈和孩子都不敢直意表达，因为，担心直接说出来，对方会不高兴。

陈先生说，特别感激他爱人的努力，让一家人回归平静，走向幸福，这是夫妻同修的一个成功案例，走出了"子女与父母关系的情绪链条"的恶性循环。

跟父母的沟通与跟孩子的沟通，道理是一样的，要顺着人性的特点和规律。具体如下：

◆必须了解父母变成现在这样的原因，理解他们也是被他们的父母和环境影响的。让自己的心柔软下来，才能够接纳父母的如其所是。

◆放下改变父母的心态。人一旦感受到被改变，就本能地会抵触和排斥。任何人都不容易直接改变，但是，可以被影响。

◆要顺其善而孝。绝大多数人都希望得到别人的肯定和认可，在满足其需求的同时，对他们肯定、认可，他们会放下防御机制，变得容易沟通。

◆需要做好自己，让父母放心与服气。父母要是觉得孩子的成长让自己佩服与自豪，容易放低姿态听孩子的；如果不如自己所愿，更会摆出父母高高在上的姿态。

总之，对每个人来说，其身边的人会用各种形式来练就自己。如果自己不舒服了，一定是卡在哪里了，或者还没有学会应对；如果对父母的孝不顺畅，一定是自己在某方面还需要学习。

素养六：感恩篇

第十八章　如何认识和理解感恩

有人说：感怀恩德，乐于把得到好处的感激呈现出来，并且回馈他人，就是感恩；把自己的善意传递给对方，就是感恩；对别人的付出表示感谢，就是感恩。

有人说：父母给了我生命，并养育了我，必须感恩父母的养育之恩。

有人说：在这个世界上，每一天，都有人在默默地为我们付出，要感恩他们。

有人说：老板给了我工作的机会，并给我发工资，我要感恩老板。

……

这些说法都对。得到了好处，心怀知恩报恩的感恩之心，是对感恩的基本理解，但是，听起来总觉得缺了点什么。那么，到底什么是感恩？具体要感恩什么？感恩能够带来什么？如何感恩？这些问题需要进一步探讨。

出生不久的孩子，面对亲人会露出灿烂的笑容，只要被抱，他就用微笑的方式来回应，说明人先天是有感恩心的。为什么人在成长过程中会渐渐丢失感恩心了呢？如何激发人的感恩心？怎么让自己和孩子拥有感恩心？这些也需要深入地探讨。

一、感恩可以给人带来什么？

1. 什么是感恩？

感恩是人与世界万物联结的能力，是感觉到、感知到人、事、物给予的恩惠，心中种下感激的因。感恩是感受爱的能力，是生命底层涌出的情感，没能感受到爱，也就没有感恩。

感恩的能量级别很高，但在缺乏觉知的情况下，只要有负面的情绪，感恩心就没了。因为，有负面情绪的时候，人的能量大量消耗在情绪里，感恩的能量就下降了。有一个原理，只要理解到了，随时都可以生出感恩心，那就是——当感知到自己没有感恩的时候，感恩心就在生出。

比如，我们从理性上懂得，父母给我生命，仅此一点就足够我心生感恩。但有时候想起父母，或者面对父母的时候，会因为有不好的体验，无法生出感恩心。当知道对父母的感恩不够的时候，对父母的感恩心就在生出。

2. 为什么要感恩？

（1）感恩是承认已得到的幸福和爱——停下纠缠，感知到在享用。

人们常常没有意识到要承认已经得到的幸福和爱，一切都是理所应当的，认为得到的必须是 100%。即使差了 1%，就全盘否定。

王老师带孩子回乡下，老公打电话抱怨她放假没有在家给他做饭、收拾家，两个人话不投机，都觉得委屈，当着孩子的面，在电话里吵了一架，还说了气话："不行就离婚。"

孩子不想爸爸妈妈离婚，借口说姥姥家有蚊子、厕所不干净、没有好朋友，闹着要回家。王老师哄孩子说："好吧，我们再待两天，以后就不回来了。"

她妈妈听到了"以后就不回来了"这句话，开始过度想象，认为女儿不管自己了。于是开始挑女儿的毛病，赶他们走，骂女儿没良心，还整天拉着脸、不吃饭……

王老师从包里拿出孩子要换的衣服，妈妈伸手接过去，想放到房间里，王老师说："哎哎，不要拿走，要给孩子换的。"

妈妈说："我手不臭，也没有传染病，那么怕让我拿？你们不想待在家里，也用不着这么嫌弃我！"

闹了两天，王老师不明就里，差点崩溃了。好在她学习了生命成长教育的内容，知道"停一下"，问妈妈，到底怎么回事？妈妈不说，还是生气。王老师痛苦无奈地给我打电话。

我只让她看到自己对老公、对妈妈的感恩不够的地方，她的感恩心就生出来了，然后，一切就顺了。

她先跟老公发信息表示道歉，并感谢这么多年对她的包容，承认了自己的任性，表明以后具体要怎么做，并明确了回家的计划。老公气消，说："对不起，我那天着急，说了不该说的话。"并且表示："既然回去了，安心在家多陪妈妈几天。"

接着，吃饭的时候，王老师感谢妈妈做饭好吃，感谢妈妈对她和女儿的爱，并告诉妈妈在家里的时间计划、以后一年回家几次等，妈妈的脸色开始缓和下来。饭后，王老师用"完整完结的沟通"方式，好好地跟妈妈沟通了两个多小时，还是从感谢开始，并直意表达妈妈的坏情绪给自己的感受，表示自己陷入情绪时，因没有及时沟通带来了连锁反应。最后，跟妈妈达成一致，有情绪时要直意表达。经过沟通，大家不再纠结，情感开始流动。

在化解问题的过程中，王老师让孩子参与，让孩子也看到了直接沟通与感恩的好处。

（2）感恩是一种选择和对待生命的态度——聚焦美好，并且创造美好。

学会了选择，知道自己要去哪里，要怎么走，这本身就是一种对生命的认真态度。这种状态下，遇到沟沟坎坎等障碍，是选择绕过去，还是迈过去？明确了选择，就不再纠结，就会聚焦于美好的事。

如果凭着惯性，被情绪所控制，不知道选择，碰壁了，掉坑了，就只有埋怨和受伤。

前几天，我无偿地帮助一个组织做培训。在认真准备的时候，有人说："明天他们老大可能不参加，你为他们做了什么，有什么效果，他们老大不一定知道。"

听他这一说，我认真专注的劲头马上松懈了下来，心想："是啊，他们老大并不知道我在帮助他们做什么……"

我停了一下，看到了自己内心有所求的念头，马上转念，说道："他们帮助了我很多，我在做的事情是感恩他们，而不是为了让老大看见我做了什么。再说，这个课不要求老大必须参加。"

转念后，力量感马上就回来了，我笃定了要去做好这件事，此刻我的念头是："认真地做好培训，这是我的选择，至于谁知道不知道、认可不认可，那是他们的事。"

这场培训，让参与者都有收获，老大本来只是想看看就走，结果全程参加了，他也有收获。感恩让我们未来可以继续合作，一起聚焦美好、创造更多的美好。

（3）感恩是爱的情感反应，具有神奇的力量——让健康、快乐成为生命常态。

拥有感恩心的时候，心境是相对平和的、满足的，跟人相处是柔和的、内心是有爱的。

孔子说，"仁者无忧"，即有仁爱之心的人，能够了解和理解他人，看到别人的好，感恩别人给予的恩惠，就不会有忧愁。

特蕾莎修女从 12 岁起，直到 87 岁去世，一直都以博爱的精神，关注着贫穷的人，使他们感受到尊重、关怀和爱。她没有高深的哲理，只用诚恳、服务和有行动的爱，来医治人类最严重的病源：自私、贪婪、享受、冷漠、残暴等，为通往社会正义和世界和平，开辟了一条新的道路。

健康、快乐是她生命的常态，成功不是她所追求的，但是，她的一生功名无数，被誉为"贫民的圣人"，她的力量就是来自爱和对世界的感恩。

（4）感恩是结束痛苦最快的途径——看到自己的问题，改变生命轨迹。

人的痛苦大多来自恐惧，表现在人际关系上，是关系的纠缠。因为怕得不到、怕不够、不接受、不好、一切要如自己所愿……进而产生期望，一旦期望没能实现，就产生失望，进而纠缠不清。长期的不良情绪，必然导致身体器官的受损。

我有一位亲人得了癌症，在一般人看来，那就完了。刚得到这个消息的时候，他一时也不能接受，也很悲伤。但是，他毕竟是个有见识的人，很快地调整自己，找医生咨询、商量治疗方案、做接受治疗的安排。在疗养的过程中，他对自己以往的生活方式和为人处世做了深刻的反思，对家人和世界生出了感恩心。他对所有的人都柔和了很多，对父母也耐心、友好了，还热心帮助病友。

一年后，他重新开始了生活、工作，该干什么就干什么，工作量和工作强度比以前大了，也没有把自己当作病人。他忍着化疗、伤口的痛苦，在老家盖了很大的房子。几年过去了，他晒得黑黑的，身体很棒，现在什么重活、难活都不在话下。

他说："这场病救了我，让我知道了感恩：原来家人、世界对我是那么好，我会带着感恩过好余生，回报爱我的人。"

我非常佩服他面对病痛的淡定从容，他懂得反思和感恩了。我还特别敬佩他面对自己内心的勇气，调整了对待生活和人生的态度。

3.感恩的能量级别

美国著名的心理学教授大卫·霍金斯花了 30 多年研究发现关于人类所有意识的能量层级水平图表，即大卫·霍金斯能量层级表，如图 18.1 所示。

能量	意识	情感	行为	生命状态	能量	意识	情感	行为	生命状态
175	骄傲	蔑视	夸张	自我膨胀，拒绝成长	700-1000	开悟	转移语言	纯粹意识	人类意识进化的顶峰 无我、天人合一
150	愤怒	讨厌	攻击	充满憎恨、侵蚀心灵	600	平和	一体	人类贡献	没分别、通灵永恒状态
125	欲望	渴望	执着	活在上瘾、贪婪中	540	喜悦	感恩	祝福	慈悲、持久的乐观
100	恐惧	担心	回避	压抑、妨碍个性成长	500	爱	尊敬	共存	聚焦美好、真正的幸福
75	悲伤	后悔	失落	失落、依赖、悲伤	400	明智	理解	洞察力	科学系统的创造者
50	冷漠	绝望	放弃	世界看起来没有希望	350	接受	责任感	宽容	是自己生命的主者宰
30	内疚	刁难	虐待	懊悔、自责、受虐狂	310	主动	乐观	亲切	全然敞开、持续成长
20	羞愧	屈辱	残忍	几近死亡、自我摧残	250	淡定	信赖	柔韧	灵活、有安全感
					200	勇气	肯定	鼓舞	有能力把握机会

图 18.1　大卫·霍金斯能量层级表

这个能量表不是测评工具，更不是评判别人的工具，只是用来帮助了解自己的一个参考方式，通过能量层级表，可以觉察自己的生活和生命状态。

其实能量无好坏之分，用好了都是资源。能量层级通常可以划分为三个层次。

第一层次是 175 及以下，这是低能量级别，通常称为负能量。能量级别越低，提升的空间越大，只要意识到了，想摆脱低能量的状态，就可以得到提升。

第二层次是 200-600，这是较高的能量级别，通常称为正能量。人的自我认知水平越高，能量级别就越高，越能达到人生想要的那份安宁、安定、喜悦的状态。

第三层次是 700 及以上，叫开悟的智慧状态。能达到这么高智慧能量级别的人极其罕见。

由图 18.1 可以看出，感恩的能量级别是 540。每一个级别的能量是由下面各个级别的能量积累来的，因此，拥有感恩的情感、喜悦的意识，也就拥有了肯定、信赖、乐观、责任感、理解和尊敬的情感；以及勇气、淡定、主动、接受、明智、爱的意识；还拥有鼓舞、柔韧、亲切、宽容、洞察力、共存和祝福的行为。

圣人、心灵大师、德高望重的人和高级修行者，他们稳定地保持在感恩、喜悦的这个能量层级中，不把追求世俗目标作为人生的主要努力方向。

保持感恩、喜悦的时间越长、频率越高，一个人的能量就越高，越接近圣人。之所以芸芸众生达不到圣人的境界，是因为我们"稳定保持"高能量的时间相对比较短。

"稳定保持"是由个人的感觉、觉察、觉知和感知能力决定的，这种本源性的能力越强，跟自己的联结越好，就越能呈现出高能量的状态。相反，活在自己的惯性里，跟自己、跟外在世界是分离的，内耗大，就容易活在低能量（175 及以下）的状态里。

二、为什么会失去感恩心?

1. 不感恩的真相

感恩是与世界的联结。一个人如果不知道感恩,首先是因为他跟自己失去了联结,其次是跟世界万物失去了联结;反之,一个人跟自己和世界失去了联结,就失去了感恩的能力。相当于我与世界之间,被一个环给挡住了,如图 18.2 所示。

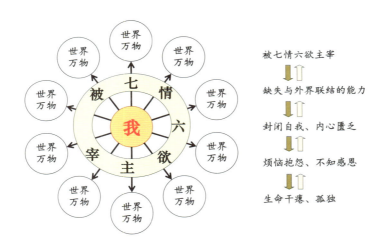

图 18.2 失去与外在世界联结的生命状态示意图

一个人在没有觉知的状态下,被七情六欲主宰,满心都是愤怒、忧愁、焦虑、悲伤、紧张,包括在开心高兴而得意忘形的时候,他与自己、他人和世界万物是失去联结的,将自我封闭起来,内心得不到滋养而匮乏,就用抓取的方式去联结,抓到哪里,哪里就不得安宁。在这种情况下,关系是冲突的,关系双方都产生烦恼和抱怨,内心因进一步被掏空而更加匮乏。这样的状态,生不起感恩心。因此,生命状态是干瘪、孤独的。

反推亦然,有的人觉得孤独,是因为生命不能绽放,失去光芒、缺乏价值感。

因为冲突引发了烦恼，没有多余的心力与外界有效联结，去感恩外在的万物和他人，只剩下七情六欲在起作用，内心因得不到滋养而进一步匮乏。

为了说明人与人的联结，举两个曹老师跟孩子互动的案例。

案例1：有位妈妈带5岁的儿子到曹老师那里学习，老师有空就会陪这个孩子。第三天下午3点左右，老师对孩子说："宝贝，你看看老师的眼睛。"说完就跟孩子四目相对，看了几分钟，孩子安心地躺在地上睡着了，睡了三个小时。

当时那位妈妈就在身边，她特别好奇："为什么孩子今天这么容易入睡了呢？而且睡了那么长时间。刚才我看到，孩子看着曹老师的眼神跟平常很不一样。"

孩子妈妈是一个大学老师，她说："孩子平常很闹腾，我带他总觉得有困难。而且，他的睡眠也不好，中午从不肯睡。这几天经过曹老师的陪伴，孩子怎么就不一样了？"

曹老师说："那几天我在陪伴孩子的过程中，不管孩子做什么我都跟着他做。他玩乐高，我就跟着玩乐高；他哭闹，情绪不好的时候，我就跟着他去感受这个情绪；他在地上爬，我也在地上爬。同样，孩子也愿意跟随我，我拱起身体，孩子也拱起身体；我趴着，孩子就趴在我身上。一小一大两个人，就这么在地上爬来爬去，说着笑着。"

老师完全感知孩子，孩子也完全感知她的存在，这就建立了联结。因为有这份联结，孩子是放松的，他就不再跟人折腾，他的睡眠也就好了，孩子折腾是他内心匮乏的抓取方式。孩子在跟老师对视的过程中，老师的眼神让他感到信任和安心，所以，他可以安然入睡。

案例2：一位妈妈在线上参加曹老师的答疑，她发言的时候，6岁多的儿子常常在边上发出各种声音，并且，凑到镜头前做鬼脸，让妈妈没法发言。每次妈妈已经很气愤了，但是都没有跟孩子说什么，也没有做什么，就任凭孩子折腾。

有一次曹老师跟那位妈妈说："让你跟孩子说一句最有效的话，你会说什么？"

妈妈说："你再这样，我就打你！"

孩子嬉皮笑脸地继续折腾。

曹老师说："这就是你的惯性做法，所以不奏效。你可以换句话说：'宝贝，你想干什么呢？'"神奇的是，孩子马上停了下来。因为"你想干什么"引导孩子真的去思考"我想干什么"。

"你再这样，我就打你！"妈妈和孩子彼此创造的是互相的进一步纠缠不清。

为什么妈妈会这么说？是因为她没有去感觉发生了什么，也没去感知自己心里那种愤怒、无奈，恨不得把孩子拉过来揍一顿的感觉。她没有跟自己联结，更没有跟孩子联结。孩子之所以折腾，是因为他是通透的，接收到的是妈妈内心"要疯了"的信息，但是他说不出来，就把妈妈心里的感觉用行为呈现了出来。

作为家长和老师，我们扪心自问，能不能像曹老师一样，百分之百地放下自己，接纳孩子，跟孩子有完整的联结。如果让孩子体验到跟外在世界联结的感觉，未来孩子会追随这一体验去创造与外在世界的联结，感恩心就是联结的产物。否则，孩子从小没能体验到这种联结的感觉，他将无法拥有感恩的能力。

能够百分之百地放下自己，完全跟孩子联结就是教育的一种形式。教育应该要激发出感恩心，孩子的感恩心是教育成果的一个检验标准。因此，感恩的教育，不是靠说教、要求和逼迫，而是引导孩子了解情绪、体验到联结的感觉。

2. 孩子缺乏感恩心的原因

孩子生来跟世界是联结的，但在成长的过程中，慢慢地与世界产生了阻隔。见图18.3所示，妨碍孩子与世界联结的因素有很多，每一个因素都不是独立起作用，都跟其他因素有关联。

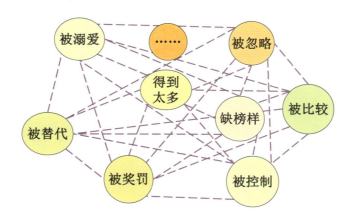

图 18.3　孩子缺感恩心的因素

（1）被溺爱。家长用"我以为"的方式满足孩子，常常是在干预孩子的行为。孩子的内在需求没真正得到满足，给什么都觉得不是自己想要的。他们认为得到的都不是自己想要的，而是家长想给的，因此，不会珍惜，甚至产生怨恨。

（2）被替代。"一切为了孩子"，一切寄托在孩子身上，父母用无限的付出换取父母想要的结果。生命的小苗在成长过程中，需要全方位调动身体器官，却大量被替代了。能干的、勤劳的父母替孩子遮风挡雨，遮得密不透风，挡得严严实实，孩子缺少了风霜雨雪的洗礼和考验，生命力没能焕发出来，像温室的禾苗一样，经不住风吹、雨打、日晒，也没有力量跟世界联结，不知道感恩是什么。

（3）被奖惩。不合适的惩罚会把培育变成交易，把主动的学习变成被动的为了得到奖励或者逃避惩罚而学习。一切都是交换，就用不着感恩了。孩子成长中的各项活动都是学习的过程，如果过度应用奖惩措施，学习就变味了，学习成长本身的乐趣也被削弱了。

（4）被控制。家长担心孩子未来不如自己所愿；担心管教不严，孩子会出差错。孩子有一点偏差都使家长紧张，进而更加严格要求孩子，甚至打骂、惩罚孩子。孩子总是被命令、被要求、被指责、被管教，没有得到足够的尊重，活得没有自我，变成了工具。他们心里憋着一股气，只有愤怒、憋屈和不满，失去了感恩的空间。

（5）被比较。家长总觉得自己孩子某些方面不如别人，让孩子内心既充满了比较和竞争，又对被比较感到委屈和反感。同样，当孩子把自己父母与别人的父母做比较，又加深对父母的不满和矛盾。感恩的意识在比较中折断了。

（6）被忽略。忽略情感交流，造成情感的隔离、冷漠，直接切断人与人之间的联结。内心有需求，但是无法满足。演变成自我隔离，阳光进不去，能量也出不来。没有联结，就没有感恩。

有些孩子看似有好些人照顾和陪伴，或者有全职家长的陪伴，但这不等于孩子得到了关注。如果陪伴的人只关注自己所想的，只要求孩子符合自己的意愿，或者人在陪伴心却不在，跟孩子没有联结，也是对孩子的忽略。

（7）缺榜样。感恩就像一层窗户纸，只要有认知，一捅就破。但在孩子生长的环境里缺乏感恩的示范和体验，将让孩子不知道什么是感恩，也不知道要感恩什么，更不会表达感恩。

（8）得到太多。孩子从小得到太多的关注和照顾，给他带来了无形的压力。这种压力若没能得到足够的释放，会让孩子感觉得到太多却没法还，就假装没有得到。这也是失去感恩心的原因之一。

> 网上流传着一个故事：有个女孩在家里跟妈妈吵架，离家出走了。当孩子走累了，在一个面摊前停下，老板给她下了一碗面，她对老板感激涕零。
> 老板对孩子说："孩子呀，我今天只是给你煮了一碗面，你就这样感谢我，你妈妈天天给你做饭，你知不知道感谢你的妈妈？"

孩子感激给了她一碗面条的人，却不感谢妈妈对她十几年的照顾，这说明孩子是有感恩心的，只是不懂得感谢父母。原因是孩子没有接收到妈妈随时给予的关爱，而在孩子最需要帮助的时候，老板给了她现实中所需的。孩子之所以不感恩照顾了自己十几年的妈妈，也不能完全怪孩子。一方面，孩子的感恩教育是潜移默化的，这说明平常父母没有给孩子这方面的引导；另一方面，妈妈尽管为孩子付出很多，唯独没能了解孩子内在的需求，让孩子的生命空间受到抑制，从而产生矛盾和误会。

如果没有培养孩子的感恩意识，也没有系统地引导孩子拥有一个人应拥有的基本素养，日后孩子走到社会上，会因为缺乏做事的基本常识，融不进集体，难以得到他人的尊敬。

有的家长说："孩子要什么有什么，我把什么都给了他，对他那么好，他还不满足，简直就是忘恩负义的白眼狼。"说这话的家长，是典型的会养不会育，不知道作为父母的教育责任。

现在的孩子，在一般情况下，不仅物质得到了满足，而且很多人得到的是过度满足。但是，孩子真正的内在的精神需求，没能很好地得到回应和满足。孩子做出的行为，是家长不熟悉的，从而产生了矛盾和误会，孩子和家长都有说不出的苦。

3. 成人缺乏感恩心的表现

缺乏感恩心是因为内心匮乏，联结能力不足，让生命压抑着，让人活得拧巴。感恩心缺乏的表现如下：

（1）不知道自己缺乏感恩心，只有付出感。

有的人总有付出感。孝敬父母觉得自己是为父母在付出、照顾孩子是在为孩子付出、干家务是在为家人付出、在工作单位觉得是为领导付出……他想得到别人的感恩和回报，却没有感谢天地万物和别人给予自己的帮助和好处。这是缺乏感恩的心智模式。

（2）人在有负面情绪的时候，感恩心消失。

人在生气、愤怒的时候，总觉得所有都是别人的错，是别人对不起自己，或者在自责、否定的时候，常贬低自己。这时候谈不上感恩心。

　　有些年轻的父母，不知道孩子的到来是完善自己的机会，只有付出的委屈感觉。遇到不如意的事，例如，孩子不听话、不写作业、玩手机、玩游戏，就会暴怒、歇斯底里。发飙之后，还要孩子认错。如果孩子不认错，新一轮的暴怒开始，甚至伤害自己，如摔东西、不吃饭、打自己……恨不得把自己撞死才解气，用没法活的痛苦，来给孩子和身边的人施加压力。冷静了以后，又感到后悔、自责。这是从一个"坑"跳到另一个"坑"里。

这样的家长在情绪发作的时候，完全感知不到自己的状态，也没法感知到孩子的状态。对孩子歇斯底里地下狠手，却没有自知，还觉得自己100%是对的，觉得自己是在帮助孩子，为孩子好。这时候，他对谁都不会有感恩心。

（3）将得到的收获看作是自己已有的。

这是不愿意承认从他人那里得到好处，不愿意跟他人有进一步的联结，用这种方式把别人推开，不能持续得到别人的支持和帮助。干什么都悄悄地，掖着藏着，只能独来独往，看似很独立，其实是不敢打开心扉的状态。

（4）怕回报、怕欠人情，怕情太重了还不清。

这是不敢承认得到好处，怕还不清，这样的结果就是不会感恩、不会联结。

在一项具有挑战性活动的培训中，每组6-8个人被要求一起出去免费吃一顿午餐。有个朋友吃完饭回来，跟我念叨几次："人家挣钱挺不容易的，我还是想把钱给人家送去，如果不给，我心里很过意不去。"

如果记住得到帮助的感觉，心里留着一份美好的感恩，在未来的日子里，用这份感恩心去服务或帮助他人，将这份温暖传递下去，那么这件事就变成了爱的传递。如果马上送钱去，彼此没有了关系，就不需要感恩，这是典型的不敢领情的做法。

曾经听到一个故事：在山区一条盘山公路上，因下雨，路面塌陷，中巴车司机没有看清危险标志，等车飞速开起来，想急刹车时已经迟了，车的右前轮开始往下滑，而下面是深达几百米的沟壑。

正在旁边抢修道路的一名护路工冲了过去，用手中的钢钎死死撬住了车轮，车上20多名乘客才得以逃生。但他因虚脱昏倒，一条腿也被压碎了，不得不截肢。不久，电视台记者前来采访他，让他面对观众说说自己最想说的话。

他想了想说："说起来最让俺遗憾的是，现在都说俺救了20多人的命，可这20多人长啥样，叫啥名，是男是女，是高是矮，是胖是瘦，俺都不知道。

俺不稀罕当什么救命恩人，俺只想知道俺救的人是谁，能得到他们几句'谢谢'，这就够了。可直到今天，一个人也没来过……"

这位善良的护路工，以失去一条腿的代价，保护了 20 多个鲜活的生命，所需要的"报答"仅仅是一声"谢谢"。然而他失望了，难道这 20 多人的生命比这两个字还要轻吗？

一声"谢谢"为什么那么难？

因为不敢承认得到好处，怕还不清，不会感恩、不会联结。我想那被救的 20 多个人中，至少有一部分人，会因为没能感恩而愧疚和不安。

（5）曾经想要，要不到，就告诉自己"我不要"，把自己封闭起来。

要不到与给太多，是过犹不及的两个极端，结果是一样的。

去年我要办理关于车辆的事，我不假思索地找当司机的朋友 A 帮忙。我知道这件事 A 不一定帮得了，如果找朋友 B，她可以比较容易地帮我处理那件事，我只要找她，她会二话不说地帮我处理。而且，如果产生费用，她一定不肯要我的钱。

但是，我却迟迟不愿给 B 打电话，心想，晚上再找她吧，能拖就拖。

我"停"了一下，其实我对找 B 帮忙心里有些抵触，因为我怕欠人情，她对我的帮助很多，而我对她感恩的联结是不够的，似乎这个人情我还不了。我常常把人家忘了，需要时却又找她。

而 A 朋友他会如实地把需要的花销告诉我，让我觉得心里没压力。

一方面，我看到了我对 B 朋友的感恩不够，就开始对她有了感恩心，重新跟 B 做了联结。当然，感恩不是马上就要报答，而是记在心里，保持心中的一份联结。另一方面，对于有些关系，报答的方式是再次请他帮一些不让对方为难的小忙，让对方的价值得到承认，也是双方加强联结的机会，这个认知是我女儿教我的。

记得我女儿在国外上大学的时候，每次回家基本她都安排同学送机和接机。有一次，我问她："其实你一个人也可以搞定，为什么叫同学帮忙呢？"

她说："老妈，你这就不懂了，要维护好的关系，就要互相多折腾对方。"

我真受教了，请人帮忙，就是为关系"投资"，是与对方建立联结的机会，让对方感觉自己在你身边有存在价值的一种做法。当然，这种帮助是相互满足对方的需求。

感恩和报答是一回事，人性运作的特点就是不承认、不去看它，就不用去报答。实质还是怕失去，怕欠人情。因此，就发展出了商业，商业的贡献之一是解决了欠人情的问题。纯商业的买卖是冷冰冰的，互不亏欠，钱货两清。但是，如果生活中只有买卖，人生、社会哪里还有温度呢？这就是企业除了设置规章制度和管理规矩之外，还需要组织文化建设的原因。

三、感恩的对象有哪些？

感恩由表及里，可以分为三个层面，见下表。

感恩的三个层面

序号	感恩什么	联结什么	感恩结果	特点
1	**显而易见的** 给我恩惠的人	他人	维护了关系	感恩的基础
2	**被忽略的** 赖以生存与生活的条件	天、地、万物 国家、身体	顺道而为	须臾不可离也
3	**不如意的** 生命成长的机会	自己	生命成长	不容易做到

1. 显而易见的给我恩惠的人

给我恩惠的人最主要的有亲人、师长，还有五伦中其他的人，以及直接、间接为我们提供服务的人们，如图18.4所示。

图 18.4　值得感恩的人

（1）要对祖先、亲人感恩——保证生命的生生不息与进化。

父母要养育孩子，在孩子成长的阶段，要处理承担各种问题，还要为孩子的安全和健康担惊受怕，养育孩子实属不易。

> 黄瑛老师说："我在养育孩子的过程中，确实有自讨苦吃的感觉，觉得是孩子给我带来了麻烦。因此我抱着搞定孩子的目的去学习家庭教育、心理学、生命成长教育。
>
> "在学习中我才慢慢发现，原来'我以为'的孩子问题其实是我自己的问题，孩子只是用问题的方式提醒我。在接收到这个提醒之后，我开始变软了。
>
> "带着自我成长的期待，带着'谁痛苦、谁改变'的信念，我看孩子的眼光也不一样了，给孩子的生态环境得到了改善。
>
> "所以现在我体会到了'孩子是天使'这句话背后的含义。看似自讨苦吃，实际是促使我生命的成长，让自己成为家族负能量的终结者，理解了生命的价值和意义，每天都不一样！这些都是孩子给我的，感谢我的孩子。"

（2）要对老师感恩——老师，不仅指的是学校里的老师，能够给予知识和智慧的都是老师。

老师可以让学生少走弯路，节省自我探索的时间。

有老师，遇到问题心里不慌，知道有人会提供帮助。

有老师，往往就有学友，互相碰撞，得到启发。

学习传承老师的理念和方法，让老师的东西可以发扬光大，利己利人。

（3）还要感恩夫妻、兄弟姐妹、朋友、同事等帮助、服务、支持自己的人，以及认识或不认识的人的付出，给自己带来种种的便利。

看过一部只有七分钟的动画短片《雇佣人生》（*The Employment*），短片里体现了"人人为我，我为人人"的关系，每个人在享受他人服务的同时，也都在服务着他人。因为他们的存在，我们才能够拥有现在便利的生活。

在家里，有整个家族，特别是父母和亲人在默默地支持着我们；去饭店吃饭，有厨师、服务员、洗碗人员等相关人员服务我们；出门打车，有司机服务我们；乘坐的车子、使用着的电脑和网络等设施设备，背后有无数的人和组织，共同合作提供的。也就是说，日常的生活、工作、学习、出行……都有许许多多的人在辛苦付出，才让我们享受到习以为常的便利、安全和美好。所以那些认识的和不认识的人都是值得感恩的；同时，认真地做自己该做的事，服务他人，社会关系就会产生良性循环。

2. 被忽略的赖以生存的条件

被忽略的赖以生存的生命条件，包括天、地、国家、万物和自己的身体。

（1）对天的感恩。

第一，天，就是道。宇宙万物最初的本原，宇宙演化的总根源，称为天道。社会发展的规律，人与人之间关系的准则，包括人的生命运化的规律，称为人道。

中国人遇到让自己惊讶的、意料之外的事情时，总会说："天啊！""我的天啊！"或者说："我的老天爷！"这是把"天"当作万能的拯救者，认为只有天知道是怎么回事，也只有天能够帮助人们。

这里的"老天"指的是道。当求助老天的时候，如果是平静、臣服的，就可能让自己回到道上，按照规律做事，是有智慧的，自然就可以解决问题了。如果求助的时候，是处在激烈的情绪之中，没能回归到道上，这时候人是智慧不足的，解决不了问题。所以，感谢老天，感谢的是让自己能够回归道上的智慧。

第二，天，指人们心目中最高的信念。东方的"老天"、西方的"上帝"都是人的精神寄托。从这个角度感恩天，是因为信念带来的坚定的力量。

第三，天，是地球上方的大气层，以及地球运行的规律。让人赖以生存的空气、水、季节交替、昼夜变化、气候变化等，都来自这个层面的天，这是人类"须臾不可离也"的需要。

> 网上有一个段子：一个人在生命垂危的时候，医生说要安排用上呼吸机，5000元一天。这个人听了就哭了。他哭，不是因为这5000元钱，他不差钱。他哭，是因为他突然发现，自己免费呼吸了一辈子天地赐予他的空气，他却没有付一分钱，并且，还忘记了感恩。

人作为万物之灵，得到老天特别的厚爱，拥有无比精密的身体，老天又提供给人类所有的生存条件与各种环境，意识到这些，可以增强自己的拥有感和富足感。

（2）对地的感恩。

第一，地，是与天相对应的。天是阳的象征，地是阴的象征。天地万物清升浊降，升而为天，降而为地。感恩老天，其实说的是感恩天地。

第二，地，是人类依存的空间：生活空间、生命空间和事业空间。这个空间是人们活动的范围，在这个范围内，共同生活的个体通过各种关系联系在一起，形成了社会。在社会活动中，对他人的感恩，维系了良好的氛围。

第三，地，指具体的地球、大地。大地是人类即万物生存繁衍的地方，地球为人类提供了一切生命生存必需的资源，并繁衍出了各种生命体，如同每个人的妈妈一样无私地给予孩子生命和成长所必需的条件，所以将地球称为人类的母亲和生命的摇篮。

地球还承载着人类所有丢弃的废物，这些废物经过大地的转化，可成为有营养的肥料。

对天地的感恩，需要注重环保，保护自然生态，让人类的生存得到保障。否则，人类就要承担破坏大自然的后果。自然灾害、人畜疫情无不跟人们对地的感恩不足有关。

（3）对国家的感恩。

第一，国家的强盛提升了个人尊严。

国家的安全给国民一份心安的感觉，不需要担心国土安全，更不用担心有国破家亡、流落他乡的可能。只要有国民身份，就可以免于漂泊和恐惧，拥有选择的权利。可以轻松地说，世界那么大，我可以出去看看；自己国家那么好，我随时都可以回来。这是国家给国民最基本的安全感。

第二，国泰民安。

有强盛的国家，老百姓的生命和财产安全、生活稳定就有了保障，而且，免遭战争的痛苦或流行病的威胁。

第三，国家对于个人的精神意义。

一个人活着，不仅是为了自己活得好，而且要把自己放到更大的整体中，有着更加崇高的、为国家贡献自己一份力量的情怀，这样可以有效地激发出生命的热情。这是个人生命的需要，也是对国家的感恩。

（4）对万物的感恩。

第一，阳光、空气、水、火、土、矿等天然物。

第二，植物、动物、微生物、选出的食物。

第三，有形的使用的物品、无形的信息。

（5）对身体的感恩。

第一，保证一个人正常活着的身体所有器官、四肢、百骸。

第二，人的知识、技能等做事能力。

第三，思维、情感、精神等。

3. 不如意的经历

人有一个共性问题，那就是排斥不如意带来的烦恼、愤怒、纠结和痛苦。可是，越排斥，烦恼越多、痛苦越大。

一方面，对遇到的事情不会处理，就会产生情绪。如果胸有成竹，会处理了，解决问题就不在话下了。试想一下：一个 4 岁的孩子，想系鞋带，一定是没法一下子做到的，经历一次又一次的失败，他就烦躁了。而对一般的成人来说，系鞋带这种事，肯定不会给自己带来困扰。

另一方面，要具备与年龄相匹配的解决问题的能力。4 岁的孩子，不会遇到青春期的问题；14 岁的孩子不会遇到换工作的问题；24 岁的人，不会遇到自己孩子要高考的问题；34 岁的人，一般不会遇到更年期的问题……因此，如果反复出现的问题，那是因为没有设法从根本上去解决当下年龄段的问题。

也就是说，想要成长，就要通过问题，把自己一次次地带到不会、不懂的地方。要让自己从容地面对不会、不懂的问题。不被问题所困扰的唯一途径就是把问题当作成长的机会，去问、去学习，学了就会了，可以去经历和面对下一个阶段的问题。

不如意的事情，是生命成长的条件和机会，如果懂得这个道理，每次不如意的时候，就认为成长机会就来了，就不会排斥了。所以，有人这么说：

> 感激伤害我的人，因为他磨炼了我的心智。
> 感激绊倒我的人，因为他强化了我的双脚。
> 感激欺骗我的人，因为他增进了我的智慧。
> 感激蔑视我的人，因为他醒觉了我的自尊。
> 感激遗弃我的人，因为他教会了我该独立。
> 感激斥责我的人，因为他提醒了我的缺点。
> 感激失恋和失败，因为它使我成为一个有故事的人。
> 感激冷漠和孤独，因为它让我知道关系和团队的价值。
> 感激批判和挑战，因为它警醒我自知、自治和自明。

能够直面以上不如意事，把握成长的机会，需要个人心智的成熟，否则，只会进一步被伤害。这就是生命的修炼，让自己不断成熟，有能力和方法去转化不如意的事情。

总之，应该感恩给我恩惠的人，感恩赖以生活的天地万物，感恩我的国家，感恩一切的爱和美好，更要感恩生命长河中出现的不如意的事情，那是我们成长的好机会。

把前述的这首小诗改一下，就是我们所需要的感恩态度：

感激保护我的人，因为他给了我一份温暖；
更感激伤害我的人，因为他磨炼了我的心智。
感激扶我起来的人，因为他让我看到了希望；
更感激绊倒我的人，因为他强化了我的双脚。
感激对我真诚的人，因为他让我感觉到人间还有真情在；
更感激欺骗我的人，因为他增进了我的智慧。
感激尊重我的人，因为他给了我独立的人格；
更感激蔑视我的人，因为他醒觉了我的自尊。
感激伴我一生的人，因为他给了我整个生命；
更感激遗弃我的人，因为他教会了我独立。
感激欣赏我的人，因为他可以让我发扬优点；
更感激斥责我的人，因为他提醒我看到需要改进的缺点。
感激亲密与成功，因为它可以让我保持积极向上的激情；
更感激失恋和失败，因为它使我成为一个有故事的人。
感激热情和友善，因为它让我体验关系和团队友爱的快乐；
更感激冷漠和孤独，因为它让我知道关系和团队的价值。
感激教练型的指导和帮助，因为它可以激发我提高自我认知；
更感激批判和挑刺，因为它警醒我自知、自治和自明。

第十九章　拥有阳光心态的法宝

一、培养感恩的途径有哪些？

1. 承认、知恩和报恩

所有他人对自己的好，当承认自己得到好处并感谢他人的时候，自己和他人是联结的、互相赋能的关系。

对每一个或每一类需要感恩的人，我们只需要自问自答以下三个问题：

承认：他们付出什么？

知恩：我得到什么？

报恩：我该做什么？怎么做？

（1）对祖先、父母的感恩。

一方面，孝敬父母是对父母最直接的感恩。另一方面，过去养育孩子为了防老、养老，父母老了以后需要依仗孩子的赡养。可是现在很多人，并不需要依靠孩子养老，为什么还要结婚生子？

事实上，结婚是邀请对方与自己共同成长。在谈恋爱和婚后过的日子，双方在不断碰撞中，看清自己、认识自己，获得生命的成长。

养育孩子是让自己重新活一次，弥补自己在幼儿养性、童蒙养正、少年养志中的缺失，疗愈自己成长过程的伤痛。

不过，如果没有学习、自我认知不足，可能导致进化和优化得比较慢，很多时候下一辈人会重蹈上一辈人的覆辙。

结婚生子，还有一个很重要的原因——那就是对父母和祖先感恩的体现。如果不结婚生子，祖先的血脉就无法得到延续。所以，结婚既符合了父母的期望，是对父母的孝，也是对祖先的感恩，让家族世代延续下去，更是对世界的贡献，让人类生生不息。

因此，结婚、生孩子不仅是个人的事和家族的事，更是整个人类发展的需要。

（2）对老师的感恩。

知恩、报恩的方式是端正学习态度，表现在以下三方面。

第一，在老师面前拥有"学生相"（一种学习的状态和品质，以获得更深的学识和修养），暂时放下自己的见解和观点，打开耳朵，用心听老师讲；不懂、不会、有疑惑的时候，要问老师，跟老师一起探讨问题，挖掘问题背后的真相，解决问题。

第二，在向老师学习时，确认可以践行的信息，应用老师所教的内容，与自己和解、改善心智模式，生命得到滋养，并有能力去滋养他人。

第三，在践行中持续创新与总结，如果能够超越老师，青出于蓝胜于蓝，成为有价值的人，让老师为之自豪，不辜负老师的教导和期望，是对老师最好的感恩。

拥有学生相需要避免不动脑筋、不会用心的被动听话照做。停留在表层的学习和形式上的学习，只是为了证明"我在学习"，却没有真正实践，心智模式没有改善。为了改变别人、说服别人而学、为了得到资料而学。

学生相的检验标准：老师批评或指出自己问题时，能够听到，并反思和调整。

不是这个世界没有解决我们痛苦的方法，而是自己不端正态度，不具备学生相。理解老师所说的，并认真地践行，才可以实实在在地化解问题。

（3）对兄弟姐妹的感恩。

感谢兄弟姐妹的相伴成长；感谢兄弟姐妹把自己当作独生子女去对待父母，兄弟姐妹对父母的关照，都当作是对自己的帮助。大家的付出，减轻了自己的负担，让父母得到更多的孝敬。自己付出的每一分都是应该的，形成良好的家风。

例如，我家姐妹四个人，只有我在外地，其他三位都在离家不远的地方，她们会经常回家，我每年一般就回去一次。十年前，父亲去世以后，大姐回老家专门陪妈妈。我发自内心地感谢姐妹们对母亲的照顾，因为有她们，我才能安心地工作和生活。

我们姐妹商定，照顾母亲，有钱出钱、有力出力。我的经济条件好一些，家里的花销基本由我负责，其他的事全都由她们负责，从不用我操心。

妈妈有时候会说："多亏了老三……"

我跟妈妈说："千万不能这么说，我们姐妹各自发挥作用，少了谁都不行。如果说只有老三最好，什么都让我来，您又不愿意离开老家，我肯定是顾不过来的。"

我承认姐妹们对母亲的照顾为我节省了时间和精力，我跟姐妹们有良好的联结，一切都顺理成章，没有什么纠纷和矛盾，大家相处都开心，体现了"兄弟睦，孝在中"。

感知到没有感恩的时候，开始有了感恩。

上一章提到的那个离家出走的女孩，摊主对他说："孩子呀，我今天只是给你煮了一碗面，你就这样感谢我，你妈妈天天给你做饭，你知不知道感谢你的妈妈？"她听了顿时如大梦初醒，眼泪瞬间夺眶而出，顾不得吃剩下的半碗面，立刻飞奔回家。

才到家门前的巷口，女孩远远地看到妈妈正焦急地在门口四处张望，她的心立刻揪在一起！女孩感觉有一千遍一万遍的"对不起"想对妈妈说。

这天晚上，这个女孩才深刻体会到妈妈对她的爱。

生命的本质是报答。承认了，知恩了，会自然而然地去报答，报答的时候，利他的种子开始发芽、生根，将长成大树，造福他人，这是生命价值的运作流程。

有时候，人们一方面不知道传递，另一方面觉得理所应当，没能及时感谢，有报答的机会，却没有有效地利用，恩情没有流动起来，就断了。

感谢需要及时、直接地表示；报答是持续的、在心里的，不一定是直接的，但是需要传递。最好的报答就是好好活着，知道自己每个阶段要怎么活。

2. 对天、地、国家、万物和身体的报答

每天早上一睁眼，就带着感恩心——我还活着，感谢空气、阳光、雨露，感恩天地给予我生存和生活的条件，感谢国家给予国民的安全感和自豪感。

感恩与报答万物的方式，在第九、十章的"整理物品"中已经阐述了。报答天、地、国家和自己身体的最好方法——把自己的生命打理得好一些，需要从三方面入手。

首先，保证身体健康，不做损害身体的事，成为健康、有活力的人。

适度的运动能让人更健康长寿。因为，动为通，静为养。动的时候，气血流动加快，可以疏通身体阻滞的地方；静下来，身体可以修复损伤的地方。因此，动静结合，强过任何补药，既能够活得健康，又能够长寿。

合理的运动、睡眠、饮食，少抽烟、少喝酒、少熬夜，是人对自己身体负责的最基本的要求。

同时还要随时感知自己的身体，有不舒服的时候，要找医生或专家做调养，否则会成为顽疾，慢慢地在损害身体，却不自知。

林肯说："一个人40岁以后，都要对自己的外表负责。"对自己负责，最基本的要保证身体结构和身体器官的完整与完好，因此，需要感知自己的身体状况，并经常保养自己的身体。否则，当明显地感觉到不适，再调整就难了。

以我为例，爹妈给我的身体是完好的。但在40岁的那一年，我的左膝关节受伤了，我没有好好去感知它，也没有下工夫从根本上做调整，一年一年地，膝盖越来越不好使了。

前几年开始，我认真跟老师学习，关注身体，才感知到我的身体左右两边已经明显不对称，左边要弱于右边，右边长期受力，并被拉伸。导致很长时间里，我的颈肩和腰部疼痛，还有脸部的不对称，影响了面容。

这些都是对自己的身体缺乏感知，慢慢造成的后果。

这几年，每天都注意做动静结合的调整，虽然没法恢复到"出厂配置"的状态，但是能在现在的基础上不往坏的方向发展，也许还会有所好转。

由于每天的动静练习，无论是坐着还是站着，都注意沉肩拔脖子、拉直

脊柱。当我练习一年多以后，体检时发现，我的身高增加了1厘米，我以为是测量设备有问题，又到好几个地方重新测量，都是这个结果。

60岁的人，身高是会"缩水"的，我通过练习，却"长高"了，其实是把原来堆在一起的骨骼拉开了而已。

打理自己，从关注身体开始，不仅要注意饮食、睡眠、运动等，也要关注身体结构的完好和平衡，还要关注内在的修养，让自己拥有良好的气质，保证健康的体态与有活力的精神状态。

其次，与自己和解，提高富足感，成为柔和有爱的人。

感恩天地和国家，需要有效发挥生命的价值。活得憋屈，生命没有价值，甚至给他人和社会带来危害，很多时候是因为内心的恐惧，恐惧带来匮乏，进而派生出各种的负面情绪，因此需要与自己和解，其流程见图19.1。

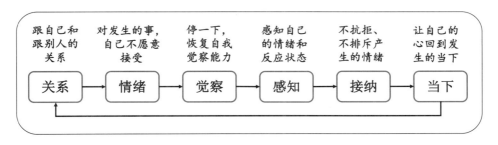

图 19.1　与自己和解的流程

关系，不仅是指自己跟别人的关系，也包含自己跟自己的关系，而且，跟自己的关系和解，是跟别人关系和解的前提。在关系中，如果发生的是自己不愿意接受的，就会产生情绪。这时候"停一下"，恢复自我觉察的能力，避免继续被惯性所左右，就可以感知到自己的情绪反应状态。然后，平静地看着它，不抗拒、不排斥，不再被惯性带跑，让自己慢慢地回到当下发生的事上，去接受它，去做该做的和能做的，平静地对待一切发生的事。

在一次感恩体验活动中，冰冰说："在刚才体验的时候，居然没觉得自己缺少什么。原来常常觉得我很缺爱，但是，现在不觉得自己缺爱了！此刻我知道，我已经会爱自己，不需要向外索求了。"

我深深地感恩所有的遇见，我感知到，我最感恩的居然是大自然。那一刻，我想或许我本应该是花草树木。

去年，冰冰还是一个抓取爱、讨好父母的"扶弟魔"，经过学习，她很快地觉察到自己的模式，跟妈妈做了完整完结的沟通，不再代替弟弟去承担本该由弟弟承担的责任。因为自己的撤出，弟弟开始承担自己的责任，一切都往好的方向发展。

再次，有清晰的人生志向，成为有品质的人。

一个人要活得好、发挥生命的价值，回报天地和国家，需要知道人生的方向，知道活着是为了什么。

如果只知道职业生涯规划，知道未来要考上大学，要当医生、当老师……这也是不错的，比什么都没有想要好得多。

不过，那只是职业规划，不是人生规划。有的人好不容易考上大学，当上医生、当上老师，或者成为公务员。但是，却成为眼睛盯着红包的医生，成为不了解和理解孩子的老师，或者成为贪污受贿的公务员……这些都是没有人生规划造成的。他们不知道自己要干什么，自己到底要活成什么样，心里没有为大众的善和爱，在名、利、色面前，就败下阵来。

所以，要立志，清楚自己的人生规划，而不仅是职业生涯规划，才能真正成为一个拥有生命品质的一生平安的人。

3. 对不如意经历的感恩

（1）对不如意的自动化反应将进入死循环。

一般人遇到不如意的事，自动化的直接反应是抱怨别人、不接受发生的结果，进而生气愤怒、指责、冲突……进入死循环中，见图 19.2 所示。

图 19.2　发现问题后的自动化反应示意图

2023 年 3 月 8 日，我早上 5 点从家里出发去广州白云机场，准备乘 7:55 的航班去伦敦。办理值机的时候被告知：需要 48 小时内英文版的核酸检测报告，我一下子蒙了。

自动化的反应是："怎么没有人提醒我呢？"我停了一下，感知到了不接受事实，往外甩锅的模式。感知到了，就不再抱怨，而是寻求解决方案。

如果没有"停一下"的能力，我一定会很生气，抱怨女儿买票的时候没有看提醒、抱怨航空公司没有提醒我……反正都是别人的问题，唯独自己没有问题。

如果在这里 hold 不住，把不如意的当垃圾、当臭狗屎去排斥，那么那些事带来的只有焦虑、愤怒和懊恼等，所有的都只有损失。

（2）成长是在不如意的转化中得到的。

遇到不如意的事，"停一下"，去觉察不如意的到底是什么？不管是内在的愤怒、着急、生病，还是外在的被批评、被忽视、受骗、挫折等，全都可能成为机会。

有了自我觉察，带着觉知进入反思："我怎么了？这个结果的根本原因到底是什么？"显然，这个结果是我忽略了核酸检测这件事，想当然地认为国内航班不需要核酸检测，国际的也不需要。如果我甩锅："怎么没有人告诉我？"埋怨指责别人，就不会去感知"别人会有怎么样的感受"，别人听到后一定是反感、抵触、不接受的。

反思不仅在对错上，对错是在意识里的做事层面的思考；反思更重要的是在心的层面，是自我觉察的状态，带着觉知的，知道我的语言和行为给别人带来的感受。这时候，自我就在弱化，才能从根本上化解问题。

所有的问题和痛苦，都应该把自己带向自我设问："我怎么了？""我的言行给别人带来了什么？"而不是："他怎么了？他做错了什么？"人从来不缺解决问题的能力和智慧，缺的是"这个问题是我的"的认知，这是解决问题的方向，如果方向错了，过程再对，也不会有理想的结果。

反思以后，就可以重构，问自己：现在我能做和该做的是什么？开始自我转化，获得成长。

按照重构的认知去践行，事情就发生改变，"礼物"就是生命的成长，藏在自我改变中，以更加成熟的状态进入下一个循环中。所以，要感谢那些让自己获得"礼物"的机会，其运作模式见图 19.3。

图 19.3　将不如意转化为成长机会的运作模式

还以我去伦敦没能成行的案例说明这个问题。

登机出问题了，我设法寻求解决方案，但得到的都是坚定的答复：当下这个时间点（早上 6 点多），没有任何办法！只有改签。

我叫了网约车往回走，同时，跟女儿沟通改签机票的事。两天内直飞到伦敦的航班，只能从香港机场出发。

女儿问我："周五之前重新出发，可以吗？要多花好几个小时，可以吗？去香港比较折腾，并要乘船去香港机场，可以吗？（我容易晕车、晕船）"

我的回答都是："可以！"

女儿感觉我没有抱怨、解释、担心和焦虑，由衷地说："老妈，硬核！"

两个多小时后回到家，老公很惊讶，不过，没有说我什么，还显得挺高兴的。

既然回来了，我又有两天的时间在家里，干脆为家里做点贡献吧。先生想封了家里的北阳台，本打算等我从英国回来后再联系制作施工。我今天就跟他一起确定了商家和品牌。

这件事，又一次证明：女主人不生气、不抱怨，积极为家里做自己能做的，家里就是太平的、和谐的。

感谢这件事，让我多了一个案例，还多了一份有趣的经历。在处理的过程中，既锻炼了我遇事的应变能力，同时也验证了"只要搞定自己，没有什么大不了的事"，所有的遇到都是感恩和收获。

（3）学会感恩才是本事。

当情绪来的时候，人总要找一个发泄口，去释放这个情绪。如果对外释放，影响到关系；如果忍着不释放，维持了面上的关系，情绪压抑在心里，形成对内自我攻击，形成情绪的积累。

有时候，即使学了这么多，遇到情绪上来的时候，还是会被旧模式带跑，一时挺不住，该怎么办呢？

第一，要允许自己这样。不要责备与否定自己，情绪一时控制不住，允许坏情绪继续多停留一段时间。其实，大家都彼此彼此，每个人都有缺点与不足，也都会犯错、失误。

情绪控制不住、犯错误的时候，就是发现自己不会、不懂的时候。学了，就会了、懂了。

第二，旧模式是老朋友。好好觉察"我怎么了"。这一般是小时候发生了什么事，没有完结积压的情绪。这种不舒服的感觉一定很熟悉，而且，经常出现。只有陪着自己的不舒服，陪着那个老朋友，它才愿意慢慢离开。

如果不允许坏情绪的出现，不允许不舒服，那是抗拒和抵触。本来不舒服就是一份负能量，抗拒这个不舒服又是一份负能量，这样会消耗更多的能量。同时，不允许和抗拒自己的不舒服，也会不允许别人有不舒服的感觉和反馈。

比如，我不开心的时候，很想哭。但是，我习惯性地压抑自己，不让自己哭哭啼啼，显得可怜的样子。当我看到孩子哭的时候，就会心烦，不让孩子哭："不就那点小事嘛，有什么好哭的？"否定和压抑孩子的感受，这样对待孩子，孩子未来可能跟我一样压抑自己，进而压抑别人，就这么恶性循环下去。

要接纳自己没法达到圣人的境界，知道"它又来了"，像见到老朋友一样，来了就来了，走了就走了，不需要做过多的事。

如果不舒服了，一定是自己被"老朋友"卡在哪里了，这里面包含着礼物。要到礼物，才是赢家。

第三，从这件让自己不舒服的事情中，发现自己心智模式。感知到自己的感觉是什么？我能转化的是什么？成长点在哪里？这是成长的"礼物"。

面对不如意的事，冷漠、骂人、回避、甩锅、抱怨、指责、证明，这些都不是本事，那是"两下子"。能要到礼物、学会感恩，需要的是"三下子"，这才是本事。因此，能让自己不舒服的人和事，都是上帝派来送信的天使。

二、如何检验自己的感恩意识？

1.幸福视窗

人往往忍不住羡慕别人的生活、工作、大房子、新车……却忘记了自己的某些方面也是别人所羡慕的。

实际上，每个人的生活，不外乎以下四类情况，如图19.4所示。

请读者尝试写一下四个象限的事都有哪些？

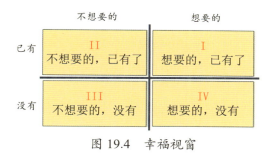

图 19.4　幸福视窗

第Ⅰ象限：想要的，希望拥有，已经有了。你有哪些？

第Ⅱ象限：不想要的，不希望发生，却偏偏已经发生了、有了。你有哪些？

第Ⅲ象限：不想要的、不希望发生，实际也没有发生。你有哪些？

第Ⅳ象限：想要的，希望拥有，却没有发生。你有哪些？

第Ⅰ象限"想要的，已有了"。例如，有房子、衣服、饭菜等基本生活条件，有安全的国家和区域的环境，可以上班，家人都平安，有机会服务家人，有孩子，自己有机会学习，网络和出行交通非常方便，有可以交流的朋友……这些稀松平常的事，在几十年前、在战乱的国度、在有灾难的时候，都是求之不得的。但是，有的人已经拥有了，就将它们当成理所当然，总想要更多，心里总是不够的感觉。

20多年前在《读者》上看到一篇文章，对我产生比较大的影响。一位女士驾照丢了，她的工作很忙，好不容易请假去警察局补办，刚好那天警察局停电，办不了。她需要再开车半个多小时到另一个警察局办理。

她耐心地排队等了好一会儿，眼看着就要排到了，看到门外进来一位妈妈，她的头发有些凌乱、衣服也不整洁，一手抱着一个孩子，另一手还牵着另一个孩子，他们径直走到她即将办事的那个窗口。

这位女士有点嫌弃那位妈妈，本能地皱起眉头，正要提醒她需要排队时，听到这个妈妈对服务人员说："请问，死亡证明在哪里开？我丈夫昨天发生车祸，去世了。"

女士听到这，愣住了。"人家丈夫都没有了，我多开半小时的车，多等几分钟算什么呢？"

是的，只要人能够健康地活着，就是莫大的恩典。有可以照顾的孩子和丈夫是幸福，有可以让自己做的工作是幸福，甚至有东西可以丢，也是一种幸福……从那以后，我减少了埋怨老公的懒、工作的累……

第Ⅱ象限"不想要的，已有"。例如，房子太小了、没有车子、孩子不听话、成绩不理想、工作单位不尽如人意、工作压力大、工资低、爱人不如自己所愿、同事关系让人心烦、身体有病、使用的东西坏了、这几天阴雨绵绵……每一样都让人心烦意乱，特别是孩子和爱人，总觉得不尽如人意，因此，烦心事不断。

耿耿于怀于遇到的困难：为什么我这么倒霉？不接受已经发生的，带着排斥和抵触的心对待外在世界，内心总是冲突的，充满了气愤、指责，甚至憎恨。

第Ⅲ象限"不想要的，没有"。例如，自己或家人生病住院、战乱、地震、洪水、火灾、无家可归、抢劫、被绑架、犯罪……别人曾经和现在正在经历着，我们却平安无事，但人们对这些常常没有感觉，觉得没有这些不幸是理所应当的。

第Ⅳ象限"想要的，没有"。例如，想要漂亮的衣服或包包、孩子成绩优秀、理想的爱人、住大房子、开豪华车、干什么都有人支持、漂亮或帅气的外表、能力超强、老板同事的认可、高工资、体面的工作……却没能拥有。不满足现状，不满意现在的自己，想要更多、更好。

看不到已经拥有的，总盯着想要却没有的。不懂得通过自己的努力逐步实现，而是陷在绝对化的"没有"里，心里充满了不满、抱怨、报复。

以上情况如图 19.5 所示。

图 19.5　四个象限的不同状态

在多年的培训咨询中，我有个发现：自我认知水平比较低的人，他们写的第Ⅱ、Ⅳ象限的内容往往比较多，第Ⅰ、Ⅲ象限的内容比较少；自我认知水平比较高的人，情况正相反，第Ⅰ、Ⅲ象限的内容往往比较多，第Ⅱ、Ⅳ象限的内容比较少。

也就是说，如果缺乏自我认知，容易把精力消耗于那些让人不舒服、不满意、郁闷、气愤、憎恨的事，留给第Ⅰ、Ⅲ象限的注意力少，感恩也少。

2. 感恩的法则

（1）匮乏感显化匮乏，匮乏感吸引匮乏。

把注意力放在匮乏上，用了太多的精力去关注第Ⅱ、Ⅳ里的那些让自己不舒服、不满意的事，就会引发气愤、焦虑、紧张、郁闷、怨恨和憎恨的情绪，留给第Ⅰ、Ⅲ的精力少，痛苦由此越积越多，如图 19.6 所示。

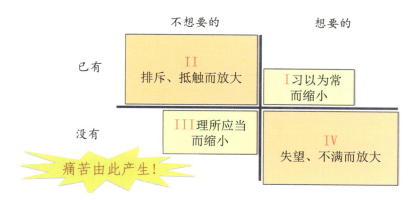

图 19.6　匮乏感吸引匮乏产生痛苦

（2）富足感显化富足，富足感吸引富足。

事情并没有改变，只是把关注点放在拥有上，第Ⅰ、Ⅲ象限就扩大了；并把关注点从不足、不满中移开，去创造自己想要的，做自己该做的，第Ⅱ、Ⅳ象限就缩小了，引发心中的爱和感激之情，幸福感增加。如图 19.7 所示。

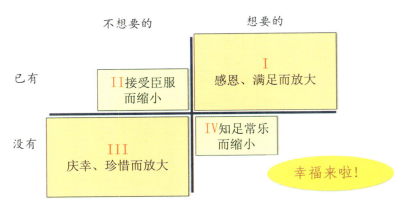

图 19.7　富足感吸引富足带来幸福

例如：尽管家的面积不大，但是，足够一家人遮风挡雨；尽管孩子学习成绩一般，但是，孩子积极、健康、有爱心，未来他一定有属于他的一片天地，这就足够了。

能够生长在当代中国的土地上，作为中国人，享受着和平盛世，衣食无忧，没有战乱、没有人为的危机……这是值得庆幸的事。

我不能挣大钱，我接纳目前的状况，保证温饱是没有问题的。如果想要更多的钱，我就根据自己的现状，在提升自己上下工夫。如果我生病了，趁这个时间好好休息一下，觉察自己是怎么积累出来的这个病，该用药的用药，同时，收到身体的提醒，改善自己的生活方式，然后开开心心地做自己能做的，把病变成礼物，病慢慢就好了……

有这样的心态，就没有什么不满足的。所以说，痛苦或幸福，是自己选择的结果，需要选择能力。只要带着觉知，行不通的时候，知道卡在哪里了，去疏通那个卡的地方就是了，疏通一点，幸福就多了一点。转化过程如图 19.8 所示。

（3）若你感恩，你将得到更多；若你觉得凡事理所当然，将不能体验到幸福。

企业年终一般都会发年终奖。假如 A 和 B 得到 1 万元，C 得到 2 万元。A 知道了 C 的奖金比自己多一倍，抱怨老板的不公平、抱怨领导的有眼无珠，

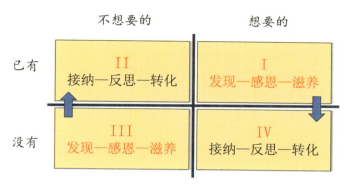

图 19.8 获得幸福的转化示意图

他压根儿不看自己需要改进的地方，从此颓废了，不再好好工作，心里充满了怨恨。

B 知道了 C 的奖金比自己多一倍，有些失落。但是，很快地，他认为自己的这些奖金足够小家过一个好年，感谢老板能够给大家发奖金，高高兴兴地把钱交给媳妇，并且说："我只要好好努力，明年会有更多的奖金。"晚上，跟媳妇探讨他下一年的目标和措施。过年期间，B 专门请 C 到家里聚聚，请教他一些问题，跟 C 有了更好的联结。他想通过过年的准备，第二年能够像 C 一样，成为一个更有价值的人。

A 是典型的只看到"想要的，没有"。这是匮乏、不满足心态，这种心态让人无力和无奈，没有能量去采取行动，改变状态。

B 的内心是富足的，看到"想要的，已有了"，以及看到"想要的，自己还没有"，将其变成改进的动力，并有提升自己的行动，有了行动就会有结果。

（4）感恩心是打开快乐大门的金钥匙，匮乏缺爱的感受会毁灭世界。

那些出事的孩子，都是因为内心匮乏，感受不到爱，看不到未来的希望，绝望了，就用毁灭自己的身体来毁灭世界。

有一位妈妈跟我哭诉孩子的不争气，她面对孩子的不听话、不写作业、玩手机、玩游戏，就会暴怒、歇斯底里。发飙之后，还要孩子认错。如果孩子不认错，她就摔东西、不吃饭、打自己的耳光……恨不得把自己撞死才解气，用没法活的痛苦，来给孩子施加压力，证明你是错的。

折腾完孩子，折腾老公，说老公惯着孩子，老公不帮她……总之，觉得自己很委屈，谁都可以欺负她。

对孩子歇斯底里地下狠手，完全感知不到自己的状态，也没法感知孩子和老公的状态。不知道孩子害怕、恐惧，不知所措，一次又一次地把孩子逼到绝境，还觉得自己100%是对的，是在帮助孩子，为孩子好。

好在她有意愿学习，很快地看到自己的状态，对孩子和老公有了感恩心，感谢他们的包容，并主动跟老公和孩子道歉，家里马上就有了温度。再遇到问题的时候，还会发火，但是，能够停一下，不至于让负面情绪蔓延。

三、如何提高与世界联结的能力？

1. 基本训练方法

（1）经常说"谢谢"。

"谢谢"看似很简单，有人常常忘了说，有人没有意识到要说。经常说"谢谢"可以帮助自己营造良好的人际关系。不管面对夫妻、父母、孩子、朋友、陌生人，都需要随时说："谢谢！"

有人会说，一家人还用得着这么客气吗？自然的"谢谢"是情感的一条纽带，不是刻意的、死板的、不得不的。

以前，我也不习惯说"谢谢"。这十几年，感谢的次数多了，感谢爱人、女儿、外孙女、父母、工作伙伴、朋友、邻居，也感谢大自然给予我的种种生存条件，感谢身体为我服务，感谢每一个祥和、温暖、快乐的日子。

特别是听到外孙女习惯地说：谢谢妈妈、谢谢爸爸、谢谢姥姥、谢谢奶奶……我感到很开心，感受到"谢谢"带来的温暖和快乐。

（2）完整表达对他人帮助的谢意。

对别人特别的关注和帮忙，如果只是说声"谢谢"难免有点苍白无力，这时需要清晰表达发自内心的谢意。

有人觉得表示感谢有点尴尬，这类人往往不太敢请别人帮忙。因为，感谢的能量级别很高，如果自己缺乏自信，把自己看得太低，或有不配得感，这种状态的能量和感谢的能量不匹配。如果请别人帮忙很自然，认为因为自己值得被帮助，同时，自己也有能力帮助到他人，这样，帮助和被帮助的能量匹配，互相赋能。

正式的真诚感谢，最好是当面表达，很多时候需要过后表达。不便于当面表达，就需要用微信文字表达，或者直接打电话表达，基本结构如下：

① 帮了什么忙，或者得到什么关注。

② 为自己解决了什么问题和困扰，或者得到什么收获。

③ 过程中和之后的感受。

④ 未来进一步联结设想。

⑤ 对某个具体细节的赞赏或默契的调侃打趣。

例如，在疫情期间，我请好友姜老师帮忙送我妈妈从厦门回老家，我很感谢他的帮忙。过后，我给他打了电话。

我说："老姜，真的非常感谢你送我老妈回老家，让我老妈不再为打车担心和焦虑。有你送她，我也很放心，感觉有你这样的朋友真好！以后有什么困难，我还会找你这个靠谱的老弟帮忙。"

我既真诚地表达了感谢，又赞美了他的优秀品质，还增进了我们作为好朋友的联结。

又如：有位朋友很认可生命成长教育的内容，她学习之后有效地改善了家庭关系和工作关系。由于她工作岗位和地点的变化，我们有半年左右没有联系了。一天，她请我去一个环境幽雅的餐厅吃了大餐，并提供了一些很好的传播生命成长教育的渠道和建议，还表示愿意跟着我学习，成为认证讲师。

回到家里，我给她发了一条信息：

"你好！我到家了。很高兴跟你一起共进晚餐，不仅吃得好，而且聊得开心。

"我很欣赏你对孩子和家人的态度，未来你将是我家庭教育培训中经常出现的案例。

"很感谢你对我的关注和信任，也感谢你对生命成长教育体系的认可。我们一起去谋划一些事情，发挥各种优势，一定会很有趣，也会很有价值。

"跟着你，我们连吃带拿。你选的节日礼物很特别，我喜欢。"

她收到我的信息以后，给我回了一条长长的微信，我们又一起开心地对未来做了进一步的谋划。后来我们一起逐步地去实现那些设想。

这是被信任和被特别关注的感谢。这不是套路的套路，我在感谢的时候，并没有想到这个结构，而是发自内心的自然流露，就表达出了这些内容。

（3）"看到拥有"的练习——我感恩……

随时随地都可以做"看到拥有"的练习，我曾经带外孙女做过这个练习，在送她上学的路上，我们走一路说一路，她很喜欢这个练习，我们一人说一句。

她："我感恩有空气可以呼吸。"

我："我感恩有平坦的路可以走。"

她："我感恩有红绿灯，保证我们的安全。"

我："我感恩可以送你去上学。"

她："我感恩姥姥照顾我。"

我："我感恩有老师教你。"

她："我感恩学校有阿姨给我们做饭。"

……

送她的路程大约 30 分钟，我们一路上就做这个游戏，既锻炼了她的表达能力，又做了感恩的练习，还增进了我们之间的联结。

自己一个人也可以做这个练习，可以在心里默念着"我感恩……"

例如，就在当下，我在整理书稿，在休息的时候，看到什么就说什么：
我感恩有桌子、椅子让我用；
我感恩有电脑、鼠标让我方便地编辑；
我感恩有干净的水让我喝；
我感恩有网络，随时可以查找一些资料；
我感恩家人的陪伴和允许，让我可以做自己喜欢的事；
……
成天心里念叨着感恩，人的能量就高了。

（4）转化心境的方法——坚持每天写"三好日记"，或者"每日欣赏"。
"三好日记"或"每日欣赏"指的是每天感恩或欣赏三个人或者三件好事，包括感恩自己，以及值得感恩的原因。缺乏自信的人，更应该感恩和欣赏自己。
这是一个提升感恩意识，转化不良心境的很好的练习。一般人在某个阶段，会莫名地不开心，20 多年前，我也有这样的经历。

这个练习，我有意识地做了几年。第一次是 2006 年，每天晚上睡觉前，想着感恩三个人或三件事。做了一段时间的练习后，感觉心境好转了不少。
2015 年到 2018 年，我又认真地每天写"三好日记"，写了将近三年，并且在学习群里分享。这次的训练比较到位，受益更多。

我也让好些人做"三好日记"的练习，根据个人的情况，有的一个月就有很大的改变，有的是三个月、半年，甚至一年才有一些改变。总之，只要坚持去做，就会有奇迹发生。

常常有人会问：每天都是做那些事，每天写同样的内容，会感觉很枯燥，怎么办？

回答：如果每天都一样，说明自己的眼睛、耳朵和心没有充分打开。做这个练习还可以捎带打开自己的身心。

感恩的对象共有三部分：第一，是显而易见的给我恩惠的人，包括家人、祖先、认识不认识的人，看见和没有看见的为我服务的人。第二，是被忽略的赖以生存与生活的条件，天、地、国家、自己身体，包括空气、水、阳光、雨露等自然环境，所有的食物、用品等。第三，是不如意的转化为生命成长的机会，所有让自己烦恼的人和事，促使自己去学会转化……

因此，"三好日记"的内容，眼之所及、心之所至的整个世界都值得去关注、去感恩，可写的就多了。

在此我很感谢问这个问题的人，促使我做了这部分内容的整理，让我对"三好日记"有进一步的认知。

2. 生命奇遇记

每个人的生命都有许多契机和奇遇，让生命轨迹发生了转向。每个人能够活到现在，都有许多值得感谢的贵人相助，也有曾经帮到自己的，值得去回忆和记住的人和事。什么时间，遇到什么人，得到什么帮助，产生什么触动，发生了什么转变……这些统称为生命的奇遇。经常想想自己成长过程中的奇遇，从一点开始联结，会越联结越多。如果生命的奇遇不被发现，就和那些转化了自己生命轨迹的人和事失去了联结。因此，最好写下来、分享出来，这是对生命成长过程感恩的表达，也是与世界的联结方式。只要跟自己的成长奇遇联结上了，就像是大树的树根连在一起一样，根深就可以叶茂。

下面摘录一些我阴差阳错的生命奇遇记，我在陆陆续续整理的过程中，对过往遇到的人和事，充满了感恩。

我常常有开始时并不理想，结果可以自得其乐的奇迹。

我只有姐妹，没有兄弟，排行第三。南方农村的重男轻女风俗，让妈妈和奶奶有点想把我送人，好在爸爸坚持说："我家的女儿不会比男孩差。"爸爸这一句坚定的话，把我留在了家里，让我成为了现在的我。而且，我父亲的这一句话成为我生命的一个底色。

在大学里，我的成绩并不好，表现也不突出，只是认认真真学习、认认真真做老师和班委交代的一些事情。在学校，我是我们班同学里继班长和书记之后的第三位党员。

因为不喜欢梳理流程图，又要让流程图发挥作用，我提出了企业管理基本功，得到企业老板和领导们的高度好评，并奠定了我培训和管理的良好基础。

从扫地中养成习惯带来的一系列奇迹。

也许是因为我不想让大人把我送人，我从小就很乖。5 岁开始，每天早上起来默默地扫地。我老家住的地方是一个过去的学堂，中间有两个天井，有东、南、西、北四个厅。因为是老房子，地板几乎没有完整的砖，很不好扫，但是，我总能够扫得很干净。

工作以后，就因为我爱扫地，每天早半小时上班打扫办公室和公共走道等小事，获得领导对我的额外关照，加上我先生单位的帮助，我轻易地调出贵州"三线"基地。

后来我负责设备国产化研制和生产管理，靠的就是从扫地开始养成的认真、有序的习惯。每次的提拔、加薪、评职称基本都能评上。

这几年，开发了"整理物品"的培训，也是来自最初的习惯。

我的不完美变成成长机会所带来的奇迹。

我从小看似很听话，其实是压抑了很多本该向大人表达的诉求，而没有表达；该求助的时候，没有求助。形成的内在的我是"只有靠自己"的独立、"没人在乎我"的孤独、"你们都不关注我"的失落……这些促使我成为一个好学生、好员工，但是我跟人的关系缺乏温暖和谐的亲密感和亲和力，这给我带来了很多的困扰和痛苦。

为了摆脱困扰和痛苦，我努力寻求跟自己和解，探索生命成长的真相，从而走在生命成长教育的道上。

我生命中重要的阴差阳错带来的奇迹。

小时候，我经常一个人坐在家门口，望着门前远远的重重叠叠的山峦，想象着山的那一边。不开心的时候，心里暗暗想着，我要到山的那一边去。后来，真的就到山的外面的外面，从福建一下子到了哈尔滨，也许这就是心念的力量。

上哈工大，也是一个奇迹。1980 年 8 月底，同学们陆续收到了大学录取通知书，我没有收到。那几天，像父亲般的班主任老师和我的父母非常紧张，妈妈每天带着妹妹一起到大队部等挂号信。8 月 26 日早上，妈妈听到我小学的老师说，好像看到过一封我的挂号信，妈妈和妹妹去了放信的地方，却没有找到。妹妹不死心，拉开办公桌的抽屉，在抽屉的最下面看到了一封写着我的名字的挂号信。妹妹说，当时她的心都快跳出来了。她现在谈起这件事，仍然会浑身起鸡皮疙瘩。当我写下这些文字的时候，我的心跳在加速。26 日拿到通知书，第三天一早就出发，火车一路无座位，在火车上颠簸了近 100 个小时，9 月 1 日到了梦想的地方——哈尔滨。

老师和妈妈之所以会紧张和焦虑，那是因为，我在 1979 年参加过一次高考，当时我的成绩在班里属于中等偏上，但高考分数居然是 150 分，超出所有人的想象。显然是出错了，但错在哪里不得而知。我二话不说，第二天就开始重新复习。1980 年高考，我考了全校第一名，给了我上哈工大的机会。我常常想，如果能够找到让我分数出错的人，我得好好感谢他。

美好的第三方断言给我带来的奇迹。

7 岁—14 岁，我每天一早就出去捡狗屎、猪屎，晚上挑到生产队大粪坑，称重积分，我每年挣到的工分大约是一个全劳动力的一半。这件事没人要求我去做，但我乐在其中，因为，我从中得到了很多的好处。

默默地做事，时常得到大人的赞赏和肯定："××家的老三，好勤快！""××家的老三，很会做事，不管拾麦穗，还是干什么，都很像回事。"类似这样的评价，让我成为那个"别人家的孩子"。

我想起曹老师曾经说："老天是什么？大家说的话就是天，大家说你好，你必然好；大家说你不好，你想过得好，都不行。"这就是第三方断言的魔力，我幸运地收到了好的第三方断言。

1990年，我当了一个国产化项目的组长，两年后，担任某厂的生产厂长，后来阴差阳错地担任了酒店总经理，包括做培训管理工作，哪一项似乎都是"说你行，不行也行"的那一类。

我做生命成长教育的奇迹。

2007年，作为公司职业发展中心的负责人，面对一年几百个大学生的入司培训，我提出了一系列的创新性做法。非常感谢当时领导对我的信任和支持，那年400多名新进的大学生集中在一个大学的校园，有组织、有规划地轰轰烈烈地做了45天的培训。从此，每年如此，不仅培养了大学生，而且培养了一批辅导员。

在和大学生接触中，我感觉到他们有太多常识性认识的缺失。因此，我种下了要将企业年轻人培训的模式前置到大学的种子。逐步地，感觉应该前置到中学、小学，甚至幼儿园。现在的认知是，不管是对哪个年龄段，有机会传播生命成长教育，都值得去传播，最关键的是向家长和老师传播生命成长教育。

2015年，女儿准备要孩子，我开始学习家庭教育，为的是当好外婆。

2020年，我应女儿的期望，移居广州。这里没有熟悉的朋友，我的业务也不在南方。第二年，偶然的机会让我成为中山市家庭教育的志愿者。很快地，我把所有业务全都推掉，全力做生命成长教育工作。

从企业培训咨询，跨界到教育行业，跨度不算大，而且，有十几年的积累，特别是有曹老师在生命成长教育方面的指引，我还是很有信心做好这件事的。

遇到了曹老师，这也是生命中的一个奇迹。认识曹老师并间接跟她学习已经 20 多年了。2017 年，有一次曹老师路过北京，在我家，我们聊了一下午，我居然没有给老师准备晚饭，天黑了，她就走了，真是君子之交淡如水。从此之后，我就认真地、不间断地跟曹老师学习生命成长教育。

2021 年，与志愿者团队一起开创了"周五幸福课"，每周一课，已经开了两年多，我讲了一年多的课，还在继续中。本书《成就孩子的六大素养》就是"周五幸福课"中的一部分课程内容。

在中山，看似我是在付出，其实受益最多的是我自己。我不仅结识了一批志同道合的志愿者，还实现了我做教育者的梦想，而且，跨界促使我不断学习相关的内容，不断实践和总结。这两年是我成长得比较快的阶段。

以上的摘录，只是为了抛砖引玉，供读者参考。

如果可能，请读者朋友将自己从出生到现在的事，好好整理一次，以后，每年至少整理一次，促使自己能够记住那些得到的好处，回味生命一路走来，许许多多值得感恩的人和事，在未来的日子里，滋养自己的生命，遇到更多美好的奇遇。

扫码查收 素养教育
智慧锦囊

高质量成长教育，成就孩子的精彩人生

家庭教育秘籍
学习素养教育的家庭智慧

校园教育指南
高质量校园素养教育有一套

正向教养宝典
教你培养高素养的好孩子

成长教育测试
孩子的成长也是父母的成长

中山出版
ZHONGSHAN　PUBLISHING
香山承文脉　好书读百年

成就孩子的六大素养③

张丽萍 著

SPM 南方传媒 广东人民出版社
·广州·

目录

附录：工具箱

附录一：六大素养工具箱的使用

一、工具箱的使用说明

《成就孩子的六大素养》这套书里有很多工具和方法，为了便于读者使用和掌握，选取了 19 个工具放到工具箱里。即一个通用工具——"停一下"，"六大素养"的每个素养各 3 个工具，共 18 个，因此，总共是"18+1"个工具，组成了工具箱，见下表：

"18+1"个工具箱汇总表

素养	工具	素养	工具
立志	（1）立志卡 （2）制订计划 （3）例行事项	友善	（10）八字原则 （11）直意表达 （12）三下子
诚信	（4）道歉 （5）自我觉察 （6）不懂就问	孝敬	（13）联结的沟通 （14）完整完结的沟通 （15）"Yes, and…"聊天
敬业	（7）整理物品 （8）养成好习惯 （9）时间管理	感恩	（16）幸福视窗 （17）三好日记 （18）成长礼物
一个通用工具：停一下			

　　在工具箱里，简单地介绍了每个工具的原理和适用的情景，配套提供 1–3 个范例，最后均提供练习工具。

　　读书效果的检验标准是行为的改善。本工具箱则帮助读者实践，达到行为改善的目的。培养良好的素养，需要参照练习工具每天践行，每天进步一点点，记录一点点，逐步地真正活好自己，成为合格的父母、合格的老师，给孩子足够的生命成长空间，这将促进孩子的健康成长。

　　工具箱有两个特点，即两个"三部曲"。

　　第一，每一个工具的应用都可能用到"停一下"这个通用工具；停下来后，有了"自我觉察"，人就可以"带着觉知"做事。这是第一个"三部曲"。

　　第二，用写"觉察日记"锻炼深度思考的能力，可以有效促进学习的实践应用和反思总结。以输出倒逼输入的方法，促使读者留心日常小事中蕴含着的成长要素、成长机会。"觉察日记"有一个简单便于操作的框架：发生了什么？觉察和转换了什么？下一步要做什么？这是第二个"三部曲"，如附图 1.1 所示：

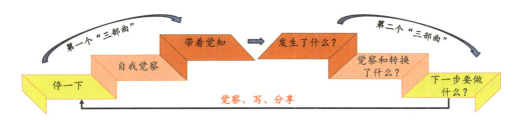

附图 1.1　工具箱"三部曲"

二、通用工具：停一下

1. 遇到事情时的"停一下"

附图 1.2 "停一下"的原理

如何使用"停一下"，如附图 1.2 所示。

2. 没有"停一下"的结果

事情的发生即刺激，对结果的影响只有 10%，而对事情的反应，对结果的影响起到 90% 的作用。如附图 1.3 所示。

附图 1.3 没有"停一下"的结果

3. 有了"停一下"的结果

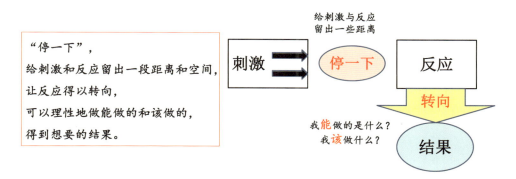

"停一下"，
给刺激和反应留出一段距离和空间，
让反应得以转向，
可以理性地做能做的和该做的，
得到想要的结果。

附图 1.4　"停一下"让结果转向

示例 1：黄老师的觉察日记

（1）事件

今天上午去体检，在体检的过程中，收到学校副校长在微信群里的通知，下午第二节课的科组长会议上，我需要汇报本学期本科组集体备课情况。当时心里就急了，马上在群里回复说："上午我去体检了。"

当时不知道是护士操作问题，还是因为我的紧张，竟然第一次没有抽出血来，护士让我换了另一只手抽血。当时我就把两只手的伤口拍了下来，准备发在群里的。

（2）"停一下"的处理过程

不过，我停了一下，没有发。

我感知到我心里的着急和嘀咕："最起码要提前一天通知汇报发言，现在才通知，下午还得上第一节课，万一体检回去晚了，哪有时间准备呢？"背后的声音是："你是错的，不应该这么安排。"我想发伤口的照片，是想进一步证明我好无辜，没有提前通知是不应该的。

通过"停一下"，看到了我的嘀咕和证明"我是对的，你是错的"的思维模式，我就不再嘀咕和证明。在体检的过程中，我从容地构思了发言的思路。

11:10回到学校，12:10把发言材料准备好，下午的发言还算顺利。

（3）感悟与下一步的行动

遇到自己不可控的不如自己所愿的事情时，要不断地提醒自己"停一下"，我感受到了"停一下"的价值，并得到了"借事练心"的体验。我很高兴今天有这种体验，也感谢这件事让我开始践行"停一下"这个工具。

以后情绪上来的时候，可以告诉自己：修炼的时候到了，让我们停一下。

例2：肖老师的觉察日记

（1）事件

今天收到一个信息说："教材编写人员的详细资料表没有看到。"我很笃定地认为详细资料表一定发给他了。我把快递信息发给了他，证明我早都快递过去了，而且也签收了。

这时候，我心里有点不耐烦：这不关我的事，我不想管了。

（2）"停一下"的处理过程

我"停一下"，感觉如果就此不理不睬的话，会破坏关系。因此，我耐心地跟他说："您也再找找，我回学校看看能不能重新盖章寄过去。"这算是第三种解决方案。

我回到学校，重新打印了一份，找办公室主任盖章，结果办公室没人。这个时候我想起来，我上次寄的时候，可能遗漏这个表了。我回办公室找，果然当时寄的时候只寄了信息表，忽略了详细资料表。

（3）感悟与下一步的行动

还好学会了"停一下"，并用第三种解决方案。要不然我去对他们发脾气，认定是他们的错，不关我的事，而事实结果却证明是自己的错，那多尴尬。

当时我那么笃定地觉得是别人的错，那是因为我的惯性思维：不是我的错，有问题一定是别人的。未来只要有"不是我的错"的念头，就要让自己停下来，给刺激和反应之间留出一些时间，设法去解决问题，而不是停留在证明和解释上。

4.思维不清晰时的"停一下"

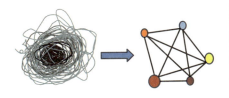

- 凭惯性说话和做事，思维不清晰，像一团乱麻。
- 常常不知道自己在说什么、做什么，
  即不知道别人的状态，也不知道自己的状态，
- 停一下，心就回来了，心神合一，
  可以有条理地带着觉知做事与沟通。

附图1.5 思维不清晰时的"停一下"

例1：王老师的觉察日记

（1）事件

大家都说我挺能说的，我一直把"挺能说的"当作我的一个优点，说明我"口才好"。

昨天培训课堂上，我们学习"直意表达"，我的三次发言都被叫停了，因为超过两分钟。在总结的环节，小陈说："王老师，你发言很积极，总有话说，我很羡慕，不过你有时候说得太多了，有点啰唆，常常不知道你在说什么。"其他人也半开玩笑地附和说，让我明天少发言。

对大家的直意表达我有点不舒服，强装笑脸听着。离开教室后，我一直在想着"我挺能说的"不对吗？晚上在微信上问了老师，老师回复："能说≠会说，明天你试着带着觉知说，看看怎么样？"

我问："什么叫会说呢？"

老师说："明天你把要说的要点写下来，两分钟内把要说的说清楚，绝不多说一句话，试试看。"

（2）"停一下"的处理过程

今天，我跟组里的人申请再给我发言机会，一定在两分钟内说完，一定不超时。

我把要说的话按"1、2、3"写下来，发言时，说完了写的内容，很想做点解释，我停了停，忍住没有说，欲言又止地停在那儿的时候，大家都笑了，

并给我热烈的掌声。因此，我的发言不到一分钟就结束了。

我第一次意识到大家的笑声和掌声的含义，看来大家都知道我啰唆，只有我不知道。

（3）感悟与下一步的行动

我体验到了"能说≠会说"的感觉，以后不管是日常生活中，还是工作中，时时提醒我自己，带着觉知说话，少说废话，放下自以为是优势的"能说"，成为"能说且会说"的人。

5. 避免丢三落四的"停一下"

人做事时，往往凭惯性，心和意识是分离的，即心不在焉。
这时，容易不记得自己做过什么，造成丢三落四。
停一下，把潜意识提到意识层面，就知道自己在做什么了。

附图 1.6 避免丢三落四的"停一下"

例 2：张老师的觉察日记

（1）事件

昨天在线上回听了"周五幸福课"，实践了"停一下，不忘事"这个方法。

（2）"停一下"的处理过程

今天早上出门，在门口站一秒，心里说："我锁门了。"到停车场，锁车之后，没有立刻转身走，而是停一秒，告诉自己："我锁车了。"

来到办公室，没有立刻工作，停一下，安排一下今天的工作：今天有四个会议、三个要打的电话、一个要准备的文案。清清爽爽地开启了一天的工作。

下班准备离开办公室的时候，没有立刻离开，检查随身带的物品：手机、车钥匙、家门钥匙、充电宝、文件、书，都带了。

（3）感悟与下一步的行动

我是一个投入工作时候非常容易忘记生活琐事的人，经常不记得是不是锁了车，是不是锁了门，出门的时候会忘记带钥匙、手机等东西。

今天用"停一下"的方法做每件事，心是定的、平和的状态。这种方法不是强迫，恰恰是需要调和的"刚刚好"。我尝到了甜头，我将每天这么用，把"停一下"变成我潜意识的习惯。

6. 练习工具

"停一下"练习记录表

时间与事件	"停一下"处理过程	感悟与下一步行动

附录二：立志的工具

一、立志工具之一——立志卡

1.立志卡逻辑结构

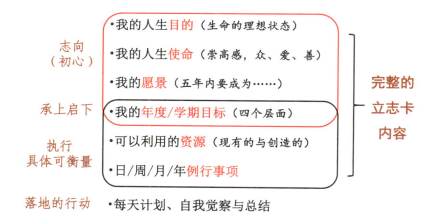

附图 2.1 立志卡逻辑结构

2. 人生目的和人生使命

- **人生目的**（与人的生命价值相关，关于生命的真相）
  　　——活出生命的价值和意义，是人活着的理想状态。　　　活好自己

- **人生使命**（与社会大众相关，利他的）
  　　——用自己的素养和服务能力，带着爱去付出，　　与更大整体的联结
  　　为社会大众，致力于某一领域的善业，
  　　并做出应有的贡献。

附图2.2　人生目的和人生使命

"人生目的"的写法：正向的、向往的生命状态。
　　　　　　　　　　我要活出……状态。
　　　　　　　　　　我要活得……
　　　　　　　　　　我是一个……的人。

"人生目的"示例：

　✔ 我要活出明白、健康、快乐、能干的状态。
　✔ 我要活得自在、自由，有价值。
　✔ 我要活得开心、快乐、幸福、智慧，活得明白。
　✔ 我是一个有价值的、有智慧的人。

"人生使命"的写法：用什么？为谁？做什么？达到什么效果？
"人生使命"示例：

　✔ 用我的教育情怀和能力（爱），不仅教给学生（众）知识，还教学生做人，引导迷茫中的学生，获得学习的动力，为社会不断输送健康、积极向上（善）的人才。

　✔ 用我的一技之长（爱），努力工作，帮助别人（众），成为一个像×××样的人，为社会做出贡献（善）。

✓ 自身实现了价值（爱），家人（众）得到更好的生活品质；在社会上（众）的人，因我的付出、贡献而得到帮助（善）。

✓ 以终为始地将企业人才培养的理念和方法前置到学校和家庭教育中（爱），助力更多的家长、老师和学生（众）活得明白，走向幸福（善）。

3.愿景和目标

- **愿景**（与事业/学习相关，长期的蓝图，具体可衡量的）
  ——是一个人在实现人生目的、履行使命的过程中，阶段性的理想蓝图。

- **目标**（与做事相关，短期的成果，具体可衡量的）
  ——是一个人阶段性的、在某些方面所要取得的成果。

附图2.3　愿景和目标

"愿景"的写法：多少年内，我成为一个什么样的人，实现一个什么愿望。

"愿景"的示例：

✓ 三年后要成为人民解放军。

✓ 四年后成为北大的研究生。

✓ 五年内在上海找到喜欢的工作。

✓ 大学毕业后，成为一名共和国的警察。

✓ 大学毕业后，在自己喜欢的领域中发光。

✓ 五年内经济独立，学业和事业都有所成就。

✓ 五年内成为瘦子，考到教师资格证，靠自己努力实现经济独立。

✓ 大学毕业成为一名老师，或从事体育方面的事业。

✓ 三年后，有独立组织策划活动的能力……成为独立创作的人。

"目标"的写法：以高三学生为例。

（1）高考成绩超过 ××× 分，高考分数过优投线，排名在 ××× 以内……

（2）为了达到以上的目标，有哪些子目标？

（3）为了达到以上的目标，需要养成什么习惯？

目标的示例：

- ✓ 高考分数过优投线。
- ✓ 改善跟父母沟通的模式，养成每天锻炼的习惯。
- ✓ 主攻拉后腿的数学，达到中等水平。
- ✓ 成绩稳步上升，大概达到语文 105 分、数学 95 分……总分 550+。
- ✓ 养成问问题的习惯。
- ✓ 成绩提升到年级 ×× 名以内。
- ✓ 找到提升学习效率的方法。
- ✓ 学会"停一下"，保持心态稳定。

4. 可利用的资源

资源包括：人、时间、信息、自己的身体、财、物、环境等。

资源利用的建议：

（1）人，包括老师、同学、家长、朋友，以及所有可以提供帮助的人，重点是要弄明白如何利用人的资源。

（2）时间，如何安排，重点是如何有效利用时间，并减少时间的浪费。

（3）信息，也是重要的资源，重点是如何获取有用的信息，而不被海量的无效信息所左右，浪费了时间。

（4）身体资源，是最值得利用的资源，就是要利用好眼、耳、口、心和身。如何看得见环境状态，看得见别人在做什么？如何用好耳朵听清老师和他人所说的话？如何表达清楚自己想要表达的意思？如何说到做到？遇到不如意的事情时，如何让自己的心"停得住"？如何让自己的身体保持健康良好的状态？

5. 示例

例1：

高三学生的立志卡

立志卡
一、我的人生目的（个人生命的理想状态） 我要让我的人生过得开心、快乐、幸福、智慧，活得明白。

立志卡
二、我的使命（崇高感、爱、众、善） 我要成为一名受学生和家长欢迎的优秀教师，用我的教育情怀和教育能力，不仅教给学生知识，还教学生做人，教育引导迷茫中的学生，获得学习的动力，为社会不断输送健康、积极向上的人才。
三、我的愿景（三、五年内成为什么样的人） 三年内，成为优秀的大学生。 五年内，成为有先进教育理念、懂教育的优秀师范毕业生，并成为自食其力的人。
四、我的目标（上学期目标，包括要养成的习惯） 1. 分析英语和语文薄弱的原因，确定改善措施，补上英语和语文的短板，让这两门课的成绩与其他课差不多。 2. 培养自己的抗挫能力，从容面对考试，稳定情绪。检验标准是不再害怕考试。 3. 保证身体健康，在饮食、锻炼、课余时间利用等方面做出计划，并遵照执行。 4. 跟父母保持良好的关系，不再让他们生气，让父母成为可以交流的好朋友。
五、我可利用的资源（现有的与要创造的） 1. 老师：每周至少向老师请教三个问题，每月跟信任的老师做一次思想交流。 2. 同学：跟同学保持良好的关系，让自己有好的归属感，有问题直接跟同学沟通。 3. 家长：每次回家的路上好好跟爸爸交流，对爸爸妈妈的不满，直意表达。 4. 手机：周末玩两小时游戏，其他时间需要查资料和跟朋友联系才用手机。 5. 自己身体资源：学会表达和问问题，了解什么叫用心，让自己能够用心学习。 6. 校外导师：每次培训课后，问导师一个问题。
六、日／周／月／年例行活动 每天：制订学习计划，上课时一天至少发言一次，背30个单词，整理当天笔记，50个仰卧起坐，帮助他人至少两次，打扫寝室卫生，看一眼立志卡。 每周：至少问老师三个问题，写学科总结，整理成功记录本，跟同学打半天球。 每月：做月考分析，做好错题收集，每月一次外出休闲活动。 每学期：学期计划和总结，立志卡微调，寒假去一所向往的大学参观。
<div align="right">姓名：×××　　时间：2022 年 9 月 20 日</div>

例 2：

一位大学老师的立志卡

立志卡
一、我的人生目的（个人生命的理想状态） 活得健康、快乐、幸福，呈现出生命本来的样子。
二、我的使命（崇高感、爱、众、善） 把生命成长教育与教学内容结合，帮助学生、同事和家人。 用高品质的教学水平和教材，培养出为社会做贡献、全面发展的人才。
三、我的愿景（三、五、十年内成为什么样的人） 三年内，成为将生命成长教育与专业结合的开创者。 五年内，成为生命成长教育的实践者与优秀的传播者。 十年内，成为教练型的幸福导师。
四、我的目标（年度／学期目标，包括要养成的习惯） 1. 改版《管理基础与实务》国家规划教材并融入生命成长相关内容。 2. 协助老师完成《成就孩子的六个素养》书籍出版的编审工作。 3. 从本班级到本年级推"立志"课程，至少本年级一半的学生都填写立志卡。 4. 负责任地推进现代物流管理专业建设。 5. 参与青春期教育、讲师认证等项目，完成项目申报、论文撰写工作。
五、我可利用的资源（现有的与要创造的） 1. 生命导师：遇到问题的时候，随时交流；每周至少问一个问题。 2. 学院领导：每季度向领导汇报一次，并征求推进与改进工作的意见。 3. 学生：深入理解学生的需求，把满足学生的需求当作提升自己的机会。 4. 身体资源：定期锻炼身体，保证肩周炎好转，保证身体正常地为我所用。 5. 信息：保证手机环境干净，不被无用视频所吸引，充分利用手机查阅资料。 6. 环境：运营好新项目，打造新团队，营造新的工作环境氛围。
六、日／周／月／年例行活动 每天：早上状态设定，做日计划，晚上做一天的总结，学习群赋能，对家人、学生表现出三个欣赏。 每周：参加周五幸福课，写三篇觉察日记，陪女儿运动一次，班主任读书群赋能点评，听一本书，周六参加经典学习，参加导师团队沟通会。 每月：读一本书，中山生命学习群的学习，月度工作计划和总结。 每年：做年度计划与总结，立志卡的微调，参与年会的策划准备，回家一次。
姓名：肖祥伟 时间：2023 年 2 月 20 日

6. 立志卡使用说明书

1. 到一定的年龄之后，人生目的和使命就不变了。
2. 愿景是一直在发展变化的，是必然的变化。
3. 目标每年需要修改几次，有一定的灵活性。
4. 资源是利用已有的和创造需要的。
5. 有效的措施才是一切的保障。

填写"立志卡"的目的：
掌握设计人生的思维方式。
从容、认真地对待自己的人生。

附图2.4　立志卡使用说明

7. 练习工具

立志卡模板

立志卡
一、我的人生目的（个人生命的理想状态）
二、我的人生使命（崇高感、爱国、利众、为善）

（续上表）

三、我的愿景（三、五年内成为什么样的人）
四、我的目标（学期 / 年度目标，包括要养成的习惯）
五、我可利用的资源（为了实现目标，有哪些现有的与创造的资源）
六、日 / 周 / 月 / 年例行事项
姓名 _____　　　　时间 _____

注：每个人根据自己的喜好，画出他心目中的画，或者设计成其他形式，都可以。

二、立志工具之二—— 制订计划

1. 制订计划的意义

> • 很多人处在"常立志"的状态，但目标和计划，只是说说而已。
> • 有的人认为，要做什么自己都知道，却懒得去做计划。
> • 期望能够做完所有想做的事。
> 结果，总被突发事情驱使，让自己处在"救火"状态。

> 制定目标，接着做落实计划，
> 可以有选择地聚焦落实，避免总是面对紧急而重要的事。

附图2.5 制订计划的意义

2. 目标的实现靠计划

> • 目标一定是不合理的，通过匹配资源，使不合理的目标变得合理。
> • 计划就是盘点资源、确定实现目标的步骤，是措施的具体化。
> • 目标是通过计划得以实现，过程得到控制了，过程就是结果。

> 生活过得怎样，在很大程度上取决于如何计划使用自己的资源，
> 每一段时间、每一份资源的有效性都是选择的结果。

附图2.6 目标的实现靠计划

3. 示例

例1：项目计划

书籍出版计划

序号	工作内容与完成标准 （符合 SMART 原则）	开始时间	要求完成时间	实际完成时间
1	确定出版社，并沟通达成意向	12 月	1 月	
2	签订出版合同	1 月	2 月	
3	开始整理初稿，一周整理一章	3 月初	6 月底	

（续上表）

序号	工作内容与完成标准 （符合 SMART 原则）	开始时间	要求完成 时间	实际完成 时间
4	成立审核组	4 月中旬	8 月上旬	
……				
10	第一册三审后，再四审和终审	5 月底	6 月底	
11	第二册三审后，再四审和终审	7 月初	8 月初	
12	工具应用手册编写与审核	8 月上旬	8 月中旬	
13	拍摄视频和参考资料的整理	8 月底	9 月上旬	
14	根据编辑的意见修改	9 月底	12 月	
……				
20	出版书籍过程总结	12 月中旬	12 月底	

注：项目计划是按照项目从开始到结束的完整计划，一般要符合 PDCA（春夏秋冬）的顺序，在落实过程中需要阶段性地回顾和改进。

例 2：日程计划

（1）月度计划——工作内容计划

9月工作计划表

序号	计划事项与完成标准	开始 时间	要求完成 时间	完成情况
1	三天的课程认证讲师训练	9 月 16 日	9 月 23 日	完成
2	×××中学高三试点班两次课	9 月 10 日	9 月 24 日	完成
3	×××企业培训项目两次课	9 月 8 日	9 月 21 日	完成
4	支持一个学校的老师做一次培训	9 月 19 日	9 月 25 日	完成
5	区域老师培训的准备工作	9 月 1 日	9 月 30 日	暂时搁浅

（续上表）

序号	计划事项与完成标准	开始时间	要求完成时间	完成情况
6	"三分地"工作的推进，保证10月开课	9月1日	9月30日	在进行中
7	去北京	9月1日	9月10日	完成
8	第二册书稿交稿	9月1日	9月20日	完成
9	第三册书稿完成大部分工作量	9月20日	9月30日	完成
10	"六大素养"工具践行计划表审核	9月24日	9月30日	在进行中
11	认证讲师磨课工作准备	9月24日	9月30日	完成
12	完成青春期课程体系与培训方案	9月18日	9月30日	完成
13	支持两个机构做工作研讨	9月15日	9月21日	完成
14	熟练使用"小葱阅读"软件	9月23日	9月30日	研究中
15	支持"六大素养"工具落地的模式探索	9月24日	9月30日	正在进行中

工作重点：（1）完成第二册书稿；（2）讲师训练；（3）青春期方案。
工作收获：（1）计划工具换成现在的案例；（2）"立志"课简化和立志卡填写思路清晰；（3）工具落地方式有了思路；（4）青春期课程体系形成。
工作改进：（1）立志卡的反馈与留存方式；（2）导师团导师的考核标准需要完善。

说明：
①月度计划的来源是年度计划、年度和月度的重要例行事项、临时工作、上个阶段的工作改进等。
②上个月工作中，想到下个月要做的工作，提前列入下个月计划中，每月将一个月要做的工作罗列出来，完成一项划掉一项，让自己有成就感。
③要做总结，让经历颗粒归仓（从经历中反思、总结、成长）。

（2）月度计划——日程计划

9月日程表

星期一	星期二	星期三	星期四	星期五	星期六	星期日
				1 ·在深圳	2 ·回广州	3 ·去北京
4	5	6	7 ·从北京回广州	8 ·去中山 ·企业1第一课	9 ·六期班委会 ·去三分地	10 ·晚上学校1 ·学生第一课
11	12	13 ·区域培训介绍	14	15	16 ·六期课程认证 ·讲师训	17 ·六期课程认证 ·讲师训
18	19	20	21 ·学校2 ·老师第一次课	22 ·企业1第二课	23 ·六期课程认证 ·讲师训	24 ·上午三分地 ·晚上学校1
25	26	27	28	29	30 ·回老家	

说明：

①月度的日程计划，是为了安排工作的时候一目了然，知道哪天有空，可以插进去工作。如果工作太满了，可以根据实际情况做出调整和删减。

②只要确定好了日程安排，就在将要完成的日期中标注出来。

③月度的日程计划，要留有空当儿。如果完全填满，没有调整空间，缺乏弹性，计划很容易被打乱而失效。

④斜线代表全天或半天的行程已安排满。

（3）月度计划——周计划

9月的一周（9月25日—10月1日）计划表

完成情况	工作内容	备注
√	完成 12 个工具资料整理	
√	完成青春期课程体系设计和讲师培训的方案修改	
√	第二册交稿	
×	"三分地"工作推进，完成 10 月培训的计划工作	
√	讲师磨课资料提供方式的沟通确定	使用书稿
√	安排回老家	
○	点评认证讲师作业和觉察日记	
○	审核认证讲师的"六大素养"工具践行的计划表	安排专人收集
一周的收获与问题		
收获：1. 常老师的班级推行整理物品将作为试点持续跟着。		
2. 立志卡反馈流程做了调整。		
3. 青春期课程体系清晰了。		
问题：1. 觉察日记和作业点评赋能不到位。		
2. 立志卡第一稿反馈工作量太大，只需要留底，这次留底工作不完善。		
一周记住一句话		
1. 可以错在事上，不能错在心上。 2. 事上练，心上修。		

说明：
① "√"代表已完成；"○"代表进行中；"×"代表未完成。
②周计划的来源是月度计划、周的重要例行事项、临时工作、上周的工作改进等。
③周末或周一将一周要做的工作罗列出来，完成一项划掉一项，让自己有成就感。
④每周做一下简单的"一周的收获与问题"的总结，保证自己每天进步一点点，一周进步一大点。

（4）日计划

日计划表

优先顺序的日计划			
优先顺序 A1A2，B1B2…… 已完成 √ 未完成 × 进行中 ○	星期日　(星期一)　星期二　星期三　星期四　星期五　星期六 日期：25		
◎ **紧急事项处理**		时间	行程表
√1	学生"立志卡反馈"修改	8	C1
√2	跟×××关于孩子状态的线上沟通	9	
×3	把计划表模板发给娜老师	10	B1
√4	汇总书稿给讲师认证班的班主任	11	A1、A4
▲ **重要事项处理**		12	
√1	完成3个工具的整理（只完成了两个）	1	
√2	青春期课程体系调整	2	B1、A3
○1	办理港澳通行证（明天办完）	3	B2
√3	身体锻炼和学习	4	B1
★ **联络/追踪**		5	
√	与张××：1.青春期方案 2.三分地 3.工作汇总	6	A2
√	与伍××：1.审最后一章 2.沟通修改标题	7	
×	买演示器，联系修改衣服情况	8	B3
√	约定：周四研讨书籍内容	9	B1

说明：
① 日计划是把要做的事分类列出，尽可能给每件事定出时间。
② 如果当天没有完成，要重新安排时间。
③ 一天内，不一定完全按照计划的时间落实工作，可以有一定的灵活性。
④ 计划要留有空当儿。如果完全填满，缺乏弹性，计划很容易被打乱而失效。

4.计划落实的障碍与突破途径

• 想得挺多、挺好的，总做"新年的计划"，但没能落实。

解决办法：写下来，说出来，贴出去，每天/周/月看看，一点一点地往前推。

• 拖拉，或做不到就放弃。

解决办法：停一下，看到没有做到的，转换一下，去做就是了。

• 总觉得自己不好，努力不够，什么都想学。

解决办法：接纳现状，接纳现在的自己，看到真相，聚焦必须做的事情。

• 觉得太忙，没有时间做计划，没有时间落实。

解决办法：对要做的事，给它一个时间，到时候去做就是了。

• 做了计划，感觉被计划约束，有点死板。

解决办法：对计划要留有一定的灵活性，有调整空间。

时间是安排出来的，做什么不做什么是选择的结果。

附图2.7　计划落实的障碍与突破途径

5.设定目标和制订计划要符合 SMART 原则

附图 2.8　SMART 原则示意图

6. 练习工具

工作计划表模板

序号	工作内容及完成标准（符合 SMART 原则）	完成时间

三、立志工具之三——例行事项

1. 什么是例行事项

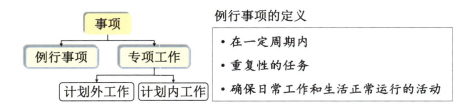

附图 2.9　例行事项

2. 例行事项管理的好处与例行管理方法

➤例行事项管理的好处

60%-80%任务是例行性
促进任务的稳定执行
保证质量与进度
自主化管理的基础
建立管理的根基

➤例行管理的方法

•将专项工作例行化
•将例行工作标准化
•尽可能减少计划外工作
•把领导从日常工作中解放出来

附图2.10　例行事项管理的好处与例行管理方法

3. 示例

例1：个人例行事项

2022年生活、工作与学习成长例行事项表

时间		事项	完成标准
日	6:30—7:00	状态确定	想想一天的工作，确定今天的状态。
	7:20—8:30	陪伴小朋友	在家期间，陪伴小朋友起床、洗漱。
	9:00—10:00	日课学习和锻炼	在家期间参加每日能量课。
	16:00—21:00	陪伴小朋友	在家期间，接小朋友，并陪伴他们。
	19:30—20:30	日课学习	在陪伴孩子中，兼顾听每日能量课。
	23:00 前	"觉察日记"	完成每日的"觉察日记"。一周写三次。
	22:30	读书会	晚上睡前听读书会的分享。
	23:00	洒扫	睡觉前整理好办公桌、洗手间。
	随时	周五学习群	随时关注学习群和核心群。
		健康维护	每天记得吃钙片与随时身体锻炼。
周	周一	工作计划总结	做周工作总结及下周工作计划。
	周五晚上	周五幸福课	19:30—21:30 现场分享学习。
	周六晚上	经典学习	19:30—21:00 曹老师经典解读学习。
	周日晚上	学习《道德经》	19:30—21:00 曹老师经典解读。
	不定时	与妈妈联结	每周给妈妈打电话两次。
月	1 日之前	计划与总结	完成个人的月度总结与计划整理。
	月底周日下午	大课	尽量参加能量课的大课。
	周六下午	青少年课	与经典学习冲突时，先录音，后续补听。

（续上表）

时间		事项	完成标准
月	不定时	读书	两个月细读一本书。
		储存目标	一个月整理一次"储存目标"清单。
		电脑"5S"	一个月彻底清理一次电脑中的文件。
年	1月	个人总结	年度回顾，反思总结。
		知识沉淀	组织层面的知识沉淀汇总。
		个人目标与计划	下一年的目标、计划与例行事项的制定。
	2月	书院总结与计划	年度项目总结与发展规划。
		学习总结	"周五幸福课"年度复习与总结。
		过年安排	过年回老家或旅游。
	3月	年会	参加年会。
		三八妇女节	三八妇女节的活动安排。
	5月	夏天"5S"	收起冬天的衣服、物品，拿出夏天的物品。
	6月	个人半年回顾	年度目标的半年工作回顾与调整。
	7月	半年总结	组织半年回顾与发展思路分享。
	9月	教师节	教师节活动策划安排。
	11月	冬天"5S"	收起夏天的衣服、物品，拿出冬天的物品。
		体检	自己与家人的体检。
	12月	准备总结	个人和组织的总结。
	不定时	其他	一年至少回老家两次。

例 2：例行事项执行记录表

例行事项执行记录表

日例行活动		1	2	3	4	5	6	7	8	9	10	11	12	13	14	15	16	17	18	19	20	21	22	23	24	25	26	27	28	29	30	31
每日	状态设定	✓	✓	✓	✓	✓	✓	✓	✓	✓	✓	✓	✓	✓	✓	✓	✓	✓	✓	✓	✓	✓	✓	✓	✓	✓	✓	✓	×	✓	×	
	上午日课	✓	✓	✓	✓	×	×	✓	✓	✓	✓	×	✓	✓	✓	✓	✓	✓	×	✓	✓	✓	✓	✓	×	✓	✓	✓	✓			
	膝关节练	✓	✓	✓	✓	✓	✓	✓	✓	✓	✓	✓	×	✓	✓	✓	✓	✓	✓	✓	✓	✓	✓	✓	✓	✓	✓					
	甩手 100 下	✓	✓	✓	✓	×	✓	✓	×	×	✓	✓	✓	✓	✓	✓	✓	✓	✓	✓	✓	×	×	×	✓	✓	✓	✓	✓			
	环境整洁	✓	✓	✓	✓	✓	✓	✓	✓	✓	✓	✓	✓	✓	✓	✓	✓	✓	✓	✓	✓	✓	✓	✓	✓	✓	✓					
	延展 20 分钟	✓	✓	✓	×	✓	✓	✓	✓	✓	✓	✓	✓	✓	✓	✓	✓	×	✓	×	✓	✓	✓	✓	✓	✓	✓	✓				
周	经典学习						✓	✓						✓	✓						✓	✓						✓	✓			
	《道德经》						✓	✓						✓	✓						✓	✓						✓	✓			
双周	青少年课							✓													✓											

例行事项执行记录表模板

日例行活动		1	2	3	4	5	6	7	8	9	10	11	12	13	14	15	16	17	18	19	20	21	22	23	24	25	26	27	28	29	30	31
每日																																
周																																
双周																																

例 3：职场人的例行工作汇总表

部门负责人的例行事项汇总表

时间	事项	完成标准
日例行事项表		
上午	办公环境的整理	按照《内部环境卫生管理规定》。
	快乐早班车	8:05 开始，20 分钟，参见《小组学习规定》。
中午	午间操	除非出差、生病，不得无故缺勤。
……	……	
周例行事项表		
周一	中心领导碰头会	执行标准参见"例会制度"。
周末	一周工作计划	根据月滚动计划、临时工作、重要例行工作安排。
……	……	
月例行事项表		
1—5 日	填写《双月滚动计划表》	5 日前在员工自助系统中完成。
	给直接下属提供绩效评价	根据《表扬／提醒记录表》和期望做出评价。
10 日	审核直接下属的月计划	在员工自助系统中沟通确认。
……	……	
年度例行事项表		
1 月	春季管理干部培训准备	确定总指挥，安排策划活动，确定授课老师。
	年终奖发放	提供本单位员工年终奖考核所需数据。
2 月	春季管理干部培训	对课程设置、讲师聘请等关键环节重点关注。
	三八妇女节活动准备	确定活动主题和方式，安排组织者。
……	……	
12 月	编制《部门绩效责任书》	形成《部门绩效责任书》。

例 4：学生的例行事项汇总表

高三学生例行事项表

月计划：
1. 做月度活动计划（包括月度复习、重点科目学习、重点学习任务、其他活动）
2. 月度自我总结、月考后的反思总结
3. 与家人沟通，跟家人汇报学习状态和想法
4. 月度休闲活动安排

周计划：
1. 周计划与总结
2. 周积累作文素材
3. 整理错题，弄清与总结
4. 周重点学习内容确认
5. 与老师和同学交流至少三次

日计划：
1. 每日反思（听课状态、作业完成情况、例行活动是否完成……），日日落实
2. 第二天的学习和活动计划
3. 发现疑难问题，不懂的提问，弄懂难题错题，不过夜
4. 安排与同学探讨的时间
5. 一天背 30 个英语单词，背其他科目内容
6. 课前预习、课后复习、整理笔记
7. 锻炼 20 分钟
8. 晚上 11:00 点前睡觉、早上 6:30 前起床
9. 帮助他人至少三次

4. 练习工具

个人××××年例行事项模板

时间		事项	完成标准

附录三：诚信的工具

一、诚信工具之一——道歉

1. 道歉的好处

> • 学会道歉是提高诚信品质的有效途径。
>
> • 道歉中的"对不起"是人类语言中，最有治愈力的话。
>
> • 学会道歉＝人生进步的捷径。
>
> • 学会道歉获得别人的信任和尊重，同时修复彼此的关系。
>
> • 学会道歉是心灵的开放。

附图3.1 道歉的好处

2. 道歉的障碍

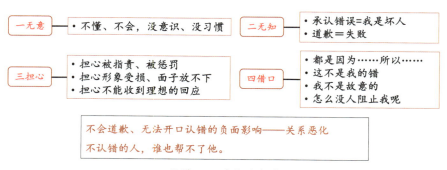

附图3.2 道歉的障碍

3. 五种错误道歉方式及避免办法

- · "但是……"型的无效道歉。——分清界限，到底错在哪里？
- · "我不知道你会……"型的逃避责任。——真诚感受对方的感受。
- · 不清晰、含糊道歉。——觉察自己在说什么。
- · 求原谅的道歉。——道歉是自己的事。
- · 令人反感，挑起伤疤的道歉。——关键是去做。

有效道歉的检验标准：收到"礼物"，有力量地去做该做的事。

附图3.3　五种错误道歉方式及避免办法

4. 示例

例1：体验到真诚道歉的力量

在家，吃炸豆腐，感觉有怪味，一问才知道，豆腐放一周了。我没忍住，当着儿子（12岁）的面对老公和婆婆发了火。幸好我学习了我们的课程，当我意识到在发火时，我停了一下，冷静之后，感觉老公和婆婆都挺好的，他们总是包容我，容忍我的情绪。我还感知到，我没有给孩子做好榜样。

饭后，我向老公和婆婆赔礼道歉。他们很惊讶我的道歉，因为我在家是"常胜将军"，从来不道歉的。今天道歉之后，老公还给我削了一个苹果。

我对儿子说："妈妈刚才又发火了，不是因为奶奶的问题，而是我不接受豆腐不新鲜这件事。其实，我应该好好说，以后不要做不新鲜的东西就可以了。"儿子瞪大眼睛看着我。

我接着说："以后妈妈如果发火了，你拉一拉我的衣服，提醒我一下。"

孩子点点头说："以后我发火，你也拉拉我，提醒我一下。"我们相视一笑。

我想从现在开始，我要成为孩子各方面的好榜样，做得不合适就道歉，还要学会好好说话。晚上，一家人的氛围很和谐，我感到很高兴，体验到真诚道歉及给孩子做榜样带来的力量。

如果跟人产生了冲突，就坦诚去给他道歉。这时，可能有人会说："光要求我道歉，如果对方错了，不跟我说对不起，那不公平。"

实际上，他不道歉，那是他的事，不认错，谁也帮不了他。自己做好了，自己所在的系统就少了一分不和谐的因素。

需要注意的是，要允许自己犯错，如果感觉到自己做得不合适，不需要较劲、后悔、自责、愧疚等，这些情绪是低能量的，让人失去道歉和改进的力量。

例 2：孟妈妈的觉察日记

（1）发生了什么？

中秋国庆的长假即将来临，我希望上高三的女儿假期能够去补习。9 月 17 日晚上，我在电话中跟她谈补习的事时，孩子说："妈妈，我不想补习，假期就几天，我想休息，补习也学不到什么。"

当时，我心凉了半截，心想："暑假前就报了暑假和秋季班，她也同意的，怎么就不去了呢？"我"停"了一下说："哟，你再考虑一下。"挂了电话，我心里一直在嘀咕："学习就是没有下狠心，没有坚定心，像风一样左右摇摆的……算了，明天再聊。"

19 日，我又和孩子在电话中沟通中秋国庆课外学习的事。

我："宝贝，补习的事，你定了没？妈妈尊重你的选择。"

女儿："妈妈，我还是不想补了，补了也没用，我现在物理也不会，可是又没报物理。"

我："你不需要向老师请教化学吗？"

女儿："我都不懂，不知问老师什么，两小时能学到什么，还不如在家自己看书，到学校问老师，补课还要那么多钱。"

我："钱不是你考虑的问题，关键你在学校没搞明白，这放假刚好可以借助外面的老师学明白。假期几天你留一天休息，其他时间可以问老师，你不是有错题本吗？"

女儿："没有错题本，每天上课、考试，作业都完不成哪有时间整理错题本？"明显听到电话那头孩子哭了。

学校电话两分钟就会断开，我又拨通："宝贝，你哭了？"她说："妈妈，我睡了。"我一晚上翻来覆去睡不着，失眠了。

20 日中午我再次拨通女儿宿舍电话。

我："宝贝，妈妈想和你说声'对不起'！"

女儿："没有，没有。"

我："昨晚让你伤心难过，是妈妈的错，对不起。昨晚妈妈一边说是否补习尊重你的选择，一边又要求你去补习，这是互相矛盾的。做任何事你都有选择的权利。"

女儿："哎哟！好正式耶！"

我："宝贝，妈妈沟通能力需要提高，我要多看到你已经做到的，这样我们的日子就好过些。"

到此，我能感受到女儿释怀了，接着开心聊周四不用送饭，周五大食会，周日放假半天约同学一起外出玩等事。

道歉之后，我的心一路通畅。

（2）觉察和转换了什么？

道歉，成人之间并不容易做到，父母在孩子面前更不容易，常常是明知有不妥时，还要坚持"我是对的，你要听我的"。向孩子道歉，真的是很难启齿。今天中午我发自内心地向孩子说了"对不起"三个字后，顿感卸下了压在心里的一块千斤重石。

（3）下一步怎么做？

以后多提醒自己，带着觉知做事说话，不把自己的想法强加给孩子，做得不合适的地方，直接道歉，这也是一种修养。

5. 练习工具

（1）道歉的步骤

附图3.4　道歉的步骤

（2）道歉练习

道歉练习表

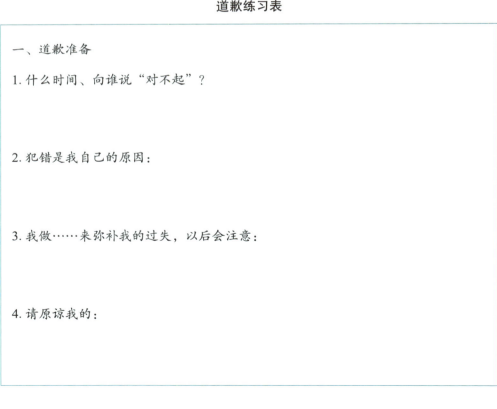

一、道歉准备

1. 什么时间、向谁说"对不起"？

2. 犯错是我自己的原因：

3. 我做……来弥补我的过失，以后会注意：

4. 请原谅我的：

（续上表）

二、总结复盘：

1.道歉准备和道歉过程，我的感受是：

2.我的收获是：

3.以后我将如何对待道歉这件事：

二、诚信工具之二——自我觉察

1. 自我觉察能力的开发

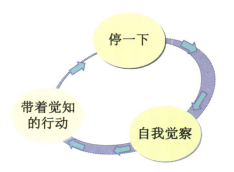

- 一个人内心充满期待、担心、焦虑和评判，他就无法获得宁静，这时候是没有智慧的。
- 通过"停一下"让自己回到当下，觉察当下的念头、情绪和感觉，感知到自己合适的与不合适的行为与状态，就可以带着觉知，做该做的和能做的。

附图3.5 自我觉察能力的开发

2. 自我觉察的体验

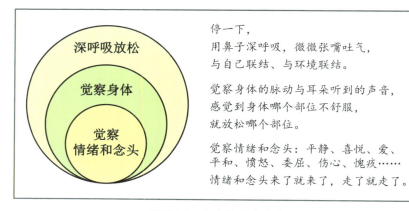

停一下，
用鼻子深呼吸，微微张嘴吐气，
与自己联结、与环境联结。

觉察身体的脉动与耳朵听到的声音，
感觉到身体哪个部位不舒服，
就放松哪个部位。

觉察情绪和念头：平静、喜悦、爱、
平和、愤怒、委屈、伤心、愧疚……
情绪和念头来了就来了，走了就走了。

附图3.6 自我觉察的体验

3. 觉察什么？

（1）觉察情绪

附图3.7　觉察情绪

（2）觉察身心分离

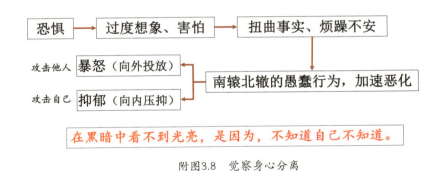

附图3.8　觉察身心分离

4."觉察日记"的来源

人生的上半场，我有幸赶上了好时光，在而立之年，从一个山沟里的穷孩子，成为衣食无忧的白领。在外人看来，我是幸福的。

但是，当不再为五斗米折腰之后，我内心的纠结和痛苦却变得更加不可忍受。在那些困扰我的课题引领下，我一步步开始探索，努力找寻幸福的真相。探索的过程，也可以说是我不断补课的过程。在补课中，我一次次尝到了摆脱痛苦、活得轻松的甜头。

我喜欢做总结和知识沉淀工作，常常把补课过程中的心得总结出来分享给别人。每当帮助到别人的时候，我就会得到加倍的幸福感，这促使我进一步进入学习补课—总结—分享—学习的循环中。

从 2005 年起，我每周写三篇"感悟"，为的是生命经历的精加工。

从 2013 年起，我每天写"成长日记"，为的是工作团队的共成长。

从 2015 年起，我开始写"三好日记"，尝试践行用赋能替代纠偏。

从 2016 年起，我开始写"幸福日记"，探索走向幸福的方法和路径。

从 2019 年起，我改为写"觉察日记"，感知到提升自我认知才是幸福的根本之道。只有从自我认知、自我完善入手，才可能认识他人、认识世界。

如今，我每天自我觉察，探寻行为和情绪等现象背后的真相，用生命去践行化解情绪、问题的方法。翻开过往的日记，我看到了自己一路走来，跌跌撞撞成长的心路历程，颇感欣慰。生命的蜕变就像剥洋葱一样，一层又一层。我知道，我需要继续前行，才能让我人生下半场活得更精彩，活得有尊严。

也正是因为每天坚持学习、践行、觉察、反思、总结、记录，我逐步学会了跟自己和解，跟他人和解，跟世界和解，不再有那么多的纷扰和纠结。

因此，我把写觉察日记作为学习的一个配套措施，促使学习成效颗粒归仓。同时，"觉察日记"的分享和互相点评，也是团队学习的重要手段，让团队成员互相学习、互相促进。"觉察日记"中呈现出来的问题的纠偏和进一步的探讨，又是举一反三的学习机会。

5. 示例

例 1：芳芳老师的觉察日记——让学习更有效

女儿今年 14 岁了，从小乖巧听话，忽然变成满身带刺的小刺猬，有时候莫名其妙地发脾气，交流也变得严肃，有时还关起房门，有自己的小秘密……

对于青春期的孩子，我也不知道该怎么办。平时说多了，女儿也嫌弃我啰唆唠叨。

我很庆幸，通过参加"周五幸福课"等与家庭教育有关的学习，知道了问题不在孩子，问题根源来自父母对教育的认知，来自对孩子问题以惯性的方式来处理。我发生了改变，对孩子不那么唠叨，不那么心急，内心也变得比以前柔软好多。

通过"周五幸福课"的学习，我学会随时自我觉察：发生了什么？觉察和转换了什么？下一步要做什么？

每周以这个方式写觉察日记，随时记录自己的进步和困惑，并跟大家分享。在学习群里看别人的分享，我发现我并不孤单，大家彼此彼此。通过学习，我知道我和大家都在进步着，一个个从原来的"苦大仇深"，到现在喜笑颜开。我们的心打开了，心量大了，不再紧紧地盯着孩子的一言一行是否符合我的设想，不再盯着孩子的成绩。

例 2：觉察给我带来的礼物

我在线上参加了"周五幸福课"，刚开始被要求写"觉察日记"的时候，心里有很多顾虑，并且是带着完成任务、不得不的心态写的。随着学习的深入，我的心慢慢打开了，变得真实，愿意去感知和表达内心的真实感受。

每天看到大群里班委和老师对大家的"觉察日记"的点评，非常用心、专业。我感受到的是一种爱的流淌，在这里每一个人都是被允许和理解的，没有对错和评判，每个人都慢慢地敢于分享自己真实发生的事和想法，期待老师的点评。大家不用再"装"了，愿意把自己的外壳蜕下来，勇敢地去面对自己底层的东西。

最让我触动的是，我知道了我不知道自己的真实需求，内心的嘀咕很多，因此也感知不到别人的需求，对待孩子都在"我以为"里，和孩子的情感联结严重不足。每天写"觉察日记"，需要发现身边人的优点，也都是硬着头皮找，我意识到我的旧有模式就是找别人的缺点，看不到别人的优点，也很少表扬别人，没能给出我的爱，也联结不到别人的爱。

记得在一次老师的点评中，要我和孩子做一下完整完结的沟通。因为我相信老师，就试着去做。在做的过程中，我感觉到我和女儿（9岁）的距离很远。我们两个人并排躺在床上，我们彼此之间有一种尴尬，女儿在这个床边，我在那个床边，我去拉女儿的手，女儿半推半就。我知道女儿内心特别期待和我的沟通和身体的接触，但是，表现的却是拒绝。看来我已经成功地把女儿复制成像我一样不敢真实面对自己情感和纠结的人。

我和女儿表达了我作为妈妈的歉意和对她的爱，并和她说我小时候的经历。我告诉她："我内心特别期待妈妈对我的爱和拥抱，但是我没有勇气拥抱我的妈妈，我也没有勇气表达对妈妈的爱。"那一刻我哭得稀里哗啦。

女儿说："你想妈妈就去找妈妈，就去抱她呀，你怕什么。"说完以后，我感知到女儿的心和我近了。第二天早上，女儿很能照顾我的感受，这一刻感觉自己像是一个被照顾的小孩，我们的心越来越近。

未来的路上，我会带着女儿一起去疗愈，一起去走近我的母亲。

6. 练习工具

觉察日记模板

1. 什么时间？发生了什么？

2. 觉察和转换了什么？

3. 下一步要做什么？

三、诚信工具之三——不懂就问

1. 不问的后果

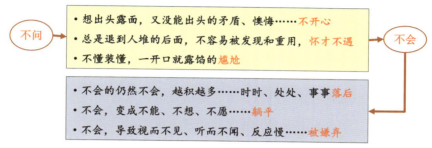

附图3.9　不问的后果

2. 会问的好处

- 提问是学习的开始，知道自己的不知道。
- 当学生准备好了，老师自然就会出现。
- 爱因斯坦说："提出问题比解决问题重要。"他还说："假如只给我一个小时的时间拯救世界，我会花55分钟去发现问题，然后，再用余下的5分钟去解决问题。"

附图3.10　会问的好处

3. 从不问到会问

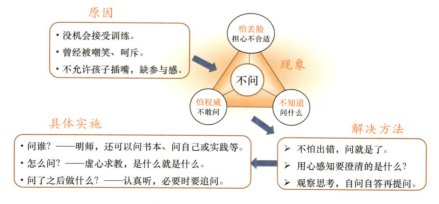

附图3.11　不问的原因和解决方法

4.示例

例1：不懂就问的训练

以前我不会问问题，老师讲什么就听什么。因为不知道问什么，每次看到有人会问问题很羡慕。

直到前几年，每天在线上跟曹老师学习。第一年，每天的提问答疑环节，我总是悄悄地听着。第二年，我才尝试提问题，只要是我不舒服的、困惑的、纠结的、想了解的都是问题的来源。提出问题的过程，训练了我的观察和思考能力。现在，我基本可以随时提出问题，得到老师更多的直接指导，不断去探索更加深层的问题。

例2：学会问问题的计划

学会问问题的计划表

序号	工作内容与完成标准	完成时间
1	学习提问的知识	3月10日
2	在老师提供资料的基础上整理自己可以讲解的提问PPT	3月
3	每周向老师或在学习群里提出三个问题，并做记录，包括问题和解答内容	3-6月
4	针对我的提问，请张老师帮我提出改进建议	3月
5	跟学生讲解提问的好处和要点	3月底
6	每周挑出一些问题分享给孩子，让他们掌握提问的要点	4-7月
7	收集整理自己的和学生提出的好的问题	3-7月
8	自己和班级分别做提问的总结	7月底
9	形成提问的问题集，分享给其他老师	8月

5. 练习工具

学会提问记录表

时间	提出的问题	解答人与得到的解答	收获与实践承诺

附录四：敬业的工具

一、敬业工具之一——整理物品

1. 整理物品，是养成习惯的"母习惯"

- 人活得自在的基础，培养做事的意愿。
- 感知做事的规律，获得积极、不畏难的行为能力。
- 生活与职业化的常识性能力，掌握做事的知识和技能。
- 与世界联结的接口，学会处理关系的起点。

附图4.1　整理物品，是养成习惯的"母习惯"

2. 整理物品的内在深义

- 可以作为心神合一的训练载体，避免丢三落四，做事从容有序。
- 训练自己跟物品的联结，逻辑思维是从对物品的感知中训练出来的。
- 不仅是让物品各归其位，而且是跟物品建立联结，激发感恩心。
- 是清理心理问题、关系问题的堆积，重新梳理凑合、敷衍的关系状态。

附图4.2　整理物品的内在深义

3. 整理物品的注意事项

- 做好定置管理，什么东西放在什么地方，要固定，东西用完了就放回去。
- 尽量使用收纳盒，帮助归类。常用的在外面，不常用的东西归类放到储藏物品的地方。
- 家里面积不大的，尽量多利用垂直空间，减少平面的占用。
- 要方便使用，而且让全家人都知道，避免一个人放，其他人找不到。
- 根本的方法是进出平衡，减少买买买，并断舍离，把不用的东西清理掉。

另外，根据家里和办公室的空间情况，能够放柜子的地方，适当多做柜子，便于存放物品。
注意的是，柜子不能变成藏污纳垢或者储藏没用东西的地方。

附图4.3　整理物品的注意事项

附图4.4　物品分类管理与定置管理

4. 整理之后的维护：一分钟整理

养成"一分钟整理"的习惯，随时整理和保持，化整为零，不需要每阶段的大扫除。
- 从外面带回来的东西，用一分钟，一次摆放到位。
- 放东西的时候，用一分钟，摆放整齐，避免凑合堆放。
- 每次开始之前，用一分钟，把做事的物品准备到位，摆放整齐。
- 每次要离开一个用过的地方之前，用一分钟，恢复到清洁、整齐的状态。

这里的"一分钟"，不是说一定要用一分钟的时间，
而是指随时用很少的时间去随手整理，保持环境的整洁。

附图4.5　一分钟整理

5. 示例

例1：家里的物品整理

附图4.6　家具衣物的整理

附图4.7　厨房的整理

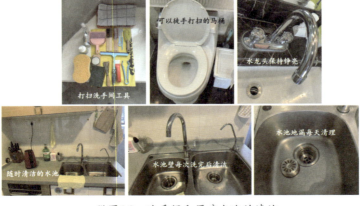

附图4.8　洗手间和厨房水池的清洁

例 2：常老师的整理物品计划

整理物品践行计划表（学校）

序号	工作内容及完成标准（符合 SMART 原则）	完成时间
1	·给学生讲解整理物品的好处和内涵。 ·带学生一起制定整理桌面的标准。	10 月 1 日
2	·在实践中教会学生整理书籍等物的基本方法。	10 月 8 日
3	·按照新标准，教学生整理宿舍内务。	10 月 15 日
4	·检验学生整理桌面的坚持度，每次至少表扬十个好的做法。	10 月 21 日
5	·开启整理错题、笔记的竞赛，请科任老师评价。	10 月 28 日
6	·学生写整理物品的心得体会，升华到人与物品的联结。 ·给学生分享我在家整理物品的体验，升华到思维模式上。	11 月 10 日
7	·让学生成为整理物品的小能手，开始引导回家整理，带动全家整理物品，收集整理图片上传，评选、评奖、表彰。	11 月 20 日
8	·引导学生梳理自己生活、学习的规律，提高自律性。	12 月 15 日
9	·每周安排一个学生当"整理物品助手"，检查整理情况，协助整理不好的同学，并统计整理物品效果情况，提出改进建议。	12 月 29 日
10	·放假前，个人和班级分别做整理物品的总结并分享。	12 月 29 日

整理物品践行计划表（家里）

序号	工作内容及完成标准（符合 SMART 原则）	完成时间
1	·每天给自己定一个整理的区域，收拾整齐。	9 月 23 日
2	·完成衣服断舍离。	10 月 8 日
3	·启动为期一个月的电脑内存整理。	10 月 23 日
4	·每天带孩子整理玩具或书籍等物品，把整理当作玩的一部分。	11 月 15 日
5	·每周六检验整理的效果，实时跟进，调整计划。	11 月 29 日

（续上表）

序号	工作内容及完成标准（符合 SMART 原则）	完成时间
6	·每周写一篇整理物品的心得体会，升华到人与物品的联结。	12 月 10 日
7	·带领全家人来一次大扫除。	12 月 29 日
8	·形成我可以把握的整理物品讲解课件和分享的图片。	12 月 30 日

例 3：带孩子整理物品的成效

从外孙女大约两岁开始，每天起床，我让她帮我把被子、睡衣等叠好，把床收拾整齐，慢慢地她就养成了整理物品的好习惯。

5 岁的时候，她去奶奶家，早上起床跟我视频，告诉我说："姥姥，我在奶奶家，跟在广州一样，自己穿好衣服，并叠好了睡衣和被子。"

去年女儿外派到伦敦。当时，外孙女才 5 岁半，但生活中的许多事情基本上可以自理，特别是自己的房间、床都是自己整理。学校要求每天穿的衣服不一样，每天晚上她自己把第二天的衣服准备好，早上出门需要带什么东西，大都是自己准备。

最近我到了伦敦，跟他们住在一起。每天早上我起得早，等她起床后，她把我的被子也一起叠好；放学回家，她自己的东西都自己拿；我们一起上街买东西，她说："不能让姥姥受累，我要多拿点东西。"她常常是拎着大包小包，感觉很能干的样子。

例 4：张娟老师整理物品

昨晚的"周五幸福课"是讲关于整理物品。整理物品是形成好习惯的"母习惯"，我非常认同，我今天就开始行动。

我一直想擦卫生间的不锈钢水龙头、置物架和整理梳妆台。今天不再拖延了，说干就干！努力一上午，终于完成了。看看整理过的洗手间，有一种说不出的喜悦和成就感。

下午儿子放学回来，我让他看看我的劳动成果。看到清洁得锃亮的卫生间、置物架和梳妆台，他一直"哇哇哇"地叫，按捺不住地说："我也要整理我的房间！"于是跑回房间，清理自己的抽屉和五斗柜。

附图4.9　卫生间的清洁

两个月前，家里新换了窗帘，现在到处被我擦得锃亮，住了十年的房子瞬间有了样板房的感觉。我也重新审视了自己的房子，和房子做了联结，感谢它留住我们好多幸福的时光。

忙活了大半天清洁家里，身体是真累，但心里却无比欢喜。晚上静坐时，突然想通了一件纠结许久的事情，就像老师上课时所讲的，整理物品可以让你带着爱与世界联结，与物品联结，也激发了自己的感恩心，理顺自己的心智，疏通阻滞的关系。

清洁之余，顺便还给儿子的画框换了画，打开画框看日期，上次换已经是2018年了。现在终于体会到小学时作文经常写的时光飞逝、日月如梭的感觉了。

儿子看着自己画框里的画，高兴地说："我以后要多画画了！"

周末，我继续把书柜重新整理，淘汰了很多书，也发现了有些书是儿子

附图4.10　画框与书柜整理

从一年级看到现在都还喜欢看的，那是关于自然的书。

自从周五学习了"整理物品"的课后，我走到哪里整理到哪里，并且是带着觉知满心欢喜地做这些事情。虽然清洁后灰尘还是会有，但是物品用完后摆回原位的习惯还是保持下来了，这样看起来就觉得一直都是整齐的。

看到整齐有序的房子，来家里帮忙搞卫生的钟点工阿姨好像也很开心，不用一进门就要面对乱七八糟的场面。

最近，孩子从外面回到家，居然自觉地蹲下来把鞋子摆端正并放回原位！看来整理物品真是养成好习惯的"母习惯"。

我将整理物品作为我的一个"母习惯"，关注自己，活出自己的生命品质。至于如何能够影响到孩子，那是顺其自然的事，不着急，不强求。

例 5：一分钟整理的实践

以前，我从外面带东西回家，一般都是随手往某个地方放着，过几天后才会一并收拾。有时候出差回来的行李箱放着一周后才抽空收拾，理由是"没有时间"。随手放东西的习惯，常常被老公吐槽："整天东西乱放，哪里都是，需要的时候却找不到东西。"

我嘴上没有说，心里在辩解："我每天都整理东西，家里并不太乱。你总说我，你怎么不整理？"因为极力证明"我是对的"，没有把精力放在"我要怎么改善"上，因此，几十年如一日地随意、随手放东西。对物品的随意性，其实反映出一个人做事的随意性。

2006 年，开发"5S 管理"的课程时，反思自己的行为，觉得我的行为离5S 的要求有一定差距。既然承认了，就开始按照 5S 的要求做整理，按照定置管理做整顿，清扫干净之后保持清洁，以期形成习惯，养成良好的素养。这个阶段的物品整理，只是为了整理，对自己的要求时紧时松。经过进一步的学习，2014 年之后，才慢慢地将物品整理作为修炼自己的机会，有了比较稳定的习惯。

现在，每次从外面回来，都可以做到第一时间把带回来的东西收拾到位，常常只需要几分钟，有时候只需要几秒钟。例如，昨天从福建老家回来，尽管跟爱人一起开车一天有些累了，但我们还是花几分钟，把行李箱里的和带回的所有东西都归到位后才休息。

如果是散步回家，把鞋子摆放整齐，把包包挂到位，把外套挂在该挂的地方，只需要几秒。

家里的东西都有归类和定置化，大家都习惯了在用完之后，花几秒钟放回到原位，减少了找东西的麻烦。

每天在办公桌前干活，睡觉前关了电脑，花一分钟顺手把桌面整理好。

早上起床花一分钟把床铺整理好。

取衣服不把原来的衣服弄乱，只需要几秒钟；洗好的衣服，叠整齐，分类放好，只需要几分钟。

每次停车后，把车上的东西用几秒钟整理一下，不需要的东西带下车。

……

保持家庭、工位等自己所处地方的整洁，其实并不难，在一次性整理之后，日常只需要"一分钟的整理"。

6. 练习工具

整理物品觉察记录表

时间		整理部位	
过程中的突破点：			
觉察和收获到什么？			
下一步的行动：			

注：初学者最好使用这个记录表，形成习惯之后，可以不用记录表的形式。

常用的环境清洁整理部位表

厨房	洗手间	卧室	客厅	办公室
· 灶台	· 洗漱台面	· 床	· 入户玄关	· 地面
· 燃烧灶	· 水池	· 被子	· 鞋柜	· 电脑
· 油烟机	· 地漏	· 床底	· 沙发	· 植物
· 锅	· 水龙头	· 床头柜	· 沙发底	· 墙壁
· 厨具	· 坐便内外	· 衣柜	· 茶几	· 开关面板
· 调料瓶	· 水池下面	· 抽屉	· 地面	· 墙面、墙角
· 储物柜	· 柜子、抽屉	· 梳妆台	· 桌面	· 桌面
· 水池	· 镜子	· 化妆品	· 柜子、抽屉	· 桌子下面
· 地漏	· 各种毛巾	· 窗帘	· 墙角	· 抽屉
· 水龙头	· 洗漱用品	· 门窗	· 开关面板	· 文件夹／架
· 抹布	· 牙刷、杯子	· 地面	· 电视柜	· 电源线、插座
· 洗碗布	· 洗浴室及墙壁	· 桌面	· 电源线	· 公共物品
· 切菜板	· 脚垫	· 充电线	· 临时物品	· 清洁用品
……	……	……	……	……

二、敬业工具之二——培养好习惯

1. 习惯养成的核心点

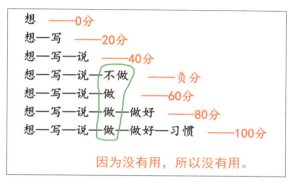

附图4.11　习惯养成的核心点

2. 习惯养成和改变的三要素

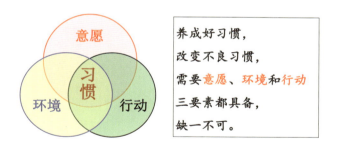

附图4.12　习惯养成和改变的三要素

3. 示例：

例1：养成习惯的案例

养成好习惯记录表

	事项	一	二	三	四	五	六	日	一	二	三	四	五	六	日	一	二	三	四	五	六	日	一	二	三	四	五	六	日
第一个月	一周三篇觉察日记	✓	✓	✓						✓		✓	✓	✓	✓	✓	✓				✓	✓				✓	✓	✓	✓
	参加周五幸福课					1							2							3							4		
	随时停一下练习	✓	✓	✓	✓	✓	✓	✓	✓	✓	✓	✓	✓	✓	✓	✓	✓	✓	✓	✓	✓	✓	✓	✓	✓	✓	✓	✓	✓
第二个月	一周三篇觉察日记	✓	✓		✓		✓	✓		✓	✓	✓	✓		✓		✓			✓			✓			✓		✓	✓
	参加周五幸福课					5							6							7							8		
	随时停一下练习	✓	✓	✓	✓	✓	✓	✓	✓	✓	✓	✓	✓	✓	✓	✓	✓	✓	✓	✓	✓	✓	✓	✓	✓	✓	✓	✓	✓
第三个月	一周三篇觉察日记	✓	✓	✓					✓	✓	✓					✓	✓	✓					✓	✓					✓	✓
	参加周五幸福课					9							10							11							12		
	随时停一下练习	✓	✓	✓	✓	✓	✓	✓	✓	✓	✓	✓	✓	✓	✓	✓	✓	✓	✓	✓	✓	✓	✓	✓	✓	✓	✓	✓	✓
第四个月	一周三篇觉察日记				✓		✓	✓								✓	✓	✓					✓	✓					✓	✓
	参加周五幸福课					13							14																
	随时停一下练习	✓	✓	✓	✓	✓	✓	✓	✓	✓	✓	✓	✓	✓	✓	✓	✓	✓	✓	✓	✓	✓	✓	✓	✓	✓	✓	✓	✓

说明：
①打钩是代表按计划完成了。
②数字代表第 × 次参加"周五幸福课"。

例2：艳花老师培养好习惯的阶段性总结

　　能参加"周五幸福课"是我在不惑之年最幸运的事。前后14周的14次课程，每次我都很期待，也全身心投入参加，没有缺过一次课（见例1）。

　　从一开始的排斥写觉察日记，到逐渐感受到写觉察日记的好处，甚至不写就觉得少了点什么，每天的觉察日记可以促使我每天反思复盘，体验到了"生命经历精加工"的味道。如果没有这个记录和分享，经历过的事就经历了，不会有回看自己的觉察和调整的意识，而且，没有分享到学习群里，一个人很难坚持和形成习惯。

经过三个多月的坚持，参加"周五幸福课"，写觉察日记，随时"停一下"，已经都变成了我的习惯，我会持续跟着上"周五幸福课"。我认为这是我做得很正确的一个选择。

从当初刚从职场回归家庭的迷茫，到现在开始逐渐对生活越来越热情，越来越知道当下的自己想要什么，可以怎么做；从面对大宝青春期不时产生的冲突，到现在可以温柔而坚定地处理好亲子关系；从放弃了好长一段时间的身体锻炼，到现在坚持一周 5~7 天的早起锻炼，无一不是与不断跟着老师学习，极大地提升了我的觉察与觉知能力有关。

就如前几天发生的一次和大宝之间的沟通，让我特别欣喜自己能有足够的心力和心量来面对与处理，案例分享如下。

前晚大宝和二宝在客厅玩得特别欢，二宝开始拿哥哥的鞋子用嘴咬着玩。爸爸看到了，以为大宝又没有藏好鞋子，于是立马生气地提高了音量，严肃地批评了大宝。

我听到大宝的哭声，知道他肯定是有什么委屈，因为很长时间不见他这么崩溃地哭。本想走过去了解和安慰，但想起这周幸福课上老师提到孩子有情绪需要通过哭来释放，我忍住了，干脆让孩子哭一会儿，晚点再去了解和安慰。

一会儿，看到大宝冲完凉出来，停住了哭泣，但有些不开心。我和大宝一起在书房坐下来，同理了孩子刚才的情绪，大宝一下子又哭出声来。我抱抱他，慢慢和他聊了刚才发生的事，原来大宝刚才是把鞋子放柜子里了，是二宝从柜子里拿出来玩，大宝正准备要拿走时，爸爸过来看到了。

我向大宝表达了理解他刚才的委屈，接着和大宝一边画图一边分享了沟渠通水的道理，大宝终于释然了。这件事情让我深刻体验到了尊重孩子，允许孩子有情绪，同时控制好自己的情绪，先处理情、再处理事的愉悦感。

4. 练习工具

好习惯养成记录表模板

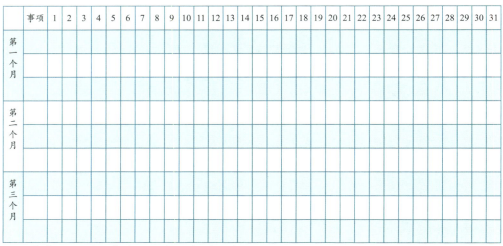

	事项	1	2	3	4	5	6	7	8	9	10	11	12	13	14	15	16	17	18	19	20	21	22	23	24	25	26	27	28	29	30	31
第一个月																																
第二个月																																
第三个月																																

注：养成好习惯，每个月一般不超过三个。

养成好习惯与抑制不良习惯的阶段性总结模板

1. 要养成的习惯与抑制的不良习惯是什么？

2. 经过一个阶段的践行，有什么觉察和收获？

3. 下一阶段打算怎么做？

三、敬业工具之三——时间管理

1. 为什么要重视时间管理

我们把可贵的生命交给工作和生活，

就有责任让自己的时间都投入有价值的事情中，

这是对生命的尊重。

现在是过去每一刻选择和行动的结果，

将来是现在每一刻选择和行动的结果。

用好每一刻的时间，

才是对自己负责任。

> 为了实现人生志向，生活、工作、学习节奏中安排的事，都是有价值的事。

附图4.13　为什么要重视时间管理

2. 做事的优先级别

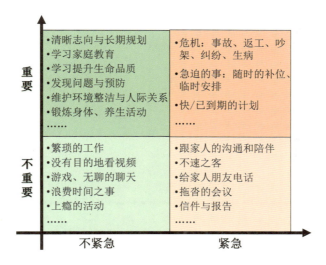

	不紧急	紧急
重要	·清晰志向与长期规划 ·学习家庭教育 ·学习提升生命品质 ·发现问题与预防 ·维护环境整洁与人际关系 ·锻炼身体、养生活动 ……	·危机：事故、返工、吵架、纠纷、生病 ·急迫的事：随时的补位、临时安排 ·快/已到期的计划 ……
不重要	·繁琐的工作 ·没有目的地看视频 ·游戏、无聊的聊天 ·浪费时间之事 ·上瘾的活动 ……	·跟家人的沟通和陪伴 ·不速之客 ·给家人朋友电话 ·拖沓的会议 ·信件与报告 ……

附图4.14　时间管理分类

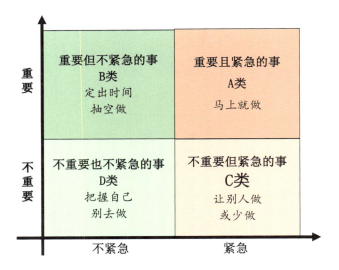

附图4.15　事情的优先顺序

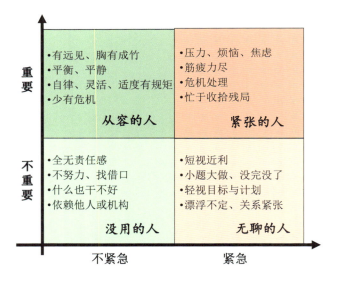

附图4.16　时间管理与人的状态

3. 时间管理的障碍

- 对时间长短没有概念，对时间节点不当回事。
- 事情做错了，错了就错了，下次可能继续犯错。
- 该做的没做，或没做到位，反复出现同样的状况。
- 面临的总是紧急和重要的事，或者常常在找东西。

生命处在纠缠不清的耗能状态中。

附图4.17　时间管理的障碍

4. 示例

例1：对时间优先顺序的安排

对时间优先顺序的安排表

重要但不紧急的事：	重要且紧急的事：
·参加经典的学习 ·读书、听书、听线上课 ·写书、备课 ·知识沉淀、整理电脑资料 ·生命成长教育的"周五幸福课" ·做家庭教育培训 ·锻炼身体、身体护理、体检 ·给妈妈打电话、回老家 ……	·书稿已经过了交稿期限要赶工 ·陪伴孩子、爱人 ·学习群的回应 ·解答同学们的问题 ·跟导师团队的随时沟通 ·每周二早上的读书会 ·已经安排的快到期了还没准备好的培训 ·生病了要去看病和治疗 ……
不重要也不紧急的事： ·手机视频 ·一般的家务事 ·朋友开玩笑的聊天 ·打牌、打麻将 ·玩游戏 ·旅游 ……	不重要但紧急的事： ·银行卡到期要更换 ·家里东西坏了找物业维修 ·每周五去中山的打车 ·准备审核资料 ·参加合作方组织的拖沓的会议 ·回复礼貌性的信息 ……

例2.张盛关于时间管理的觉察日记

经过了大半年的学习和时间管理，合理地把自己从周一到周日的时间，从家庭到工作，从工作到学习，安排得还算有条有理。作为微型创业公司，虽然做不到朝九晚五，但从朝九到深夜，没有浪费时间，一直在为目标推进，反复调整后，目标感越来越清晰。

近两年取消了所有的无效社交，工作上的合作伙伴也只保留了以效率为主的，尽可能不在饭桌上谈工作。亲朋好友的联结，都集中在微信上，保持着有事说事、无事不闲聊的状态。

20岁时，告诉自己如果30岁是生命的尽头，我应该怎样活出自己的精彩？这10年间我在自己的世界里，为事业、为家庭和陪伴孩子，自认为拼尽了全力。

经过学习，我发现我还有很大的提升空间：我重新找到了这种为事业、为家庭拼搏的激情。再问自己：如果40岁是我生命的尽头，我应该如何多维度地思考这个问题？有了问题，就会有答案，期待自己的答案。

严格要求自己，才能为孩子做一个好榜样，才能影响到身边人。

5. 练习工具

时间管理优先顺序模板

重要但不紧急的事：	重要且紧急的事：
不重要也不紧急的事：	不重要但紧急的事：

附录五：友善的工具

一、友善工具之一——八字原则

1. 八字原则

附图5.1 八字原则

2. 现实的状况

附图5.2 现实中的八字原则

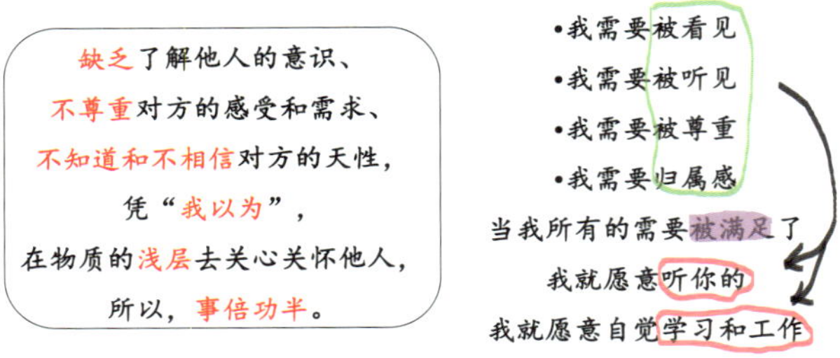

附图5.3 为什么需要八字原则

3. 示例

例1：八字原则在育儿中的应用

6岁的孩子出门前哼哼唧唧，妈妈平静地问："是不是不想出去？不想去我们就不去了。"孩子更加不高兴，就哭了。

妈妈："宝宝，为什么哭呢？"了解具体的原因。

孩子："刚才你误会我了，所以我不高兴。我也不是不想出去，你又误会我了。"孩子心里不痛快，总是有原因的。

妈妈："哦，是这样啊，我知道了，对不起，我误会你了。现在妈妈可以做什么？"家长该道歉的，要及时道歉，这是对孩子的尊重。

孩子："现在你不要理我，让我哭一会儿就好了。"有了情绪需要一个调整时间，孩子的要求是合理的。由于长期以来的铺垫，孩子对自己的情绪是有觉知的。

妈妈："你需要几分钟？"

孩子："三分钟。"

三分钟后，果然好了。孩子说："我不高兴的时候，停不下来，需要给我时间，慢慢停下来。"这是孩子对自己的认知。

妈妈："好的，妈妈知道了。妈妈特别欣赏宝宝知道自己生气了，并且明确告诉我需要三分钟。你是个明白的宝宝，妈妈抱抱！"这是对孩子深层的关怀。

这个妈妈处处在应用这八字原则，对孩子是友善的，允许孩子不高兴，给予时间，让他自己调整，而不是指责、说教，或者不让孩子哭。因此，这样的孩子心里是有力量的，能够感知到自己不高兴的感受，而且知道怎么处理。

例2：八字原则在老师教学中的应用

一个老师的案例：

最近表扬了扎西上课不再睡觉，作业也按时单独交到我办公桌上了。这节课专门抽了扎西背书，他背不出来在我的意料之中（了解）。

我说："那你等一下再背，我先让其他同学背，可以吗？"他连忙点头。我让两个同学背了以后，问他可以了吗，他涨红了脸，右手抬起来摸着脖子说："还不行！再给一分钟。"我说："好。"又叫了一位同学背书（尊重）。

这个时候，他自信地说："可以了！"（相信）全班同学都屏气凝神地看着他——因为这学期他还没有在课上背过书。当他把课文背出来的时候，全班都响起了热烈的掌声！我说："你看，这是你自己赢得的掌声！"同学们的掌声更加热烈。停了一下，我又说："我还观察到，你的人缘真好！全班同学都给你掌声，而且，周围的几个哥哥和姐姐还给你竖大拇指！"（关心和肯定）扎西把头抬了起来，满是激动和幸福。

我相信，今后他再也不会站起来时，头低得快到桌面了。

例3：八字原则在孝敬中的应用

伍老师的案例：

最近跟公婆同住，老人家的一系列不良习惯让我难以忍受。

好在我正在参与生命成长的学习，我看到其实自己身上也有不少婆婆的影子：易着急、爱抱怨、常担心、嫌弃人、常常因纠缠在关系中不开心。

原来公婆是来修炼我的，如果我不调整自己，未来的我将跟现在的婆婆一样，让子女不易接受。

我找机会问老公关于婆婆的过去，也设法多跟婆婆说话，了解她的人生经历，还从她对自己娘家、婆家的不断抱怨中了解原因。

了解了她的过去，就比较容易尊重和接纳她的行为。我从小事做起，花时间耐心地陪婆婆学习用电视机遥控，那是她学了两年多还时常"卡壳"的事；让她帮忙做些去快递点取菜等力所能及的事，既减轻自己的工作量，又让她有事可干，有价值感；每次出门前告诉她我的去向，解决她的猜测和担心；每天寻找并记录婆婆的三个优点……

不到一个月的实践，我看出婆婆的表情放松了一些，开始有了笑容，做菜开始用抽油烟机了，三餐可以跟我们一起在餐桌前吃饭了，用手机外放功能时调小声一些了，并且可以自己出门去逛了……

"八字原则"帮助我适应和公婆同住的生活，在学习尽孝的同时，把这当作成长的机会。先生看到妈妈的转变，也很开心。

例 4：八字原则在夫妻生活中的应用

以前我家在不同的地方装修过几次，先生基本不管。这次的装修他很重视，全程参加，不过是领导的角色，主要是要求、指点和催促，这对我是个考验。

我使用了"八字原则"，让一切都变得顺利。比如，他要求必须封南阳台，那是这套房子风景最好的一个地方。可是，封这个阳台的困难比较大。我了解他的心思，尊重他的喜好，费很大的周折实现了他的愿望。阳台封了以后，需要加电位、换灯、买按摩椅等，总之，让他很满意。

对于他不满意的地方，我说："嗯，你说得对！你说该怎么改呢？"例如，写字台摆好了，他觉得不合适，开窗户不方便、光线容易刺眼等。我说："你觉得怎么摆比较好，我们摆一摆试试看？"把写字台、书柜、小柜、椅子都挪位，终于觉得合适了，还真比原来好。我说："还是你聪明。"这让他有点得意。

对于他想做而不会做的事，我马上去帮忙。例如，一张床要重新安装，他跟我说："你看，那个床怎么办？"我一看就知道要怎么装。我说："好，我们一起来整一下吧。"一块一块搬到位，挂上了就完了。

我学机械制造的，他是学数学的，所以家里动手的事，自然而然就都归我。他聪明、有想法、擅长指挥，把我训练成干活的。我在家爱逞能，爱动手，于是，我们通过磨合，形成了优势互补：我把他训练成了只需要动嘴不用动手的领导，他把我训练成了善于听取意见，并能很好落地的员工。这就是我们多年磨合形成的模式。

当然，不管我听或不听他的，既成事实的不满意，他也不再说什么，都接纳了、包容了。其实他对我是很包容的。

4. 练习工具

八字原则练习表模板

什么时间？发生了什么？	
了解到什么？	
尊重他什么？	
信任他什么？	
给予什么关怀？	

二、友善工具之二——直意表达

1. 为什么不能直意表达？

不能直意表达的原因

序号	不能直/尽意表达形成的心智模式	不断强化的自我形象
1	有话不直说，让人猜。认为说了就没有意思了，或者不好意思说。	我是需要被照顾的。
2	不会商量，只有对错。我说了，就一定要得到同意，按照我说的做，否则我就不高兴。	我就是这样，不可改变的。
3	我是错的，我得听话。只有得到他人同意我才敢去做，得不到同意，就不敢去做。	我是弱者。
4	我必须大声说，他们才听得见。总是带着情绪表达自己的需求和观点。	我脾气不好。
5	没人理解我、帮助我，只有靠自己。不相信能够得到别人的支持。	我是孤独无援的。
6	常常偷偷去干一些事，报喜不报忧。因为说了也没用，我只能这么做。	没人重视我。
7	听不见别人说话，只想着自己心里想着的事。没人听我的，我不重要。	我是无关紧要的。
8	说话没头没尾，自己明白，别人一头雾水。认为别人应该知道。	我是无足轻重的。

注：直意表达包括了尽意表达。

2. 不能直意表达形成了让人害怕的"撒手锏"

不能直意表达的表现

成人	青春期孩子	小孩子
· 不理人 · 掉脸子 · 说难听话 · 不回应 · 不吃饭 · 骂人	· 暴怒 · 无理取闹 · 报复行为 · 歇斯底里 · 摔东西 · 放弃	· 敏感 · 生病 · 不睡觉、失眠 · 说不得 · 逆反 · 哭哭啼啼
· 关在房间里 · 睡觉不起床 · 沉溺在网络世界里 · 自怨自艾	· 不干活、不学习 · 说狠话吓唬别人 · 我对你错 · 证明、解释	· 问什么都说"不知道" · 自我攻击 · 自残 · 抑郁、狂躁	
· 死命干活 · 一哭二闹三上吊 · 打孩子、指桑骂槐 · 跳槽、离家、离婚 · 出轨 · 骂领导 · 喝酒	· 离家出走 · 打人、欺负同学 · 离家出走 · 抽烟、喝酒 · 拉帮结派 · 跟家长、老师对着干 · 搞怪、做小动作	· 撒泼打滚 · 用又吼又叫、尖叫 · 打闹 · 打扰大人 · 打人

3. 直意表达是为了实现从"忍"到"化"的转化

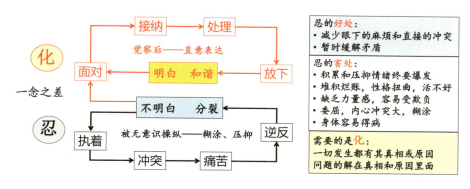

附图5.4 从"忍"到"化"的转化

4. 示例

例1：让孩子直意表达。

对孩子来说，最重要的是让他能够直意表达和尽意表达，因为孩子本来就不知道该怎么表达情绪。如果成人不帮孩子表达要表达的情绪，不让他表达或是强加成人的观点，孩子就容易活成憋屈的受害者，或者愤怒的加害者状态。下面是一位父亲引导孩子直意表达的案例：

（1）发生了什么？

今天女儿放学回来的路上，满脸不高兴。我问她怎么了，她皱皱眉头不吭声，还扭过头去。

我说："××，你有什么不开心的就直接告诉爸爸妈妈，无论遇到什么困难都要说出来，说出来爸爸妈妈可以帮你一起想办法。"

女儿说："我不想考试！"

我说："哦，是这样的。考试压力是很大的，而且到了高三，每个月都要考试，换作爸爸也会觉得有压力。"女儿紧绷的心开始有点松了。

女儿说："我讨厌考试，为什么考试还是上次的座位？"

我说："噢，这次还是沿袭上次的排位你心里不舒服，是吗？"

女儿说："我不喜欢×××同学，他总是喜欢玩笔！"然后号啕大哭起来！

女儿又说："我不喜欢前面的×××同学，他老是放屁！"又是号啕大哭！我静静地听着，陪着她，时常附和地说："噢，是这样的。爸爸理解你的心情。"

后来她又说："为什么这次考试的座次还是沿用上一次的排名？如果按照最近的一次考试的排名，我就不用跟他们坐在一起了！"原来她是觉得最近一次考试进步了没被看见！

我说："是啊，怎么学校这次就没按照最近一次考试的排名来排座位呢？"女儿的哭声慢慢变小了。我陪着，让她把心中的情绪垃圾一一倒出来。第二天起来，似乎什么事都没有了。

（2）转换了什么？

①女儿说不想考试，其实不是真的不想考试，而是因为有压力，就把注意力关注到其他事情身上。

②尝试着应用学到的方法：孩子有压力的时候，让他说，打开耳朵听，

让孩子把内心的话说出来；尽量闭嘴，不说教，不给任何评判，只需要同理她。

③努力想办法引导孩子直意表达，让孩子知道，在家里有情绪，直意表达出来是安全的。

④感知孩子的感受，满足孩子"被看见、被听见、被尊重、被允许"的需求，引导孩子想哭就哭出来，哭的时候静静地陪着她就好。

（3）下一步要做什么？

修炼自己更好地打开耳朵，闭上嘴，在家里潜移默化地营造允许直意表达的氛围，能够更好地给到孩子能量。

例2：心里有嘀咕，直接说出来。

一位老师问我问题，我忘了回复。两周以后，我突然想起这件事，回复了她，并表示道歉。

她说："我一直在嘀咕，我是不是做错了什么？老师是不是瞧不起我？为什么老师不理我了？我有种被忽视的失落，渴望得到回应和被看到。"我们一起学习了一年多，她懂得如此直意表达。

如果她当时直意表达，看我没有回复，问一下，给我一个提醒，就没事了。但是一般人经常会这样，心里在嘀咕着，却没想直意表达问一下。因为，从小惧怕权威，有话不敢直说，心里习惯性地嘀咕……使得自己的能量大量地在这消耗掉。因此，有人说："嘀咕有毒！"

例3：对人有看法，直接说出来。

有位老师说：我一直觉得父母偏袒弟弟，什么都照顾着弟弟，妈妈甚至向我要钱给弟弟。我很生气，但是又不敢说，担心妈妈不高兴。

妈妈身体不好，我心疼妈妈总为弟弟带孩子、做家务，还要我贴补弟弟的家用。我对妈妈的不满情绪已经有十多年，有时候都不想回家面对妈妈。

参加了生命成长的学习后，我了解到我对妈妈缺少直意表达，也知道了要通过沟通来了解父母为什么会有现在的状态和行为。

为了跟妈妈沟通，国庆放假的时候我专程带孩子回老家。在家的那几天，我用"了解父母的沟通话术"跟爸妈聊了很多，似乎有生以来从没跟父母说过那么多的话，也了解到他们这么多年的艰难和痛苦，了解到妈妈对溺爱弟弟的后悔。我也跟他们说了我的现状，表达了我帮助弟弟的底线和具体的想法。

通过沟通，我把该说的话谈开了，心里就不再觉得堵了。妈妈也很高兴，表现出从未有过的高兴和轻松，我跟妈妈的关系似乎近了很多。未来，有什么话，我都可以跟妈妈直意表达了。

5. 练习工具

让孩子直意表达的引导方法

1. 你一直要说没有说的话是……

2. 你一直想做却没去做的事是……

3. 你愤怒、抱怨、无奈、伤心的事是……

说明：
①成人正式的直意表达，请使用附录六的工具"完整完结的沟通"。
②日常非正式的直意表达，直接说出事实和自己的感受。
③孩子无论说什么，父母／老师都不能插话，更不能生气、解释、证明，保证孩子尽意表达。
④适当的时候要道歉，这是顺带教给孩子做人的方法。

三、友善工具之三——"三下子"

1. "一下子""两下子"和"三下子"

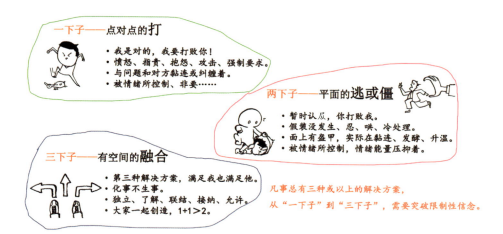

附图5.5 "一下子""两下子"和"三下子"

2. "一下子""两下子"是怎么培养出来的?

问：孩子为什么自私、脾气暴、爱顶嘴?

答：从小养成这样的习惯。

问：为什么养成这样的习惯?

答：无法有效表达，只能用情绪表达。

问：为什么无法表达?

答：父母不允许表达，没有给予充分表达的机会。

问：为什么不允许表达?

答：孩子的行为激发了父母的情绪，必须让孩子听话。

问：为什么要孩子听话?

答：自己接受的教育就是这样的，没有别的办法应对孩子的错误和问题。

3. 如何培养孩子拥有 "三下子" 的能力?

> **家长/老师:** 看到自己的惯性模式, 把孩子的问题当作自己成长的机会。
>
> 自己学会充分表达, 给孩子充分表达的机会,
>
> 让孩子处理自己的问题, 可以帮助, 但是不可替代。
>
> **孩子:** 遇到事情设法学会充分表达, 有情绪的时候 "停一下"。

附图5.6 培养 "三下子" 的能力

4. 示例

例1: 娜老师看到自己的模式, 就转变了。

当我接到要在年会上分享的任务时, 跟老师说: "这么多事情要做, 别让我发言了。" 这是我的 "一下子": 直接掉。

过了一会儿, 老师说: "我知道你比较忙。我们评估一下, 在年会这种场合, 如果发言是为了什么? 发言或不发言对我们后续工作会有什么影响? 想好了, 无论你做什么样的决定, 我们都是允许的。"

我不假思索地说: "老师, 我认戾了, 我不想发言了。" 并想马上逃走。然后, 就不发声了, 当作没有发生这件事。这是我的 "两下子", 逃和装死。

但是, 心里时常想起这件事, 总感觉不踏实。我停一下想想: "对啊, 我发言仅仅是为了发言这件事吗? 十分钟的事情, 我要如此纠结吗? 十分钟的事情, 我要真的退缩吗? 要认戾吗?"

我看到了我的惯性模式, 遇到自己不可控的事情, 觉得每当遇到有点 "危险" 的事情时, 我的思维模式就是: 要么推托, 要么逃跑。

我这个卡点是哪里来的呢? 想起小学三年级的时候, 我是学校人人称赞的学霸。就是这样一个学霸, 迎来了人生中第一个重大的挫折, 我被老师安排参加朗诵比赛。上台前, 朗诵的课文背得滚瓜烂熟。可是一上台, 看着台下黑压压一片的人头, 大脑 "嗡" 的一下, 直接断片。

　　然后，我"哇"的一下，大哭着下台了。从心理学的角度来回看这件事情，叫作创伤后应激障碍，从那以后，我再也不愿意在众人面前发言、说话。

　　为了突破这些限制性的信念和卡点，我鼓起勇气做了许多尝试，我考了企业培训师，不断讲课，不再惧怕当众说话，但是，内心对发言还是有抗拒。

　　我看见了自己的卡点，看见了自己依然有恐惧和紧张。我知道做这件事情不仅是为了这件事，而是我在与更大的整体做联结。因此，我选择了接受发言，发言内容就讲"从'两下子'到'三下子'"。

例2：从"两下子"到"三下子"。

　　昨天，跟先生沟通女儿回国时，我们是否去亲家的家附近酒店住一个月。沟通中，我们意见不一致，他不同意去，我有点情绪，认为女儿一家好不容易回来，我们要跟孩子一起多待一段时间。我停了一下想：如果我用"三下子"，会怎么处理？

　　我问自己：我们沟通这件事的目的是什么？——目的是为了家庭和谐，与女儿一家人有更多共处的时间。

　　我们不一致在哪里？——不一致在于：他认为，女儿一家可以直接回广州住，亲家可以来广州住一段时间。我认为，亲家不习惯住在陌生的地方，而我们适应性比较强，住哪里都可以。因此，我们出去住比较合适。

　　他为什么是那么想的？——因为广州的房子是女儿的，他们在出国之前就住在广州，他们回国应该住自己的房子。

　　他的合理性在哪里？——女儿一家回来住自己的房子合情合理，没有毛病。

　　能不能在他合理性的基础上，实现我们共同的目的？——我建议，女儿一家在广州住一个月，在深圳住一个月。在深圳的时候，我们也住深圳；在广州的时候，亲家是否来，由他们决定。

　　用"三下子"方式，我们很快地达成了一致，女儿也同意这个方案，让沟通和关系保持和谐的状态。

例3：用"三下子"处理家长的质疑。

一位老师的觉察日记：一天，我分享了一个同学们认真早读的视频到班级家长群，我只是简单地想把孩子的学习状态展现给家长。大多数家长都为自己的孩子竖起了大拇指，但某爸很直白地在群里质问，"我的孩子×××怎么一直坐在后面，位置一直不换的吗？"

有一个家长马上在群里回复了某爸，明确地告诉他，我们的座位是采用滚动的方式轮换的。没想到，某爸把以前分享视频的照片发到群里来，据理力争地说孩子长期以来只坐在了不显眼的位置。接下来不到三分钟的时间，有十多位家长想安抚这位家长的情绪，告诉他，要完全相信我们的老师，老师会公平公正地对待每一个孩子，更不会特殊地去对待任何一个孩子。家长越说，某爸越激动，说大家站着说话不腰疼。

我感知到，某爸的质疑，只是想了解情况，想得到尊重。家长们的反馈让他感受到被否定、被孤立，没有满足他的需求。我在想，我需要用"三下子"的方法处理这个问题。

因此，我真诚地感谢家长们的回应，并向某爸道歉说："对不起，我没有及时向您反馈孩子的状况，造成了你的疑问。"他回复说："没关系，我只是想问问。"明显感觉到他态度柔软了下来。

我接着告诉他班级座位轮换的规矩和特殊情况的处理，还告诉他：他家孩子几次坐在不同位置的具体情况，打消了他的质疑和顾虑。事情终于圆满解决了，我尝到了"三下子"的甜头。

经过这次和某爸的沟通，我们建立了联结。这件事提醒我，未来要关注与家长一对一的沟通，跟家长有了联结关系，处理问题就容易了。

5. 练习工具

"三下子"的处理流程

什么时候？发生了什么事？	
我们沟通或处理这件事的目的是什么？	
我们不一致在哪里？	
他那么想的合理性在哪里？	
"三下子"的方案是什么？	

附录六：孝敬的工具

一、孝敬工具之一——联结的沟通

1. 与父母有效联结的必要性

> **与母亲联结：**拥有**和谐的关系**、获得更多的**财富**，需要修好与**母亲**的关系，与自己的**内在和解**。
>
> **与父亲联结：**获得**内心力量**、持续得到**贵人**相助，需要修好与**父亲**的关系，与外在的**世界联结**。

附图6.1　与父母有效联结的必要性

2. 话术应用说明

"了解父母的沟通话术"见第十七章第三节第3小点。

（1）抱着了解的心态跟父母、长辈沟通，感恩他们给我了解的机会。

（2）话术只是参考的方法，需要根据实际情况和场景，灵活应变。

（3）刚开始，最好在一个没有干扰的时间里，轻松而深入地做一次比较长时间的沟通。

（4）平常聊天可以随时地问他们的过去经历和当时的想法。

（5）交流是双向的，必要的时候可以自然地跟父母说说没有说过的经历。

（6）在互相了解的过程中，如果有情感流动，不需要安慰与阻止，只需要静静地陪伴。

3. 与父母沟通的成效

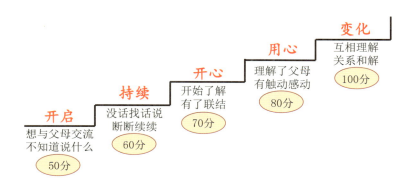

附图 6.2　与父母沟通的成效图

4. 示例

例 1：实现深入沟通需要用心，还需要方法。

　　十几年前，我跟我妈妈的关系是隔离的，我的内心是硬邦邦的。孝敬都是出于理性的，我没有直接跟我父母发生过冲突，但是，看到妈妈和姐妹们发生冲突，我内心对她有很多的评判、抵触和嫌弃。

　　为了让我的生命变得柔和，我从 2006 年开始有意识地修复与妈妈的关系。十年前，我应用教练技术整理了"了解父母的沟通话术"，每次回家跟妈妈做一次正式的、至少 3 小时的沟通。我不仅进一步了解了妈妈的过去，还了解了很多我父亲和家族过去的故事。作为子女一般都报喜不报忧，我也是。在跟妈妈深入沟通的时候，我逐步地把 18 岁离开家乡之后的三十多年中发生的一些重大人生转折和经历的困难告诉她。

　　通过互相的了解，不仅理解了父母的心智模式，还理解了大多数的模式形成都不是凭空的。有了相互的理解，就减少了对妈妈的评判。每一次的沟通，都增进了一些母女关系的深度。

例 2：直意表达加上沟通话术化解了关系问题。

在陈先生小的时候，他父亲就去世了，他的妈妈在家是说一不二的人，里里外外一把手。随着陈先生和妹妹先后成家，他妈妈的价值感得不到体现，说什么都要跟他一起住。陈先生的爱人也是企业的高管，能力很强，比较强势，因此他妈妈在背后总说陈先生软弱。当他们两口子吵架的时候，妈妈怂恿陈先生离婚。

许多年来，他们家一直处在"控制型父母与子女关系的情绪链条"（可见第十六章图 16.6）里。他们很想孝敬妈妈，各种哄、照顾、讲道理，但是，妈妈每次都越听越抓狂。

在陈先生女儿进入青春期、爱人进入更年期的那几年，夫妻走到离婚的边缘。

在他焦头烂额的时候，他们公司做了创建企业文化的项目，每个月跟中高层管理者一起参加一次生命成长教育，陈先生和爱人一起参加了培训。他们两口子尝试用非暴力沟通的方法，用"了解父母的沟通话术"，以及"完整完结的沟通"跟妈妈沟通。特别是陈先生的爱人，耐心听婆婆讲她的成长历程，听她讲在原生家庭里所受的委屈，听她讲跟爸爸的相爱相杀，只是用心聆听，时常发问澄清，同理回应，说说听到的感受，不再劝说、说教、指导，也不再打断与否定。

他和爱人一起跟妈妈正式聊过几次，在沟通中，他们都坦诚地直意表达妈妈的情绪给他们带来的苦恼，让妈妈也清晰地知道自己给孩子带来的困扰。

从那一年开始，妈妈折腾的次数慢慢少了，每次闹腾的时间短了，而且，冲突以后，她会跟孩子们说："对不起，我又控制不住。"逐步地，他们不再受到妈妈情绪的困扰。

陈先生还说，因为跟妈妈关系方式的改变，他们尝到了坦诚沟通的甜头。他们如法炮制地跟女儿好好沟通，不再紧盯女儿的学习，能够感知孩子的感受，尊重孩子的选择和实践安排，跟女儿的关系也改善了。而以前，他们对妈妈和孩子都不敢直意表达，因为，担心直接说，对方会不高兴。

5. 练习工具

了解父母的沟通记录表

什么时候、什么情境下跟父母做了深入了解的沟通？
了解过去，问了哪些问题？你得到了什么"礼物"？
了解现在，问了哪些问题？父母是怎么回答的？你得到了什么"礼物"？
了解未来，问了哪些问题？你得到了什么"礼物"？
你觉得跟父母沟通，下一步要做的是什么？

二、孝敬工具之二——完整完结的沟通

1. 不完整与不完结的状态

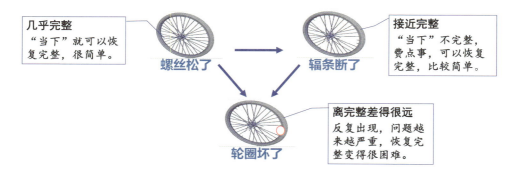

附图6.3　不完整与不完结的状态图

2. 完整完结沟通的意义

- 走向完整完结的沟通，是让自己"独立"的过程。

- 如果沟通不完整，会累积成 "不完整的关系"，消耗能量，陷入"恶性死循环中"。

- 完整完结的沟通，是为了自己，不是为了对方，需要感谢对方给你这个沟通的机会。

- 完整完结的沟通，避免对错的争执，关注问题的化解和关系的和谐。

附图6.4　完整完结沟通的意义

3. 沟通不完整带来的后果

1. 只是表达情绪——对方只感受到情绪，感知不到真实的需求。

2. 固执己见、证明、解释 ——"我是对的，你/他是错"的冲突。

3. 不直截了当、吞话——内心的嘀咕妨碍了表达，对方不知道到底怎么回事。

4. 说想说的，不知道对方想听什么——目的性不清，为了表达而表达。

5. 不知道自己在说什么、对方听到的是什么——焦虑的释放，让人烦，想逃走。

6. 信息不全面，不精确——背景不清晰、不具体，自己明白不等于别人明白。

7. 轻易改变沟通对象——重要的事，要保证得到对方的确认和反馈。

8. 依赖性沟通——把选择权交给别人，如果出了错，那是你的错。

附图6.5　沟通不完整带来的后果

4. 示例

例1：消除隔阂的完整完结沟通

　　我跟妈妈修复关系，主要的环节是通过使用这个工具比较彻底地跟妈妈重新建立了联结，基本消除了隔阂。我第一次跟妈妈做完整完结的沟通是在2009年的过年期间，我用了将近四个小时，第一次感觉到跟妈妈有了真正的亲密感。后来每次回家我们都要做一次长时间的沟通，正式沟通一次比一次用的时间短，而交心的聊天时间越来越长。这几年回家，跟妈妈沟通就变得简单很多，不需要那么多的铺垫和后续的行为改变来承诺和期望，只是互相聊透，心里就敞亮了。

　　有了此前沟通的基础，后续的沟通不刻意用哪种方法，用得最多的是完整完结的沟通和直意表达的结合。例如，有一次我和妹妹一起跟妈妈沟通，从妈妈和大姐总有矛盾与纠结说起，用了两个多小时的时间，我们很敞开，聊了好几个主题的内容。

　　大姐在家陪妈妈，时间长了总有一些话语上的矛盾，有时候两个人会几天不说话，大姐什么事也没有，但是老妈会气得不得了。

在做好充分铺垫之后，我说："妈妈，大姐能够放下家里所有的事，从厦门回来陪您，十年了，无怨无悔，我们姐妹都很感谢她，因为我们其他的三个人都做不到守在您身边陪您，有她在家，我们都很放心。有时候，我看着您那样说大姐，我觉得对大姐不太公平……"

妈妈说："我绝对承认你大姐的孝心，我也很感谢。但是，她让我生气的是她跟我争辩的时候非要赢我，非要占上风，我总是气不过。我对她那么好，什么都替她着想，她却那样对我。我最疼你大姐，我知道我是偏心的（这是妈妈第一次当着我们的面承认自己的偏心），我就是接受不了她对我的说话语气和方式，没轻没重……"妈妈五味杂陈涌上心头。

我说："妈妈，我很理解您当时的气，生气的时候，恨不得去死，恨不得把世界都毁掉，对吧？"

妈妈点点头说："是啊，常常气'死'我了。"

我说："妈妈您看，她'非要赢我'跟您的'非要你听我的'是不是一回事？她已经60岁了，一辈子都要听您的；60多年了，您处处替她着想，实际上也在处处替代她，让她的一些功能没有开发出来，活成了您的影子。现在您年龄大了，能量在下降，而大姐这几年开始学习生命成长的内容，自我意识提升了，她要做她自己，不再完全听您的。只是她不太会表达，不太会处理，所以您受不了了。试想，您让她占一次上风，又怎么样？"

妈妈认真地听，不时地点点头，长舒一口气地笑了说："确实也是，我必须让她听我的，只要不听我的，我就非常生气。另外，怪不得常常有人说，最疼爱的孩子年龄大了以后，往往最让父母操心。"

我接着说："您确实很爱她，但是，您是以您的方式爱她，并非她想要的方式。"

妈妈说："对，你大姐也说：'是您要那样爱我，我并没有叫您那样爱我。'我听了更生气，觉得她没有良心。"

我说："妈妈，您常常说：'我那么爱你，你怎么这样对我……我年龄这么大了，活着也没有价值，反而给你们添麻烦，干脆早点死了算了。'您用这样的话来要挟大姐，目的是要她听您的话，要她乖乖地闭嘴，对吧？您这是用您对她的爱来索取他人的爱，用死来要挟他人。您这是很恶劣的行为，您知道吗？"我笑着跟她做了个鬼脸。

妈妈也笑了，忍不住地点头说："是的，是的，就是那样的。"

我又说："妈妈，您不高兴的时候，常常就跟我们说'活得没意义，死了算了'的气话。如果确实有哪里不满意，您直接说出来，我们能做到的，一定会尽力去做到。但是，您一辈子最大的遗憾、最念念不忘的心病是没有儿子。常常把这个气撒到我们这里，这对我们是不公平的……"

妈妈叹了一口气说："是的，没有儿子是我一辈子的遗憾。尽管我很知足，知道你们姐妹都很孝顺，有时候也感到很幸福。但是，一想起这件事，就闹心……"

我和妹妹一起，又跟妈妈聊了很多——时而堵心，时而感动，时而开心大笑……

每聊一次，亲子关系都加深一点，自我疗愈了一些，妈妈的心结也打开一点。每次我都感谢妈妈能够这样跟我好好聊一会儿，妈妈也很高兴我能够这样坦诚地跟她好好沟通。

例2：一位妈妈跟初中儿子完整完结的沟通

背景介绍：这是一个父母高学历和孩子成绩好得令人羡慕的家庭。但是，儿子上初中之后，突然不想上学了，也不愿意跟父母好好说话。父母想不明白："孩子怎么突然变成这样？"

父母不接受"突然"变化的孩子，找各方面的老师加大力度"整治孩子"。而老师们从不同的角度指出父母要学习，调整自己。但是，他们总是觉得自己什么都懂，已经学了很多了，特别在家庭教育、心理学等方面花了不少的精力。因此，仍然寄希望于改变孩子。

今天又因为孩子上网、看手机的问题，发生了冲突，孩子直接就"炸"了，说了很过激的话。这次妈妈真的害怕了，她说："他沉迷玩手机，但是比起生命，还是生命重要。"因此，今天妈妈变得柔软了下来，反思自己的行为，有后悔、有无奈、有担心、有心疼……各种情绪纠结在一起，哭了一整天，然后给孩子写了一封"完整完结沟通"的信。

亲爱的宝贝：

今天下午，我怀着无比沉重的心情开车出去，当我坐上车的时候，眼泪就不自觉地奔涌而下，身体开始不停地抽搐。我开着车一直走一直走，却不知道要去哪里。我觉得心里好像被无数的针扎着，感觉快呼吸不了了。我一边开车一边崩溃大哭。此时此刻，我终于明白了你的心情——是那么痛，那么无力，那么让人窒息。

我在想，为什么我们家原本好好的，会变成现在这个样子？那个曾经眼里有光、心里有爱的孩子去哪儿了？此时，脑海中浮现出一幕幕画面，让我突然明白了。

在你小的时候，我就知道你是一个有自己思想的孩子，你的能力很强，于是我就想让你去学各种课程，希望这些课程能成为你成长路上的垫脚石。但是现在我发现我错了，错得一塌糊涂！我把太多的关注放在了你身上，以至于我把自己弄丢了。长期以来，我除了上班工作就是照顾你，陪伴你。但是随着你的长大，我的陪伴对你来说也许成了压力，因为你有你的生活和圈子。

我突然明白张老师说的"停下来"，不是让我不做什么，而是让我做点什么。做我该做的事情，做我喜欢做的事情，做我自己，而不是总想着怎么去教育你，去管你。你已经长大了，我应该相信你，可以安排好自己的事情。

我学了那么多课程，但是现在我才知道，我学的都是为了改变你。而我真正应该学的，是怎么做好自己、怎么做一个合格的妈妈。一个合格的妈妈，不是每天关心孩子的学习、看了多少书、有没有复习，而是每天乐乐呵呵的，给孩子做好吃的，每天关心孩子过得开不开心，有没有受委屈，孩子受伤的时候能成为孩子的支柱……

之前，我一直想不明白为什么你会突然远离我，现在我明白了，不是"突然"，而是十几年来我慢慢地把你逼成这样的。我从来没有站在你的角度去体会你的感受，因为我自己的混乱和无力，让爸爸也掺和了进来，让爸爸一起教育你。你跟爸爸有隔阂，也是我的无知造成的，在你面前没有维护爸爸的权威，而是说爸爸的坏话。

　　我一直担心你玩手机会上瘾，担心你在网络上遇到坏人被骗，担心你沉迷游戏会无法自拔，担心你玩手机影响视力、影响睡眠……但是我从来没想过此刻的你，正是因为有手机在旁，才得以获得短暂的放松。归根到底，一切的担心还是我的不信任和不接纳。

　　妈妈爱儿子，是不容怀疑的，但是我不会当妈妈，不会爱，把爱变成了控制。我从来没有去了解你真正需要的是什么，看似民主，但实则是希望你按我期望的方向去做，让你一直很难受。现在回想起过往的一幕幕，我才感受到你当时的伤心、痛苦和绝望。

　　过去的事情我没办法弥补，但是，它们可以变成给我提醒的机会，让我从现在开始真正去学习如何做好我自己，学习生命成长教育的内容，并且注重用在我自己的身上，跟上你成长的步伐，不至于成为你成长路上的绊脚石。

　　我相信，有这次的反思，我将有新的开始。在往后的日子里，我能做一个真正合格的妈妈。请你相信我，给我力量，好吗？

爱你的妈妈

　　这个完整完结的沟通，并没有完全按照五个步骤。这是典型的发自内心的表达，用心的沟通，不需要框架，只需要把该说的话说到位就可以了。最后，落脚在下一步要怎么做上，才有力量，有做好自己的可能。

5. 练习工具

（1）完整完结沟通的步骤

> **第一步**：做好铺垫，同理对方的感受，感谢这么多年对方给我的帮助……
>
> **第二步**：尽/直意表达出我的愤怒、我的抱怨、我的无奈、我的伤心……
>
> **第三步**：发生这些事，我的责任是……
>
> **第四步**：跟你谈这些，是因为我在乎、爱、未来、希望……
>
> **第五步**：我承诺未来我要怎么做，邀请你未来……

附图6.6　完整完结沟通的步骤

（2）完整完结沟通的注意事项

①这种沟通，一对一或者多方一起都可以。

②面对面的完整完结沟通需要足够的时间。

③沟通中，要允许有痛哭等情感的流动，不用劝说、解释等。

④沟通之后，如果高兴，可以创造条件庆祝一下，强化关系的和谐。

⑤沟通是为了让关系恢复完整，不是为了改变对方，为了证明对方的错而沟通。要感谢对方给自己一个沟通的机会。

⑥如果不便面对面沟通，可以用写信、录音、录像的方式。

（3）沟通之后的总结复盘

沟通之后的总结复盘表

1. 在完整完结的沟通中，你的感受是……
2. 你的觉察和收获是……
3. 下一步你想做的是什么？

三、孝敬工具之三——"Yes, and…"聊天

1. "Yes, and…"（是的，而且……）的聊天规则

第一条规则：

"yes"是接受，无条件同意对方说的内容。

不一定是同意对方的每一句话，但是，至少可以尊重对方的说法，

以开放的心态去接话。

第二条规则：

"and"是添加，无论对方给的是什么信息，

另一方都在此基础上添加，增加一个新的信息还给对方。

相当于你给我传球，我也给你传球，就能够玩得起来。

你搬来一块砖，我又搬来一块砖，搭着搭着就搭成了一栋房子。

"and"还有一层意思，是提醒自己要有所贡献、互相认可。

聊天本来就不是为了竞争或证明对错和输赢，而是要互相回应下去。

这种聊天方式，谁也不知道谈话会朝着什么方向发展，

避免出现不知道该说什么，或者听得不开心而聊不下去的可能。

附图6.7　"Yes, and…"的聊天规则

附图6.8　"Yes, and…"聊天就像打排球和砌砖墙

"Yes, and…" 聊天方式的示例：

A：中午吃什么？

B：我想去吃海底捞。

A：太好了，我也想吃海底捞，前些时候在北京，去了好几次，环境和服务确实好。

B：你在北京时去故宫了没有？

A：我不但去了故宫，还去了长城。

B：你什么时候还去北京？我想跟你一起去。

A：好的，我们一起去北京，我请你吃北京烤鸭。

B：烤鸭很好吃，我前些时候，在广州也吃了一次，也很好吃。

A：去广州，一定要去"小蛮腰"（广州塔）。

B：我下个月还去广州，你家在广州什么位置？

A：你去广州前给我信息，我留出时间。

B：太好了，我要去参加一个培训，你是不是跟我一起去参加培训？

……

2. 与 "Yes, and…" 相反的 "No" 的说话方式——撑

说No是人类的本能。孩子学说话的时候，学会"不要"要比学会"好的"早得多。

日常生活中，人更容易说 No，这是切断与别人的关系，也让自己无路可走。无论一方说什么，另一方都想方设法否定、反驳、指责你，不会好好说话，还带着一些火气和不耐烦。这是因为自卑和认知的局限，他对你的否定、反驳或指责，往往不是事情本身。而是通过"撑"来证明自己的强大，这是一种不知道自己不知道的惯性模式。

认知水平越低，越容易张口就是"撑"，让人不愿意搭理他，而他却不自知。

撑的聊天方式的示例：

> 儿子：妈妈，要不要关上这个门？
>
> 妈妈：这还用问啊，大厅开着空调，不把房门关上，冷气都散掉。你就是懒，不想关门！
>
> 儿子：妈妈，我的数学书哪里去了？
>
> 妈妈：自己的东西都找不到，每次用完东西都是到处乱扔，用的时候就找不到！

> A：要开空调吗？我感觉有点热。
>
> B：那还用问，热了当然就开空调了。
>
> A：请把窗户关上，我要开空调了。
>
> B：因为昨天下雨了，就把窗户关上了。
>
> A：我是说请把窗户关上。
>
> B：你想开你自己去开吧，什么事就知道让别人去干。

3. 示例

例1："Yes, and…"聊天的应用。

以前，我一给妈妈打电话，她就问我先生在哪里，女儿在哪里，他们在干什么，天气很热，尽量不要出去，下雨了要带雨伞等。

听到这些，我心里就嘀咕：我都不管先生和女儿在哪里和干什么，您管那么多干什么？您在福建老家天气很热，我在北京怎么能一样呢？还有是否带雨伞，我当然知道了，我又不傻，需要您提醒吗？老太太真是没事找事，瞎操心……

这些不耐烦、嫌弃的内心对话，自然地会溢于言表，让妈妈不知道该说什么。尴尬地说不上几句，就赶紧挂电话。

后来，我逐步理解了妈妈，她之所以问那些，是因为她需要没话找话说，在她的认知里，只能说那些。

当我学会了"Yes, and…"的聊天模式之后，同样的开头，但是，过程和结果都很不一样，例如：

我："妈，他现在在做……干得很带劲，他还说过年要回去看您，在家里多待几天。"我先生是否说了这话并不重要，重要的是让老妈听得高兴就好。

妈："你们打算什么时候回来？"

我："我到时候会提前告诉您的，我想回去吃您做的海蛎汤。"我没在心里嘀咕和评判老妈提前两个月就开始念叨过年回家的事，而是主动提出她想聊的事。

妈："好的，你们一回来，我就给你们做好海蛎汤，你还想要什么？我提前给你准备好。"妈妈的口气里，明显地带着高兴。

我："我要吃甘蔗。我还记得小时候，在老家的门口吃甘蔗的场景……"

妈："是啊，那时候，家里穷……"

我："妈妈，您再给我说说，当时发生的那件事……"

……

就这样，跟妈妈打电话或面对面聊天，顺着她熟悉的、愿意说的话题一直延伸，就不会再感到没话说的尴尬。最后，根本不知道我们聊天是从哪开始的。甭管从哪开始，跟老太太聊天用不着有什么目的和逻辑，只要聊得高兴就好。

例 2：不拘泥于说什么，只要妈妈开心就好。

我基本每周都要从广州到中山来回一次，在车上一般都会跟妈妈打电话。平常没有时间，乘车的时候是最好的聊天时间，还避免了晕车的可能。

我："老妈，我又从广州到中山了。"

妈："我想你一定是在车上，你没有开车吗？"

我："为了安全，也为了节省体力，主要是为了可以在车上给你打电话。"

妈："老三，我跟你说，邻居×××的儿子最近要结婚了。"

我："我知道，他儿子叫×××，对吧？"

妈："你记性不错，还记得他们。"

我："当然记得了，小时候……。老妈，你要给他们随礼吧？"

妈："那当然了，关系比较好，一般也就随200元。"

我："妈，我感觉你想多随一点，是不是？"农村的老太太都爱面子，老妈也不例外，我知道每次她都要显摆一下。

妈："你怎么知道？"老妈笑了。

我："我是你女儿，当然知道老妈的习惯了。"

妈："不过，我又有点小气的感觉，舍不得多给，钱都是你们给的，你们挣钱也不容易。"

我："妈，没有关系，只要你开心，给您的钱，您想怎么用都可以，反正够你用的。"

妈："好的，多给一点吧，表示一点心意，以前他们对我们不错，经常帮助我们。"

我："您有本事，培养的女儿可以供您大方用钱，是不是心里感觉美美的？"没有生儿子曾经是妈妈的一大遗憾和心病，因此，经常强调女儿不比儿子差，她听了就高兴。

她："是啊，大家都很羡慕我，说我的孩子都很孝顺。"

我："那是因为您和我爸当时的明智，再困难也要让我们读书。"这种话对父母说多少次都不嫌多。

妈："还是你们自己知道努力，我现在感觉挺幸福的。"

我："妈，你在你们老姐妹里面，还是很有面子的吧？"

她："那当然，你上次给大家买了奶片，他们都很开心。"

我："奶片吃完了，我再买。老妈，您的那个好朋友王阿姨，最近怎么样了？"

……

4. 练习工具

"Yes, and…" 聊天记录表

1. 什么时候跟谁聊天？聊了多长时间？
2. 从哪里开始聊？聊到哪里？
3. 感悟和收获
4. 以后要怎么做？

扫码获取
◎ 家庭教育秘籍
◎ 校园教育指南
◎ 正向教养宝典
◎ 成长教育测试

附录七：感恩的工具

一、感恩工具之一——幸福视窗

1.幸福视窗

附图7.1 幸福视窗

人们常常羡慕别人的生活、别人的工作、别人的房子与车子……却忘记了自己也是别人所羡慕的对象！

2.聚焦于匮乏的结果

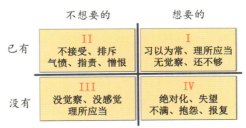

附图7.2 聚焦匮乏的结果示意图之一

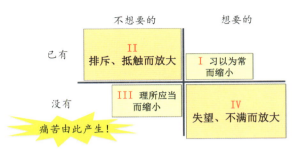

附图7.3　聚焦匮乏的结果示意图之二

　　痛苦是不会选择的结果。用了太多的精力去关注让人不舒服、不满意、郁闷、气愤、憎恨的事，留给Ⅰ、Ⅲ象限的精力少了，就会越来越痛苦。

3. 转化，聚焦于值得感恩的地方

附图7.4　聚焦值得感恩的地方的结果示意图之一

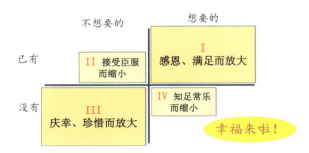

附图7.5　聚焦值得感恩的地方的结果示意图之二

幸福是自己选择的结果。事情并没有改变，只是选择聚焦在 I、III 象限，选择接受和臣服 II、IV 象限，幸福自然就来了！

4. 填写幸福视窗主要考虑的内容

（1）自己身体健康、情绪、工作、事业、人生价值与意义

（2）家人身体健康、关系、工作

（3）孩子学习、健康、生命状态

（4）家庭财富、家庭建设、家庭环境

（5）工作成效、工作关系、工作期待

（6）人生经历、挫折、困难、好事

（7）区域环境、自然状况、环境生态、气候

……

5. 示例

例 1：学习了生命成长教育的老师的幸福视窗

×××幸福视窗

填写时间：2023 年 7 月 25 日

不想要的，已有	感受	该怎么做	想要的，已有	感受	该怎么做
·身体有点小毛病 ·患肩周炎影响生活 ·错误投资了一套公寓 ·同事关系有些许误会	·难受 ·自责 ·懊悔	·接纳不完美 ·加强锻炼积极治疗 ·灵活运营 ·完结沟通放下误会	·父母安健、家人身体健康 ·有老婆、有女儿、有房子 ·有工作、有稳定收入 ·孩子健康、学习状态正常 ·有三五知己 ·有很多好朋友 ·有生命成长导师 ·能做自己感兴趣的事情 ·在专业领域已小有成就 ·生存环境正常、安全	·习以为常，写出来后发现自己好富有	·感恩拥有，珍惜拥有 ·对父母、家人、工作、朋友倍加珍惜

（续上表）

不想要的，没有	感受	该怎么做	想要的，没有	感受	该怎么做
·自己身体不健康 ·家人身体不好，要照顾 ·自己和亲人失业 ·孩子身体不好、辍学 ·孩子网瘾、躺平 ·家庭不和谐、不完整 ·不喜欢自己的工作 ·工作中受人排挤 ·发生意外 ·工作单位落后 ·地震、洪水等自然灾害	·庆幸 ·感恩 ·知足	·感恩领导、同事、家人等身边人的关爱和呵护 ·更加关爱亲人朋友 ·努力工作，更好地体现自己的价值	·多一个孩子 ·职称没有实现 ·更加自由的工作状态 ·更大的财富自由 ·读博士	·恨铁不成钢 ·压力大 ·失落 ·有抱怨	·接受现实 ·坚定信念，脚踏实地 ·坚定志向，做有价值的事情

例 2：刚刚开始学习的老师的幸福视窗

×××幸福视窗

填写时间：2023 年 7 月 25 日

不想要的，已有	感受	该怎么做	想要的，已有	感受	该怎么做
·老公不顾家 ·孩子脾气不好 ·孩子成绩不理想 ·经常感冒 ·浑身无力 ·控制不了情绪 ·领导不公平 ·缺做饭与收纳习惯 ·跟父母关系不好 ·没有时间学习	·被动 ·无奈 ·生气 ·愤怒 ·伤心 ·懊恼	·需要学习，但是没有时间 ·对孩子需要耐心，但是孩子总是让人生气 ·要跟老公谈，但他不跟我谈 ·需要跟父母耐心沟通，但做不到	·有一份收入稳定的工作 ·一家人都还健在且平安 ·基本衣食无忧	·没有太多可写的 ·我有的大家都已经有了	·继续好好工作 ·设法开始学习，也许会有美好的未来
不想要的，没有	感受	该怎么做	想要的，没有	感受	该怎么做
·战争、地震、水灾 ·孩子辍学 ·没有生病住院	·和平与平安很重要	·珍惜现有的生活环境和条件 ·注意保护身体健康	·老公顾家，爱我和孩子 ·孩子自觉写作业 ·孩子能够放下手机 ·孩子听话、省心 ·健康的身体、充沛的精力 ·控制得了自己的情绪 ·得到领导的认可与赞赏 ·会做饭并拥有良好的习惯 ·父母关系和谐 ·跟父母有和谐温暖的关系 ·有时间学习提高自己	·自己做得很不好 ·小家经营得糟糕 ·好失败	·看来必须学习，改变现状 ·按照老师说的，从现在做起，从我做起 ·对未来有点期待

6. 练习工具

×××幸福视窗模板

填写时间：

不想要的，已有	感受	该怎么做	想要的，已有	感受	该怎么做

不想要的，没有	感受	该怎么做	想要的，没有	感受	该怎么做

二、感恩工具之二——三好日记

1. 三好日记的内容即感恩的三个层面

感恩的三个层面

序号	感恩什么	联结什么	感恩结果	特点
1	**显而易见的** 给我恩惠的人	他人	维护了关系	感恩的基础
2	**被忽略的** 赖以生存与生活的条件	天、地、万物 国家、身体	顺道而为	须臾不可离也
3	**不如意的** 生命成长的机会	自己	生命成长	不容易做到

2. 感恩法则，即写三好日记的价值

丰盛感显化丰盛。把注意力放在拥有上，引发爱和感激之情。

匮乏感显化匮乏。把注意力放在匮乏上，引发焦虑、紧张和愤怒等情绪。

凡是你感恩的，你即将得到更多。

凡是你觉得理所当然，你就很难体验到幸福。

感恩心是打开快乐大门的金钥匙！

感恩匮乏，缺爱的感受会毁灭世界。

附图7.6 感恩法则，即写三好日记的价值

3. 写三好日记的主要问题

写三好日记是一个提升感恩意识，转化不良心境的很好的练习。

常常有人会问：每天都是做那些事，每天写同样的内容，会感觉很枯燥，怎么办？

回答：如果每天都一样，说明自己的眼睛、耳朵和心没有充分打开，做这个练习还可以捎带打开自己的身心。

感恩的对象共有三个：第一，是显而易见的给我恩惠的人，包括家人、祖先、认识或不认识的人，看见和没有看见的为我服务的人。第二，是被忽略的赖以生存与生活的条件，天、地、国家、自己身体，包括空气、水、阳光、雨露等自然环境，所有的食物、用品等。第三，是不如意的转化为生命成长的机会，所有让自己烦恼的人和事，促使自己去学会转化……

因此，眼之所及、心之所至的整个世界都值得去关注、去感恩，三好日记的内容可写的就多了。

在此，我很感谢问这个问题的人，他让我做了这部分内容的整理，让我对三好日记有进一步的认知。

4. 示例

◆孩子早上起床，自己叠好被子、整理床铺，很快地完成洗漱。

◆儿子自己安排时间，到点准时睡觉。

◆感谢孩子是健康的、正常的，因为健康是一切的基础。

◆今天孩子感冒了，仍然坚持去上学，让我很感动。

◆给女儿打电话，女儿接电话时开心的话语感染着我。

◆早上一睁眼，感觉我还活着，感谢有取之不尽的空气和阳光。

◆在公园，看到满眼的春色，百花盛开，感谢大地提供美丽的环境。

◆今天是国庆节，感知到有强大的祖国，让我拥有和平的环境，可以放假，出门享受旅游。

◆最近事情很多，每天从早到晚，感谢我的身体，一直支撑着我做所有想做的事。

◆感谢爱人稳稳地操持着这一家人的生活。

◆先生要回老家办理一些事，佩服他不慌不忙地把行程时间安排得妥当。

◆老公更关注健康，自己提出晚上十点半睡觉。

◆孩子在学校就把作业完成了。先生陪我一起锻炼身体。

◆昨天我无法抽身，外甥带外婆去看医生，还给外婆做了饭。总被大家认为不大靠谱的年轻人，需要他的时候，还是靠得住的。

◆儿子挑选儿童节礼物时说帮姐姐选一个，他说他知道姐姐喜欢什么样的礼物。虽然平时拌嘴打闹，但心里面还是爱着姐姐的。

◆感谢老板搭建这个平台，让我可以在这里发挥我的价值，并获得工资。

◆孩子早上起床哼哼唧唧，引发我的情绪。我停了一下，忍住没有发火，尝试问他："宝贝，这时候有什么想法？"孩子说："一大早你总在催我，我感觉好烦。"原来孩子的拖拉是我无意中的催促造成的，感谢孩子给我上了一课。

◆今天头疼，感谢身体提醒我该调整工作和生活节奏。

◆欣赏自己按计划坚持练瑜伽已经半年了，也欣赏自己允许自己偶尔的偷懒。

◆今天我不假思索地掉了同事，感谢她没有跟我一般见识。后来我跟她道歉了，我们还深入交流了各自的想法，让我们的关系更好了。

5. 工具模板

（1）三好日记的写法

1. 每天晚上睡觉前，写下当天值得感恩的三个人或者三件事，以及值得感恩的原因。
2. 可以是重大好事，也可以是点滴欣喜。
3. 持续坚持至少六个月，直至形成终身习惯。

说明：要提高自信的，每天要赞赏和感恩自己。
　　　赞赏和感恩的，除了写，还要表达出来，效果更好。

附图7.7　三好日记的写法

（2）三好日记的练习

三好日记练习模板

× 月 × 日三好日记：

× 月 × 日三好日记：

× 月 × 日三好日记：

三、感恩工具之三——成长礼物

1. 惯性的反应——死循环

附图7.8 惯性的循环图

2. 将不如意转化为成长的营养

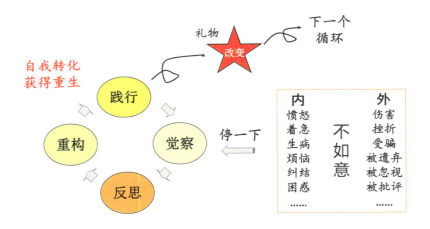

通过"停一下"，觉察自己的状态，反思：

"我怎么啦？"

"我的言行给别人带来什么？"

然后重构，想想："我能做的和该做的是什么？"

并去践行，开始自我转化，获得"礼物"，生命进入下一个循环中。

附图7.9 将不如意转化为成长的营养

3. 从不如意的经历中要到"礼物"才是本事

生气、困惑、指责、抱怨等，是因为不会、不懂。

学了就会了、懂了。

如果不舒服了，一定是自己卡在哪里了。

要到"礼物"，才是赢家。

让自己不舒服的人，都是上帝派来的"信使"。

感谢"信使"是要到"礼物"的检验标准。

附图7.10　从不如意的经历中要到"礼物"才是本事

4. 示例

例1：唐老师的觉察日记——给孩子礼物，也给自己礼物。

（1）发生了什么？

今天我一进教室，便看到小何懒洋洋地趴在桌子上，我便特别大声地喊了一句"上课"！本想引起他的注意，让其调整状态，谁知他慢悠悠地站起来，神情依然散漫。在上课的过程中，他没有认真听过一分钟，时而玩玩笔，时而搞搞书，动来动去。我提醒一下，他好一点，过一会儿又开始开小差。这样的状态，来来回回几次，甚至还影响周边的同学。

我的火慢慢地燃了起来说："小何，你在干什么？请你站起来！"

小何站起来，睁着他那双特别大的眼睛，呆呆地望着我，一眨一眨地。我觉察到自己的情绪起来了，不由得心为之一振，心里说："停，停一下！"

（2）觉察和转换了什么？

孩子的每个行为背后都有其原因的，小何好动只是现象，我知道他的真实原因，但没有把这件事当回事。在前些时候的家访中，我了解到，这个孩子患有癫痫，需要阶段性地服用药物，而药物逐步地产生了副作用——多动、做事专注度不够。

想到这里，我心里对他便多了几分理解和怜爱，庆幸自己按下了"暂停键"，没有对他发火。

在同学做练习的时候，我走向他，轻轻地摸了一下他的头，笑着在他耳边轻声说："小何，老师相信你接下来会很认真上课的，只要你能坚持认真地上完后半节课，老师就送你一个礼物。"后半节课他的状态改善了很多，我时常看向他或者走过去拍拍他的肩膀，他立马就回到当下，就这样顺利地上完一节课。

课后，我对他说："孩子，你的自我控制能力让我欣喜，我喜欢看到这样有毅力的你。"说完就给了他一个大大的拥抱说："这个'礼物'你喜欢吗？"

他不好意思地点点头，上扬的嘴角透露出他非常喜欢这个"礼物"。就是因为这个"礼物"，拉近了他和我之间的距离。每每课后，他都会屁颠屁颠地来找我。每当这个时候，我就给他一个"礼物"——拥抱他一下，他感受到了来自老师的关怀和爱。因此，他与我的距离缩小了，经常高兴地跟我说这说那，甚是可爱。

俗话说，缺什么就补什么。对这种平时受到批评多、表扬少的孩子来说，特别希望被看到、被表扬、被关爱，一个小小的拥抱和几句轻言细语的肯定就可以让孩子有所改变。由此看来，对于小何由药物引起的多动还是可控的。

（3）下一步要怎么做？

从那天之后，每次拥抱小何，都让我的心变得柔软。不仅对小何，对其他的同学和自家的孩子，都变得耐心，更容易理解孩子和他人内心的缺失和需求。感谢小何同学给了我这个生命品质提升的"礼物"。

小何就像是一面镜子，只要我对孩子缺乏耐心，想动火的时候，就想到他。我常常提醒自己：作为老师，对学习有困难的孩子，我们要给予更多的关注。而这个关注不是贴上各种不好的标签，而是要真正地走进孩子的心里，让他喜欢你、信任你，接受你的引导。正所谓"亲其师，信其道"，这也是我今后努力的方向。

例 2： 我的觉察日记——孩子没有被看到的情绪积累。

下午外孙女（6 岁）自己在玩乐高，一个多小时以后，把自己急哭了。原来是要把两套不同的东西拼到一起，没能如自己所愿，就着急生气了。

面对孩子的情绪，我开始还比较淡定，给予同理。渐渐地我失去了耐心，心想："有什么可哭的，自己在玩，还能把自己气哭了？"好在我觉察到了自己的情绪，马上"停一下"，没有把话说出来。我跟她说："你等我一会儿，我去下洗手间。"其实，我是要离开现场，一方面，处理我的情绪；另一方面，想想我该怎么引导她。

我觉察到：一般她自己玩不会哭的。今天这样，大概是我急着整理书稿，从学校接她回来后，就没有陪她。另外，她妈妈出差十多天了，她可能是有些想妈妈了。所以，我需要马上放下手头的工作，好好陪陪她，跟她聊聊。

大约 3 分钟后，我回来时，发现孩子的情绪也基本好了。

我："你知道什么叫学习吗？"

她："不知道。"

我："你真的想知道，我就告诉你；你要是不想知道，我就不说了。"我故意卖了一个小关子。

她："我真的想知道，姥姥，告诉我吧。"

我："好的，那你坐好，坐在舒服的地方。"我跟她讲故事的时候，我们都要到一个特别舒服的地方——她坐在叠好的被子上，后面靠着枕头；我坐在床头，后面也靠个枕头，这个姿势变成我们讲故事的标配。

她很快把自己坐的地方整好了，正襟危坐，并往我身边靠了靠，等我说。

我："学习就是把自己带到不知道、不会的地方。你今天的那两个积木没有拼搭成，说明你在那个地方不会了，对吧？"

她："对，我不知道该怎么搭……"

我："你要是重新搭一次，会怎么做呢？"

她："我要思考，爸爸说脑袋是用来思考的，我刚才没有思考。我还要有耐心……"

我："嗯，很好，小脑袋瓜会思考了，还有呢？"她又想出来了一个办法。我补充说："任何的问题，都有三个以上的解决办法，你看，你想出来了三个办法。我今天再告诉你一个很重要的方法，以后可以随时使用，你想知道那是什么吗？"

她睁大眼睛急切地问："姥姥，我想知道，那是什么？"

我刮一下她的鼻子，神秘地说："就一个字，"停顿一下才说："那就是——问！或者四个字，那就是——找人帮忙。"这是引导她有三个解决方案，以及学会利用资源。

她："对啊，我可以问姥姥，可以请你帮忙。"这时候，她开始高兴起来了。

我："是的，可以问我，让我帮忙。以后实在做不好的事，一定要问，别忘了！"

她："姥姥我知道了，以后我不要着急，要想办法，还要问，或者请大人帮忙。"

我："你看，这次不会，也不是坏事吧？因为你刚才不会，但现在想出来了这些好办法，以后就不着急了。这叫'吃一堑，长一智'，知道吗？"

我又顺便教给她一个成语，给她解释什么叫"吃一堑，长一智"。

我体会到，问题就是老师，问题就是机会。开始我也不知道该怎么面对她不会时的着急，我"停一下"，反思了自己的行为，并有了处理方法，跟孩子做了一次友好的沟通。以后再遇到类似的情况，我会继续使用这个转换的方法，避免用情绪来回应孩子的问题。

5. 练习工具

转化获得成长礼物的觉察日记模板

1. 什么时间？发生了什么？

2. 觉察和转换了什么？

3. 下一步要做什么？

后　记

这几天，期末考结束了，在"周五幸福课"项目团队和学员中，有中小学生的家长，以及中小学班主任老师，一个个高兴地跟我说孩子的成绩和状态。有的人说："原来'别人家的孩子'就在我家。"有的人说："多亏这一段时间，我们没有再给孩子加压力。"还有的人说："老师的感知力太重要了，时时感知学生，营造班级良好氛围，他们被看到了、开心了，就爱学习了。"

是的，孩子的成绩不是督促、要求出来的，更不是逼迫出来的，而是在了解与感知到孩子真正需求的基础上，满足孩子的需求、保证孩子的生命空间，让孩子生命得以舒展的结果。不断地督促、加压、辅导，确实会提高成绩，但也可能会毁掉孩子的学习意愿和自主意识，变成杀鸡取卵的行为。

听到大家说自己和孩子生命状态的改善，看到大家生命的绽放，这是我最开心的事。帮助更多的人活得明白，是我最大的心愿。

从企业培训咨询转到生命成长教育培训的这几年时间里，我换了工作的内容，换了工作的重心，换了一种活法，没有刻意设计，却正好契合了我60岁这个阶段的生命需求，既实现了将企业人才培养的理念和方法前置到学校和家庭教育的梦想，又满足了学习以提升生命品质的内在需求，还能够兼顾照顾孩子们，享受天伦之乐。

2015年开始，我常常做企业文化诠释工作，诠释概念背后的深层含义，并将宽泛的概念转化为易于操作的，能够变成员工的行为习惯。这些做法在企业实行效果很好，我便萌生了将社会主义核心价值观行为化，变成公民的行为习惯的念头。我想，如果大家都拥有了良好的为人处世的行为习惯，人际关系趋于和谐，那么，更多的人就都幸福了。

2021年，一个偶然的机会，我在中山市幸福书院开启了"周五幸福课"，经过两年半的时间，每周一课的生命成长教育，逐步形成了"成就孩子的六大素养"系列课程。接受培训的大多数人因此提升了自己的生命品质，改善了跟孩子的关系，从而促使孩子生命状态的改善与成绩的提高，这让我对这套体系的有效性增强了信心。

我从2004年开始做企业培训，开发了很多课程，我以为将一些课程内容转化成书籍并不会有难度。尽管这些书稿有授课时候转成的文字内容，但在整理书稿的时候，我感知到，培训的语言表达跟写书很不一样。书稿的整理过程，促进课程结构和内容的完善，使得《成就孩子的六大素养》成为更加易于操作、可复制性更强的系列课程与教材。

在与出版社审校人员沟通的过程中，我还知道了书籍语言要求的严谨性远远高于培训的语言，这对我也是一个挑战。我接受了挑战，不仅收获了一套可以供读者学习提高素养的工具书，还提高了文字表达能力。我曾经高考语文不及格，但在这段时间里，我觉得我的语文可以及格了。更重要的是，我收获了接受各种不同意见的能力，无论谁提出修改意见，都不再有排斥、证明的心态，也许这是最大的收获。

我还收获了写书的经验和方法，后续将持续整理生命成长相关的工具书，提高培训课程的可复制性与可读性。

本书的成稿，是很多人支持的结果。感谢我的家人，无论我做什么，爱人、孩子、父母和姐妹们都给予支持。

十多年前，在我父亲病重期间，我在家待了一段时间，常常有人找我帮忙化解各种问题。当父亲在客厅的时候，我为了不吵到他，让客人到他听不到的地方说话。爸爸跟我说："没关系，我喜欢听你跟别人说话。"我知道了，我所做的事，父亲是认可、欣赏的。

前两年，我推掉所有收费的服务，一心做公益的事，每周从广州去中山几天，每天忙碌程度不亚于上班的状态，忙着开发课程、授课、项目运作、带团队。我先生一直都很支持我，当项目运作需要赞助的时候，他也爽快地答应。

在整理书稿过程中，我告诉小外孙女说，姥姥要写书。她说："我觉得写书好厉害，我要支持姥姥。"因此，她常常跟我说："姥姥，您先陪我玩一会儿，然后，我就允许您去写书。"

在此，非常感谢信任我、引领我到中山的志愿者，支持我开发"成就孩子的六大素养"系列课程与书籍的整理出版，让我的人生下半场有了一个不一样的开启。

感谢郑娜、张念、肖祥伟、谭义梅、张盛等"周五幸福课"的导师团，我们无话不谈，在工作中互相促进生命的成长。导师团的支持和鼓励，让我有底气整理这套书，使"成就孩子的六大素养"系列课程有了配套的教材。

特别感谢伍曦宇老师，她发挥了严谨的文字表达能力，审核书稿的每一章，有的审核不止一遍，还对书稿提出很多的修改建议。还要特别感谢舒乾标老师一家人，他和他爱人王晓艳都是优秀的语文老师，他们既做了初审，又承担了许多书稿的终审工作，他的女儿舒霏负责书稿中需要画的美术插图。

还有肖祥伟老师，他作为课程转化为文字的组织者，为书稿的形成奠定了基础，而"工具箱"（第三册）是在张娟的启发下整理出来的。

参与知识沉淀和文稿审核的老师还有张晓蕾、张明吉、刘晓波、詹锦兰、唐翠莲、金泳灿、杨纯、丁美玲、苏小红、黄瑛、彭艳梅、覃艳芬、郑丽燕、李瑷妙等，感谢他们无私的帮助和支持！

2024 年 2 月